国家社科基金后期资助项目

中古汉语"完成"语义范畴研究

Research on "Completion" Semantic Category in Medieval Chinese

帅志嵩　著

商务印书馆
创于1897　The Commercial Press
2014年·北京

图书在版编目(CIP)数据

中古汉语"完成"语义范畴研究/帅志嵩著.—北京：商务印书馆，2014
ISBN 978-7-100-10548-4

Ⅰ.①中… Ⅱ.①帅… Ⅲ.①古汉语—语义—研究—中古 Ⅳ.①H13

中国版本图书馆 CIP 数据核字(2014)第 007139 号

所有权利保留。
未经许可，不得以任何方式使用。

中古汉语"完成"语义范畴研究
帅志嵩　著

商　务　印　书　馆　出　版
（北京王府井大街36号　邮政编码 100710）
商　务　印　书　馆　发　行
北京瑞古冠中印刷厂印刷
ISBN 978-7-100-10548-4

2014 年 5 月第 1 版　　　开本 787×1092　1/16
2014 年 5 月北京第 1 次印刷　印张 21¼
定价：62.00 元

国家社科基金后期资助项目
出版说明

后期资助项目是国家社科基金设立的一类重要项目,旨在鼓励广大社科研究者潜心治学,支持基础研究多出优秀成果。它是经过严格评审,从接近完成的科研成果中遴选立项的。为扩大后期资助项目的影响,更好地推动学术发展,促进成果转化,全国哲学社会科学规划办公室按照"统一设计、统一标识、统一版式、形成系列"的总体要求,组织出版国家社科基金后期资助项目成果。

全国哲学社会科学规划办公室

What then is time? If no one asks me, I know. If I wish to explain it to one that asks, I do not know.

—Saint Augustine, *Confessions*, XI, XIV.

序

这部书稿的前身,是作者七年前在北京大学完成的博士学位论文。如果算上之前的选题和写作,到如今正式出版,前后花了差不多十年。因此,说这是一部十年磨一剑之作当不为过。学生要老师写序,很难拒绝。但对于极少写序的我来讲,却一时不知该如何下笔。我想,本书是一部理论性较强的学术著作,读者必定是专家,其优劣得失,当会自做判断,实在不需要再画蛇添足,说不定还会造成误导,不如说点儿"题外话"。如果就我与作者的师生缘分唠叨几句,或许可以从侧面起到助读的作用吧。

2002年初,我受系里的委派到汉城(现首尔)韩国外国语大学担任为期一年的"外国教授",教中文系本科生高级汉语和研究生汉语史的相关课程。3月份,照例是国内研究生录取月。不久从北京传来消息说,本年博士研究生考生的外语多不达标,教研室打算根据专业课成绩,为每位"博导"破格录取一名,为此征求我们的意见。我看到自己名下的拟录学生帅志嵩这个名字时感到陌生。因为每年报名前,通常会收到一些来信,或是考生"毛遂自荐",或是同行师友推荐高足,而志嵩皆非。教研室转来的考生信息太过简略,令人难以做出录取与否的决定。于是我给志嵩写了电邮,要他对自己的情况做更多的介绍,信中直截了当地对其英文能力能否满足在北大学习的需要表达了担忧——多半由于个人的"惨痛"经历,我以为,掌握国际通用语英语,更多地参与国际学术交流,是21世纪学者的基本素质。志嵩回信的具体内容已经记不清楚了,但不卑不亢、颇为自信的语气给我留下了深刻印象。他好像特别说到糟糕的英文考试成绩并不反映自己的实际能力。考虑再三,我决定给他一个机会。让我做出这个决定的,还有另外两个原因。一是他来自我学习和工作十有一年的四川大学,对那里的学风和基础学术训练水平我有一定的信心;二是志嵩来自农村,自学起步,能走到今天,当有过人之处。

入学后的志嵩,在学习上确有一股蛮劲儿。他不但自主地听了许多老师的课(这是北大最值得称道的特色),其中包括一些难度较大的理论课,大大超过了培养计划的要求；还主动阅读了大量文献，其中包括不少西文学术论著(他的英文阅读能力在此得到证明)。收获最终表现在博士学位论文的选题和写作上。当志嵩打算以汉语完成范畴(标记)从无到有的历时发展变化为题时，我眼前一亮。不仅仅是由于其选题的前沿性，还在于其理论色彩和难度，均在当时的汉语史研究中难得一见。我也不禁为他捏一把汗。为了攻克其中的难题，志嵩主动推迟毕业一年，以便有更多时间寻找适合的理论工具，有更多时间对事实做更深入的发掘及更合理的解释。还是得用那句老话：功夫不负有心人。论文受到评审专家和答辩委员会的一致好评。这不仅令志嵩顺利拿到了国内最高学府北京大学的博士学位，还为其在北京找到合适的工作奠定了基础。

借此机会，我要感谢北京语言大学校长崔希亮教授和该校对外汉语中心主任张博教授。由于他们的慧眼，当年志嵩在申请《世界汉语教学》杂志编辑部的职位时，二位力排众议，将志嵩收入麾下。如今志嵩主持了国家(1项)和教育部(2项)社科基金项目的研究工作，还入选了2012年度教育部新世纪优秀人才支持计划。志嵩以他一贯的笃实和勤勉，在汉语语言学人才济济的北语站稳了脚跟，没有辜负这些伯乐的期待。作为曾经的导师，我亦与有荣焉。

是为序。

朱庆之
2013年春于香港

目　　录

第一章　绪论 …………………………………………………………… 1
　1.1　研究对象 ……………………………………………………… 1
　1.2　研究意义 ……………………………………………………… 2
　1.3　研究现状 ……………………………………………………… 3
　1.4　研究目标、材料和方法 ……………………………………… 8
　1.5　术语界定 ……………………………………………………… 12
第二章　中古汉语"完成"语义的表现形式 ………………………… 15
　2.1　基本原则和方法 ……………………………………………… 15
　2.2　"完成"语义表现形式 ………………………………………… 18
　2.3　"完成"语义表现层次 ………………………………………… 41
第三章　中古汉语"完成"语义的表达体系 ………………………… 45
　3.1　四级结构层次 ………………………………………………… 45
　3.2　三级表达体系 ………………………………………………… 55
　3.3　被动句 ………………………………………………………… 68
　3.4　表达模式 ……………………………………………………… 72
　3.5　语义范域 ……………………………………………………… 74
第四章　"完成"语义标记的衍生和演进 …………………………… 80
　4.1　语义标记 ……………………………………………………… 81
　4.2　"完成"语义标记的衍生 ……………………………………… 83
　4.3　语料同质性及分类 …………………………………………… 93
　4.4　"完成"语义标记在中古汉语的表现 ………………………… 95
　4.5　"完成"语义标记在近代汉语中的演进 ……………………… 115
　4.6　两种不同类型文本中的比较 ………………………………… 122
　4.7　"完成"语义标记演化的单向性过程 ………………………… 125
第五章　"完成"语义隐性范畴的历时演变 ………………………… 141
　5.1　对作格动词研究的检讨 ……………………………………… 142

5.2　使成结构及其上古表现 …………………………………… 157
　　5.3　"斩" ………………………………………………………… 170
　　5.4　"杀" ………………………………………………………… 186
　　5.5　"败" ………………………………………………………… 220
第六章　"完成"语义范畴间的互动 ………………………………… 233
　　6.1　"完成"语义标记的演进对语序的影响 ………………… 233
　　6.2　动结式的衍生过程 ………………………………………… 258
　　6.3　"王冕死了父亲"的衍生过程和机制 …………………… 278
第七章　结语 ………………………………………………………… 296

参考文献 ……………………………………………………………… 303
后记 …………………………………………………………………… 327

第一章 绪论

1.1 研究对象

本书主要研究中古汉语"完成"语义范畴的共时呈现及其表达形式的历史演变。

中古时期(东汉—南北朝)是汉语历史发展的重要阶段,这是不争的事实。但从汉语研究的现状来看,与上古汉语和近代汉语相比,不管是研究队伍还是研究成果,中古时期的研究又是最薄弱的。这可能和学术历史有关,如过去对汉语史的分期,大致可以分为三派:1.上古、中古、近代三期(王力,1958);2.上古、中古、近古、近代四期(太田辰夫,1988);3.古代和近代两期(吕叔湘,1985)。从以上的各种分法中,"我们看到一个特别严重的问题:魏晋南北朝的地位很暧昧,在四分法中和其他时期等立的,在三分法中则和唐五代甚至宋代合并为一期,在二分法中则又归入古代,结果魏晋南北朝是从古还是就今,还是独立出来,变成了颇为令人困扰的问题"。(魏培泉,2000b:200)尽管有不少专家和学者已经注意到中古汉语的重要性,但仍有大量的语言事实有待于进行深入研究。汉语的历史相当长,文献资料浩如烟海,加上能力有限,我们不可能对每一个时代的语料进行综合考察,所以本研究主要集中于中古汉语。在对中古时期的语言现象进行充分描写的基础上,再和中古前后的语言事实进行比较:向前上溯至上古汉语,往后联系近代汉语。我们试图立足中古,联系两头,做到既重视语言事实的充分描写,又兼顾语言的历史演变。

为什么不说我们的研究对象为"完成体"的历史演变呢?

已有不少学者就汉语体标记的产生和来源做了比较深入的研究,如太田辰夫(1958)、梅祖麟(1981、1999)、曹广顺(2000)等,他们主要关心某一句式或标记的来源,基本看法是汉语完成体标记产生于晚唐五代。但是研究体标记的产生过程,必须上溯到中古时期。郭锐(1997:174)直接指出:"现代汉语的过程标记是在中古时期逐渐产生的。"然而,从历史语法的角度看,如果仅限于有标记形式会遗漏很多重要的语法信息,所以我们打算从语义入手,将所有表达"完成"语义的方式都纳入研究范围。根据语言自足的观点,不同时代的人们都能自由地表达他们的思想,那么我们需要面对的一个重要问题是:在**体标记**产生以前,古人是怎样表"完成"语义的?除我们已经知道的汉语完成体标记由"完成动词",如"毕、竟、已、讫"发展为完成体外,还有没有其他表达方式?如果有,有哪些?它们在结构、体系上以及相互之间有什么联系和区别?这些语义成分在中古时期的发展演变有什么不同?诸如此类问题都值得我们进行深入的研究。

所以我们立足于中古汉语,以"完成"语义作为研究对象,希望能够为相关问题的深入讨论做一点工作。

1.2 研究意义

现代汉语研究的事实表明,在语法研究中太拘泥于形态标记往往不能很好地解决问题。"汉语语法的最大特点是没有严格意义上的形态变化。我国某些兄弟民族语言和西方语言里边用形态成分来表示的概念,汉语里边或者不做表示,或者用半独立的词来表示。"(吕叔湘主编,1980:1)现代语言学的研究越来越关注语义,"格"语法理论从研究名词或代词的语法范畴到着重分析句子的语义关系就是这种转向的一个典型。

对于"体"(aspect)[①],"从认为它是仅用词的形态变化来表示概念的现象,到认为它可以通过虚词来加以表示,乃至于认为在广义上它是词汇的和概念的(语义的)范畴,这代表了现代语言学的发展方向。"(左思明,1998:7)在国内语法学界,陈平(1988)对体进行了明确的界定。他把时间系统看成一个意义系统,一个通过语言形式表现出来的意义系统。他认为时间系统本质上是语法范畴,同时他把语法形式特征置于"伴随"地位,这已经显露出偏重语义的倾向。而且,无论是他着重论述的"时相",还是另外两元"时制"和"时态",都是从意义角度来解释的。

---

① 陈国华(2013)指出,国内语法学界通常把 aspect 译成"体",但无论从词源或所指的角度来看,aspect 都没有"体"的意思,因此,应该把"体"译成"态"。为方便论述,本书依照传统的称谓,依旧把 aspect 称为"体"。

杨永龙(2001)也有类似的看法,他认为:

> 我们不妨把"体标记"这一概念区分为狭义和广义两个:狭义的体标记指表体的形态,是完全虚化的纯语法形式;广义的体标记指所有表体形式,包括纯语法形式、词汇形式、句子结构等,只要是表达体意义的"标记"或"记号"(mark),均称作"体标记"(aspect mark)。(杨永龙,2001:23)

杨著指出,完成体意义的表达除了常见的表体副词、助词、语气词和尚未完全虚化的动词之外,还有其他一些手段,例如不用任何显性标记的"零形式",在一定语境中也可以表示完成体意义。

因此,我们选择从语义入手,而不是仅仅关注某一形态表达,既符合当今体貌理论精神,也和当今语言学的发展趋势相吻合。

此外,将所有表达"完成"语义的方式都纳入考察范围的好处是,我们不但可以看出表达同一功能的语义成分在不同时期的表现和演变,而且可以从系统论的角度考察这些成分间的相互影响和制约。不再仅仅局限于表达这一功能的语义是实词还是虚词,是词、词组还是小句,这样的语义场研究更符合系统论的精神。也唯有这样,才能更加保证语义的系统性和自足性。否则,我们的研究有可能是不完善的,至少在理论上是不够充分的。

Dowty(1991:575)指出,从实际生活来看,人们可以不关心施事、宾格等成分,但是人们十分关心"某物是静止的还是移动的,某物以某种方式改变与否,事件完成与否,还有活动是否产生了结果"等。因此,如果能将不同时期"完成"语义的表现和历史演变情况勾勒出清晰的发展轨迹,那么我们不但能更加完善地描写出汉语历史的发展脉络,而且可以从认知的角度了解不同时期人们的思想观念、表达方式。

鉴于此,本书试图回答上述问题,希望能对汉语史的研究有所帮助。

1.3 研究现状

对"完成"语义范畴的研究与动词的分类以及"体"[①]研究密切相关。

[①] 对这一问题进行概述的文章较多,如龚千炎(1995)、Zhang(1995)、戴耀晶(1997)、金昌吉和张小荫(1998)、顾阳(1999)、杨素英(2000)、杨永龙(2001)等均有论述。我们在此只是扼要叙述研究状况,详尽评介请参 Sasse(2002)、陈前瑞(2008)。

体貌研究源远流长,可追溯到古希腊。根据 Binnick(1991),具有现代意义的体概念——体是由完整体和未完整体的对立构成的,直到 19 世纪中叶才出现在 Miklosisch 的著作中,并由 Jakobson 在 1932 年严格地建立起来。体首次出现在英语中是 1835 年,由斯拉夫语的语法术语引进到西欧语法中。

情状类型建立在人类对世界事物的认识上,因而具有共通性。人类在认知世界的过程中很自然地会区分状态和活动。Vendler(1957)从英语的词性角度而非从结构的角度提出了动词体类型的四分法:状态(State),活动(Activity),完结(Accomplishment)和达成(Achievement)。Vendler 的四分法在语言学界得到较为普遍的认可。自此,语言学家普遍采用三个建立在时间概念基础上的两元标准来区分动词类型。这三个两元标准为:[+/−动态]([+/−dynamic]),[+/−终结]([+/−telic]),[+/−瞬时]([+/−punctual])。

Comrie(1976)是第一部将体作为普通语言学的问题来研究的著作。书中对体的定义、时和体的区分、体的系统等重要问题都做了精辟的论述。体的定义是:"体是对某一情状的内部时间结构的不同的观察方式。"(Comrie,1976:3)体关心的是某一情状的内部时间成分,完整体(perfective)则把某一情状做整体性观察。由于 Aktionsart 不关心说话人的观察角度,而只是关心动词的内部时间性质;Aktionsart 是客观的,通常动词都有词汇体,但是当动词和某些名词短语或副词联结时,就获得了不同的体类。Comrie 的观点对后来的研究产生了相当大的影响,后来的体貌研究基本上沿着他的思路进行,如 Smith(1991)、Binnick(1991)、Michaelis(1998)等。此外,Verkuyl(1972、1993)、Hopper & Thompson(1980)、Langacker(1987b)、Dik(1997)、Dahl(1985、2000)等分别从形式、功能、认知、语义、类型的角度对体貌进行了研究。

至此,从事体貌研究的学者在以下几方面基本上达成了共识:

(一)体貌性和界限相关。因此体貌方面的所有理论在谈论界限时都关心语言的情状编码方式。

(二)体貌性是一个更大的范围,不仅在语法范畴内,而且在语法与词汇之间也被相互影响。因此,Smith(1991/1997:5)指出:"体是一个在语言学范畴中表现语义的领域。"

(三)有许多因素共同影响了体貌性,不仅是句法、词汇影响了语义解释,而且上下文信息也造成了体貌的理解,所以这就需要一个超越语言学学科范围的理论。

由于越来越多的学者认识到,体貌不仅限于形态范畴或者显性的功能范畴,即体算子,而且可能与隐性范畴,如谓词相关,所以当今体貌理论不再认为体貌的语义仅仅与充当体算子的屈折成分相关,而且与情状有十分密切的关系。因此,体貌意义具有合成性的特点。

中国传统语言学中"体"没有受到足够的重视,直到近几十年来,才成为一个热门话题。尽管在这个领域中现在还有争议,但学者们也达成了不少共识,可以说有了一个初具规模的体貌理论框架。所谓动词的体或体貌均由英语 aspect 翻译而来。究竟称其为"体"还是"貌",在汉语语法研究中尚无统一的标准,有将 aspect 译作"情貌"或"态"的(见温知新、杨福绵,1985),吕叔湘主编(1980)在讨论某些副词及动词助词时亦间接提到"事态""状态",陈平(1988)使用"时态",胡明扬(1996)将 Comire(1976) *Aspect* 一书译作"动态"。目前一般采用"体"来对应 aspect,如高名凯(1960)、李临定(1990)、宋玉柱(1996)、张双庆主编(1996)等。

早期汉语体貌研究从 20 世纪 20 年代到 70 年代末,属于初创时期,代表人物有黎锦熙、王力、吕叔湘、高名凯、龙果夫、雅洪托夫、张秀等。这一时期的体貌研究侧重对西方时体理论的引进、消化、改造,建构汉语自身的时体范畴体系,表现出较强的理论色彩。虽还谈不上深入和系统,并带有初创时期的痕迹,如时体框架的构建缺乏客观标准,具体描写相对薄弱等,但是这些成果为后来的系统研究奠定了基础,其中关于汉语有无"时范畴"的理论探讨对后来的影响尤为深远。王力、高名凯等提出的"汉语有体无时"观点得到了多数学者的认同,这一观点的主导地位一直延续至今,某些体形式(如"了"、"着"、"过"、动词重叠)也逐步得到了公认。

20 世纪 80 年代以来,汉语体貌研究进入了蓬勃发展时期。汉语的体貌研究在这一时期得到了迅速的发展和深化,代表性成果有马庆株(1981)、邓守信(1986)、陈平(1988)、龚千炎(1991)、郭锐(1993,1997)、戴耀晶(1997)、陈前瑞(2008)等。

马庆株(1981)的动词分类系统在学术界产生了较大的影响。他根据动词带时量宾语的歧义类型,结合动词的语义特征将动词分成四类。虽然马庆株没有为他的分类贴上情状标签,但实质上是对动词进行的情状分类。

邓守信(1986)明确提出:"不同的语境基本上是句子谓语的分类,而非动词本身的分类,虽然与动词分类有着相当大程度的关系。"他根据 Vendler 的分类仍将情状分为四类,并指出:活动表明纯粹的动作过程,如"走路";完结则表明达到了动作的目的,如"走到学校";达成不牵涉动作只表明某种情况的出现,如"干了";状态只表明一个情况的存在,如"快乐"。

陈平、龚千炎都是以整个时间结构系统为研究对象。陈平重点分析了时相(情状类型)与汉语动词次类的关系。他划分情状类型所依据的是去掉时体标记以后的整个句子，根据[+/-静态](state)、[+/-持续](durative)、[+/-完成](telic)三对区别性特征的各种组合方式，将汉语句子表现的情状分成状态、活动、结束、复变、单变五种类型。

戴耀晶则单就某一个子系统(时系统或体系统)进行了考察。戴耀晶(1997)深入考察了汉语的体系统，并采用语义分析法，详细讨论了完成体和非完成体两大类中的六种体，对每一种体形式所反映的体意义都提取了数项语义特征，从而以简明的语义驾驭了各类体的特点。值得一提的是，书中特别强调了时、体范畴与时、体语义的区分，指出前者总是与一定的形态形式相关，而后者则可通过词语形式、形态形式、强调形式、格形式、言语环境及说话者心理等各种手段来表现，因而在任何语言中都有所反映。(金昌吉、张小萌，1998:34~35)戴耀晶认为："情状的研究必须分层面(level)考察，至少应该区分动词层面的情状与句子层面的情状。"①他还分别对动词和句子进行了情状分类。

相比较而言，郭锐(1993、1997)的研究显得与众不同。郭锐(1993)系统分析了汉语动词的过程结构，并对孟琮等编的《动词用法词典》所收动词进行过程结构分类，他把汉语的动词按过程结构的不同分成了十个小类，其中有三个典型类。后来，郭锐(1997)进一步对动词的过程结构分类进行了总结。他认为谓词性成分的外在时间性分为过程和非过程两种：过程指谓词性成分实现为外部时间流逝过程中的一个具体事件，这种谓词性成分一般带有"了、着、过、在、正在、呢"等时间性成分；非过程指谓词性成分不与时间流逝发生联系，只是抽象地表示某种动作、状态或关系。

陈前瑞(2008)主要从系统的角度分析汉语体貌的句法语义特征，从话语的角度探寻体标记的功能、基于语料库定量分析体貌现象，构建了一个情状体、阶段体、边缘视点体、核心视点体的四层级汉语体貌系统。

此外，从方言和民族语言的角度研究体貌的成果分别体现在胡明扬主编的《汉语方言体貌论文集》(1996)、张双庆主编的《动词的体》(1996)以及戴庆厦主编的《中国民族语言文学研究论集》(语言专集2001)中。

20世纪80年代以来的汉语体貌研究表现出以下几个特点：

(一)重视理论构建。国内当今的体貌研究更多地直接受到Comrie

---

① 黄美金(L. Huang,1988)也提出了类似的看法，她认为："'态'实际上不应局限于'时间'与'动词'的狭隘范畴中，而应扩大至动词组、句子、段落，甚或更大的言谈单位。"

(1976)、Smith(1991)、Olsen(1997)的影响,但不是盲目的搬用,而是在借鉴外来理论的同时结合汉语实际,建立自己的理论体系。这方面以戴耀晶(1997)和陈前瑞(2008)为代表。

(二)主要关注有标成分的时体功能。由于"体貌"这一概念直接从英语转译而来,而英语是形态比较丰富的语言,因此体貌研究者大多认为体范畴仅用词的形态变化来表示,研究文章也就更多地关注"了、着、过"等标记成分。

(三)重视语义表现。现代语言学的一个发展趋势就是在语法分析中越来越注重语义成分,如格语法、生成语法。陈平(1988)实际上把时间系统看成一个意义系统,一个通过语言形式而表现出来的意义系统。戴耀晶(1997)深入考察了汉语的体系统,书中采用语义分析法,详细讨论了完成体和非完成体两大类中的六种体,对每一种体形式所反映的体意义都提取了数项语义特征。

但是,当前的体貌研究还有很多不足。

首先,对体貌问题的研究更多地表现在理论语言学界和现代汉语学界,包括陈前瑞(2008),尽管在研究中结合历时进行了深入的研究,但就我们来看,还是属于现代汉语和理论语言学范围。

其次,大多仅仅关注有标成分,而忽视了对无标记成分的研究。汉语体标记,即使在现代汉语中有时候并不是必需的。如果我们仅仅关注"了、着、过"等有标记成分,肯定会遗漏很多语言事实和现象,从而影响解释力。现代体貌研究的新进展已经证明了这一点:由于体貌和情状、句子密切相关,体貌范畴不仅仅是形态标记的问题,其作用相当于算子功能。陈平(1988)曾指出,句子的情状取决于所有句子成分词汇意义的总和,其中动词是基础,其他成分也起着重要的选择和制约作用。因此我们只有从系统的观点出发,才能够全面阐释汉语中与时相、时制和时态特征相关的各种语法现象。可喜的是,杨永龙(2001)在研究中已经扩大了体貌研究范围,把副词、语气词等也纳入了体貌范畴:有特定的体标记就可以表示特定的体意义,但没有某一特定的体标记并不等于不具有某种体意义;完成体意义的表达除了常见的表体副词、助词、语气词,尚未完全虚化的动词之外,还有其他一些手段,例如不用任何显性标记的"零形式",在一定语境中也可以表示完成体意义。加强对不带标记现象的研究,必将深化我们对带体标记的现象以及体现象本质的认识。

最后,对体貌组合效应关注得不够。Vendler(1957)的论著发表之后,许多语言学家发现,情状动貌的性质不仅仅取决于动词本身,而且取决于动词与其他什么样的成分联结而构成句子。Verkuyl(1972)、Dowty(1979)讨论了动貌的合成性质。因为体貌的合成性不仅仅表现在动词上,"情状的研究必须分层次(level)考察,至少应该区分动词层面的情状与句子层面的情状,二者是不相同的,相互之间存在着体现(realization)与被体现的关系"。(戴耀晶,1997:13)也许是因为这种研究的难度大,所以研究者稀少。不过,不重视研究体貌的组合效应显然不能很好地解决汉语体貌的实际问题。

上面我们简略地概述了体貌研究的基本状况。应该说,体貌研究方兴未艾,从一系列博士论文和相关论文集的不断出版可以窥见一斑。然而从汉语史角度研究体貌的文章相对较少。曹广顺(1986、1987、1995、1998、2000)、蒋绍愚(1999、2001、2003)、梅祖麟(1981、1988、1991、1999)进行了相关研究,取得了不少成果,不过这些文章的目的更多是为了描写某种语法格式的历史来源和演变动因。真正把体貌理论全面应用于汉语史研究的,笔者认为应该是杨永龙。杨永龙(2001)中运用现代语言学理论,从句法结构、事件类型、情状类型、时制结构等多方面对《朱子语类》中表达完成体意义的若干副词、助词、语气词、完毕义动词进行描写和分析,并在此基础上尽可能进行古今比较,详细阐释了以《朱子语类》为代表的近代汉语中完成体的发展和演变。然而面对丰富的历史语料,汉语史学界对体貌的研究仍显得十分薄弱。由于语言情状类型建立在人类对世界事物的认知上,因此弄清楚不同时代人们对世界的认知方式在语言中的反映不仅能够将汉语史的研究置于普通语言学的视野内,而且能够帮助我们正确认识汉语体貌范畴由古到今的历史演化和变化机制:汉语的体貌范畴如何从隐性范畴发展出显性范畴的?其时代性表现如何?内在的动因和机制是什么?这些都需要我们对每个时代的语料进行扎实的研究。

1.4 研究目标、材料和方法

语言是不断变化的,但是某一语言现象的变化是跟所处时代的其他成分相互关联的,这就决定了语言研究不能仅仅追溯某一形态、某一语法成分单纯的线性发展过程①,而是必须把相关的词汇、语法现象联系起来。我们认为,以往的汉语史研究在词汇和语法的结合上不是很令人满意:词汇研究

---

① 我们当然不否认描写语法线性发展的过程的重要性。

往往只注重实词语义演变,而语法研究则偏向虚词,能够将这两者结合起来考察的研究不是很多。语法化理论以及语义演变的单向性理论为把二者结合起来提供了坚实的理论基础,因此,本研究尝试将词汇和语法结合起来考察"完成"语言表达方式的历史演变。

语义功能主义坚持以语义范畴为出发点和分类基础,遵循从"内容——形式"的研究方向。内容和形式相对立,这是目前对功能最流行、最常见的理解,也正是语义功能主义的核心思想,它在俄语语言学的各种功能研究中占有主导地位。① 俄罗斯著名语法学家邦达尔科从 20 世纪 70 年代开始从事功能语法研究,成就斐然,堪称俄语义功能主义的代表人物。邦达尔科语义功能研究有以下几个主要特点:

(一)语义功能主义强调"由里及表"的描写方式,即由语义出发,研究和分析该语义的各种表达手段和方法。在描写语言具体材料时采用从语义到表达形式(即从功能到手段)的方法作为基本的、决定该语法结构的方法,其中可结合使用由形式到语义的方法;采取由形式到语义的描写方式的语法也可能具有功能性质,但是功能语法的特征在采取由语义到形式的描写方式时才能充分地表现出来。

(二)由形式出发的传统描写语法往往是单平面的,它们的研究对象是单一的。而功能主义者要建构的语法则是多平面的,它从语义范畴出发,把语义功能相同的不同平面的语言手段结合在一起。这里既有词的语法形式,又有句法结构,甚至包括必要的词汇单位。当然,这里不是所有的词汇单位,而是对语法中的语义范畴有重要意义的"结构词汇单位",所以说,语义功能学家的研究不受层次体系的限制,对他们来说,不存在形态学、句法学和词汇学的界限。

(三)语义功能语法的结构核心是"功能语义场"。这一概念是由邦达尔科提出并使用的。他强调功能语法就是要研究和分析以基本的语义范畴为基础的语义场系统。功能语义场往往和语义范畴是相通的,它是同类语义功能的抽象和概括。

总之,功能研究者的任务就是挖掘所有的表达手段,确定其同异之处,进行分类概括,并把它们集合于有自身系统结构的"功能语义场"内。因此,我们的研究应该说是一种基于"功能语义场"的研究,和传统的语义场研究最大的不同是我们的场更大。整个语义场首先分为两个场:"完成"语义场和"−完成"语义场;"−完成"语义场下面分为表示[＋进行]和

---

① 关于俄罗斯语义功能主义的观点和介绍均引自王铭玉(2004)。

[-进行]的语义场,最后一层才是传统的最小语义场,如由表示[+吃]、[+喝]等语义构成的语义场,可表示为图1-1。① 因此,传统的语义场研究较为微观,我们对"完成"语义范畴的研究则较为宏观,更关注词汇和语法的关联,从而面对的语言现象相对来说也要复杂得多。本研究试图从词汇、语法接口(interface)表现出的相关语言现象出发探索语义表达功能以及二者的互动关系。

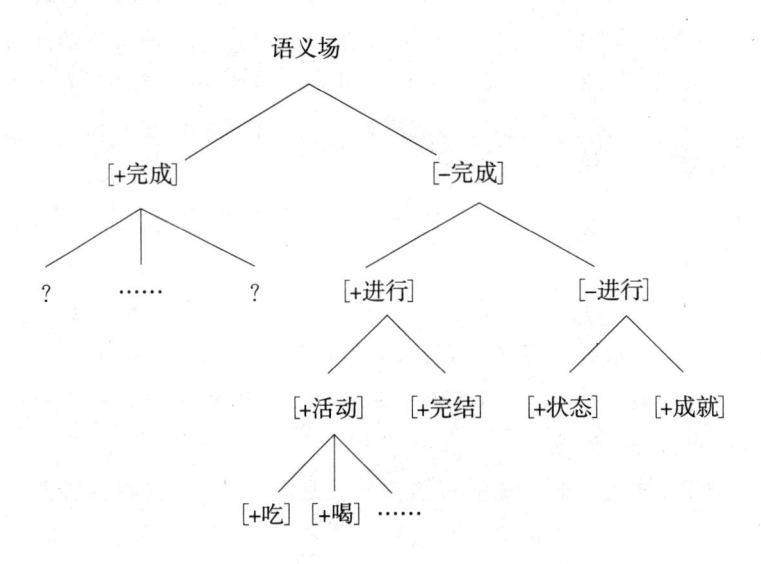

图1-1 基于功能语义场的语义分类

1.4.1 研究目标

在汉语史研究中,我们需要不断地追问:某一语言现象是在何时产生和如何产生的?在什么时期、什么情况下、凭借什么样的历史契机出现?具有怎样的特色?发展过程怎样?演变的机制是什么?如果我们把汉语史上的每一个问题都解释清楚了,那么一部成熟的汉语历史就建立起来了,这应该是汉语史研究者的长期目标。

本研究的近期目标是:

1. 描写清楚中古时期"完成"语义的表现形式和表达体系;

2. 描述"完成"语义标记在中古时期的衍生过程,并对产生原因和机制做出解释;

3. 讨论由于词汇的选择限制带来的"完成"语义隐性范畴的历时演变过程;

---

① 我们参考了Filip(1999:157)分类图表,将体的分类应用到语义场的分类上。

4. 从系统性出发探索"完成"语义标记的衍生对语序的影响，从而探讨语言系统内部的互动关系。

1.4.2 基本材料

中古时期（东汉—魏晋南北朝）是汉语史发展的重要时期，其中一个重大事件便是佛教的传入以及随之而来的大量佛典的翻译。汉译佛典与同时期文献相比具有更高的口语性，这引起了汉语史研究者的高度重视，研究中古汉语是不能离开佛典文献的。因此我们在研究材料上主要采取中土传世文献和汉译佛典并重，有重点地选择东汉、两晋、南北朝三个时期的语料作为研究材料。具体语料为：

东汉：《论衡》(《论衡校释》附刘盼遂集解，黄晖校释，中华书局，1990年)
   《中本起经》(大正藏本第4卷，No.196，昙果共康孟祥译)
两晋：《三国志·吴志》(陈寿撰，中华书局，1982年)
   《摩诃僧祇律》(大正藏本第22卷，No.1425，佛驮跋陀罗共法显译)
南北朝：《世说新语》(《世说新语校笺》，刘义庆撰，徐震堮校笺，中华书局，1987年)
   《杂宝藏经》(大正藏本第4卷，No.202，元魏·吉迦夜共昙曜译)

由于本研究主要是从历时的角度研究"完成"语义范畴，为了更清楚地显示中古时期的特点，我们还联系中古以前和以后的情况来进行比较研究，因此还必须了解上古和近代汉语"完成"语义范畴的表现。上古语料选择《左传》(《春秋左传注》，杨伯峻注，中华书局，1990年)，近代部分则选择晚唐五代时期的敦煌变文(《敦煌变文校注》，黄征、张涌泉校注，中华书局，1997年)作为代表语料。

1.4.3 研究方法及框架安排

如果说当今的语法研究已经在充分描写的基础上越来越注重解释，即从"是什么"向"为什么"的转变，那么在语义研究上，尤其是对"完成"语义范畴的研究仍然相当薄弱。我们对每一阶段"是什么"都不太清楚，更遑论"为什么"了。①

蒋绍愚(2005b:142)指出："'描写'是语言研究的基础，语言研究的第一步就是要把各种语言现象和发展演变的情况描写清楚，没有细致、清晰的描写就谈不上语言研究，离开具体的描写而大谈'规律'是毫无意义的。"由

---

① 关于中古汉语词汇研究的详细情况，请参周俊勋(2009)。

于以往的研究大都从有标记的形式入手,而且一般认为汉语体标记出现不早于晚唐五代时期,所以汉语史体貌方面的研究基本上将语料研究范围限制在近代,尽管有时候会往上追溯某一形式的历史来源。这就造成对中古以及中古以前的"完成"语义表现方式关注得不够,可资利用的成果也相当少,所以我们不得不花费相当多的精力对中古汉语"完成"语义范畴的共时呈现进行描写,解决语言研究中"是什么"的问题。

其次,我们不能仅仅满足于对某一语言现象的共时描写,描写的目的是为了更好地解释所要研究的语言现象的演变动因和机制,这就要求我们把相关语言现象联系起来考察,并从语言内部和外部说明某种新的语法现象产生的原因,即解决"为什么"的问题。

我们采取共时和历时相结合的方法,试图将共时描写和历时分析的结果相比较。事实上,共时和历时分析在研究中是不可能截然分开的。Hopper & Traugott(1993)指出,客观上是因为语法化的过程不仅体现在历时的发展阶段中,也反映在共时的语言系统里:一个形式在语法化过程中所经历的各个阶段的用法可以在共时状态下并存。这在近年来的语法化研究中得到了更多的证实。在共时部分,我们将整个中古看成一个平面,力图描写清楚中古汉语表达"完成"语义的方式和体系;历时部分,在共时描写的基础上,在描写标记的衍生过程中解释标记(显性范畴)产生的原因和机制;隐性范畴由于受到选择限制等多种因素的制约,从而引起"完成"语义表达方式转换的过程和机制;并探讨"完成"语义范畴内部的互动,如标记的衍生对语序的影响等。

1.5 术语界定

关于"体"的研究已有很长的历史,但术语不统一。据 Dahl(1981:80) 和 Filip(1999:53),术语不统一的问题即使在西方的语言学界也相当突出,如从对"界性"(telicity)、"有界"(telic)和"无界"(atelic)的区分可见一斑。汉语的体貌术语大多直接通过英文研究文章翻译引进,所以术语的不统一也就不足为怪了。我们研究中古时期的"完成"语义范畴的共时呈现及其表达方式的历史演变,首先面对的一个问题就是:什么是"完成"?

陈平(1988)指出:完成与非完成取决于有无自然的终结点以及有无向该终结点逐步接近的进展过程。瞬时性行为动作一般也属于非完成性情状,它们虽然有内在的终结点,但缺乏一个自起始点向终止点逐步接近的中间过程。戴耀晶(1997)综合陈平和 Comrie 的说法,根据:1.是否非完成形式能蕴涵完成形式的意义;2.是否有一个内在的限定终结点;3.是否有一个导向终结点的过程这三个原则判定完成与非完成语义特征。戴著指出:在现代汉语里,完成与非完成语义特征是指是否含有一个内在的限定终结点,并认为完整体带有完结(accomplishment)性质。不过完成这个术语强调了事件的终结点,而完整无此意味。完成了的事件一般来说都是完整的事件,而完整的事件未必都是完成的事件。

现代汉语研究体貌的学者大多数将 telic 译为"完成",沈家煊先生译为"终结"。① 从原文看,Comrie、Smith、Olsen 等所说的 telic 指的是某一情状具有自然的终结点以及有无向该终结点逐步接近的进展过程,但不一定是实际终结点。

治汉语史的学者的"完成"与上述看法有所不同。梅祖麟(1981)认为"结果补语也是表示完成貌",一件事总要完成后才能有结果,所以结果补语既表示结果,也必得同时表示完成。例如"折断绿杨枝","断"是结果补语,表示"折"的结果,"折断"这件事完成后,才能有"绿杨枝断了"的结果。蒋绍愚(2001b)指出,"完结"和"完成"仅一字之差,但在语法作用上不一样。"完结"表示一个过程的结束,所以前面必须是持续动词(吃完)。"完成"是一种体貌,表示动作或状态的实现,前面可以是非持续动词(死了),也可以是持续动词;在后一种情况下,正如梅祖麟(1994)所说,是"把这些动作动词的时间压缩成一个点"。所以,"吃完"和"吃了"的"吃"不一样,"吃完"的"吃"表示一个时段,"吃了"的"吃"表示一个时点。因此,汉语史界所说的"完成"不是指某一情状具有自然的终结点以及有无向该终结点逐步接近的过程,而必须是实际终结点,即已然事件。

汉语发展的历史表明,完成体是通过虚词来表现的,它是从具有"完成"(complete)义的动词演化而来,因此讨论"完成"语义固然必须包括动作或者过程完毕、结果的实现、状态的达成、活动的终止等。但是由于词汇和语法标记的互动,我们还必须考虑如"下雨了""他知道了"这种事件,前者表示事件的实现,后者表示状态从"不知道"向"知道"的瞬时转换,即郭锐(1993)所指的前限结构。既然它们都和完成体"了"同现,我们也应该将它们纳入考察范围。杨永龙(2001)根据汉语体貌表达的实际,也为了更好地显示有

---

① 参 Crystal(1997),沈家煊译,"telic(ity)"词条。

关体标记的来源及虚化过程,把表示动作或过程完毕、变化完成、状态实现三类语法意义都看作完成体意义的具体内容。① 李小凡(1998)指出,完成体表示以下两种语法意义:1.动作或变化在某一参照点已经完毕;2.动作或变化在某一参照时点已经发生了某种结果。不过,这两种语法意义却可以用同一个术语来概括,因为:

> "完成"这个词完全能包含"完毕"和"生成"两层意思。有的学者主张用"实现体"取代"完成体",这种主张正确地提出了以往对源自印欧语的"完成体"这一术语的理解常偏重"动作已经完毕",而形容词以及不少动词附加完成体标记后并不能这样概括,因而试图对其语法意义作出新的概括和表述,但是,"实现体"的概括却又抹杀了"结果已经生成"与"动作已经完毕"的差异,而这种差异是应该加以深究的。(李小凡,1998:200)

因此,参照李小凡(1998)的观点,本研究所指的"完成"是广义的,动作或过程完毕、结果的实现都包括在我们的研究范围之内。

---

① Bolinger(1971:96):"resultant condition implies perfectivity."

第二章　中古汉语"完成"语义的表现形式

"绪论"部分初步介绍了本研究的一些基本思路和相关概念。正式处理语料之前，我们还必须确立一些基本原则和方法，以便在共时描写的过程中保持标准的同一。

2.1　基本原则和方法

首先，要找出文本中表示"完成"语义的句子，必须面对的一个问题是截取语句的长短，也就是说在多大的范围判断某一个形式是否蕴涵"完成"语义。"话语分析"（discourse analysis）①采用的方法是在语篇中研究语言。"话语分析最典型的研究对象是超出单句长度的语段，由前后相连的句子构成的段落，如果在语言交际中表现为一个相对独立的功能单位，我们便称之为篇章（text）。"（陈平，1987）语篇中的"连贯"是一个梯度性概念，我们可以说此语篇比彼语篇更连贯；而且"连贯"有"言外"和"言内"两个特性，前者使得语篇与情景联系起来，成为情景的一个组成部分，后者表现为不同层次相互联系的语义关系。然而在不同的情景语境中，语篇与情景的关系以及语篇内部的接应程度是不同的，主要表现在语篇的语境依赖性上。对语篇连贯与否的解释还与谁是解释者有关，即可能因人而异，在操作程序上容易出现主观性过强的毛病。所以我们的研究不在语篇中进行，而是在一个句子（sentence）内部进行。

其次，语义的变化不是孤立地发生的，而是发生在作为组成成分的词组和话语中，这就意味着研究语义发展变化的规律必须在系统中进行。维特根斯坦（Wittgenstein，1953/1996：31）指出："在我们使用'意义'这个词的各

---

① 国内大多数人译成"话语分析"，也有人译成"篇章分析""语篇分析"。对这门学科，也有人称"话语语言学"或"篇章语言学"。

种情况中有数量极大的一类——虽然不是全部——,对之我们可以这样来说明它:一个词的意义就是它在语言中的使用。"在研究中确定某一个句子是否蕴涵"完成"语义时,需要在语言的使用环境中来鉴定。也就是说,首先必须在使用中挑选出表达"完成"语义的句子,然后再对这些句子进行分析。即我们首先从话语中挑选出表达"完成"语义的事件句,在此基础上进一步分析在这一事件句中是哪一个成分或者是几个成分承担了其表达"完成"语义的功能。至于有些动词,如"未"否定的动词本身是可以表达的"完成"的,但是整个事件因为否定词的功能,这一事件就变成"-完成",它也就不在本研究讨论范围之内。

吕叔湘先生在《中国文法要略》重印题记(1982)中曾经指出:"语法书可以有两种写法:或者从听和读的人的角度出发,以语法形式(结构,语序,虚词等)为纲,说明所表达的语法意义;或者从说和写的人的角度出发,以语法意义(各种范畴,各种关系)为纲,说明所赖以表达的语法形式。"①Comrie(1976:10)在研究语言的体范畴时认为既可以从特定语言的范畴开始,也可以从语义区别入手来研究它们的语法化过程;而且他认为从意义到形式的研究方法更为可行,因为我们关心的中心问题不是存在于某一特定语言中的特定的形式。因此,我们遵从后一种方法,从表达入手来进行研究。

同时,为了避免其他因素的干扰,尽量保证研究环境的相对纯净,我们不考虑"-完成"语义中的句子。我们认为只有弄清了影响"完成"语义表达的因素,才有可能了解语义上"完成"和"-完成"语义之间的相互影响和转化。

一个句子要表达"完成"语义,首先必须包含陈述性成分,陈述性成分最重要的特征是时间性。汉语中谓词性成分具有两方面的时间性——内在时间性和外在时间性。郭锐(1997)根据谓词性成分的外在时间性的不同,把谓词性成分分成不同的外在时间类型(即时状)。就汉语而言,谓词性成分表现出两种时状的对立,即过程与非过程。前者指谓词性成分与时间的流逝发生联系,把谓词性成分表示的状况放入时间流逝过程中来观察;后者指谓词性成分不与时间流逝发生联系,不放入时间流逝过程中来观察,只是抽象的表示某种动作、状态或关系。因此,一个句子如果是非过程的,就不能表达"完成"语义。另外,一个句子总要指涉(denote)外部世界的一定事件,这些事件有些指涉外部世界中实际发生的事件,即现实句;有些指涉未在外

---

① 《吕叔湘文集》(第一卷),商务印书馆,1990年版,第7页。较早的说法请参照 Jespersen (1924:33,39~40)。

部世界中实际发生的事件,但表示现实状况的可能性,表示惯常行为或意愿、规律、祈使等,即非现实句。(郭锐,1997:165)

既然"完成"语义不能在非现实句子中出现,那么一个句子如果是非过程句、非现实句,就肯定不能表示"完成"语义,所以在研究中可以首先将其排除。如敦煌变文中:

(1)出游猎行,见一故塔毁败崩坏。(《杂宝藏经》,4/469a)
(2)尧之时,十日并出,万物焦枯。(《论衡·感虚》)
(3)彼从无事,朝朝平旦入村邑王城而行乞食。(《中阿含经》,1/676a)
(4)吴郡陈遗,家至孝,母好食铛底焦饭,遗作郡主簿,恒装一囊,每煮食,辄贮录焦饭,归以遗母。(《世说新语·德行》)
(5)于是有涌泉出于舍侧,有江水之香,朝朝出鲤鱼二头,供二母之膳。(《华阳国志》卷十)
(6)北方天下如是,地不起尘,常有流水生草树。(《大楼炭经》,1/280b)
(7)我愿得百种璎珞庄饰臂钏步瑶之属,种种衣服,奴婢奶酪,酬醍饮食。(《生经》,3/101a)
(8)更受来身,誓必灭之。(《杂宝藏经》,4/455a)
(9)我若得此金色鹿皮,持作褥者没无遗恨。(《摩诃僧祇律》,22/230a)
(10)纵令赍粮,由恐不达,况无粮也。(《杂宝藏经》,4/493b)

例(1)(2)表状态,属于非过程。例(3)(4)表惯常行为,例(5)(6)表规律,例(7)(8)表意愿,例(9)表假设,例(10)表让步。

另外,表将来的句子和表否定的句子也应该排除。如:

(11)王怒隆盛缚曳殿前,将欲射杀。(《经律异相》,53/160b)
(12)此食拟将奉献世尊,是故不食。(《佛本行集经》,3/895a)
(13)在于众人,而不放逸,不乐轻戏,憺怕定然,其心不乱,志在空行。(《生经》,3/81a)
(14)与嵇康居二十年,未尝见其喜愠之色。(《世说新语·德行》)

例(11)(12)在时间上属于未来,而"完成"语义属于"已然"或实现的事件,所以将来发生的情状应该排除。例(13)(14)为否定句,表明某一情状未实现;例(13)与(14)的不同在于,例(14)的"未"为对完成体的否定,但是考虑到这一情状类型也属于未然事件,所以在确定"完成"语义时也不在考察范围之内。

2.2 "完成"语义表现形式

共时和历时是相对而言的,为了使观察更加显豁,我们把整个中古都看作一个共时平面。① 共时语言学和历时语言学的区分,经过索绪尔的论证,已经普遍被人们接受。Palmer(1981:12)指出:"共时研究必须先于历时研究,这是合乎逻辑的。因为在确定语言演变到某个阶段是什么样子以前,不可能进一步研究语言的演变。在语义学中也是这样。在没有弄清楚现在是什么意义以前,不可能描述该意义的演变。"②

Van Valin & Lapolla(1997)认为在小句(clause)结构层面存在着三个层次的句法单位(syntactic unit),即核心(nucleus)、中心(core)、小句。与之相应的是三个语义单位,即:谓词(predicate),谓词加论元(predicate plus arguments),谓词、论元及其非论元成分(predicate plus arguments as well as non-arguments)。用 Van Valin & Lapolla 的图表可以简单地表示为表2-1。(Van Valin & Lapolla,1997:27)

Xiao & Mcenery(2004)在 Van Valin & Lapolla(1997)的基础上,从三个层面对现代汉语的情状体做了分析。我们在参考 Van Valin & Lapolla(1997)、Xiao & Mcenery(2004)的同时,考虑到第一、第二两个层面其实都和动词本身的论元结构相关,因此将 Van Valin & Lapolla 的前两个句法单位合并为谓词层面。下面分别从谓词和小句两个层面对中古汉语的"完成"语义的表现方式进行共时描写。

---

① 严格说来,本书的共时平面比较宽泛,我们把整个中古时期都看成是一个结构平面,这有点类似于泛时(panchrony)的观点。根据《历史和比较语言学词典》(Trask,2000)"泛时"有两种意思:(i)指不受语言变化影响的语言结构的普遍原则;(ii)由于历时和共时不能够严格区分,而且语言的使用基本被看成是创造性的,绝对共时伴随着历时的成分,所以一般用泛时标示这种既互相区别又相关的状态。"泛时"的概念一般指第一个意义,如《语言与语言学词典》(Bussmann,1996)在"panchrony"词条下面就只有第一种意义。本书的"泛时"主要参考第一种意义上使用的,即结构规则;而第二种意义的"泛时"观,请参 Heine et al. (1991:258~259)。Newmeyer(1998)有详尽的评述,可参看。

② 此处引自周绍珩的译文。

表 2-1 语义成分(semantic element)和句法单位(syntactic unit)①

语义成分(semantic element)	句法单位(syntactic unit)
谓词(predicate)	核心(nucleus)
谓词+论元(arguments)	中心(core)
谓词+论元+非论元成分(non-arguments)	小句(clause=core+periphery)

2.2.1 谓词表现形式

这里所说的谓词表现形式指由中心动词表达"完成"语义。由于动词的语义和句法属性密切相关,因此这部分动词的语义也就通过其论元结构直接表现出来。对动词的分类我们主要参考李佐丰(1983、1994)、马庆株(1988)、赵长才(2000)等研究成果,将中古时期表达"完成"语义的谓词分为自主动词②和非自主动词进行考察。

2.2.1.1 自主动词

典型的行为动词一般表示自主的行为、活动。但是自主和非自主之间有时并不是可以截然分开的,也就是说,自主和非自主其实可以在同一个词上表现出来。比如"生"可以出现在 SVO 和 SV 两种句法环境中,当出现在 SVO 中时,"生"具有很强的自主性,S 一般为施事;而当其出现在 SV 中时,S 则为当事。③ 如:

(15)至周幽王发出龙漦,化为玄鼋,入于后宫,与处女交,遂生褒姒。(《论衡·奇怪》)

(16)父兄从之,(络秀)遂生伯仁兄弟。(《世说新语·贤媛》)

(17)儿生,号啼之声鸿朗高畅者寿,嘶喝湿下者夭。(《论衡·气寿》)

(18)尔时众生复食彼自然粳米,食米渐久便有男女形生。(《摩诃僧祇律》,22/239c)

例(15)(16)的施事分别为"处女""络秀",是"生"这一行为的发出者;而例

---

① 此表我们引用时做了部分修改。
② 关于自主动词等表达"完成"义,蒋绍愚先生向笔者指出:"自主动词是否都表'完成'义?"这里说明的是,我们从已有的语料中提取出来的材料是表明它们出现于所在的语言环境中是可以表达"完成"语义的。至于不同子范畴在表达"完成"语义的自足性上肯定存在差异,具体条件尚需研究。
③ 关于汉语义角色的分类一直没有统一的划分标准,不同研究者划分出来的语义角色也就有所不同。林杏光等主编(1994)把事件中非自发动作行为和状态的主体叫"当事"。我们在此参考了林杏光等的定义,不过我们的当事指动作行为的参与者,而非肇始者。如:"张三醒了"中的"张三"就把他看作当事。

(17)(18)的"生"只带一个论元"儿""男女",它们不是这一行为的发出者,而是非自发的动作行为,即当事。其他如"立、虏、免、兀、降、枭、刖、斩、止、至、诛"等词都可以出现在 SVO 和 SV 两种环境中。为了论述方便,我们不把它们分作两种语义、两种句式来处理。

自主的及物行为动词有"出、入、触、到、达、得、逢、醢、毁、获、克、立、虏、免、杀、生、兀、忤、降、枭、刖、斩、止、至、诛"等。兹略举数例:

(19)王去之后,女与父谋,烧杀该容及其侍女,诈言失火。(《中本起经》,4/157c)|汝今自杀无量人民,食肉不尽,唐使臭烂。(《杂宝藏经》,4/487b)

(20)桓等身自拒泰,烧营而退,遂枭雕,生虏双,送武昌,临阵斩溺,死者千余。(《吴志·朱桓传》)|十九年五月,权征皖城。闰月,克之,获庐江太守朱光及参军董和,男女数万口。(《吴志·吴主传》)

(21)又从策讨陵阳,生得祖郎等。(《吴志·孙辅传》)|谢安始出西,戏,失车牛,便杖策步归。(《世说新语·任诞》)

以上表达"完成"语义的行为动词,一般多出现在 SVO 句式中。"杀"在上古汉语中是典型的及物动词,所以在绝大多数场合都带宾语。中古时期"杀"的语义发生了变化,可以出现在"S 杀 VO"和"SV 杀(O)"两种句式中。① 例(21)中《吴志·孙辅传》"生得祖郎等",裴注引《江表传》:"策自率将士讨郎,生获之。"可见"得"即是"获得"之义。因此,它们表达"完成"语义应该是没有问题的。

2.2.1.2 非自主动词

非自主动词表示无意识、无心的动作行为,即动作行为发出者不能自由支配的动作行为,也表示变化和属性,质言之,是表示变化或属性的,因为无心的动作行为也可以看作变化和属性。(马庆株,1988)根据主语语义角色的不同,我们将非自主动词分为以下几类:

(一)主语为当事

这类词的主语不是典型的施事,不具有很强的自控度,是动作的参与者,它们共有的语义特点是自立性和变化性,即其所指的事物的状态在由动词所表示的事件中发生了变化。(袁毓林,1998)它们出现的句法环境一般

---

① 关于"杀"的语义发展变化,后文有专门论述。

为 SV,也可以出现在 SVO 中。这些动词有"崩、死、亡、卒、没、活;离、散、倾覆;盲、病、疾、差、平复、愈;见、闻;觉(睡醒)、觉(发觉);遇、值;忘、许、信、感悟、知、悔、受、苏、知、了(明白)"等。如:

(22)允转桂林太守,疾病,住广州。(《吴志·孙皓传》)|所患即差,便作是念。(《摩诃僧祇律》,22/262b)

(23)贼既解散,身被十二创,良久乃苏。(《吴志·周泰传》)

(24)始与李父等俱起,到柴界中,遇贼兵。(《论衡·吉验》)|秉遭大丧,亲为制服结经。(《吴志·顾雍传》)

(25)宝称中夜欻觉,见诸妓女,皆如死状。(《中本起经》,4/149a)|闻伯夷之风者,贪夫廉而懦夫有立志;闻柳下惠之风者,薄夫敦而鄙夫宽。(《论衡·率性》)

(26)长者见佛尊仪相好,喜惧交至,忘失修敬。(《中本起经》,4/149b)|此言之妙,美于甘露。心寤意解,便逮法眼。(《中本起经》,4/153c,"寤"宋、元、明三本作"悟")

(27)时卖薪人即便授与,辟支佛受而食之。(《杂宝藏经》,4/470c)

例(22)为表达疾病的发生和痊愈的动词,属于瞬时变化,因此可以用来表达"完成"语义。同理,例(23)(24)的"苏、遇、遭"等也是瞬时实现的,非延续动词。例(25)的"闻、见"在用来表达持续的动作"听"和"看"的结果时,和上古汉语并没有不同。《礼记·大学》曰:"视而不见,听而不闻。"可见"见、闻"可以表达某种结果的实现。例(26)中的"忘、寤、解"属于感知类动词,它们同例(22)~(25)中加下划线的词的最大不同是:表达某种状态的开始。也就是说,"闻、见"等是表达某种动作、状态到达终点或者呈现某种结果,而"知、信"则表达起点,但没有终点,属于前限结构动词。前限结构的特点是有起点,但无终点,续段很弱。前限结构动词大多是表示心理活动的,因而与表示关系、属性的无限结构动词相对比,似乎稍微需要那么一点动力,"不需动力"这一特征已减弱。(郭锐,1993:414)例(27)中,"授"表示授予,"受"表示接受,字形上已经做了区别,不再像上古汉语那样,"受"既可以表示授予,也可以表示接受。① 因此可以认为"受"表示结果的实现或完成。

---

① 关于"受"在古汉语中既可以表示授予,又可以表示接受的现象及原因,请参蒋绍愚(1989)第五章。

(二)主语为主事

主事和当事的区别在于,与当事相关的动词具有某种动作性,或者说动作性很弱,而与主事相关的动词则不具动作性,表现出很强的形状、属性特征。① 它们一般只出现在 SV 中,有"饱、成、定、绝、枯、溢、满、平、倒、露、失、消、平、醉、糜烂"等。如:

(28)(高祖)尝从王媪、武负贳酒,饮<u>醉</u>止卧……每留饮醉,酒雠数倍。(《论衡·吉验》)|众人皆送种种饮食往与众僧,众僧食<u>饱</u>,到长者舍。(《杂宝藏经》,4/469b)

(29)诸女同忿,皆以火炉打扑迦罗,举身<u>焦烂</u>。(《中本起经》,4/158a)|尧之时,十日并出,万物<u>焦枯</u>。(《论衡·感虚》)

(30)加武猛校尉,讨治恶民,旬月尽<u>平</u>,召合遗散,<u>得</u>八百人,将还建业。(《吴志·潘璋传》)|八月,丹杨、句容及故鄣、宁国诸山崩,鸿水<u>溢</u>。(《吴志·吴主传》)

(31)桥败路<u>绝</u>,统被甲潜行。(《吴志·凌统传》)|袁孝尼尝请学此散,吾靳固不与,《广陵散》于今绝矣!(《世说新语·雅量》)

(32)以如意打唾壶,壶口尽<u>缺</u>。(《世说新语·豪爽》)|崇视讫,以铁如意击之,应手而<u>碎</u>。(《世说新语·汰侈》)

上举"饱、醉、焦烂、焦枯、平、溢、绝、缺、碎"等词本身表示事物的状态或者属性,出现的句法环境为 SV,一般不带宾语,语义上的典型特性是[+静态](static)。[+静态]本身是可以持续的,但却是[-有界](atelic)的。这类词本身是同质的和静态的,这是它们和事件(event)的不同,因为事件一般具有异质、动态的特点。②(Smith,1991/1997:35)但是,为什么它们却可以表达"完成"语义呢?

作为话语的叙述,最典型的是相关事件在时间顺序中发生③。(Labov & Waletzky,1967)也就是说,离开了时间,不可能有叙述句。正是由于叙述话语在时间中的推进,状态词汇和所在句子便获得了时间参照,使得本身在足

---

① 袁毓林(1998、2002)对表示主体的论元角色命名有所不同,在袁毓林(1998)中有"当事"没有"主事",而袁毓林(2002)文中有"主事"没有"当事"。大致说来,袁毓林(2002)中的"主事"相当于袁毓林(1998)中的"当事"。本文的"主事"与袁毓林先生对语义角色的鉴定有所不同,这里只是方便分类的权宜之计。

② Michaelis(2004)认为,事件中的活动(activity)可以分为同质活动(homogeneous activity)和异质活动(heterogeneous activity)。

③ 转引自 Smith & Erbaugh(2005)。

够长的时间中具有的状态和属性获得了某种结果。①（de Swart,1998；Michaelis,2004）叙述的本质是动态,因此这类词在叙述性话语中因为时间的推进获得了从￢P到P的状态,如例(28)中从非饱的状态转换为饱的状态,例(29)从非焦烂、非焦枯的状态转换为焦烂、焦枯的状态。依此类推。值得注意的是例(31)中《世说新语》的"绝矣"的例子,刘孝标注引《文士传》作"绝也"。即：

(31)袁孝尼尝请学此散,吾靳固不与,《广陵散》于今绝矣！（《世说新语·雅量》）

(31′)康取调之,为太平引,曲成,叹曰："《太平引》于今绝也！"

一般认为,"矣"和"也"的不同在于前者是动态的,后者是静态的。如果我们把其中的时间性状语"于今"删去,这种区别就更为明显,"《广陵散》绝矣"隐含了从非绝到绝的时间变化过程,而"《太平引》绝也"则不隐含对比,只说明《太平引》处于绝的状态。由此可见,这类词汇只有在具体语境之中获得了从￢P到P的状态转换时,才可以用来表达"完成"语义,因为它们在这种语境中表现出某种变化或结果。

(三)主语为受事

受事的语义特点是自立性、变化性、受动性(causally affected),即其所指事物承受由动词所表示的动作、行为的影响。受事一定是跟施事相对的,它们共同成为某种类型的及物动词的两个必有论元。这一类动词主要是"遭受"类动词,包括"蒙、遭、受、被、罹"等。如：

(33)父子兄弟,累世蒙恩,死惟结草,生誓杀身。（《吴志·薛综传》）|昔肃祖临崩,诸君亲升御床,并蒙眷识,共奉遗诏。（《世说新语·方正》）

(34)彼欲言其贼贤欺交,故受患祸之报也。（《论衡·龙虚》）|说是法时,国内大小,信伏欢喜,咸归三尊,受戒而退。（《中本起经》,4/158a）

(35)守顽招此祸,自丧其身命。是故痴野干,遭斯木罐苦。（《摩诃

---

① 也就是当某一动作持续的时间足够长,就有可能逐渐向状态转换,或者说更像是状态而不是活动。Smith(1983)认为,状态可以用来指示其开始或持续状态,在一定的上下文里,状态可以表示状态的开始。

僧祇律》,22/282c)|秉遭大丧,亲为制服结经。(《吴志·顾雍传》)

(36)刘公干以失敬罹罪。(《世说新语·言语》)|各以所近,罹殃取祸。(《论衡·遭虎》)

(37)并时遭兵,隐者不中。同日被霜,蔽者不伤。(《论衡·幸偶》)|既蒙初宠,从容列位,而并旋受诛殛。(《吴志·陆逊传》)

上举各例主语均为受事。例(33)的"蒙"即蒙受义,"蒙"一般用来表示不如意,不愉快的事情,如"谤";也可以用在表示如意的事件中,如"蒙恩、蒙眷"。"受、遭、罹"主要用来表达不如意的事情,如例(34)～(36)。例(37)是"遭、被","蒙、受"对举。

(四)主语为致事

在研究动补结构时,这类词是学者们讨论的焦点。它们出现的句法环境可以是SVO,也可以是SV,而且很多情况下SVO中的O与SV中的S同指,所以有研究者将出现于这两种句式中的动词看作作格动词。(如大西克也,2004)它们是否为作格动词不在本章讨论范围内。我们姑且将它们在SVO和SV两种格式中分别表现出来的不及物和及物特点看成是"与生俱来的"。(赵长才,2000:11)袁毓林(2002)指出,致事共有的、动态的语义特点是:1.自立性;2.使动性,即其所指的事物引发了某种感知性事件;3.述谓性,即它直接和间接地指陈一个致使性的事件,正是这个致使性事件作为原因造成了作为结果的某种感知性事件。这一类词包括"败、断、废、坏、伤、乱、灭、破、却、折、中"等。如:

(38)譬如有人,持器取水,一器完牢,二者穿坏。(《中本起经》,4/162c)|猕猴瞋怒瓢王子面伤,坏裂衣服。(《摩诃僧祇律》,22/258c)

(39)再奏之,大风至,大雨随之,裂帷幕,破俎豆,坠廊瓦,坐者散走。(《论衡·感虚》)|唯野干主,饮罐中水,然后扑破。(《摩诃僧祇律》,22/282b)

(40)水注器中得偷兰罪,若水注断,满者波罗夷。(《摩诃僧祇律》,22/245c)

(41)身害者,入其家中牵曳小儿,打拍推扑,破损器物,折犊子脚,刺坏羊眼。(《摩诃僧祇律》,22/287)

(42)我以智水,灭此三火,此言若实,此火当灭。作是语已,火实时灭。(《杂宝藏经》,4/455a)

(43)王闻军至,募其国中:"谁能攘却如此之敌?"都无有人能攘却者。第二夫人来受募言:"我能却之。"问言:"云何得攘却之。"夫人答言:"但为我作百丈之台,我坐其上,必能攘却。"(《杂宝藏经》,4/453a)

这类动词也就是一般所说的使成动词。在 SVO 结构中,S 通过某种致使行为使得 O 达到某种结果或者处于某种状态,但这种致使行为是隐含的,结果是显现的。如上举例(38)~(43)中的"坏、伤、裂、破、断、折、灭、却"等作为使成动词,它们的动作行为、方式、工具等是隐含的,而结果却是显现的。例(41)(42)中的"折、灭"一方面出现在 SVO 中,表现为使成动词;另一方面又出现在 SV 中。SV 中的 S 和 SVO 中的 O 同指,表现出状态动词的特性。与表达"完成"语义的自主动词相比,二者在语义类型上基本形成了互补关系,可表示为(表 2-2):①

表 2-2　表达"完成"语义的自主动词和使成动词语义互补关系

	动作显现	结果显现
自主动词	+	-
使成动词	-	+

以上我们从自主和非自主的角度讨论了中古时期表达"完成"语义的谓词类型。根据情状类型的时间特征,上举 2.2.1.1 和 2.2.1.2 中的谓词,可以用[+动态](dynamic)、[+持续](durative)、[+有界](telic)来描写。但是,这三个语义特征其实并不是平行的关系,而是有层级关系的。根据 Olsen(1997),可以描述为图 2-1。

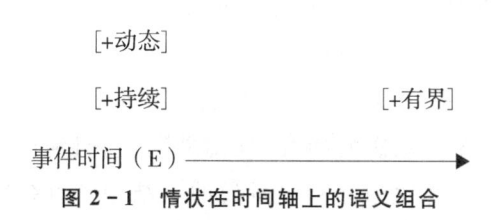

[+动态]

[+持续]　　　　　　　　[+有界]

事件时间(E)——————————————→

图 2-1　情状在时间轴上的语义组合

Olsen 认为,[+有界]、[+动态]和[+持续]这三个语义特征构成了词汇体的主要语义,它们的不同组合反映了事件的不同内在时间结构,即事件时间。[+持续]特征确指事件有一个内在的间距;[+动态]特征也预设了一个时间间距,因为人们不大可能在一个点就能确定事件的变化;[+有界]特征确指事件的持续或变化必须达到一个终点。如图 2-1 所示,情状首先是动态或持续的,然后才能达到有界所包含的终结点。Olsen 把[+动态]/

---

① 自主动词"杀"在中古时期既表可以动作,也能表结果,属于例外。

[+持续]所表示的时间间距称为事件的内核(nucleus),把[+有界]所表示的终点称为事件的终点(coda)。某一事件的时间结构可以用内核和终点来表示,而词汇体中完结(accomplishment)和达成(achievement)情状所表现的事件时间有内核有终点,但内核的持续性不同;状态情状和活动情状所表现的事件时间有内核无终点,但内核的动态性不同。也就是说,图2-1可以看作是对使成类动词表达"完成"语义的描述。这类动词属于后限结构,它们具有续段和终点,带有变化意义,即动作结束时产生某种性质的突变,但在达到这个突变之前,可以带有一个渐变的续段过程。(郭锐,1993)

对主语是施事的自主动词,可以表示为图2-2。由于它们不具有[+持续]语义特征,所以[+动态]和[+有界]是毗邻的,否则它们是不能单独用来表达"完成"语义的。同样,主语为当事的也可以表示为图2-2,只是在动态特性上表现得比较弱而已。①

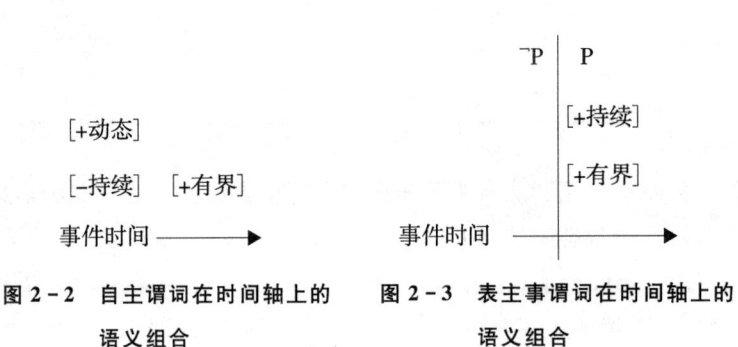

图 2-2 自主谓词在时间轴上的语义组合

图 2-3 表主事谓词在时间轴上的语义组合

主语为主事的谓词,由于在叙述时间过程中获得了从¬P到P的语义特征②,因此具有[+持续]的语义特征,但是这种持续性表现在结果上,如图2-3所示。图2-3虽然有[+持续]语义特征,但是这种持续不是动作的持续,而是达成某一状态的持续,也就是说,它们到达[+有界]这一状态是瞬时实现的,即郭锐(1993)中所说的点结构。点结构的特点在于其瞬时性和变化性,点结构总表示某种性质的突变,但在这个突变之前,并不包含一个渐变的续段过程,动作一开始也就结束,并产生一定的结果,从一种性质进入另一种性质。点结构看不出有起点,但可以理解成起点与终点重合。

[+有界]、[+动态]和[+持续]这三个语义特征的不同组合方式构成

---

① 主语为受事的也可以用图2-2表示。
② 类似的论述可以参考 Dowty(1979:140)关于 BECOME 谓词常量(predicate constant)的分析。

了中古表达"完成"语义的不同谓词形式。但是,必须承认,这些语义范畴和句子的句法表现是间接相关的,因此我们参照 Whorf(1956),把它们称作表达"完成"语义的隐性范畴。

2.2.1.3 显性范畴

与隐性范畴相比,中古汉语还可以用显性范畴来表达"完成"语义。这类词在汉语史的研究中一般被称为"完成动词"。由于"既、尽"等做时间副词的用法属于小句层面,所以在此暂不做讨论,而主要讨论谓词的用法。

完成类动词主要有"已、毕、尽、竟、了、讫、终"等。如:

(44) 在前行者不信其语,为羊所触,实时绝倒,伤破两膝,闷绝躃地,衣服伞盖裂坏荡尽。(《摩诃僧祇律》,22/242b)

(45) 宜修明行,可从得道,吾所偿对,于此了矣。(《中本起经》,4/163c)

(46) 来诣舍卫城料理官事,官事讫已,往诣世尊,顶礼佛足已,却住一面。(《摩诃僧祇律》,22/287a)

(47) 比丘尼即持去至自住处,与浣染擗竟,盛著箱中。(《摩诃僧祇律》,22/310a)

(48) 佛坐饭竟,行澡水毕,为说经法。(《中本起经》,4/162a)

这类动词出现较晚,大约战国晚期才产生。最初只限于"已",汉代以后"毕、竟、迄(讫)"等才加进来。(梅祖麟,1999)中古时期的完成动词一般不单独做谓词,而是放在前一个动词所带宾语的后面(如果前一个动词是及物动词的话),形成"VO 完"结构①,如上举例(44)~(48);而且还出现了复合用法,如例(46)的"讫已"。正是由于完成动词出现在这种连动结构中,为后来的语法化创造了条件。经过语义的逐渐虚化以及词汇的竞争更替,到近代汉语就演化成了体标记。

除了上述谓词外,中古汉语的有些谓词在表达"完成"语义时必须和其他动词黏附在一起,用复合结构来表达。如:

(49) 白言:"阿阇梨,持去作房。"尔时阐陀即持钱去。(《摩诃僧祇律》,22/279a)

---

① "VO 完"结构中的"完"表示完成动词"毕、竟、已、讫"等,下同。

(50)日光未灭去,至明相出时,尼萨耆;日光灭已去,至明相出时还,不犯。(《摩诃僧祇律》,22/297c)

(51)狼便寻逐羊去不住,追之既远,羊化为狗。(《摩诃僧祇律》,22/259b)|(狼)便出往趣,羊复惊走。奔逐垂得,复化作狗,反还逐狼,亦复如前。(《摩诃僧祇律》,22/259b)

例(49)"持去"出现在"VO 去"结构中,其中的宾语 O 可以省略,如"持去作房",大致相当于动趋式,只是这种动趋式还在演变过程中。在用未然体标记"未"否定时一般是"未 V 去",而不作"V 未去",如例(50)"日光灭去"的否定为"日光未灭去"。但时间标记做副词修饰"V 去"时,却可以是"日光灭已去",说明"V 去"的语法功能还没有完全等同于今天的趋向补语。例(51)的"V 为(作)"可以看作是动结式。① 由于动趋式和动结式也都含有完结的意思(参吕叔湘,1984、1987),所以它们也可用来表"完成"语义。

2.2.2　小句表现形式

以上论述了谓词层面表达"完成"语义的几种形式,它们都和动词的配价相关。下面描述的这一类的不同之处在于:它们和动词的配价关系不大。因此我们将它们归入小句表现形式。

2.2.2.1　副词性成分

(一)范围副词

动词前的范围副词可以用来表达"完成"语义,这些副词主要有"尽、皆、都"等,它们表示某一动作均已实现。如:

(52)是岁大疫,尽除荆州民租税。(《吴志·吴主传》)|至羽所置江边屯候,尽收缚之,是故羽不闻知。(《吴志·吕蒙传》)

(53)大军至,一郡尽空,汝何男子,而敢独止?(《世说新语·德行》)|今为汝等故。五百贾客。尽皆放去。(《杂宝藏经》,4/487c)

(54)夫积炭崩,百余人皆死,广国独脱。(《论衡·吉验》)|破视其腹中,肠皆寸寸断。(《世说新语·黜免》)

(55)有比丘从北方来道中遇贼都失衣物。为彼故乞衣。(《摩诃僧祇律》,22/303a)|于过去世,雪山之中,有一鹦鹉,父母都盲。(《杂宝藏

---

① 中古时期是汉语动结式产生的重要阶段,动结式从连动式产生而来,由于相关动结式的可资利用的研究成果十分丰富,本章暂不讨论中古汉语由动结式表达"完成"语义的情况。

经》,4/449a)

"尽"放在动词前,表示动作的周遍性①,如例(52)。李宗江(2004)指出,"尽"表示事物的从有到无,侧重于事物数量的变化结果,最初是一个用来表述具有[＋数量]特征的名词,后来演变为范围标记副词。由于"尽"的意义是"事物的了尽",所以能够用来表示"完成"语义,因为某一事物的了尽自然也就意味事件的完成。此外,范围副词"皆、都"也可以用来表示"完成"语义,如例(54)(55)。但是,如果仔细比较例(52)～(55),就会发现"尽"和"皆、都"表达"完成"语义的条件有所不同。例(52)中"尽"后面跟的是具有[＋持续]语义特征的动词,例(53)"尽"后面紧跟的是[－持续]语义特征的动词。而例(54)(55)"皆、都"作为总括副词后面跟的全部是具有[－持续]语义特征的动词。也就是说,"尽"对其后的动词没有选择限制条件,而"皆、都"在表达"完成"语义时受到严格的限制。一旦"皆、都"后面出现的是[＋持续]语义特征的动词或者动词组,就不能表达"完成"语义。如：

(56)孔门弟子七十之徒,<u>皆任</u>卿相之用。(《论衡·率性》)|周侯中坐而叹曰:"风景不殊,正自有山河之异!"<u>皆相视流泪</u>。(《世说新语·言语》)|郑玄家奴婢<u>皆读</u>书。(《世说新语·文学》)|杜预拜镇南将军,朝士悉至,<u>皆在连榻坐</u>。(《世说新语·方正》)

"任、流泪、读书"属于[＋持续]动词,"坐"比较特殊,既可以是瞬时动作,也可以是动作完成后的状态的持续,但是由于"坐"前面有"在连榻上"限制了"坐"的语义,所以"在连榻上坐"只能是[＋持续],故例(56)不能表达"完成"语义。因此,我们有理由相信在有"皆、都"出现的句子中真正表达"完成"语义的不是范围副词"皆、都",而是紧附其后面的动词,所以"皆、都"表达的"完成"时受到的制约更严格。

(二)时间副词

曾、尝

"曾、尝"表示过去的经历,有时候"常"也有"曾经"之意,它们均可以表

---

① 蒋绍愚(2004)已对中古汉语发生的"尽 V－V 尽"的衍化途径和机制做了十分详细的考察,可参看。

达"完成"语义。如：

(57)高祖之先,刘媪曾息大泽之陂。(《论衡·雷虚》)|瓶沙王宿世时,曾见比丘威仪庠序爱乐欢喜。(《摩诃僧祇律》,22/241b)

(58)支道林常养数匹马。(《世说新语·言语》)|孙权尝游幸诸营,而姬观于道中。(《吴志·妃嫔传》)

(59)是奴聪明本已曾闻。(《摩诃僧祇律》,22/285c)|瓶沙王曾已恭敬袈裟故恕彼猎师。(《摩诃僧祇律》,22/241a)

"曾(尝)"既可以修饰持续类动词,也可以修饰非持续动词。"曾"还可以和时间副词"已"一起构成并列结构修饰中心动词,如例(59)。"曾、尝"表示过去的可以重复的经历,可逆性是它们区别于时间副词"既、已"的一个重要特征。

既、已

除了时间副词"曾、尝"外,"既、已"也可以用来表达"完成"语义。如：

(60)有陶唐氏既衰,其后有刘累学扰龙于豢龙氏。(《论衡·龙虚》)|桓南郡既破殷荆州,收殷将佐十许人,咨议企生亦在焉。(《世说新语·德行》)

(61)勋既行,策轻军晨夜袭拔庐江,勋众尽降。(《吴志·孙破虏讨逆传》)|此文既流行,而质已入为侍中矣。(《吴志·胡综传》)

(62)既布施已,便先出关外住待诸比丘。(《摩诃僧祇律》,22/252c)|旧闻桓子野善吹笛。裴注引《续晋阳秋》:(桓)伊神色无忤,既吹一弄,乃放笛云……(《世说新语·任诞》)

"既"可以修饰完结动词,如例(60)中的"衰、破";也可以修饰持续动词,如例(61)"行、流行";还可以在所修饰的动词后面接上一个完成动词"已",构成"既V已"结构,如例(62)的"既布施已"。值得注意的是"既"还可以于所修饰的中心动词后面接上"数词+动量词",如例(62)中的"既吹一弄","吹"本来是持续动词,带上动量"一弄"后,就由无界变成了有界,这说明"既"和有界是相容的。

"既"本义是"食毕",表示吃饭这一具体行为动作的完毕。引申义"尽、完毕",其语义内容是"一定行为动作的完毕",而不是"完成一定的行为动作"。"既"带上谓词性宾语后,由于这个结构的动作性主要由其谓词性宾语来体现,时间性(完毕)主要由"既"来体现,因而"既"作为核心动词的地位就比较脆弱,它很容易由中心动词退化为附加语(修饰语)。这种退化一旦完成,它就由动词虚化为副词,其意义也就由"完毕"义变为"已经"或"……以后"义,表示一定动作行为或情况状态的"已然"。(杜海涛,1999:156)

相比较而言,用时间副词来表达"完成"语义在中古汉语用"已"更常见(周守晋,2003)。如:

(63)凡人受命,在父母施气之时,已得吉凶矣。(《论衡·命义》)|汉兴,老父授张良书,已化为石。(《论衡·无形》)
(64)闻宝称已作沙门,惊喜毛竖。(《中本起经》,4/149b)|寿春,术已据之,繇乃渡江治曲阿。(《吴志·孙破虏讨逆传》)
(65)姊妹起,我已作竟。(《摩诃僧祇律》,22/268a)|送还语优陀夷言:"此衣已浣染打讫,今故送还。"(《摩诃僧祇律》,22/300b)

时间副词"已"对所修饰的动词没有选择,可以是完结动词,如例(63)的"得、化为";可以是持续动词,如例(64)的"作、据";还可以同完成动词"竟、讫"等共同使用,如例(65)的"已作竟、已浣染打讫"。

2.2.2.2 数量成分

(一)名量成分

名量成分本来表示事物的数量,但是和动词结合后,就可以使动作由无界变为有界,从而可以用来表达某一动作已经完成。如:

(66)已后各拔一毛著地,晨朝复乞。(《摩诃僧祇律》,22/277a)|宁先以银盌酌酒,自饮两盌,乃酌与其都督。(《吴志·甘宁传》)|刘(真长)便作二百许语,辞难简切,孙理遂屈。(《世说新语·文学》)

例(66)的"拔"表示持续动作,一旦接上"一毛"以后,整个结构"拔一毛"就因为名量成分的限制变为有界。同样,"饮两盌、作二百许语"不可能没有终点,尤其是用在连动结构中时,其完成义更加凸现。但是,并不是持续动词接上有界名量词就可以表达"完成"语义。如:

(67)以蒙为南郡太守,封屏陵侯,赐钱一亿,黄金五百斤,蒙固辞金钱,权不许。(《吴志·吕蒙传》)

"赐钱一亿,黄金五百斤"是有界的,不过,从下文的"蒙固辞金钱"来看,

"赐"这一行为已经实现,本身可以表达"完成"义。

(二)动量成分

与名量成分相比,动量成分表达"完成"语义就自由得多,即动量成分表达"完成"语义是无标记的。如:

(68)休三让,群臣三请。(《吴志·孙休传》)|净人不可信者,复裹眼三旋,将来取之。(《摩诃僧祇律》,22/311c)|然三捉三治,三休三败。(《世说新语·政事》裴注引《殷羡言行》)|遂三起三迭,徒众属目,其气十倍。(《世说新语·豪爽》)

"数词+动词"是中古时期最主要的行为称量法,尤其是在动量词产生以前。根据刘世儒(1965),动量词是南北朝新兴的词类,而先秦、两汉时期动量的表示法主要是"数词+动词"。据我们调查,这种表达形式主要以接单音节动词为主。例(68)的"三让、三请"表示"推辞了三次、请求了三次"。

动词也可以带上宾语。如:

(69)师旷鼓《清角》,一奏之,有玄鹤二八,自南方来,集于廊门之危;再奏之而列;三奏之,延颈而鸣,舒翼而舞,音中宫商之声,声吁于天。(《论衡·感虚》)

到了南北朝时期,由于动量词的大量使用,因此由"数词+动词"表达动量的结构逐渐必须通过动量词来表达,尤其是南北朝中晚期,动量词已经形成为一种明确的范畴。(刘世儒,1965:43)如:

(70)绕我舍七匝,我与汝火。即绕七匝,得火还归。(《杂宝藏经》,4/451c)

(71)今日与谢孝剧谈一出来。(《世说新语·文学》)|如是等种种染,打者乃至手打一下。(《摩诃僧祇律》,22/300c)

(72)从今日听诸比丘三反往索六反默然住。(《摩诃僧祇律》,22/305c)|此贼七反驱出,犹故来还劫杀村城。(《摩诃僧祇律》,22/242c)

(73)汝朝三过,取食与谁?(《杂宝藏经》,4/475b)|沙门出去,佛便出去,鬼适入宫,佛复还入。如是三返,至第四过,佛不为出。(《杂宝藏经》,4/487b)

动词可以带宾语,也可以不带。但是一旦带宾,则位于数量之前,如例(70)中"绕我舍七匝"。动量词产生之初,主要位于动词或者动词词组前,如例(72)"三反往索六反默然住、七反驱出"。例(73)中的第二例表现了动量词在产生初期的特点,对某一动作行为的表达还没有达到专一化,既可以用动量词"返",也可以用"过"。

2.2.2.3 被动式

王力(1958)对汉语被动式的发展做了概括的描写。① 根据唐钰明、周锡䪲(1985),先秦汉语的被动式主要由"于"字句、"为"字句、"见"字句来表达,秦汉以后,被动式有了新的发展,"为×所×"式与"被"字式逐步取得优势,成为古汉语表被动的主要形式。

(一)"被"字句

当"被"单独做中心动词,后面带上名词性宾语成分时,"被"还是动词而不是被动的标志,我们在 2.2.1.2 中已经将非被动标志的归入了谓词来处理。如:

(37)并时遭兵,隐者不中。同日被霜,蔽者不伤。(《论衡·幸偶》)

本节讨论的"被"属于句法层面。关于"被"字句的"被"究竟属于介词还是动词一直有争论,我们这里主要描述"被"字句的表现形式。"被"在中古汉语中大量接单音节动词,如"被破、被杀、被害、被诛"等;但也可带双音节,如"被累害、被驱出"。如:

(74)生动之类,咸被累害。累害自外,不由其内。(《论衡·累害》)|瞿昙被害,我生何为?(《中本起经》,4/150b)

(75)是六群比丘被驱出者语诸比丘言:"阐陀比丘、迦留陀夷比丘亦行非法,何故独驱我出,而不驱彼?"(《摩诃僧祇律》,22/287c)

例(75)"被驱出"结构的形成应该是从"S 驱 O 出"通过被动转换而来,"驱出"还没有词汇化,这从后面的"驱我出"可以看出,宾语"我"还出现在动词和趋向补语中间,为 VOC 结构。

中古汉语后期"被"字后还可以接施事。如:

---

① 关于古汉语被动式的历史演变和机制,魏培泉(1994)有比较详细的讨论。

(76)于时山中五百猕猴,火来炽盛,不及避走,即皆一时被火烧死。《杂宝藏经》,4/499a)|祢衡被魏武谪为鼓吏。(《世说新语·言语》)|亮子被苏峻害,改适江彪。(《世说新语·方正》)

也用在表示如意的环境中。如:

(77)此诸人当时并无名,后皆被知遇,于时称其知人。(《世说新语·识鉴》)|始作谢玄参军,颇被礼遇。(《世说新语·谗险》)|桓南郡被召作太子洗马。(《世说新语·任诞》)

在带宾语的"被"字句中,宾语可以是主语的一部分,或者为主语所领有。如:

(78)又复过去忍辱仙人,被他刖耳鼻手足,犹尚能忍,况我今日。(《杂宝藏经》,4/459b)|昔在人中,被刖手足,掷于道头。(《杂宝藏经》,4/482b)

例(78)中,宾语"耳鼻手足"为"忍辱仙人"所领有,这种宾语为部分宾语/保留宾语。

(二)"见"字句

"见"从"看见"引申出被动的意义,在中古时期和"遭、被"对举。如:

(79)或成器而见举持,或遗材而遭废弃。(《论衡·幸偶》)|曾子见疑而吟,伯奇被逐而歌。(《论衡·感虚》)|雍等皆见举白,用被谴让。(《吴志·顾雍传》)

例(79)中的"见"作为被动的标记应该是无可争议的。"见"一般紧接单音节动词,如"见妒、见距、见受";但也可以接双音节动词,如"见斩获、见责怒",如果"见"的前面有单音节副词,则后面的动词就往往会是双音节的。如:

(80)以玷污言之,清受尘而白取垢;以毁谤言之,贞良见妒,高奇见噪。(《论衡·累害》)|夫持帝王之论,说霸者之主,虽精见距;更调霸说,虽粗见受。(《论衡·逢遇》)|遂为列将,桓、厉等皆见斩获,传首诣都。(《吴志·吕岱传》)|玄从九卿持刀侍卫,正身率众,奉法而行,应对

切直,数近皓意,渐见责怒。(《吴志·楼玄传》)

有时候,"见"究竟是表被动还是指代很难分清楚。如:

(81)我诸猎党自惟无罪而见囚执,当设权计脱此苦难。(《摩诃僧祇律》,22/230b)|由是之故,故我敢来采取稻谷,如何今者而见网捕。(《杂宝藏经》,4/449a)|默然忍受,受打已竟,举体疼痛,转转增剧,不堪其苦。复作是念:我若在俗,是国王子。……今日以我出家单独,便见欺打,深生懊恼。(《杂宝藏经》,4/459b)

"见囚执、见网捕"既可以是"被囚执、被网捕",也可以是"囚执我、网捕我"。例(81)的最后一例"见欺打"也可两解,但是考虑到前文有"受打已竟"这样的表述,因此"见欺打"做被动理解看来更合理些。

"见"类被动句还可以表达如意的事情。如:

(82)初,骆子张做多所谮白,累迁为司直中郎将,封侯,甚见宠爱。(《吴志·孙皓传》)|陈述为大将军掾,甚见爱重。(《世说新语·术解》)

(三)为

"为"表被动在中古汉语不是主流,和"为……所……"相较不是很常见。"为"可以接单音节动词。如:

(83)君适不明,臣适为逸。(《论衡·偶会》)

比较典型的用例是"为"接上施事和动词,形成"为 AV",如例(84)中的"为猕猴夺、为彼曼陀食、为家追得":

(84)命当为帝,故能教物,物为之使。(《论衡·吉验》)|今为猕猴夺,宜共陵虚逝。(《摩诃僧祇律》,22/258b)|禽兽无知丧,为彼曼陀食。(《摩诃僧祇律》,22/258c)|至年十五,阳病,数数狂走五里三里,为家追得。(《世说新语·言语》)|时此雁王为猎者捕得,五百群雁,皆弃飞去。(《杂宝藏经》,4/489a)

"为"还可以在施事之后接上动宾短语,宾语为主语所领有,形成"S 为

AVO"结构。如：

(85) 其一人者,即<u>为王女侍从之人割截耳鼻</u>。(《杂宝藏经》,4/480b)

例(85)中"其一人者"做主语,"王女侍从之人"为动词"割截"的施事,"耳鼻"为"割截"的宾语,同时"耳鼻"的领有者是主语"其一人者"。

(四)"为×所 V"式

东汉以后,"为×所 V"取代"于"字式成为占压倒优势的被动式。①(唐钰明,1987a:217)据唐钰明统计,"为×所 V"占了六朝被动式的53%。其中,V 一般为单音节,也可以是复音词。如：

(86) 立岩墙之下,<u>为坏所压</u>;蹈坼岸之上,<u>为崩所坠</u>。(《论衡·幸偶》)

(87) 遂围襄阳,单马行岘山,<u>为祖军士所射杀</u>。(《吴志·孙破虏讨逆传》)

在被动标记"为"的前面还可以有副词"大、甚"等。如：

(88) 策尝攻祖郎,<u>大为所围</u>。(《吴志·程普传》)|高柔在东,<u>甚为谢仁祖所重</u>。(《世说新语·轻诋》)

与"被、见"相似,"为×所 V"也可以表达愉快、如意的事情,如例(89)中的"为步骘所荐、为武帝所亲重、为大司马所眷拔"等。

(89) 昭弟子奋年二十,造作攻城大攻车,<u>为步骘所荐</u>。(《吴志·张昭传》)|<u>为孝武所器</u>。每入言论,无不竟日。(《世说新语·言语》)|和峤<u>为武帝所亲重</u>,语峤曰⋯⋯(《世说新语·方正》)|王珣、郗超并有奇才,<u>为大司马所眷拔</u>。(《世说新语·宠礼》)

(五)"为×之所 V"式

唐钰明(1987a)指出:"为×之所×"与"为×所见×""为×之所见×"比

---

① 唐钰明、周锡䪖(1985)认为"为 A 所 V"式萌芽于战国末期,魏培泉(1994)指出他们所引的例子是有问题的,因此,魏培泉认为"为 A 所 V"式文献中可征最早的例子约在秦汉之际。

较,产生最早,在战国末期就已经崭露头角了,随后在西汉、东汉、六朝均续有发现。"为×之所 V"在我们调查的中土文献,如《论衡》《三国志·吴志》《世说新语》中都不见用例,佛典文献如《中本起经》也没有用例,《摩诃僧祇律》中只出现 1 次,即:

(90)世尊,云何长老难提久修梵行,而为此天女之所诳惑。(《摩诃僧祇律》,22/232b)

大量用例出现在《杂宝藏经》中,而且主要用于四字格中。如:

(91)遂复渐差,日得八钱供养于母,转为众人/之所体信。(4/450c)|恶猕猴眷属以不渡故,即为王子/之所获得。(4/454c)|以谤他故,于无量劫受大苦恼,乃至今日,为孙他利/之所毁谤。(4/460c)|汝等远离城邑聚落,莫为人民/之所啖食。(4/465a)|乃至罗汉,亦为利养/之所障难。(4/481c)|大王当知,一切富贵,皆为衰灭/之所摧碎。(4/489a)

整个格式也有用在非四字格式中的。如:

(92)汝父大王及诸五兄,悉为大臣/罗睺求/之所杀害。(《杂宝藏经》,4/447c29)

此外,有的把介词"于"看成被动的标记,这里不采用这种观点,因此由"于"带上施事表被动的用例不放在小句表达"完成"语义这一部分,而放入谓词表达的部分。因为如果把"于"也算被动句的话,势必把不带"于"的意念被动句也算在被动句式里面,而且有"于"表被动的例子只是"于"的很小的一部分功能。

2.2.2.4 处置式

处置"把"结构在现代汉语中是有界的(Zhang,1997:109)。处置式在中古时期也可以用来表达"完成"语义。梅祖麟(1990)把处置式分为三种类型,认为(甲)型处置式中的"处置(给)、处置(作)"在先秦就有,是用"以"字来表达的。关于处置式中表处置的"以、把、将、捉、取、持"等在中古时期的表现,已经有大量的研究成果做了详尽的论述。以往的研究着重从句式的角度探讨其语法化过程和演变机制,本节的出发点只是描述处置式的表达功能,因此,

在此只略举数例,表明处置式可以用来表达"完成"语义。如:

(93)权素服举哀,以芜湖民二百户、田二百顷,给钦妻子。(《吴志·蒋钦传》)|时偷兰难陀即持此衣到精舍,舒看见不净著衣,即以此衣示诸比丘尼,作是言。(《摩诃僧祇律》,22/300c)|长者尔时闻咒愿已,心大欢喜,即以上妙好氎二张施舍利弗。(《杂宝藏经》,4/479c)

这是表示处置(给)的例句,即"把 O_1 给 O_2"。例(94)则是表示处置(作),例(95)则是处置(到)的例子。

(94)才弟纪,权以策女妻之,亦以校尉领兵。(《吴志·朱治传》)|煮豆持作羹,漉菽以为汁。(《世说新语·文学》)①

(95)比丘持衣往至住处,开户以衣敷绳床上,闭户而坐。(《摩诃僧祇律》,22/241c)|尔时儿妇复啼泣言:"坐是迦罗遗我此苦,云何持我陷火坑中。"(《摩诃僧祇律》,22/271c)|其王闻其声,寻以弓箭投之于地,便即往看。(《杂宝藏经》,4/448b)|时世饥俭,以其父母生埋地中,养活儿子。(《杂宝藏经》,4/455b)

我们在《摩诃僧祇律》中发现一例"持、以"并用的例子。即:

(96)"今日世间谁最尊重世间第一,当持此药以奉上之?寻复念言,唯有如来,最尊第一,当以此药奉上世尊……"今以此药奉上世尊。(《摩诃僧祇律》,22/267c)

例(96)中"当持此药以逢上之"的"持"圣本作"以",也许正是后来"持"不再表处置,所以后人误校;这也说明中古汉语"以"表处置比"持"更常见。"当持此药以奉上之、当以此药奉上世尊"并不表示"完成",因为在前面有情态助词"当"。这关系到语义的辖域,因为"当"的辖域大于"以",所以造成"持、以"的"完成"语义被覆盖,或者说是语义的凌驾原则(参 3.5 节)在起作用。所以我们在讨论谓词或者小句形式是否能够表达"完成"语义时,一般需要在没有其他表达"−完成"语义管辖的条件下进行。因此,例(96)中在没有情态词"当"出现的情况下,"以此药奉上世尊"就能够表达"完成"语义了。

---

① "持"表处置在中古汉语的表现,朱冠明(2002)有专门论述。

2.2.2.5 连动式

汉语的连动式指的是由两个或者两个以上的动词(或动词短语)并列连用的结构。需要说明的是,虽然汉语的语序一般遵守戴浩一提出的时间顺序原则(Tai,1985):两个句法单位的相对语序决定于它们所表示的观念里的状态或事件的时间顺序。这条原则抓住了汉语语序的最一般的趋势,但是,这一原则却不完全适合古代汉语。就我们调查来看,并不是连动式都遵守时间顺序原则的,只有能够表达"完成"语义的连动结构才遵守时间顺序原则。语义上并列的以及表达方式的动词在连动结构与"完成"语义的表达无关。如:

(97)或客死千里之外,<u>兵烧厌溺</u>。(《论衡·偶会》)

(98)弃疾弱,<u>抱而入</u>,再拜皆压纽。(《论衡·吉验》)|其父<u>持杖入门</u>以示人。(《论衡·吉验》)

例(97)中"兵烧厌溺"语义上是并列关系,无所谓谁先谁后,也就没有时间顺序原则。例(98)虽然时间上"抱"发生在"入"前面,但是"抱"表达的是方式,也就是说,尽管已经处于"入"的状态,"抱"却可以一直持续下去。所以并不能表示"抱"这一动作的完成。同样"持杖入门"中的"持杖"也不能表达"完成"语义。因此,在描述连动结构表达"完成"语义时我们并不考虑表达"一完成"语义的连动结构。

连动结构中前一个动作完成后才能继续后一个动作,即后一个动作的开始以前一个动作的结束和完成为条件。在时间顺序的制约下,前一个动词所表达的是已经完成或者实现了的动作,可以用来表达"完成"语义。①根据后一个动词是否具有[＋持续]语义特征将连动结构分为两类:

(一)后一动词具有[＋持续]语义

连动结构之间没有连接词的,如:

(99)贼望见,以为官兵捕之,即<u>委财物散走</u>。(《吴志·孙破虏讨逆传》)|平子<u>脱衣巾</u>,径<u>上树取鹊子</u>。(《世说新语·简傲》)|即<u>饮使醉</u>,<u>解取钥匙</u>,相将共往,<u>开门看之</u>。(《杂宝藏经》,4/457c)

---

① Li & Thompson(1981/2008:182)指出有时候一桩事件因本身是连续事件中的第一个事件,而在连续事件中,重要的是当一个事件发生之后,另一个事件接着发生或新的情况出现。在这种情况下,第一个事件具有整体不可分解的重要性。说话者表示第一个事件的出现是受到继起事件的限制。

例(99)中前一例是两个动词连用,前一个动作"委财物"完成、实现了以后才可能有后一个动作"散走"的开始。后面的两例是两个以上动词连用的情况,《世说新语·简傲》是三个动词连用,"脱衣巾、上树、取鹊子"三个动词,后一个动词的开始均以前一个动词的完成为条件;《杂宝藏经》六个动词连用,即"饮、醉、解取、往、开门、看",不"饮"就不会"醉",不"醉"也就没有"解取"的可能,从而"往、开门、看"等动作的开始就失去了基本条件。前面一旦有某个动作没有完成,就会影响到后面所有动作的开始。反过来说,一旦最后一个动作"看"开始了,前面的所有动作或行为就都已经完成了。

用连词"而"连接的,如:

(100)禹王天下,伯益辅治,伯成子高委位而耕。(《论衡·逢遇》)|工技之人,裁而用之。(《论衡·幸偶》)|十二年,西征黄祖,虏其人民而还。(《吴志·吴主传》)|径就谢数日,饮酒而还。(《世说新语·规箴》)|瞻仰尊颜,援琴而弹,使佛得闻。(《杂宝藏经》,4/476b)

也可以在前一个动词或者动词性结构后面用时间词"后"标明这一个动作行为已经完成。如:

(101)自凿井后,不复寄汲,计之,日得一人之作。(《论衡·书虚》)|食后,以上因缘具白世尊。(《摩诃僧祇律》,22/307a)|丞相还台,登车后,哭至台门。(《世说新语·德行》)|浴后,妇故送新衣与。(《世说新语·贤媛》)

还可以用"而后",如:

(102)毓拜而后饮,会饮而不拜。(《世说新语·言语》)

(二)后一动词具有[-持续]语义

连动结构中后一动词是[-持续]的,在时间因素的制约下,后一个动作实现了,那么前面的动词表示的动作或行为就已经完成了。根据连接词的运用情况分为以下几类:

不用连接词的,如:

(103)遂引兵渡浙江,据会稽,屠东冶,乃攻破虎等。(《吴志·孙破虏讨逆传》)|乃排闼入。(《吴志·吴范传》)|时天女便脱璎珞之服露其形体。(《摩诃僧祇律》,22/232a)|颐见陶公,拜,陶公止之。(《世说新语·方正》)

"破、入、露、止"是瞬时性动词,其动作一经开始便告实现,因此,在连动结构中,这些动词前面的动作便获得了"完成"语义。

用连词"而"连接的,如:

(104)夏将衰也,二龙战于庭,吐漦而去。(《论衡·异虚》)|遂伏剑而死。(《论衡·异虚》)|文帝射其母,应弦而倒。(《世说新语·雅量》)

(105)唯将目连,往诣王宫,上殿而坐。(《中本起经》,4/155c)|太子幸之,生子君上。(《论衡·骨相》)|禹母吞薏苡而生禹,故夏姓曰姒。(《论衡·奇怪》)

例(105)中的"坐、生"既表"完成"语义,也具有[＋持续]语义的阶段性动词,其后一阶段的持续是以前一阶段的完成为基础的。我们这里把它们归入具有[－持续]语义一类讨论,它们前面的动作所表述的动作也就获得了"完成"语义。

用时间词"后、然后"连接的,如:

(106)王大服散后已小醉,往看桓。(《世说新语·任诞》)|唯野干主饮罐中水,然后扑破。(《摩诃僧祇律》,22/282b)

2.3 "完成"语义表现层次

以上我们讨论了中古汉语"完成"语义的基本表现形式。从谓词及其论元结构的组合看,它们在词汇层面上表现出"完成"语义。因为这些动词本身就具有[－持续]的语义特征;或者即使是[＋持续]的,同时又具有[＋有界]特征,因此可用来表达"完成"语义。这部分词汇的"完成"语义是词汇本身固有的。根据 Smith(1991)从体态的角度对各种情态的分类,其中的完结动词、达成动词就是我们所谈的具有"完成"语义的动词。只是我们从语义角色的视角将动词所带的论元进行了分类描写。在静态的情景中,状态

41

动词不具有表达"完成"语义的特性,因为它处于同质的状态,其[−持续]的语义特征在任一时间范围内不具有[＋有界]的语义特征。但是,在动态的时间叙述中,这些静态动词因为本身隐含了对比,获得了从¬P到P的对比特性,所以也就从静态属性转换成了动态的完成、实现,它们在时间叙述的动态环境中就能够用来表达"完成"语义了。Smith(1991)将动词五分:状态、活动、完结、达成、一次性活动。在Smith的系统内,活动动词和状态动词的区别表现在是否具有[＋静态]的语义特征上。Michaelis(2004)则将活动动词分为同质活动和异质活动,并且又另外设立了状态相(state phase)。状态相是需要在时间中来鉴定的,这是它和状态类动词的根本区别。但是,状态相和活动动词相比,前者不需要能量输入。参照 Smith(1991)、Olsen(1997)、Michaelis(2004),我们将它们综合运用到"完成"语义的描述上,可以表示为表2-3。

表2-3 中古汉语"完成"语义的谓词表现形式

	[＋静态]	[＋持续]	[＋有界]	动词举例
状态相		＋		饱、绝、枯、醉
异质活动		＋	(＋)	毁、灭、醮、斩
完结		＋	＋	败、断、折、破
达成			＋	崩、死、盲、见

注:圆括号表示这一特征可有可无。

　　大致说来,状态相相当于本研究中主语为主事的动词;①完结动词相当于自主动词一类,而达成类动词相当于主语为当事和受事的。比较难处理的是主语既可以是施事也可以是主事的一类,这也是目前讨论动补结构时争论的热点。本章暂不讨论,将它们分别归入异质活动和完结动词。从语义的角度来看,表达"完成"语义的动词既可以是典型的完成动词(显形范畴),也可以是表示开始的,如"信、知、了(了解)";还可以是表示结果的动词,如"破、败"等。

　　第二层次属于数量成分和副词。应该说,这两类与动词的关系比小句的联系要密切些,把它们归入小句的表达层面和传统的理解有相当不同,但是考虑到我们的分类是从动词所带论元这一角度出发的,目的在于能够比较清晰地描述中古汉语"完成"语义的基本表现形式,所以我们把它们归入

---

① 语义角色和动词情状是两种不同的分类法,不可能要求两种分类完全重合,这里只是说明"完成"语义和动词类别之间的大致关系。

小句进行讨论。它们属于谓词和句式的过渡层次。

　　第三层次则属于被动式、处置式和连动式。与 2.2.1.2 中非自主动词中主语为受事的一类相同,受事做主语的被动式也是表达"完成"语义的一种方式。只是前者用中心动词及其论元结构表达,后者则用句式表达。被动式和处置式能够表达"完成"语义大概与二者本身的语义有关①,"被"从动词"覆盖",然后逐步衍生出蒙受、遭受的意义,这从"被"和"蒙""遭"等经常并列使用可以看出来。而"蒙""遭"等和"被"一样是具有"完成"语义特征的动词,所以被动句能够表达"完成"语义也是不难理解的。而后来的典型处置式是从动词"执持"义演变而来的,执持义可以用来表达"完成"语义也和动词的语义有关,比如"把镜看",一旦把在手里,"把"这一动作就完成了(或者说实现了),至于"把"后面的状态能够持续"把"多久那不是"完成"语义本身关心的重点。初期的处置式用"以"来表达,因为有目标宾语出现,也就是说带上了目标宾语,能够使得无界的动作或者行为有界化,处置(给)、处置(作)、处置(为)也就能够表达"完成"语义了。

　　连动式相对来说比较特殊,因为它的实现条件和基础是:在时间顺序原则下前一个动作的完成或者实现是后一个动作的起点。就某一个动词来说能否用来表达"完成"语义其实是未知的,因为其本身不具有[+有界]等语义特征,我们目前还找不到专门的可以用来鉴定连动结构表达"完成"语义的标准;再加上连动式在动词的选择上多依赖于整个语境,因此我们可以把它归入广义的语用层次。也就是说,这种语义内容其实是不固定的,离开了具体的环境就不能够表达"完成"语义了。

　　上面我们从两个层面、三个层次分析了中古汉语"完成"的表现形式。它们均能够表达"完成"语义,但是这些表达方式在自足程度上不是均等的。相对来说,隐性范畴中主语为受事以及显性范畴、动量、时间副词等表达"完成"语义的自足程度要高得多,即它们基本上可以不依赖于语境自由地表达"完成"语义。而其他成分,如隐性范畴的自主动词,以及主语为当事者,它们要受制于语境。小句层面的被动式②、处置式、连动式,尤其

---

①　蒋绍愚先生向笔者指出:"'为'字句表被动,'以'字句表处置也和虚词本义有关吗?"这里可能应该表述为"典型的被动式和处置式能够表达'完成'语义大概与二者本身的语义有关",至于"为"字句表被动、"以"字句表处置的完成语义的来源可能应该从句式上寻找原因。

②　关于被动式和结果(完成)等之关系,即被动句式能够表达"完成"语义,其实有大量的研究成果,如 Chafe(1970)、Nedjalkov(1983)、Beedham(1987)、Huffman(1989)、Van Schooneveld(1989)等。Boling(1971)、Shibatani(1985)、Sybesma(1999)、Dixon & Aikhenvald(2000)、Dixon(2010)有类似的论述,可参看。

是初期处置式表达完成语义的自足程度又弱于谓词层面表达"完成"语义的手段。① 它们是中古汉语表达"完成"语义的基本方式,是基本规律(即倾向性)而不是规则,即"有之不必然"。至于它们各自在话语中的受制约程度以及影响其自足性的原因和机制还有待于今后做深入的研究。我们简略地将"完成"语义的表现形式表示为图 2-4。

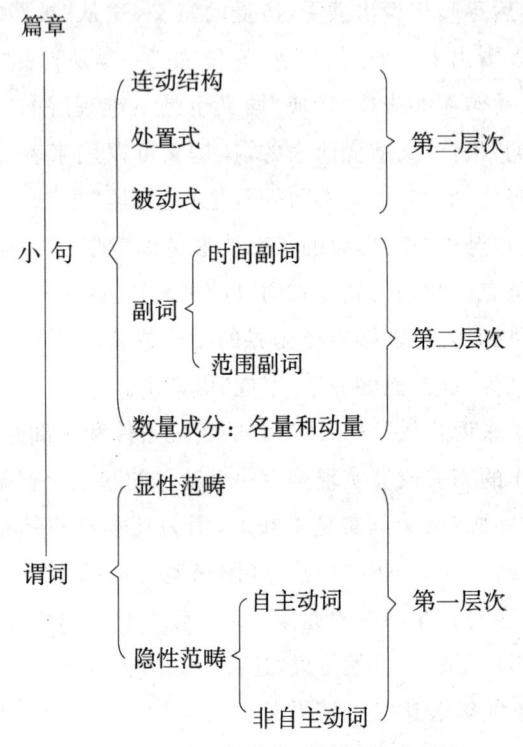

```
                   ┌ 连动结构   ┐
                   │ 处置式     ├ 第三层次
                   │ 被动式     ┘
          ┌ 小句 ┤       ┌ 时间副词 ┐
篇章  ┤        │ 副词 ┤           ├ 第二层次
          │       └ 范围副词 ┘
          │       └ 数量成分:名量和动量
          │
          └ 谓词 ┤ 显性范畴               ┐
                  │       ┌ 自主动词     ├ 第一层次
                  └ 隐性范畴 ┤           ┘
                             └ 非自主动词
```

图 2-4 中古汉语"完成"语义表现形式

---

① 这一宝贵意见是蒋绍愚先生、董秀芳老师向笔者指出的。

第三章　中古汉语"完成"语义的表达体系

上一章我们简要论述了中古汉语"完成"语义的表现形式,并且试图从"场论"(field theory)的角度,将所有表现"完成"语义的成分在一个场内进行研究。"场论"是主要研究能量在物理系统中怎样分布的物理学分支,其重要的一点就是任何一个系统中,能量总是以在那个系统中尽可能简单、对称的方式来分布。[①] 既然"场是相互依存事实的整体",在语言学领域借用"场论"进行语义研究,那么我们面临的一个主要任务就是不仅要说明有哪些成分可以表达"完成"语义,而且需要说明这些成分在体系上的规律性。在平面描写的基础上需要探索更高层次的语义规律,即:语义的分布规律和体系是什么?

上一章从纵向的观察角度将中古时期表达"完成"语义的成分分为三个层次:一是谓词及其论元表达;一是由句法成分表达,如被动式、处置式;还有介于二者之间的副词成分、数量成分。副词性成分在句法结构上依附于动词,也就是说副词在表达"完成"语义的时候必须和动词或动词性成分搭配使用,离开了动词,副词也就失去了表述功能。本章我们变换观察视角,从横向的观察角度,以动词为中枢探讨在复杂的表现形式之下"完成"语义结构的表达体系。

3.1　四级结构层次

由某一成分单独表达"完成"语义的句子在中古时期包括下面四类:1.中心动词(或复合动词性成分);2.动词后补语、数量词组、动词前后的动量词组;3.动词后成分,如"毕、竟、已、了、讫、尽、来";4.动词前副词性成分,

---

① 对场论(field theory)的相关介绍请参 Hergenhaan(2001)。

如"尽、既、曾、已"等。

下面我们将对"完成"语义的结构层次分别进行论述。①

3.1.1 核心动词

动词是一个句子的中心,离开了动词谈不上表达。一般来说,每一个句子至少需要一个动词。根据 Hopper & Traugott(1993:104)单向性假设,所有的形态均来源于词汇项,而且语法化范畴之间体现出逐渐下滑的斜坡,即:

主要范畴>(形容词>/副词)>次要范畴

主要范畴指的是名词和动词(相对"开放的"词汇范畴),次要范畴包括介词、连词、助动词、代词和指示代词,次要范畴是相对封闭的。形容词和副词处在主要范畴和次要范畴之间,它们往往分别从分词性的动词和处所、方式等名词变化而来的。根据单向性理论,从历时的观点来看,所有的次要范畴都来源于主要范畴,Croft(1991)将名词、动词和形容词当作主要范畴。动词和形容词在"完成"语义的表达体系中占有极其重要的作用,因为离开了动词和形容词,名词也就失去了依附,尤其是在叙事性文本中。后来的体标记、时间副词"既、已"等都是从动词性成分通过语法化逐渐演变而来,因此在上古汉语或者说远古汉语中,当形态标记等成分还没有产生前,可以说,动词和形容词是叙述的核心。现代语言学的句法研究一般将传统的形容词纳入动词进行考察,为了称述的方便,下面在没有特别说明的情况下,我们在说动词或者动词性成分的时候,一般均包括了形容词。

在 2.2.1 中讨论谓词的表现形式时,我们将隐性范畴和显性范畴都归入核心动词这一层次。如果从时间结构的表达来看,它们中有一小部分是表示心理活动的前限结构动词,如"知、信、忘、了(了解)、苏、感悟"。这类具有"顿悟"意义的动词由于标明了一个状态的开始,也就是说从不知道向知道状态的转换而获得了"完成"语义。这也就是为什么这些本身属于状态的心理动词能表达"完成"语义的一个重要原因。②

表达异质活动的动词,如"杀、诛、醢、刖、斩、枭、兀、降、虏、免、执、毁、立、止、出、入、离、开、散、烂、损、消、折、灭",以及主语是致事的动词,如"破、败、断、废、坏、伤、乱、却、中"等属于后限结构。"后限结构动词即动作结束时产生某种性质的突变;但在达到这个突变之前,可以带有一个渐变的续段

---

① 这四级结构层次与级别高低无关,只是为了称说方便而已。
② 相关论述参 Vendler(1957)第 4.5 节的相关论述。

过程。"(郭锐,1993:415)尤其是主语为致事的动词,在到达结果之前有一个渐变的过程,它们既可以表示某一施事(S)使受事(O)发生变化的过程,同时也表示使某物得到某种结果,虽然我们不知道施事是用哪一种行为以达到这种结果的。因此可以将它们归入后限结构动词。

其他动词,如"触、至、到、达、得、逢、克、崩、死、亡、卒、没、倾覆、盲、病、愈、见、闻"等,与主语是受事的动词,如"蒙、受、遭、被、罹",以及主语是主事的,如"饱、成、定、绝、枯、溢、满、平、倒、露、失、消、平、醉"等,属于点结构动词。① 表达"完成"语义的显性范畴也是属于这一类。

点结构动词在我们调查的语料中占了绝对优势。《礼记·大学》:"视而不见,听而不闻。""见、闻"类点结构动词起点和终点重合。这一现象在《左传》中就呈现出来。由于先秦和中古时期标记成分不发达,真正表达"完成"语义的典型体标记还没有产生,所以表达重心便主要落在动词上。

以情状分类来考虑,后限结构大致相当于完结动词,点结构动词大致相当于达成动词。"完结句不同于达成句主要在于完结句说明某种活动达到了一个结果,有了结的意义。而达成句主要说明一个状态的发生或者转变,即变化的过程。这一过程是瞬间的,不能持续的,因此它的时间结构也与完结句不同。"(邓守信,1986:34)蒋绍愚(2001b:76)指出完结表示一个过程的结束。这从它们的语义特征可以看出来:

完结动词:[+有界][+动态][+持续]

达成动词:[+有界][+动态]

所以,达成是状态的变化,它是事件的发生(come about)而不是存在(being about)。(Van Valin & Lapolla,1997;Croft,1998)而完结包含了一个准备过程。(Michaelis,2004)也就是说,点结构动词不具有"持续"语义特征,所以更适合于表达"完成"语义。

3.1.2 动相成分

3.1.2.1 动相

"动相"(phase)②这一概念是赵元任(Chao,1968)最早提出的:"有少数

---

① 这只是大致分类,和郭锐(1993)也不太一致。比如郭锐(1993)将"病、醉"等归入了双限结构。由于我们只是侧重某一个动词是否表达"完成"语义,至于这一结果出现后持续与否则不是本文的重点,这也就是本文将"病、醉"等归入点结构的理由。造成这种不同分类的原因恐怕是郭文以"动词为分析对象,而不以句子为分析对象",而我们却是以句子为分析对象,所以在我们的分类中不会有双限结构,即不太可能某一动词陈述的事件在时间结构上表现出起点(inception)、终点(finish)、续断(duration)。也就是说它们在时间选择上具有排他性。

② 赵元任先生的 phase complement,吕叔湘先生译作"动相补语",丁邦新先生译作"状态补语"。

几个补语是表示动词中动作的'相'而不是表示动作的结果的。其中有的是轻声并且有时候元音变质,这样变成了表'态'的后缀。"在赵元任先生的专著中提到了最重要的几个表动相的补语,多数也能用作普通的表示结果的补语,即"着(zháo)、到、见、完、了(liǎo)、过"。后来的学者在使用这个概念时,所指范围有宽窄之分。①

吴福祥(1998)指出:动相补语是表示实现或完成的补语性成分,它跟结果补语、完成体助词在语义特征和句法表现上均有纠葛之处。结果补语虽然隐含"实现/完成"的语义特征,但其基本语义是表示动作的结果。动相补语虽有时兼有"结果"的附加语义,但其基本语义是表示动作/状态的实现或完成。语义指向:结果补语的语义指向可以是施事、受事,也可以是谓语动词。动相补语是表示动作时相的句法成分,所以它的语义指向只能是谓语动词。动相补语在虚化的过程中处于结果补语和完成体助词之间,即:

结果补语＞动相补语＞完成体助词

吴福祥(1998)把"食了"的"了"叫作"结果补语",把"迷了、死了"的"了"叫作"动相补语"。蒋绍愚(2001b)指出,吴福祥文中谈到的这两种"了"都是指动的,根据赵元任(Chao,1968)的定义,应该都属于动相补语(phase complement)。因此蒋先生指出:动相补语可以分为两种:(A)表示完结,前面是持续动词;(B)表示完成,前面是非持续动词。

郑良伟(1992)用"时段"来翻译 phase,曹逢甫(1998)称之为"动相",动相是动作的时间阶段。曹逢甫在注中还指出:"我们选用'时貌'和'动相'来翻译 aspect 和 phase 是有道理的。称 phase 为动相是因为它跟动词的关系密切,相反地,时貌(aspect)就跟整个动词组甚至于整个句子的语意有关系,而且它在功用上是从参照时间来观察情景的内部时间结构,因此称之为时貌。"(曹逢甫,1998:304 注)这样,从动相的角度出发,我们便不仅可以将动词后面补语、宾语等成分纳入动相范围进行考察,而且动词后面的数量成分,即名量、动量都可以跟动词结合而成为被观察的情景的一部分。

因此,参照郑良伟(1992)、曹逢甫(1998)的观点,我们将动词后面的补语、宾语、数量成分都当作动相成分。② 但需要特别注意的是,国外的有些

---

① 吴福祥(1998)指出这个概念在有关的文献里称名不尽一致,例如张洪年(1972)、梅祖麟(1994)称作"状态补语",郑良伟(1992)、刘丹青(1994)、连金发(1995)、李讷和石毓智(1997)则分别谓之"时段语""唯补词""时相词""指动补语"。

② 杨国文(2011)指出,结果补语和时态属于两个不同的语义范畴;结果补语依附于动词,属于动词组,结果补语在句中单独使用只是保证情状具有内部自然终止点,并不表示时态意义,也就是说对带结果补语的情状的状态的观察角度还有待在上下文中得以确定。

学者在谈到动词的分类时也用到 phase 这一术语,将动词分为 0-phase,1-phase,2-phase 动词,如 Klein et al.(2000)。此类 phase 和我们本章讨论的"动相"是两码事。

3.1.2.2 补语

从事现代汉语研究的学者一般将动补结构作为一个整体看待,相当于一个复合词,也只有一个中心。他们认为动补结构整体与其中的动词的时间过程结构不同,动补结构是整体,是没有动作起点的动成态。如:"搬来了、搬累了"只表示动作结束后的状态;动字是有动作起点的动作,如"搬了"可以表示动作正在开始也可以表已经结束。动趋、动结式字组整体与无动作起点的"灭、醒、死、塌"大致相当。(参郭锐,1993、1997;王洪君,1994)所以,动补结构其实可以看作和点结构动词相当,动补结构表示的是一个时间点,而不是一个时间段。①

但动补结构在中古时期正好处于从连动向动补的发展过程中,表现为从述补短语向双音节词的过渡,VOC 和 VC 结构并行。如:

(1)更与一瓨诣池取水,犹见其影,复打瓨破。(《大庄严论经》,4/346a)|时彼家中遇比丘已,屋栋摧折,打破水瓮。(《大庄严论经》,4/280b)|我今面貌端正如此,何故为他持瓨取水,即打瓨破,还至家中。(《大庄严论经》,4/346a)

(2)汝长老受此钵,乃至破不得故。打破,波夜提。(《摩诃僧祇律》,22/315c)|便前以杖打水器破。(《摩诃僧祇律》,22/246a)

例(1)(2)中既用"打 O 破",也用"打破",我们很难说这一结构是词还是短语。也就是说,动补结构的词汇化程度还很低。而且,从述补结构的语义类型上看,述补结构短语可以分为三类:一类是补语表示结果的,一类是补语表示动作趋向的,还有一类是补语表示程度的。在这三类中,补语表示结果的一类最易成词,成词数量最多;而补语表示程度的一类最不容易成词。(董秀芳,2002a:215)如果词汇化程度不是很高的话,我们似乎很难鉴定结构中心是动词还是补语。有些环境中我们很难分清是动补结构还是连动式。如:

(3)a.以梨打破头喻。(《百喻经》,4/543a)

---

① 何宝璋(He,1998:10)直接将动补复合词(resultative verb compounds)归入 achievements。

b. 以梨打头破喻。(《百喻经》,4/543b)

　　c. 时有一人以梨打头,乃至二三,悉皆伤破。(《百喻经》,4/543b)

例(3a)在《百喻经》全文的目录部分,作"打破头";(3b)是正文部分的小标题,作"打头破",宋、元、明三本作"打破头",正文中没有"打头破"和"打破头"的用例;(3c)是正文部分截取的一个例子,"打""破"分别是两个小句的动词,我们很难把(3c)也看成和(3a)一样的动补结构,也就不会是一个中心。

由于使动用法的衰落,"破"在中古时期,尤其是魏晋时期成为了自动词,汉代的"VO破之"到了魏晋六朝时期变成了"VO破"。而"杀"就更为复杂了,如：①

　　(4) 不识恩者欲以大石打龟头杀。诸商人言："我等蒙龟济难活命,杀之不祥,不识恩也。"不识恩曰："我停饥急,谁问尔恩。"辄便杀龟,而食其肉。即日夜中,有大群象,蹋杀众人。(《杂宝藏经》,4/464b)

　　(5) 阿阇世王闻极大瞋恚,即以剑轮斩腰而杀。(《杂宝藏经》,4/472c)

　　(6) 阿阇世王斩其腰杀,以是善因,命终之后得生天中。(《杂宝藏经》,4/472c)

例(4)既有"打龟头杀"的"VO杀"结构,还有"杀"单独使用的"杀之、杀龟"的"杀O"结构,还有"踏杀"的"V杀"结构。例(5)(6)都用"杀",但是例(5)的"斩腰而杀"宋、元、明三本作"斩腰而杀之"。因此某一结构究竟是连动还是动补有时不是十分容易判别清楚的,这种情况恐怕属于语义转换时期的一种过渡现象。

由于我们的目的是考察某一结构是否表达"完成"语义以及怎样表达,因此采取了折中的方法,将"打龟头杀(之)"归入核心动词表达一类,而将"V杀、V破"等看作动补结构;"VO杀、VO破"等结构如果从上下文可以判定其后不能带宾语成分的就归入动补结构,即通常所说的"隔开式";将能够带宾语而省略的归入连动式。

3.1.2.3　名量

沈家煊(1995、2004)指出,数量词对句法结构的制约实际上是"有界"

---

① 下面3例蒋绍愚(2003)已引。

"无界"对句法结构的制约,事物有无界和动作的有无界是相通的,两者存在着明显的对应关系。这种认知方式在中古时期很常见。如:

(7)明旦视白出水,即东走十里,顾其乡,皆为水矣。(《论衡·吉验》)｜茶陵县鸿水溢出,流漂居民二百余家。(《吴志·吴主传》)｜著诗赋铭诔十余篇。(《吴志·张纮传》)｜宁先以银盌酌酒,自饮两盌,乃酌与其都督。(《吴志·甘宁传》)

"走、流漂、著、饮"等都是持续的动作,本身是无界的,但是加上了名量后,就使得无界的动作变为有界的动作。这里需要说明的是,当动词本身可以表达有界的时候,后加数量词对表达"完成"语义实际上作用不大。如:

(8)在前行者不信其语,为羊所触实时绝倒,伤破两膝闷绝躃地。(《摩诃僧祇律》,22/242b)｜由是获得五百车钵。(《杂宝藏经》,4/491c)｜许便问主人有庄子不? 正得《渔父》一篇。(《世说新语·文学》)

实际上"伤破、获得、得"本身已经是瞬时动词,可以单独表达"完成"语义。因此我们在谈到动相表达时,如果动词本身已经能够表达"完成"语义,那么就不再将其归入动相的表达层次,因为当动词后接名词(名词短语)没有数量词时,也不会影响句子表达"完成"语义。如:

(9)若比丘一日得十领衣,乃至十日不作净,过十日一切尼萨耆波夜提。若比丘一日得十领衣,半作净半不作净。若作净者,是应净法;半不作净者,过十日尼萨耆波夜提。若比丘一日得衣,二日作净;二日复得衣,三日作净;三日复得衣,四日复作净;四日复得衣,五日作净;五日复得衣,六日作净;六日复得衣,七日作净;七日复得衣,八日作净;八日复得衣,九日作净;九日复得衣,十日作净;十日复得衣。(《摩诃僧祇律》,22/292b)

"得十领衣"和"得衣"均表达"完成"语义。可见,在这种环境中,数量词并没有影响"完成"语义的表达。

3.1.2.4 动量

两汉以前动量词还没有出现,两汉简帛中动量词获得了初步发展,有"通、发、辈、伐、下、周、反"7个(李建平、张显成,2011);汉译佛典古译阶段

(东汉—西晋)的专用动量词有"过、反(返)、周、匝"(汪祎,2008)。① 不过行为称量一般不用动量词。魏晋时期这种用法还较活跃。如：②

(10)然<u>三捉三治</u>,<u>三休三败</u>。(《世说新语·政事》刘注引《殷羡言行》)|遂<u>三起三迭</u>,徒众属目,其气十倍。(《世说新语·豪爽》)

(11)质杖都督<u>一百</u>,除其吏名。(《世说新语·德行》刘注引《晋阳秋》)|虎召斌<u>鞭之三百</u>,杀其所生齐氏。(《高僧传》,50/385a)

例(10)是数词在动词前的例子,例(11)是数词在动词后的例子。后来用动量词进行称量的用法开始大量增长。如：

(12)时有一贼<u>七反驱出</u>,犹故来还劫杀村城。尔时有人捉得此贼,缚送与王。白王言:"此贼<u>七反驱出</u>,犹故来还劫杀村城。"(《摩诃僧祇律》,22/242c)|(温太真)尝<u>一过大输物</u>,戏屈,无因得反。(《世说新语·任诞》)

(13)即礼佛足,右<u>绕三匝</u>而去。(《摩诃僧祇律》,22/264c)|以瞋母故,举手向母,适<u>打一下</u>。(《杂宝藏经》,4/492c)

例(12)数量词居于动词前,例(13)数量词处于动词后,它们都是中古时期表达动量的方式。比较起来,数量词居于动词后的占优势。

3.1.3 动后成分

这一类由表达"完成"语义的显形范畴虚化而来,它们或者直接位于非持续动词后面,或者处于动词和动相之后。如：

(14)尔时夫人<u>得此牙已</u>,便生悔心。(《杂宝藏经》,4/454b)|其夫<u>觉已</u>,寻还向家。(《杂宝藏经》,4/458a)

(15)时难陀优波难陀从王家买金,使王家金银师作璎珞严饰之具。<u>作成已</u>,莹治发光。(《摩诃僧祇律》,22/313c)|此山南有一树名

---

① 不过,汪祎(2008:58)指出,古译阶段可以明确确定为动量词的"过"仅1例,即:父母取鸡肉着儿口中,如是数过,初不肯废。(西晋法炬共法立译《法句譬喻经》,4/602a)以我们的理解,此例作为动量词,用法仍不够典型。

② 例(11)引自刘世儒(1965:44)。

尼拘律,常有金色鹿王飞来在上,食彼树叶饱已而去。(《摩诃僧祇律》,22/230c)

(16)过七年已退失禅定,复依一树下还习正受,乃求本定。(《摩诃僧祇律》,22/232a)|若比丘盗心取幡解绳一头,未波罗夷。解两头已,满者波罗夷。(《摩诃僧祇律》,22/249c)|是二界共作一布萨界竟,僧忍默然故。(《摩诃僧祇律》,22/295b)

例(14)中的"得、觉"均为非持续性动词,后接"已"。例(15)的"作成、食彼树叶饱"是动补结构,后面接表示"完成"语义的"已"。例(16)是"动词+数量词+已(竟)"结构,其中动词"过、解、作"为持续性动词,因此后面接上名量词"七年、两头、一布萨界"等动相后,便从无界变成了有界,后面再跟上显形范畴"已、竟"来共同表达"完成"语义。这类成分我们称之为"动后成分"。

此外,和动后成分密切相关的是"矣"。有些学者认为"矣"是完成体态的标志,句尾虚词"矣"在动词谓语后面表示状态的变化。(蒲立本,1995)马建忠在《马氏文通·虚字卷》中论述了"也"和"矣"的区别。马建忠将"矣"归入语气词。"已然者,'矣'字结之",意思是"矣"字加接在已经表达已然的语段上。反过来说,没有加"矣"也可表"已然","矣"的作用主要是用在已然的叙述环境中的一种传信功能。"矣"字可以用现代汉语中的"了"字读之,但是"矣"并不等于"了"。

王力(1989)也将"矣"归入语气词,在《语气词的发展》一章中有这样的论述:①

"矣"字的词汇意义大致等于现代汉语的"了"字。如果说"也"字是静态的描写的话,那么,"矣"字就是动态的叙述,它告诉人们一种新的情况。……实际上,"矣"字表示的是一个确定语气。凡已经发生的情况,已经存在的状态,必然发生的结果,可以引出的结论,都可以用"矣"字煞字。(王力,1989:301~302)

比起马建忠来,王力的论述更加明白,"矣"就是表示确定语气的,"矣"可以加在"已经发生的情况,已经存在的状态,必然发生的结果,可以引出的结论"之后。因此可以这样认为,表达"完成"语义的其实不是"矣",而是"矣"前面的语段。如果我们认为"矣"是体态助词,首先面临的一个主要问题就是"矣"的动词意义是什么,为什么在《尚书》中用例很少

---

① 着重号为笔者引用时所加。

而词义却已经相当空灵的问题;其次也无法解释后来的动态助词产生的原因和机制等相关问题。实际上,我们只见到"矣"可以用在表达"完成"或者"实现"的语境中,却没有看到它单独表达"完成"或者"实现"语境。从蒲立本所举的例子来看,所谓"矣"表达的体态其实就是句中的动词带来的。如:①

(17)士庶人曰:"何以利吾身?"上下交征利而国危矣。(《孟子·梁惠王上》)|天油然作云,沛然下雨,则苗槁然兴之矣。(《孟子·梁惠王上》)

例中"危、兴"均是瞬时实现的动词,所以可以用来表达"完成"语义。"矣"的作用不过是表达语气而已;没有它,只是影响表达的语气,不会影响句子的基本意义。所以我们不把"矣"当作表达"完成"语义的动后成分,更不作体态标志看待。

"矣"后来的功能由"也"取代。如:

(18)小娘子如今变也,不是旧时精魅。(《敦煌变文·金刚丑女因缘》)

孙锡信(1999:46)指出:"中古以后'矣'渐少用,'也'的使用扩大了范围,不仅表示判断和当然的情况,而且也表示已变动的或将然的事实。"这也说明"矣"的功能是语气,而不是体态。如果"矣"是体态的话,很难解释"了"等显性完成体标记怎么会从动相补语演变成体标记。

从层次分析上来看,"矣"和后来的"罢、毕、竟、已、了、讫、尽、来"截然不同,后者可以看成和中心动词语义关系密切的结果性成分;而"矣"是对前面整个成分的判断。如果对"金刚丑女叹佛已了"和"吾闻其语矣"做层次分析,二者的层次分别为:

[IP金刚丑女[VP[V叹]佛已了]]
[CP[IP吾[VP[V闻]其语]]矣]

也就是说,"罢、毕、竟、已、了、讫、尽、来"等成分是 VP 内成分,而"矣"

---

① 此外,蒲立本认为下面的例子也能表达体态,是说话人心中已有的新情况,我们难以接受这种观点:
万取千焉,千取百焉,不为不多矣。(《孟子·梁惠王上》)
自反而忠矣,其横逆由是也,君子曰:"此亦妄人也已矣。"(《孟子·离娄下》)

连 IP 内成分都不是,"矣"属于 CP 这一层次,可以称之为"超句"(super-sentence)成分。

3.1.4 动前成分

中古时期处于动词前表达"完成"语义的成分是副词。范围副词"尽",时间副词"曾、尝、既、已"等,其中尤以"既、已"最常见。

沈家煊(1995)指出,要使有自然终止点的动作变为有实际终止点,除了有界名词做宾语外还有其他手段,最常用的是在动词前加"已经"之类表示完成的时间词语,也可在动词后或句末加"了"。可见通过在动词前面加"已经"之类的时间副词来表达"完成"语义,古今是一致的。[①]

3.2 三级表达体系

上一节我们从结构层次上分别论述了表达"完成"语义的四级结构层次,它们是:核心动词、动相(包括动补结构、名量成分、动量成分)、动后成分、动前成分。那么当这些成分在同一话语中同时出现时,就会表现出功能重叠。如:

(19)a. 既布施已,便先出关外住,待诸比丘。(《摩诃僧祇律》,22/252c)
　　　b. 既见王已,各白王言:"我先祖已来相承游猎,初未曾闻金色鹿名。"(《摩诃僧祇律》,22/230b)

例(19a)中的时间副词"既"、完成动词"已",例(19b)"既、已",核心动词"见"是瞬时实现的达成动词,因此这些成分都能够表达"完成"语义。

语言功能是布拉格学派学说中最重要的概念之一。根据功能主义观点,形式不同,意义一定有所不同。[②] 那么,一个话语中的几个成分如果均能够同时表达某一语义,其功能一定有所差异。下面我们拟从话语表达的角度对能够表达"完成"语义的各种成分进行功能分析。

[①] 关于制约汉语谓词结构事件性的主要因素,请参王媛(2011)。
[②] 功能语法学者 Bolinger 提出"一种形式有一种意义,一种意义有一种形式"这一口号,它已成为后来功能语法学者的共识。对功能主义的详细评介请参张伯江(2005)。

3.2.1 中心情状

一个话语要表达所陈述的事件离不开核心动词,核心动词是必不可少的成分。但不是所有的核心动词都能够表达"完成"语义,应该说能够直接表达"完成"语义的动词是很有限的,它们往往需要有数量结构,或者"完成动词",如"毕、竟、已、讫"等显性范畴加接于其后,共同表达"完成"语义。显性范畴由于能够直接将"完成"语义表达出来,所以很多不能够表达"完成"语义的动词常常借助在其后加接完成动词的方式实现表达"完成"语义的需要。后来这些完成动词慢慢演变成补语,有的更进一步虚化为体标记成分。

据沈家煊(1995),数量短语能使无界概念变为有界概念。数量短语和"了"有相同的作用,都能使无自然终止点的动作变为自然终止点或使动作的自然终止点变为实际终止点。动作有了时间的终止点,相应的句子就成为"事件句",所以数量短语(名量和动量)也能够表达"完成"语义了。我们曾将补语、数量成分等称作表相成分,这是从动词的时间性来说的。从表达的基础上来说,如果核心动词能够表述"完成"语义,那么这些表相成分就可有可无;反之,一旦我们认为某一成分是表相成分,和整个表相成分相联系的动词就不具有单独表达"完成"语义的功能。因此,从表达"完成"语义的角度来看,二者的功能是互补的,所以我们将核心动词和表相成分统称为情状(situation)。① 它们在话语中处于叙述的中心位置。

3.2.2 表体成分

严格说来,中古时期的"罢、毕、竟、已、了、讫、尽、来"还不是典型的体标记,只能算作补语,因为其表达的是"相",而不是完成体助词。② 但是从历史语法的观点来看,一方面这些表达"完成"义的动词后来逐渐演变成体标记;另一方面,中古时期的有些非持续性动作或者状态后面的完成动词很难再把它们看作是补语成分,它们和动补结构还是有所不同。尤其是"已"前面的动词很多是不可持续的瞬间动词、状态动词,用得最多的是"见(O)已""闻(O)已"。(蒋绍愚,2001b)这个时候我们很难把它们看成是动补结构。对于新出现的语言现象,我们觉得有时候不能太过于苛求,非得以非常严格的标准来认定它不可。"见""闻"本来就不能以动补结构形式出现,这类动

---

① 情状不只是事件的中心动词而已,而是动词组合,它表述的是主要动词和论元搭配,甚至包括主语。请参考 Verkuyl(1972、1993)、Smith(1991)等的相关论述。

② 相关论述请参曹广顺(1995)、吴福祥(1996、1998)。Hashimoto(1993:69)指出,从句法的角度看,动态助词必须紧跟在动词的后面。

词动作和结果是统一的。如果非得以动补结构加"完成动词"的形式来鉴定动态助词的产生就会在本来并不丰富的文献中摒弃很多珍贵的语料。因此,瞬时动词后的"完成动词"可看作体标记成分。

3.2.3 时制成分

除去上面的成分,剩下的需要从功能上认定的就是动词前面的副词性成分了。杨永龙(2001:24)将《朱子语类》中的完成体系统及其主要成员归纳为:

前标记:既、已、已自、已是、既已、已经

中标记:讫、毕、罢、下;了、过、却、得、取、着

后标记:了、矣

即,除了中心动词以外,所有表达"完成"语义的标记成分均属体成分。我们将趋向动词看作是动补结构的构成成分,不算标记成分。杨著把中标记和后标记看作完成体,这总体上没有异议。只是我们倾向于使用"完整体"(perfective)这一术语来指称中标记和后标记(Smith,1991/1997:263)。① 另外我们不认为"矣"是表体成分。但杨永龙先生把前标记(动词前的副词性成分)也看作完成体标记,他所说的体标记不是狭义的,并指出:

> 根据汉语体貌表达的实际,也为了更好地显示有关体标记的来源及虚化过程,我们把表示动作或过程完毕、变化完成、状态实现三类语法意义都看作完成体体意义的具体内容。——这是从形式到内容。反过来说,凡是表达这三类体貌意义的助词、副词、语气词,以及已经有所虚化但仍是补语性质的完成动词、趋向动词等,都看作完成体的表达形式。——这是从内容到形式。(杨永龙,2001:20)

也就是说,杨著是从广义的体标记研究完成体的,作者还引用吕叔湘先生(1982)的相关论述支持自己的观点。

这和我们的处理有所不同。②

---

① 例如,Olsen(1997:84)指出,应该将词汇有界性(lexical telicity)和语法完整性(grammatical perfectivity)正确区分:前者指有固有终点(having an inherent end),而后者指已经到达终点(having reached an end)。

② 我们倾向于不把时制看作体标记,但时制和完成义的关系目前尚需研究,能力所限,暂且阙如。谢谢蒋绍愚先生的宝贵意见。

首先，吕先生认为汉语"有体无时"是在狭义形态的基础上来定义的。这其实和当时整个学术界基本都认为时体范畴只能由形态标记成分表示的观点有关，即吕叔湘先生的时体概念和我们的概念不对等。从形态的观点来定义"体"自然会认为汉语没有"时制"，既然认为汉语没有时制，那么只得把动前、动后成分都看成是完成体标记。① 但是杨著既然已经突破了只从形态上来研究体貌成分的限制，那么，能否将所有表达"完成"语义的成分都归入体貌就值得考虑了。一旦我们将语义成分引入了时体研究，也就是认为时体表达其实是一个语法化的过程，不再仅仅将时体看成是由形态标记表达，那么以前认为汉语"有体无时"的观念也就值得重新思考了。

其次，既然动后成分已经能充分表达完成体意义，似乎已不再需要再用动前成分来表达同样的语义，因为这违背了语言的经济原则。如现代汉语中：

(20)小张弄脏了衣服|小张已经弄脏衣服了|小张已经弄脏了衣服

既可以用"V 了"，也可以用"已经 V"，还可以用"已经 V 了"表达同样的意思，"了""已经""已经……了"真的都可以算作体标记吗？汉语真的就这样不怕麻烦，经济原则在这儿就真的一点也不适用了吗？在敦煌变文中也有类似的情况。如：

(21)a.公主既闻此事，哽噎不可发言，惭见丑质，咽气泪落。（金刚丑女因缘）
　　　b.夫人闻了，又自悲伤。知道者身，看看命谢。（欢喜国王缘）
　　　c.大王既见目连入，合掌逡巡而欲立。（大目乾连冥间救母变文）
　　　d.圣君才见了，流泪两三行。（欢喜国王缘）
　　　e.启告了，众疑猜，善德如今又诉推。（维摩诘经讲经文）

----

① 杨永龙先生同时引述梅祖麟先生《现代汉语完成貌句式和词尾的来源》《先秦两汉的一种完成貌句式》两篇文章，认为梅先生在文中讨论的都是完毕义动词，所以应该将完毕义动词也包括在完成体范围内。这恐怕是一种误解。梅先生前一篇文章的主要目的是追溯现代汉语完成貌句式和词尾的来源，从梅文题目就可以看出来，而第二篇文章的副标题是《兼论现代汉语完成貌句式的来源》。也就是说，梅先生是从历史语法的角度研究现代汉语句式的来源。从语法化的观点来看，虚化链的开始当然得考虑动词。因此从梅先生的文章似乎并不能推导出完成体包括完毕义动词的必然结论。

f. 既启告世尊了,遥礼佛三拜。(双恩记)
　　g. 催子玉拜了,□□□(遂上厅)坐。……催子玉以手招之,……走到厅前拜了,上厅立定。(唐太宗入冥记)
　　h. 催子玉既□□(奉帝)命拜了,对帝前坼书便读。(唐太宗入冥记)

再次,从语言的系统性出发,如果我们认为动前时间性副词成分都是完成体,其他时间成分如"将、要、正、在、正在"如何处理也是一大难题。如:

(22)a. 天要下雨了。
　　b. 小王将毕业了。
　　c. 小张正高兴着呢。
　　d. 夏五月,楚师将去宋。(《左传·宣公十五年》)
　　e. 只要当来圆佛果,不辞今日受艰辛。(《敦煌变文·妙法莲华经讲经文》)
　　f. 纵然举目西南望,正见俄俄五道神。(《敦煌变文·大目乾连冥间救母变文》)

按照有体无时的观点,似乎只有把"要、将、当来、正"等归入将来体和进行体了。把"正"归入进行体相对来说问题不是很大,最大的难题对"要、将"等的处理。因此我们得考虑动前成分的归类问题。上举例子中最难处理的是例(22a、b)。① 一方面我们必须统一给"了"以完成体标记的解释,另一个方面我们又不得不承认"要、将"等表示的是将来,动词前后成分在语义上有冲突,但实际语言中还能说,看来动前和动后成分性质上应该有所不同。

最后,根据语义演变的单向性假设,功能性成分来源于主要范畴(名词和动词),那么我们可以想象,在汉语发展的某个时期,汉语的时体表达一定

---

① 对于例(22a、b),叶萌(1999)、望月圭子(2000)都认为例中的"了"不符合完成体"情状发生在参照时间之前"这一普遍特征,他们把句中的参照时间定位于说话时间。望月圭子命名为展望体,认为完成体和展望体的不同在于两者在基准时间上从不同的方向看某一个场面的发生,但是基本上均是将某一场面与基准时间相关联。这其实是不再认为"了"具有统一的功能。对此,陈前瑞指出:

因为时间副词、时间名词跟时间状语从句的语义功能一样,都是提供一个不同于说话时间的参照时间。因此笔者认为,带有时间副词"快、要、就"等的句尾"了"小句表示将来时间的事件,这种将来时间是由副词来指称的,其中句尾"了"本身不表将来时间,仍表示完成。更准确地说"要/快……了"格式表示即将完成体。即将完成体是将来完成体的一种,它与现在完成体、过去完成体一样,都是"情状发生在参照时间之前"。(陈前瑞,2008:189)

是由某一类动词或者动词短语表达的。随着汉语从综合型向分析型的发展（参 Teng,1975:34;蒋绍愚,1989:236），语言中会产生某种标记成分来表达"完成"语义,这种标记成分必定不会同时产生。一旦某一标记产生后,就会排斥相同的功能性成分产生,汉语史上完成体标记"了"的演变证明了这一点。如果认为动词前、后的成分都是能分别表达"完成"语义的体标记成分,这需要做出解释。

郭锐(1997:172)指出:"体的研究一直是汉语语法的一个热点和难点,其中一个原因是没有很好地划出体和非体的界线。"因此,我们认为,不妨将这些动前成分"既、已、已经"等成分看作时制性成分。

3.2.3.1 汉语时制研究概况

时制是对动词做语法描写的一个范畴,主要用来指动词表示的动作和发生时间的标记。传统上"时制"分为过去时、现在时、将来时。最早提出小句时间三要素——小句情状时间(ET)、小句参照时间(RT)、说话时间(ST)这三个概念的是 Reichenbach。

根据 Reichenbach(1947),一个语言的"时制"系统实际上是对说话时间(S)、小句参照时间(R)、小句情状时间(E)相对位置的两种观察方法结合的产物:一是以说话时间为基点,确定它同小句参照时间的相对位置;二是以小句情状时间为基点,确定它同小句参照时间的相对位置。第一种观察方法所得的结果,一般被看作初级时制(primary tense);第二种观察方法所得的结果,一般被看作次级时制(secondary tense)。Comrie(1985b)则继承了 Reichenbach 的研究成果。

国内对时制的研究基本上是受 Reichenbach 和 Comrie 的影响。汉语的时制系统一直是一个颇有争议的问题,绝大多数的研究者认为汉语有"体"无"时",代表人物如高名凯、王力、吕叔湘、朱德熙等。不过 20 世纪 50 年代后期,汉语"有体无时"的观点开始受到了苏联汉学家龙果夫、雅洪托夫和国内学者张秀等人的挑战。他们主要以 Reichenbach(1947)为理论基础,结合汉语的实际进行论证。自此以后,国内的时制研究一直到 80 年代才引起了汉语研究者的重视。从王松茂(1981)开始,出现了大量研究汉语时制系统的专著和论文。此后汉语时制研究大致可以分为三派:无标记时制,时体混合论,时体分别论。我们认为时体分别论的理由更充分。①

---

① 更详尽的论述请参帅志嵩(2007)。

时体分别论者认为时和体属于不同的语法范畴,不能将时和体混同起来。因此,一方面他们基本上继承了传统有体无时的研究成果,认为"了、着、过"等助词属于体标记,不具有时制意义;另一方面又认为汉语有时制,如时间副词"已经、正在、将、会、要"等属于时制成分。当然在时制的认定上不同研究者会有所不同,这一派以王松茂、Tsang、Hsieh、马庆株为代表。

王松茂(1981)认为语法范畴是语法意义的概括或归类,语法意义是从一系列具体的词或具体的语言成分中抽象概括出来的意义,不是词汇意义,而是同一类词或同一语言结构所共有的意义,是通过一定的语法形式表现出来的。汉语有时态范畴①和体貌范畴。时态范畴可以概括为五类:过去时(已经、曾经、早已)、近过去时(刚刚、才)、现在时(正、在、正在)、近将来时(就、快、马上、立即)、将来时(将、将要)。汉语的动词不像综合型语言的动词要具备时态范畴,这是汉语动词的特点。时态范畴的助词在动词前,绝不能放在动词后;体貌范畴的助词恰恰相反,都放在动词后,绝不能放在动词前。

与此同时,Tsang(1981)指出,汉语中的时间副词"会、要"是未来时标记。之后,Li(1990)、Chiu(1993)继承了Tsang(1981)的基本观点,认为汉语的句子有时制。Hsieh(2002)专门讨论了汉语的时制,指出,"会"是时制标记,而"要"不是,并认为"会"乃相对未来时标记。此外,马庆株(2000),马庆株、王红斌(2004)的研究思路与王松茂(1981)基本相同。

有体无时的研究面临的一个问题是体重复使用的问题,如"大学联考仍然在等着我!"已经有体助词"着"了,为什么还要加体标记"在",这和语言表达的经济原则相冲突。如果将"曾经、已经"等看作体范畴,这种矛盾更为突出。② 但是,这一矛盾在时体分别论中得到了较好的解决,因为动词前面的"在、正在、已经、曾经"等是时制标记,动词后的助词是体标记。③ 尤其是考虑到王松茂(1981)就已经体现了这样的研究成果,这可以说是十分难能可贵的,而且这种思路既符合当今时体分别论的学术潮流,同时也避免了时体混合论的算子功能上面临的挑战。④

3.2.3.2 时制成分

一般认为,在英语中时和体通常都用改变动词形态或添加助动词来表

---

① 王松茂的"时态"和我们通常所说的"时制"相当。
② 关于体重复使用的问题,可参左思明(1997)第四章。
③ 胡建华、石定栩(2005)认为,"在"的句法位置高于其他体貌助词,可能解释之一是"在"已经移到了体貌成分之上的其他功能性成分的位置,所以"在"具有IP算子的特性,可以起到完句的作用。
④ 不过,时体分别论对于类似于"明年他将已经在读大学了"这种句子中把"将、已经、在"后时、先时、同时三个时制成分共用的句子仍需要加强研究。

示;同时,形态变化也伴随着词汇手段的使用,这在不规则动词句中表现得较明显。这其实是一种误解。时体问题不但是英语等有形态标记的语言热点,其实也是难点,直到今天一些难点问题依然没有解决,如动词前表时间的副词性成分,尤其是将来时中的"will、shall"等究竟是时制还是情态(modal)一直争论不休。①

Olsen 在时制分析上和 Reichenbach、Comrie 采取了根本不同的分析方法。Olsen 赞成 Comrie 对时体的区别,即"时"是指示性的,而"体"则是非指示性质的。Comrie 所说的绝对时才是时,而相对时范畴其实不是同质的,是"时、词汇时间结构以及语法体形式的混合"。(Olsen,1997:122)绝对时是语义的,其时间指示意义不能被取消。如:

(23) Paul **will work** *yesterday / *as I am speaking / tomorrow.

而相对时中有些是语用的,因为其时间指示意义可以取消。如:

(24) The passenger denied boarding on flight 26 proceeded to gate 5.

例(24)中最可能的理解是过去时,即"denied boarding"先于"proceeded to gate 5";也可以是未来时,即"The passenger denied boarding on flight 26 [had] proceeded to gate 5 [without knowing that it would deny him his spot]."由于这两种理解是由上下文决定的,所以这种时制是语用的而不是语义的,这种情形在汉语中也是不能避免的。如:②

(25) a. 我去的时候,他们已经走了。
    b. 我赶到那里的时候,他们都快要走了。

李临定认为(25a)是过去过去时,(25b)是过去将来时。但是,(25a)可以是将来发生的,即"(去也没用,我不去了,)我去的时候,他们已经走了。"例(25b)也可以做类似的理解。而且,英语、汉语中这样的例子也难处理:

---

① 参 Bussmann(1996)和 Crystal(1997)中的"tense"等相关条目,Olsen(1997:161)、Lyons(2000)第 6.6、10.3 和 10.5 节中均有论述。
② 例(25)引自李临定(1990)。

(26) I **will destroy** this temple, and in three days I **will build** another, not made with hands. (RSV, Mark 14.58)

(27) He who conquers, I **will make him a pillar** in temple of my God; never shall he go out of it, and I **will write on him the name of my God**. (RSV, Revelation 3.12)

(28) 我要先吃饭再干活。

(29) 我们要打破一个旧世界,建设一个新世界。

如果用相对时制来分析,似乎需要再新增加一个时制,即"将来将来时"了。再加上一些时间成分,问题就更复杂了。如:

(28′) <u>明天</u>,我要先吃饭再干活。<u>昨天</u>,我说:"我要先吃饭再干活。"

Olsen 指出,时制的确定和情状类型无关,只和参照时间(RT)以及指示中心(C)相关。这样看来,所谓的绝对时制和相对时制之分其实是靠不住的。以往相对时制研究的时间词,如"去年秋天、现在、明天中午"等在 Klein 看来不过是对话题时间的进一步具体化手段。① Lyons(2000:316)说得更直接,他认为我们在相对时制中谈论的时间名词(如"上周、前一周"等)"只不过使在其他情况下可能需要通过上下文暗示的意思更清楚地表示出来罢了",即,它们还不是时制成分。因此,真正的时制成分是和动词联系比较密切的时间副词"既、已"等。②

---

① 一般的语法书均指出英语的完成体(perfect)不能接表示具体时间的副词。其实这是误解,具体的论述请参 Miller(2004)。而且,"完成体"并不是一个同质、统一的跨语言范畴,而是句法、语义、形态成分共现的复合体(complex),相关研究请参 Iatridou et al.(2003)和 McFadden et al.(2010)。

② 值得注意的是,林若望(Lin,2002)提出汉语没有如英语等印欧语言相同的形态上的时制(morphological tense),因此缺少句法时制(syntactic tense),不过,汉语有隐性时制(covert tense)。而且,他在文中特别指出,不能把"他已经在睡觉(了),你不要去吵他"中的"已经"看作时制,因为"已经"可以和任何时制相容。如:

(i)我到的时候,他已经走了。　　(ii)到明天,他就已经走了。

实际上,根据 Klein(1992、1994),时制是标明话题时间(TT)与说话时间(UT)的关系,而过去时在相对时制中并不意味着它一定发生在过去,因为这时参照时间(或者说话题时间)并不是说话时间。不过,林若望的观点前后有变化。在后来的研究中(Lin,2003、2005、2010),他又转而认为汉语没有时制了。另外,根据 Comrie(1985b)、Alexiadou(1997、2000)都指出不少语言中均有副词演变为时制的事实。Comrie(1985b)对"时制"的定义,即"时间位置的语法化表达",所以,我们排除"今天、明天"等话题时间,而只把副词"既、已"等当作时制。

3.2.3.3 既、已

去掉非时制成分以后,我们发现,汉语用"既、已","正、正在","将、要"等动前时间副词分别标明汉语的"三时",即只要有这些标记成分出现,一定是分别表示过去时、现在时、将来时,至于是将来的过去,还是过去的过去等其实是由于语用造成的,不是时制。语料显示,在甲骨刻辞时代,汉语就已经有"三时"了。如:①

(30) a. 既燎上甲于唐?(合集 1200)
　　b. 己卯卜,王:咸刈先?(合集 7020)
(31) a. 贞:王祼,鼎侑伐? 王祼,勿侑伐?(合集 418)
　　b. 贞:呼子宾祼于有妣,鼎有蠲?(合集 3171)
(32) a. 其侑大乙,惠五牢用? 惠十[牢]用?(合集 27090)
　　b. 己未卜,王贞:气侑祷于祖乙? 王吉兹卜。(合集 22913)

例(30a、b)的"既、咸"可译为"已经",是过去时标记;例(31a、b)的"鼎"可译为"现在、正在",为现在时标记;(32a、b)的"其、气"表将来的意思,是将来时标记。汉语史的语料显示,这些时制成分只是发生了词汇更替,其时制功能基本未变。

已有研究表明,殷墟甲骨刻辞中已有句末语助词"自",用于感叹句;"乎"用于疑问句。西周金文中句末语助词只有一个"戈(才)",用于感叹句。《周书》中句末语助词有"哉、矣、已、焉、猗、若、而",不限于感叹句。②在甲骨刻辞、西周金文中还没有表示"完成"语义的动后成分。然而,动前表达"完成"语义的副词性成分在甲骨刻辞、金文中就已经出现并大量使用。

根据张玉金的研究,"既、咸"两个词都是用来表示动作行为已经进行,可以译为"已经、完",都可以用在叙述一件事情的语句之中,表示动作行为已经发生。同时,二者还可以用在叙述两件事情的语句(复句)的前一分句中,在表示动作行为完成的同时,临时起到表示两件事情前后相继关系的作用。在西周金文中,"既、已、以"等表达"完成"语义时态的用例分别为 21、2、3。③ 而且,就是杨永龙(2001)也承认"既、已"的表时功

---

① 例子均采自张玉金(2001)。
② 参管燮初(1981:171)。不过,张玉金(2001:93)认为在甲骨文中只有两个句末语气词,即"抑"和"执",表疑问语气。不管怎样,具有和"矣"相同功能的语气词在甲骨刻辞中还没有产生。
③ 管燮初(1981:93、189)。

能。如：

> 一般认为"已"或"已经"的语法功能是表示完成，似乎与"了"功能相同，笼统地说，这种看法是正确的。但细究起来，"已"或"已经"尽管有相同之处，却也存在着一些差别。先看现代汉语的"已经"用例：
> (15) a. 张三已经知道这事儿。　　　　b. 张三知道了这件事。
> a、b 两句都表明"知道这件事儿"已经成为现实，但用"了"突显的是变化，而用"已经"则不强调变化，而是说明变化之后的状态在某一参照时间之前出现，并延续了一段时间，直到参照时间仍在延续。正因为如此，"已经"可以表示状态持续的"着"和表示动作正在进行的"在"同现。（杨永龙，2001:63）

> 通常参照时间是有标记的，而说话时间或情景时间是无标记的。"既"所在的句子以有标记为常，"已"所在的句子以无标记为常。因此就表体功能之外的表时功能而言，"既"以表示相对时制之先时为常，而"已"则以表示绝对时制之过去时为常。这种倾向不仅存在于"既"、"已"之间，而且也存在于所有用于前景事件的时体表达形式和用于背景事件的时体表达形式之间。（杨永龙，2001:66）

就目前所见材料看，表达"完成"语义的动前成分先于动后成分产生。在甲骨刻辞中，动前表时副词成分已经出现。根据语义演变的单向性的观点，可以推测，在更早的时代，汉语"完成"语义的表达一定是隐含在单个动词中的。这从《左传》中可以看出来，因为《左传》就还有不少句子既没有动前成分，也没有动后成分，只用某些动词来表达"完成"语义。随着连动结构的发展，连动结构中的"完成动词"逐步虚化，其虚化程度逐渐超过了动词前面的副词，便演变成了今天的体标记。

很多学者不承认"既、已"等成分是时制，却把"在"看作体标记。他们的一个理由是"既、已"虚化程度不够。但是，既然可以将"在"看作体标记，那么将"既、已"排除在时体成分的研究范围之外本身就值得商榷。这方面王松茂（1981）已有论述，此不赘。我们想说明的是，如果非得以有形态语言的特征来衡量某一成分是不是时体标记的话，汉语中恐怕连真正的体标记都没有。史有为（2003:92）指出：

> 在"吃了饭就去"与"吃完饭就去"中，前者的"了"实际上相当于后

者的结果补语"完",是"完了"之义,并非抽象化了的过程达成,显然前者的"了"的结果补语性质仍然残存着。而且"了"还可以在动结式、动趋式和形容词后面出现,如:"吓跑了一个顾客","踢进去了三个球","只干净了两天"。因此,以西方语言那种只属于动词的 aspect 作为参照点来看汉语的"了",那后者只是一种"准体貌"(quasi-aspect/near-aspect)而已。

跨语言的研究表明,体态成分和动词的联系比时制成分和动词的联系更密切,因此体态成分具有比时制成分更高的虚化程度。(Bybee,1985;Hopper & Traugott,1993)这也是"既、已"虽然虚化程度不是很高,但仍然可将它们当作时制成分的一个主要原因。

3.2.4　表达体系

如果将动前时制成分以 TM(tense marker)表示,情状用 Sit 表示,动后成分用 AM(aspect marker)表示,"完成"语义在汉语史上的总体发展趋势大致可以表现为:

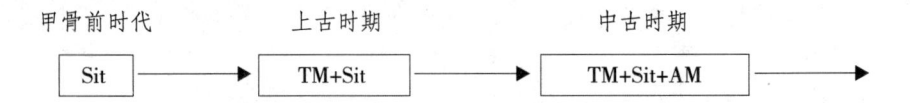

```
甲骨前时代        上古时期           中古时期
  Sit    →       TM+Sit    →      TM+Sit+AM    →
```

梅祖麟(1981)认为,上古、中古汉语(所谓"文言")表示动作的时间关系,基本上只有两个位置:一个是动词前面,如副词"曾、尝、方、将、正、浸、已、既、未";另一个是句末,如语助词"矣"。此外中古还有句末的动词"已、毕、讫、竟"。周守晋(2003)对梅先生的观点有所补正。周守晋认为,实际上在先秦就已经有"动(宾)+完成动词,下句"这样的用例。如:

(33)(楚子)九献,庭实旅百,加笾豆六品。享毕,夜出,文芈送于军。(《左传·僖公二十二年》)|伍子胥说之半,王子光举帷,搏其手而与之坐;说毕,王子光大说(悦)。(《吕氏春秋·胥时》)

那么,整个中古时期的"完成"语义的表达体系可表示为(图3-1)。①

---

① "既"在中古以后是否应该算作时制成分是一个值得考虑的问题。因为周守晋(2003)指出,从早期简帛材料已经可以看出,"既"在战国中晚期以后就表现出被"已"替代的明显趋势。因此恐怕把后世文献中的"既"做时间副词的用法当作上古汉语语法的残留更合适。

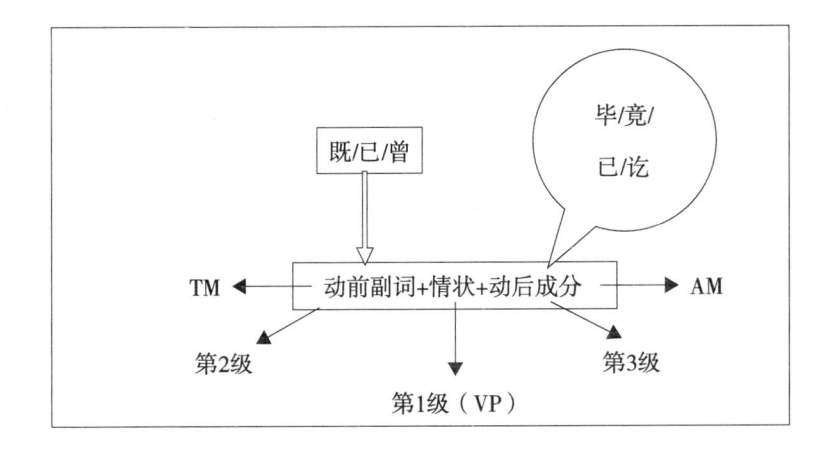

```
        ┌─────────────┐         ╭─────╮
        │  既/已/曾    │         │毕/竟 │
        └─────┬───────┘         │已/讫 │
              │                 ╰──┬──╯
              ↓                    │
    TM ←──[ 动前副词+情状+动后成分 ]──→ AM
         ↙              ↓              ↘
       第2级         第1级(VP)         第3级
```

图 3-1　中古汉语"完成"语义的三级表达体系

"时体"均属于动词范畴。因此，如果从语法化的角度讨论汉语的时体范畴，将语用因素排除在外，在相对纯净的环境中看待汉语"完成"语义的表达体系，将动前表达时间的副词性成分看作时制，动后成分看作完整体，那么中古时期汉语"完成"语义的三级表达体系可以表示为：

完成＝时制标记＋情状＋体标记①

其中中心动词无疑是最重要的因素，"动词的词汇意义，决定了它所在的句子能够表现哪些种类的情状，而与动词连用的其他句子成分则决定了该句实际表现了哪一种特定的情状类型。"（陈平，1988：405）尤其在标记还没有产生前，动词的作用更是一枝独秀。到时体标记产生以后，这些标记成分便主要承担了表达"完成"语义的重要功能，而情状所包括的中心动词也就不再限于我们所提到的前限动词、后限动词和点结构动词了。

需要说明的是，并不是说中古时期完全按照这一表达体系运行。实际上，这样的结构格局直到中古时期晚期，大约是魏晋六朝才开始形成。如范围副词"尽"从"尽 V"到"V 尽"的结构变化；动量词的产生以及"数词＋动作"向"动作＋数量词"的变化，体标记等都从中古晚期开始逐渐形成并大量使用。所以，如果从结构上考虑，中古前期属于结构上的调整时期，这样的三级表达体系的形成应该是在中古晚期。此后汉语"完成"语义才按照这种体系运行，并日臻成熟。

---

① 如果遵从李如龙（1996：3）的标准，把和 aspect 较为相近的动作看作"体"，将"尝试、反复"等没有确定的时点或时段，体现动作主体的一定的意想和情绪的事件看作"貌"，那么这一表达体系恐怕在现代汉语也是适用的，只是现代汉语在表达"完成"语义时对时体标记的强制程度更高。另外三级体系中的排列只是从产生时间先后来说的，并没有级别高低的意思。

3.3 被动句

上面我们论述了汉语"完成"语义的三级表达体系,得出这种结论的前提是暂不考虑被动式、处置式、连动式。在第二章里我们已经将连动式归入了广义的语用层次,那么现在需要考虑的是被动式和处置式的问题。最简单的办法就是直接将这两种句式放入构式语法的层面,但是这样回避了这两种句式在语法化过程中"被、把"经历的语义变化的复杂过程。

从生成语法的角度看,英语的被动动词的域内论元在句法层面上是经过名词短语提升,将域内论元位置上原来的宾语名词短语移入主语位置。这反映了一种抑制论旨角色的现象,动词原有的施事者论旨角色受构词规则的作用被抑制,所以没有域外论元。过去分词词缀的作用是抑制域外论元和吸收动词给其宾语指派格位的能力,所以宾语名词短语移到句子的主语位置以便取得格位。如:

(34) The man was killed.

被动过程就是及物动词经历了构词过程。构词法属于形态学范畴,形态学的问题与语义、句法都有相当密切的关系。英语形态比较丰富,而且主语为必有成分,因此操作上比较方便。汉语的被动动词前往往会有"被、叫、让"等词,及物动词的施事者主语在被动句中可有可无,被动句的主语通常情况下认为由原来及物动词的客体或受事者宾语担任。但是这只是一般情况而已。运用英语被动生成过程来解决汉语的实际遇到的一个最大的难题就是如何处理汉语被动句中动词带宾语的问题;而且,汉语中并不是所有的主动句都能与被动句相互转换(参吕叔湘,1984;吕文华,1987;石定栩,1999)。

冯胜利(1997)对"被"字句的分析集众家之长,他一方面赞同桥本万太郎等人的说法,认为"被"是动词,将"被"后面的所有成分看成一个句子;另一方面,又坚持转换生成句法的主流立场,认为"被"字句是转换而来的,是从"被"后面动词的宾语经过空算符(empty operation)操作而来的。但是,石定栩(1999)指出,冯胜利先生的处理方法仍然无法解决保留宾语的问题。后来徐杰(1999)又通过对带宾语的被动句和领主属宾句的研究,认为它们都是运用了"领有名词提升移位"的语法规则得到的。但是,他不能解决像例(35)中如何移位的问题;而且,以前未能解决的被动句的问题在徐文中依然未能避免。

(35) a. 他被地主害死了他的娘。
　　b. 他被坏人夺走了自己的钱包。

汤廷池(1990)指出，由于汉语的被动句动词并没有明显的被动标志，而且在动词后面还可以出现宾语名词组，似乎显示汉语的被动动词在一定条件下仍有指派格位的能力，因此，"被字句的'被'词组似乎也应该分析为在深层结构中出现于主要语动词左方指示语的位置。这样的分析可以不借移位而直截了当的在深层结构衍生出主题。"

看来，用生成语法的移位观点并不能真正解决汉语史上被动句的生成问题。

桥本万太郎(1971/1987)从汉语"被"字句中"被"在历史上是个及物动词的历史事实出发，将汉语的"被"字句看成特殊的主动句，作为表示遭受不幸的特殊句式。更为重要的是，他将汉语的"被"分析为一个及物的动词而把后面的词组分析为这个及物动词的宾语，也就是把现代汉语的"被"字句解释为嵌进结构，而不是从相对的主动句派生出来的。这是其高妙之处。其结构为：

(36) NP_1 被 [NP_2 V NP_3]
　　　　如果其中名词相同，或被删略，或代词化。

但是，桥本要解释两个问题：其一，正如石定栩指出的，在例(37)中小句的主语 EC_1 一定不能与全句的主语"小张"指向同一个人，而宾语 EC_2 则一定要指向"小张"。这种限制显然符合移动分析的要求，而不是随意的删略所能解释的。其二，一般认为汉语的"被"字后面跟施事名词出现得比较晚，至少在晚唐五代才比较成熟(Peyrube,1996)，而"被"字句中动词后面可以再带上一个受事名词词组做宾语，是近代汉语才出现的新结构，在现代汉语中用得很普遍(石定栩,1999)，这也需要解释。①

(37) 小张被 [$_S EC_1$ 打 EC_2]

---

① 关于被动式的产生动因，姚振武(2000)、董秀芳(2008)分别根据指称与陈述的兼容性、动转名的无标化做了解释。汉语史界一般将"被"字后面出现施事者的句子中的"被"认为是已经经过语法化和重新分析等作用而可能变为介词。在此，我们采桥本的看法，认为"被"是动词。"被"字和《说文解字》中所述的意义比较，肯定发生了虚化，《说文解字》："被，寝衣也。"引申为动词表示"覆盖"义，又引申出"蒙受、遭受"等义。现代汉语的"被"句就是从后者一步一步虚化而来的，不过，虚化不一定要导致功能语类的产生。

关于被动句动词带宾语的现象，其实早在先秦就已经出现，只是到中古时期才十分普遍，其间发生了词汇兴替和功能转换。以往研究被动句时往往忽视了汉语语法发展过程中的这种词汇兴替现象；再加上当时的研究水平，认为被动句的动词带宾语发生于近代汉语。其实先秦文献中就有用例：①

(38)今处昏上乱相之间，而欲无惫，奚可得邪？此比干之见剖心，征也夫！《庄子·山水》｜女也知者为必用邪？王子比干不见剖心乎！女以忠者为必用邪？关龙奉不见刑乎！《荀子·宥坐》

考虑到先秦时期汉语的语序在汉代发生了重大的变化，如果把先秦用"于"引进施事者而放在句子末尾的句式也加以考虑，这样的带宾句式就比较多。如：

(39)鬲赐贝于王。《鬲尊》｜子自谓才士圣人耶？则再逐于鲁，削迹于卫，穷于齐，围于陈蔡，不容身于天下。《庄子·盗跖》

而且，到汉魏六朝时期即使不考虑"于"字句式，在文献中带宾句式也比较多。如：

(40)a.公惧，坠于车，伤足丧履，而为贼杀之。《论衡·订鬼》
　　b.骞曰："为汉使月氏，而为匈奴所闭道。"《汉书·张骞传》
　　c.时(刘)焉被天火烧城，车具荡尽。《蜀志·刘二牧传》
　　d.人说过恶而起怨责，深为众人怪其愚惑。《百喻经·说人喜瞋喻》
　　e.如彼愚人，被他打头，不知避去。《百喻经·梨打头破喻》
　　f.及其被人捕取宰杀之，其灵能为雷电风雨，比殆神物龙类。《太平广记》卷四六四"鼍鱼"条，出《感应经》）

上举例中有主语(NP_1)和动词后的宾语(NP_3)毫不相干的，如(40b、c)；有领主属宾的，如(40d、e)；有宾语复指主语的，如(40a、f)。到了有唐一代，现代汉语所有的带宾语句式几乎都能在文献中找到出处，所以唐钰明(1988:462)指出："我们就总计出'被'字句动词带宾语者，唐宋253例(约占'被'字句总数1492例的17%)，元明清362例(约占'被'字句总数2197

---

① 参唐钰明(1987b)。另外，谢质彬(1989)专门讨论了动词带宾语的被动句。

的17%)。要是使用例证的话,那可真用得上'不胜枚举'这个词了。"至此,我们其实已经回答了上面的两个问题,因为汉语的被动句带宾语的句式源远流长,而且从唐代开始大量出现了复指主语的宾语"之"这样一种成分并发展到今天,所以石定栩认为宾语 EC_2 则一定要指向"小张"的问题也就不存在了。这样看来,桥本的考虑是相当周到和完善的,现代汉语的"被"字句带宾语的句式不但可以从汉语史上找到证据;更为重要的是,它们其实不像其他语言那样是经过转换生成的,而是由于相同名词的删略而形成的。

把"被"看作动词还基于这样的考虑,那就是"被"有时候和"蒙、遭、受"等动词的用法一致,至少在中古时期这种看法应该是没有问题的。如:

(41)夫未进也身被三累,已用也身蒙三害。(《论衡·累害》)|或成器而见举持,或遗材而遭废弃。(《论衡·幸偶》)|并时遭兵,隐者不中。同日被霜,蔽者不伤。(《论衡·幸偶》)|(六十比丘)中道被贼失衣,裸形入祇桓精舍礼诸比丘。(《摩诃僧祇律》,22/302a)

也就是说,"被"既可以后接动词,也可以带以小句形式。如:

(42)a.是时王子见一被刖无手足人,生慈悲心。(《杂宝藏经》,4/458c)

b.又复过去,忍辱仙人被他刖耳鼻手足。(《杂宝藏经》,4/459b)

尤其是同一内容,既可以用实义动词"受",也可以用"为……所……"式、"被……所……"式,说明它们之间具有密切关系。如:

(43)a.傍人见已而语之言:"何不避去?乃往受打,致使头破。"(《百喻经》,4/543b)

b.汝若不痴,为他所打,乃至头破,不知逃避。(《百喻经》,4/543b)

c.如彼愚人被他打头,不知避去,乃至伤破,反谓他痴。(《百喻经》,4/543b)

魏培泉(1994)在分析被动句的演变时指出:"我们回溯汉语历史,只见到'被'是主要动词的证据,也看不大出来有什么证据显示'被 A'曾被重新分析为介词组。……人们不愿意把'被'分析为主要动词恐怕和'被'的词汇意义不明显有关,它和原来'被'的意义已有差距。但是词汇意义损失及意义空泛不见得就能证明该词就不是动词,'是'字就是一例。"① 既然"被"是动词,那么我们就可以把被动式看作是"被+[s(NP₁)V(NP₂)]",即由"被"带上小句形式的宾语来表达"完成"语义,其中NP₁和NP₂是可选项。当然也就可以把动词"被"看成和"遭、受"等一样以受事为主语,单独表达"完成"语义的动词了。不管怎样,"被+[s(NP₁)V(NP₂)]"都可以看作三级表达体系中的情状类型。这样,动词前后的时制和体态成分也就很好确定了。

同样,处置式的问题也可以做类似的处理。② 如此一来,我们就可将被动式和处置式一起纳入图3-1所示的三级表达体系。

3.4 表达模式

在三级表达体系中,中古汉语通过这一表达体系衍生出几种表达模式。也就是说,在三级表达体系下中古汉语在组合上有几种可选的表达方式。

(一)情状表达

即由情状中表达瞬时实现的动词,如"得、逢、败、破"等,或者是持续性动作与动相(补语成分、名量成分、动量成分)一起表达"完成"语义。

(二)情状+体标记

"持续情状+显性范畴"中的"完成动词"一般说来还没有演化成体标记,所以"情状+体标记"的模式中主要是"持续动词+Phase"的情状,或者是非持续动词的情状。如:

(44)时有比丘名尸利耶婆……始入一家<u>得食饱足已</u>,复入第二家。(《摩诃僧祇律》,22/262a)|时耶输陀罗<u>见火坑已</u>,方大惊怖。(《杂宝藏经》,4/497a)|时摩诃罗重<u>被打已</u>,过问打者言:"我有何愆? 见打乃尔。"(《杂宝藏经》,4/480a)

(三)时制标记+情状

(45)时摩诃罗<u>既遭困急</u>,具陈上事。(《杂宝藏经》,4/480a)|频婆

---

① 参桥本(Hashimoto,1971)。
② Thompson(1973)指出,"处置式"的特征是能够回答"X对Y做了什么?"其中X是施事主语,Y是受事宾语。张伯江(2000)则指出,"A把BVC"的整体意义:由A作为起因的针对选定对象B,以V的方式进行的,使B实现了完全变化C的一种行为。

娑罗王已得见谛,数至佛所礼拜问讯。(《杂宝藏经》,4/473a)

(四)时制标记+情状+体标记

(46)佛使阿难与食,既得食已,心生欢喜。(《杂宝藏经》,4/475b) 既至国已,弟还让位而与于兄。(《杂宝藏经》,4/447c)

这四种模式构成了中古时期"完成"语义的基本表达模式,其中情状是事件表达的必备要件,而时制成分、体标记成分不是必选项。体标记的成熟是在近代汉语时期,因此相对来说,中古汉语的体标记还不十分典型。蒋绍愚(2001b)指出,非持续动词后面接完成动词"已"是受到佛典翻译梵文中的"绝对分词"影响。这时期的"已"还没有紧紧依附于动词,如果动词带宾语,一般位于动词宾语之后。

现代汉语中,完成体标记"了"对事件是强加的,也就是即使是瞬时实现的情状,一般也需要体标记"了",如"张三死了"。但是这种强制程度并不如形态丰富的语言,在某种情况下还可以省略。吕叔湘主编(1980:319)曾指出:"动词(尤其是结束性动词)后面的'了$_1$'有时可以省略。……结束性动词带时量,表示动作完成后到目前所经历的时间。如果动词的构造是动宾式,'了$_1$'常常省去。"

李兴亚(1989)进一步指出,现代汉语中促成"了$_1$"自由隐现的因素主要有五个:A. 动词前面有表示过去时间的词语;B. 动词后面有数量短语;C. 有表示连续动作的后续小句;D. 动作后面有结果意义的补语;E. 句末有"了$_2$"。其中因素 C 我们将其归入广义的语用层次,因素 E 究竟是否算体标记还有争论。[①] 我们认为因素 A 是时制,因素 B、D 是动相,它们在中古时期都能够表达"完成"语义。这样看来,现代汉语中的这些现象实际上可以上溯至中古汉语。

[①] 曹逢甫(1998)在研究台湾闽南语的体貌时指出:"'啊'和国语'了♯'是方言中相对当的用语,因此'了♯'也是表示状态改变或新情况的发生。至于 Li & Thompson(1982)归纳'了♯'的其他功能如更正错误的假设、决定即将发生的情况、结束说明等,我们认为这些都是 change of state 这个意义的譬喻延伸,当它用在不同语境(context)中,会衍生符合语境需要的用法。"作者认为闽南语的"啊"和现代汉语的"了$_2$"相当,是个语气词。(引者注:曹逢甫的"了♯"即我们所说的"了$_2$"。)张伯江先生 2005 年 4 月 28 日在北大的《功能语法研究》课上指出"了$_2$"属于篇章层面的语气词,不是体标记。

3.5 语义范域

功能词,尤其是和动词密切相关的词有自己管辖的范围,一般称之为辖域、范域(scope)。郭锐(1997)认为:体的研究一直是汉语语法的一个难题,其中一个原因是没有很好地划出体和非体的界线。体实际上是外在时间性和内在时间性共同作用的结果,过程时状可以看作带有体算子的谓词性成分,非过程时状可以看作不带体算子的成分;而不同的体又可看作由所带体算子的不同造成。如果从这个角度出发来研究汉语的体,也许会有一些新的进展。

从算子出发,时、体有不同的范域,它们对"完成"语义的表达具有重要作用。①

现有的研究表明,体算子的辖域小于时制算子。体是核心算子,因为它指的是某一事件的内部时间,而没有参照其他事物。(Jackobson, 1957; Comrie, 1976; Van Valin & Lapolla, 1997)时制是从外部观察事件结构,因此时制是小句算子,其范域大于体算子。Bybee(1985)通过对五十多种语言的调查后指出,在语义上与动词相关性越大的语素越容易与动词融合或变得依附于动词,体和动词的关系比时制和动词的关系更密切。Van Valin & Lapolla(1997)从语义上论证了体和时制算子的范域的不同。② de Swart(1998)则明确地指出时、体算子具有不同的句法功能。即:

[Tense[Aspect*[eventuality description]]]

从线性关系上看,体态、时制与动词的关系似乎是平等的,它们分别处于动词前后。实际上从语义关系上,时制的范域更大。语义基本相同,都是表达"完成"语义,但是表达的模式可以不一样。如:

(47)a. 尊者舍利弗目连为说法要,<u>得</u>阿那含,命终生梵天上。(《杂宝藏经》,4/461a)

b. 尔时夫人<u>得</u>此牙<u>已</u>,便生悔心。(《杂宝藏经》,4/454b)

c. <u>既得</u>珍宝,又许拥护,是汝之力。(《杂宝藏经》,4/450a)

---

① 将时制当作算子处理的,如Dowty(1979)、Ogihara(1996);把时制当作变元约束的,如Partee(1973)。大多数学者把时制当作二元算子,但是有些学者则根据Reinchebach的参数E、R和S把时制算子当作三元算子。请参Strazny(2005)的介绍和参考文献。

② GB理论也认为时制范域大于体态范域,只是与角色指代语法(RRG)相比,二者基本理念有所不同,相关论述请参Van Valin & Lapolla(1997)第652页注20。

d. 既得果已，求老比丘，欲报其恩。(《杂宝藏经》,4/494c)
(48)a. 即至佛所，顶礼佛足在一面立。(《杂宝藏经》,4/476c)
　　　b. 至彼处已，复问："彼比丘平安不？"(《摩诃僧祇律》,22/249a)
　　　c. 既至彼国，列阵共战，为彼所败。(《杂宝藏经》,4/459b)
　　　d. 既至国已，弟还让位而与于兄。(《杂宝藏经》,4/447c)

　　例(47)(48)中的 a 单独由情状表达"完成"语义，b 是"情状＋体标记"，c 是"时制＋情状"，d 是"时制标记＋情状＋体标记"。就时体的范域来看，在时制和体标记中缺少一个的情况下，它们的范域似乎是一样的。如例(47)的"夫人得此牙已"和"既得珍宝"可以表示为：[已[Sit]]和[既[Sit]]。但是时、体标记都出现的时候，这种差别就体现出来了。如"既得果已"的时、体范域为：

　　　[既[已[(S)得果]]]

　　也就是说，体范域小于时范域。体和动词的关系更密切，这也许就是为什么体标记后来会从动词宾语后面移到宾语前面与动词紧贴在一起的原因；而时制的范域是小句，它和动词的紧密程度低于体和动词的关系，所以虚化程度往往较低。

　　de Swart(1998)从类型比较的角度研究体转换(aspectual shift)和体压制(coercion)，比较的基础是英语和法语。上面所举例的时体公式中，特别在体右上角标上了一个"＊"号，de Swart 的意思是这一体算子可以是零，也可以是 1 或者大于 1。这恐怕是因为英语是时突出的语言(Bhat,1999)，所以体标记是可有可无的，而时制却不可少之故。

　　中古汉语的时、体标记不是强制的，它们还处于发展时期。尤其是体标记，在魏晋时期才开始萌芽，而且时、体标记都可以不止一个，如复合时制标记"已曾、曾已"，复合体标记"已讫、竟已"等。因此中古汉语的时、体范域可以表示为：

　　　中古汉语时体范域：[时制＊[体＊[情状]]]

　　"已讫"等形式中"已"可能是副词修饰"讫"，而不是并列复合形式。但是有时在陈述同一事件时"已讫、讫已"都出现在上下文中。如：

(49)其妇欢喜，办种种饮食。奉食已讫，小空闲时密礼婆罗门足而问之曰。……于后奉食讫已，礼足辞别，请求先偈。(《摩诃僧祇律》,22/285c)

(50) 时一众安居讫,还舍卫城,问讯世尊……佛问比丘:"安居乐不?乞食易得不?行道如法不?安居讫已,得安居衣不?诸优婆塞数来往不?"(《摩诃僧祇律》,22/257c)

因此我们有理由相信中古时期至少有复合的时、体形式存在。
被动式的时体范域,也和上面提到的基本一致。如:

(51) a. 我坐失此飞梯材故。被摄在狱。(《摩诃僧祇律》,22/239a)
　　　b. 时摩诃罗重被打已,过问打者言……(《杂宝藏经》,4/480a)
　　　c. 夏侯玄既被桎梏。(《世说新语·方正》)
　　　d. 昔有一人为王所鞭,既被鞭已,以马屎拊之欲令速差。(《百喻经》,4/547a)

它们的时、体标记形式还不是强制的,时、体标记可以不出现,如(51a);也可以只出现一个,如(51b、c);还可以同时出现,如(51d)。比较特殊的是下面的例子:

(52) a. 齐襄公将为贼所杀,游于姑棼,遂田于贝丘,见大豕。(《论衡·订鬼》)
　　　b. 见有众生修行持戒,救于溺人,令脱水难;或将被戮,救赎令脱。(元魏·瞿昙般若流支《正法念处经》,17/150a)
　　　c. 吾知此文将被烧灭,愿十方三宝及有识者用力护持。(宋·遵式《炽盛光道场念诵仪》,46/982c)

被动式本来可以表达"完成"语义,但是当前面有"将"修饰的时候语义就从"完成"变成了"-完成"。我们认为原因就是"将"的语义功能。"将"在句子中的作用是将来时制(Meinsternst,2004),由于是将来发生的事件,所以为非现实句。我们通过电子语料库搜查了《大正藏》,"将被"后面绝不出现表示"完成"语义的体标记。在《朱子语类》(前40卷)、《老乞大》、《红楼梦》(前80回)、《王朔自选集》中,总趋势是表将来时制的"将"一般不和"了"同现。因此我们假设在时体标记范域的控制下可能产生这样的原则:

语义和谐原则:如果某一个话语在时体标记都出现的情况下,表达某一语义的时制范畴一般要求与之语义相和谐的体标记。

Bickel(1997)认为体算子的功能是选择与之相搭配的动词项目,因此在时间进程中固定具体事件。我们将这一思路扩大到了时算子,表将来时制的"将"一般不和"了"同现,但是当"将"表示处置的时候,"将"和"了"同现的用例就相当常见。如:

(53)伊川不是不会说,却将一"诚"字解了。(《朱子语类》544)|故当时听之者止一二句,皆切于其身,今人将数段只作一串文义看了。(《朱子语类》563)|理会他底未得,枉费力,便将己业都荒了。(《朱子语类》587)|"管仲之器小哉!"此是孔子说管仲胸中所蕴及其所施设处,将"器小"二字断尽了。(《朱子语类》630)

(54)若再撒签试不过,将出免贴来毁了,便将功折过免了打。(《原本老乞大》2右)

(55)因你姑妈去世时,舍不得你妹妹,无法处,遂将他的玉带了去了。(《红楼梦》第三回)|打在面前,将一个磁砚水壶打了个粉碎,溅了一书黑水。(《红楼梦》第九回)|所以这些子弟们竟可以放意畅怀的,因此遂将移居之念渐渐打灭了。(《红楼梦》第四回)|宝玉看时,已将疏散驱邪诸药减去了,倒添了茯苓、地黄、当归等益神养血之剂。(《红楼梦》第五十三回)

(56)胡亦用湿热的砂子将我全身埋了,跪坐在旁边看着我咯咯笑。(《王朔自选集·一半是火焰,一半是海水》)|这已经被科学证实了。(《王朔自选集·一半是火焰,一半是海水》)

"将"表处置的时候,是属于表达"完成"语义的情状,我们在前面已经提到。所以表处置的"将"和完成体标记同时出现时,二者均满足语义和谐原则。不仅如此,到《红楼梦》里面出现了"已+处置情状+了",如例(55)的最后一例"已将疏散驱邪诸药减去了",例(56)第二例的"已经被科学证实"是"已经+被动情状+了"结构,被动和处置均表示"完成"情状,所以它们是符合语义和谐原则的。

但是,表将来时制的"将"也并不是完全不能与完成体标记"了"同现,只是它们出现得相当少而已。在分析"将、了"同现的例子前,我们应先把下面例句排处在外:

(57)若都不就事上学,只要便如曾点样快活,将来却恐狂了人去也。(《朱子语类》1031)|也不但袭人,将来环儿收了外头的,自然也是

同袭人一样。(《红楼梦》第五十五回)|他将来会甩了你。(《王朔自选集·空中小姐》)|如果将来香火盛了,我看也可设配殿供奉诸位。(《王朔自选集·你不是一个俗人》)

在我们的调查范围中这类例子共出现9例,这种"将来"不是时制,而是时间名词,相当于"去年、现在、明天中午"等时间成分,只不过标明了具体话题时间而已。(Klein,1992)

下面我们来看看由时制标记"将"等构成的例句。如:

(58)欲将已往所赖天恩祖德,锦衣纨绔之时,饫甘餍肥之日,背父兄教育之恩,负师友规谈之德,以至今日一技无成,半生潦倒之罪,编述一集,以告天下人。(《红楼梦》第一回)

(59)于是凤姐儿方移步前来,将转过了一重山坡,见两三个婆子慌慌张张的走来。(《红楼梦》第十一回)|看看三日光阴,那凤姐和宝玉躺在床上,亦发连气都将没了。(《红楼梦》第二十五回)|只见那一双蝴蝶忽起忽落,来来往往,穿花度柳,将欲过河了。(《红楼梦》第二十七回)|国庆节将要到了,电台电视台报纸每天都报道刊登大量标志建国以来国民经济成就的令人鼓舞的数字和比率。(《王朔自选集·浮出海面》)

例(58)是"欲+处置情状"结构;例(59)是"将+情状+了"结构,其中还包括并列复合形式时制"将要"。例(58)(59)和例(52)表示的都是"-完成"语义,不同之处是例(52)没有完成体标记。造成这种"-完成"语义的原因其实就是将来时制。由于时制的范域大于体范域,所以最终决定一个话语语义的是管辖范围更大的功能词。也就是说,如果两个或者几个功能词的范域不一致时,范域最大的功能词决定这一结构的语义。即:

语义凌驾原则:如果两个或者几个功能词在话语中的功能不互相和谐,那么管辖范域最大的功能词最终决定所在话语的语义。

这一原则是对语义和谐原则的一个补充。因为在我们实际调查的语料中,大量的例子是符合和谐原则的。不过,语义和谐原则也是范域最大的功能词决定话语的语义表达,只不过在语义和谐原则中,这些功能词之间是相容的,体现的是共存关系;而在语义凌驾原则中体现出的是小范域的功能词对管辖它的功能词的服从原则。

此外,在我们调查的语料中,还有非并列复合形式的时制。如:

(60)再看看王夫人只有这一个亲生的儿子,素爱如珍,自己的胡须将已苍白:因这几件上,把素日嫌恶处分宝玉之心不觉减了八九。(《红楼梦》第二十三回)|将已到了花冢,犹未转过山坡,只听山坡那边有呜咽之声,一行数落着,哭的好不伤感。(《红楼梦》第二十七回)

(61)宝玉虽作了些,只是自己嫌不好,又都抹了,要另作,回头看香,已将烬了。(《红楼梦》第七十回)|那日已将入都时,却又闻得母舅王子腾升了九省统制,奉旨出都查边。(《红楼梦》第四回)|我们侧耳听前台音乐,屈原已经将黜,痛不欲生。(《王朔自选集·浮出海面》)

例(60)是"将已"形式的时制,属于"将来时制+过去时制";例(61)是"已将"形式,属于"过去时制+将来时制"。二者表达的都是"-完成"语义,但是有一点区别是,(60)表达的是"将来的过去",例(61)表达的是"过去的将来"。尤其是例(61)中的第2例,前面明确地标明了话题时间"那日",这是属于过去的。所以还是可以应用上面的语义凌驾原则,但是,例(60)(61)与前面提到的又有一点不一致,即时制不同,管辖范围大的时制并不能完全忽视比其管辖范围小的时制。也就是说同为时制标记,管辖范围最大者决定整个句子的一级时制,如例(60)中的"将",例(61)中的"已";而管辖范围小者决定句子的次级时制,如例(60)中的"已",例(61)中的"将",它们实际上共同决定话语的语义表达。因此,我们需要对上面的凌驾原则做一个补充:

补充原则:当时制存在不同的管辖范域时,它们共同决定整个话语的语义。

汉语中经常出现动词前后搭配的功能词,如"已经……了""曾经……过","正在……着""在……着"等共现的情况,这符合语义和谐原则。此外,汉语中的例子,如:

(62)他正赢得这场比赛。

"赢"是瞬时实现的,是达成情状,但是加上"正"等时间成分以后,变成了"-完成"语义,表示正在进行的动作。我们认为,用语义凌驾原则能够比较好地解释这一现象。也就是说,决定例(62)的语义内容的是时制成分"正",由于情状"他赢得这场比赛"受到功能成分"正"的管辖,所以根据凌驾原则会忽略"赢"的实现的语义内容,而变成正在进行的动作(当然如果这一动作持续的时间足够长的话,就有可能由动作变为状态)。

第四章 "完成"语义标记的衍生和演进

完成体标记的产生和"完成"语义密切相关。

关于完成体标记的产生过程,不少学者在这方面做了大量的工作,也取得了不少成果,如梅祖麟(1981、1999)、李讷和石毓智(1997)、蒋绍愚(1994、2001b)、曹广顺(2000)等。梅祖麟(1981)在讨论现代汉语完成貌的历史时,把"句式"和"词尾"分开谈论,"词尾"指"了"字,句式指"动+了+宾"格式。这种句式的前身是"动+宾+了",而"动+宾+了"句式的来源又可追溯到南北朝时期的"动+宾+完成动词"结构,在南北朝时期用"毕、讫、竟、已"这些动词来表示完成。对于南北朝时期的"动+宾+完"是怎么来的,梅先生认为:"目前还不能回答。因为我们不知道这种句式的最早出现的年代,也就没有办法讨论形成过程中是否受过梵文的影响。"梅祖麟(1999)对这一问题做了进一步的讨论,文中用《战国纵横家书》、《史记》、东汉佛经等语料做佐证,认为:"动+宾+完"这种句式至少可以追溯到战国晚期;战国的完成貌句式的形成,是先有了"动+(宾)+已"这种独立成句的句式,随后再在后面加上一句;"动+(宾)+已,下句"这种句式是汉语内部发展出来的,而不是受了梵文的影响而产生的。蒋绍愚(2001b)通过对秦汉以来文本中"动+(宾)+已"性质的分析,指出"已"应该分为"已$_1$"和"已$_2$","已$_1$"表示动作的"完结",是汉语里原有的动词用法,"已$_2$"才表示动作的"完成"(实现),它已经高度虚化,只起语法的作用,已经不能看作动词,是在翻译梵语"绝对分词"的基础上形成的。因此在追溯完成貌词尾"了"的来源时,更准确地说,"'了'的前身只是'已'。所谓'完成貌词尾',第一是说它表完成貌,第二是说它紧贴在动词后面。表完成这种语法功能不是从'了'开始的。我们所说的'已$_2$'就具备这种功能了(而'讫'、'竟'、'毕'却不具备这种功能),梅祖麟(1999)所举的东汉支娄迦谶等译经中的例句,也许是目前看到的最早的'了$_2$'"。(蒋绍愚,2001b:78)周守晋(2003)通过考察战国中后期动词"已"的意义和功能的变化,对梅祖麟(1999)的观点做了补正。周守晋认为"已"停止→完结的意义的发展是"既、已"分工格局发生变化的结果。"动

(宾)+已,下句"来自"名词+已,下句",后者又是"名词+毕,下句"的类推形式;"动(宾)毕,下句"产生以后,进一步诱发"名词+已,下句"向"动(宾)+已,下句"的发展。其中,"已"的完结意义的出现是关键。

上述研究着重于体标记的历史来源,因此更多地强调某一句式中动词的语法化过程。

李宗江(2004)根据语义特征和用法的差别,将表示"完成"意义的动词分为三类:以"尽"为代表的尽类,以"已"为代表的已类和以"了"为代表的了类。然后讨论了三类动词向语法标记的不同演变方向以及动词的语义特征对语法化方向的制约作用。

上举研究对汉语体标记的历史来源和语义分工做了相当深入的研究,为我们进一步探讨汉语"完成"语义标记的衍生和演变做了很好的示范。本章探讨"完成"语义的衍生和演变时重点讨论两个问题:(一)"完成"语义标记为什么产生?制约它产生的内部机制是什么?(二)语义标记产生后向语法标记(或者说体标记)的演变过程中对动词的选择限制有没有规律可循?如果有,它们是怎样从[＋持续]语义动词向[－持续]语义动词逐渐扩展的?前一个问题讨论标记成分为什么产生,第二个问题则探讨"完成"语义标记产生后向语法标记演进过程中的规律。

4.1 语义标记

要探讨汉语"完成"语义的衍生和演变,首要的问题就是明确标记的定义和范围。那么,什么是"语义标记"呢?

李宗江(2004:150)在讨论"完成"类动词的语义差别及其演变方向时对"标记"(marker)有自己的见解。他认为汉语里能够称得上严格意义语法标记的成分并不多,因此他所说的语法标记是具有一定程度语法化的完成动词,具体地说在功能和意义上发生了如下变化的都叫标记:1.不单独做谓语表述名词性成分在结构上处于辅助地位;2.不与其必有论元发生直接成分关系,而是与另一个动词性成分发生紧密的句法联系;3.在一定程度上偏离动词原来的意义;4.处在以上位置的数量超出作为典型动词的数量。

我们的研究主要从语义出发,因此我们的标记概念和李宗江(2004)有较大不同。按照传统的标记理论,无标记成分具有如下的特征:表达方式简单、出现频率高、分布广泛、在语言习得中最早、语素项目较少。(Greenberg,1966;Comrie,1986;Croft,1990)而 Battistella(1990)进一步提出了最优性(optimality)、辑合化(syncretization)、原型性(prototypicality)等原则。黎天睦(1991:21)则更加简洁地表达了标记理论的三个原则:a.凡是语素 x 出现的地方,必有[y]意义;b.语素 x 不出现的地方,可能有[y]意义,也可能没有,这要看句子其他语素及意义而定;c.因此可以说,有 x 的地方必有[y],但无 x 的地方未必无[y]。

　　黎天睦将"着"等时体标记看作语素。我们参照黎天睦对标记的鉴定原则来讨论汉语史中"完成"语义标记的衍生和演变过程。不过,由于我们是从历史语法的角度探讨"完成"语义标记"了"的衍生过程,因此标准相对要宽泛得多,我们将居于主要动词之后具有动词功能的"已"等看作语义标记。因此,参照黎天睦的标记原则来判定"完成"语义标记,则不仅由"毕、竟、已、讫"等显性范畴成分属于语义标记,而且在 3.1.2 中讨论的动相成分,如补语、名量、动量等也应该属于语义标记成分。① 应该说,同时探讨这两类标记的衍生和演变无疑具有十分重要的价值,但是限于时间和能力的限制,这里暂不研究做动相的语义标记。从第二章的描写来看,中古时期表达"完成"语义的动词,包括隐性范畴和显性范畴动词在先秦时期是作为句子的中心动词来表达"完成"语义的,与"动(宾)完"②相比较,占据了绝对优势,它们才是表达"完成"语义原型范畴。因此,我们将由"动(宾)完"来表达"完成"语义的形式称作有标记形式,将这一结构中的"完成"动词"毕、竟、已、讫"称作"完成"语义标记,即指附接在核心动词后形成"V(O)完"结构来表达"完成"语义的显性范畴成分。因此,这里所说的"语义标记"仅指"毕、竟、已、讫"等成分。

　　目前发现的"已"表示完结的最早用例属战国后期,在此之前的金文以及《诗经》《左传》《论语》《孟子》里,均没有发现确切的用例。(周守晋,2003:317)应该说,"动(宾)完"表达"完成"语义的方式在东汉以前经历了一个从无到有的过程,而且直至东汉以前的语料中不论是出现频率、分布范围都还不是主流。

　　下面我们尝试探讨"完成"语义标记的衍生原因和机制。

---

① 感谢宋绍年先生向笔者提出这一宝贵意见。
② 根据刘坚等(1992:48)和梅祖麟(1999),自中古汉语起,汉语表示动作完成的句式是"动+宾+完成动词",其中的完成动词包括"已、讫、毕、竟、了"。我们以"动(宾)完"表示所有包括"已、讫、毕、竟、了"动词所在的句式。

4.2 "完成"语义标记的衍生

梅祖麟(1999)在讨论"先秦两汉的一种完成貌句式"时指出,表示完成①的"已"是战国后期的新兴用法。他用的是《战国纵横家书》的例子,即:

(1)齐勺(赵)不恶,国不可得而安,功不可得而成也。齐赵之恶<u>从已</u>,愿王之定虑而羽钻臣也。(《战国纵横家书·苏秦使盛庆献书于燕王章》)

(2)魏亡晋国,犹重秦也。与之攻齐,<u>攻齐已</u>,魏为□国,重楚为□□□□重不在梁(梁)西矣。(《战国纵横家书·谓起贾章》)

梅先生认为这种"动(宾)已,下句"是"完成貌句式"的最早形式,它们前面的动词"从、攻"应该是持续动词,"已"表示这一动作或者行为的完结。我们遍检了《战国纵横家书》,除了上述两例外,没有发现"已"在连动结构中表示完结的用例。近似的例子有:

(3)奉阳君谓臣:楚无秦事,不敢与齐遇。齐楚果遇,是王<u>收秦已</u>。(《战国纵横家书·苏秦自赵献书于齐王章(一)》)

(4)平陵虽(唯)成(城)而已,其鄙尽入粱(梁)氏矣。寡人<u>许之已</u>。(《战国纵横家书·苏秦自赵献书于齐王章(二)》)

例(3)"收秦已"、例(4)的"许之已"表面看起来和(1)(2)两例相同,都是"动词+(宾语)+已"结构,但是(3)(4)的"已"不是动词,而是语气词。所以(3)(4)所处的结构不是连动结构,也就谈不上"已"表完结的问题。而且,例(4)中的"许之已"的动词是"许"属于瞬时实现的动词,如果我们把"许之已"看成连动结构的话,这种"已"就可以表示完成而不仅仅是完结了。从语言演变的角度看,这不太可能。所以(3)(4)不是连动结构表完结的用例。

目前需要了解的是"动(宾)已"这种连动结构在实际语料中的表现情况,因此,我们对"已"在东汉以前文献中的表现情况做了详尽的调查。

---

① 我们在引述已有的研究成果以及相关术语称谓时一般采取照录的态度。不过他们所称的"完成"和我们的"完成"是不同的概念,这是需要注意的地方。

4.2.1 东汉以前的"动(宾)已"

根据周守晋(2003),"已"表示完结义在战国中期稍后就开始了。在这个时期的传世文献和出土文献里面,可以见到表示完结的"已"做谓语的例子,现在将他所举的部分例子移录如下:

(5)寇去<u>事已</u>,塞祷。(《墨子·号令》)|<u>故事已</u>,新事起。(《管子·小匡》)|追捕之,<u>追事已</u>,其矢其□□罪当□□□□☑。(《云梦龙岗秦简·其他》)|假器者,其<u>事已</u>及免,官辄收其假。(《睡虎地秦墓竹简·金布律》)

在"已"的这种用法产生之前,类似的表达用"毕"(《广雅·释诂三》:"毕,竟也")。如《左传》:

(6)子羽为行人,冯简子与子大叔逆客。<u>事毕</u>而出,言于卫侯曰……(襄公三十一年)|<u>大夫之事毕矣</u>,而又命孤。孤斩焉在衰绖之中,其以嘉服见,则<u>丧礼未毕</u>。(昭公十年)|夫诸侯之会,<u>事既毕矣</u>,侯伯致礼,地主归饩,以相辞也。(哀公十二年)|及<u>馈之毕</u>,愿以小人之腹为君子之心,属厌而已。(昭公二十九年)

我们将所检到的东汉以前文献《左传》《战国策》《吕氏春秋》《史记》中引例列出:

(7)丁丑,楚子入享于郑,九献,庭实旅百,加笾豆六品。<u>享毕</u>,夜出,文芈送于军。(《左传·僖公二十二年》)

(8)<u>城三旬而毕</u>,乃归诸侯之戍。(《左传·定公元年》)

(9)长驱到齐,晨而求见。孟尝君怪其疾也,衣冠而见之,曰:"<u>责毕</u>收乎? 来何疾也!"曰:"<u>收毕矣</u>。"(《战国策·齐人有冯谖者》)

(10)左右恶张仪,曰:"仪事先王不忠。"<u>言未已</u>,齐让又至。(《战国策·张仪事秦惠王》)

(11)伍子胥说之半,王子光举帷,搏其手而与之坐。<u>说毕</u>,王子光大说。(《吕氏春秋·首时》)

(12)客有见田骈者,被服中法,进退中度,趋翔闲雅,辞令逊敏。田骈<u>听之毕</u>而辞之。(《吕氏春秋·士容》)

(13)乃出诏书为王读之。<u>读之讫</u>,曰:"王其自图。"(《史记·吴

王濞列传》)|太史公曰:余述历黄帝以来至太初而讫,百三十篇。(《史记·自序》)

(14)"君王为人不忍,若入前为寿,寿毕,请以剑舞,因击沛公于坐,杀之。不者,若属皆且为所虏。"庄则入为寿,寿毕,曰……(《史记·项羽本纪》)

(15)四人为寿已毕,趋去。上目送之,召戚夫人指示四人者曰……(《史记·留侯世家》)

(16)如宽舒等议。上亲望拜,如上帝礼。礼毕,天子遂至荥阳而还。(《史记·孝武本纪》)|封泰山下东方,如郊祠泰一之礼。封广丈二尺,高九尺,其下则有玉牒书,书秘。礼毕,天子独与侍中奉车子侯上泰山,亦有封。(《史记·孝武本纪》)|上亲望拜,如上帝礼。礼毕,天子遂至荥阳而还。(《史记·封禅书》)|封泰山下东方,如郊祠太一之礼。封广丈二尺,高九尺,其下则有玉牒书,书秘。礼毕,天子独与侍中奉车子侯上泰山,亦有封。(《史记·封禅书》)|祠后土于下房,以二十太牢。天子从昆仑道入,始拜明堂如郊礼。礼毕,燎堂下。(《史记·封禅书》)|二十七年五月戊申,大朝于东宫,传国,立王子何以为王。王庙见礼毕,出临朝。(《史记·赵世家》)|信拜礼毕,上坐。(《史记·淮阴侯列传》)|自诸侯王以下莫不振恐肃敬。至礼毕,复置法酒。(《史记·刘敬叔孙通列传》)

(17)淳于髡说毕,趋出,至门,而面其仆曰……(《史记·田敬仲完世家》)

(18)大行奏事毕,曰:"子以母贵,母以子贵。"(《史记·外戚世家》)|是时丞相入朝,而通居上傍,有怠慢之礼。丞相奏事毕,因言曰……(《史记·张丞相列传》)

(19)孙子曰:"今以君之下驷与彼上驷,取君上驷与彼中驷,取君中驷与彼下驷。"既驰三辈毕,而田忌一不胜而再胜,卒得王千金。(《史记·孙子吴起列传》)

(20)庞涓果夜至斫木下,见白书,乃钻火烛之。读其书未毕,齐军万弩俱发,魏军大乱相失。(《史记·孙子吴起列传》)

(21)释之既朝毕,因前言便宜事。(《史记·张释之冯唐列传》)

(22)万石君少子庆为太仆,御出,上问车中几马,庆以策数马毕,举手曰:"六马。"(《史记·万石张叔列传》)

(23)耆老大夫荐绅先生之徒二十有七人,俨然造焉。辞毕,因进曰……(《史记·司马相如列传》)

(24)誓已,诸侯兵会者车四千乘,陈师牧野。(《史记·周本纪》)

(25) <u>会盟已</u>,饮,而卫鞅伏甲士而袭虏魏公子卬,因攻其军,尽破之以归秦。(《史记·商君列传》)

(26) 秦武王元年,群臣日夜<u>恶张仪未已</u>,而齐让又至。(《史记·张仪列传》)

(27) <u>医药已</u>,其病之状皆何如?具悉而对。(《史记·扁鹊仓公列传》)

(28) 时诏赐之食于前。<u>饭已</u>,尽怀其余肉持去,衣尽污。数赐缣帛,檐揭而去。(《史记·滑稽列传》)

(29) 卜先以造灼钻,<u>钻中已</u>,又灼龟首,各三;又复灼所钻中日正身,灼首日正足,各三。即以造三周龟,祝曰:……(《史记·龟策列传》)

(30) 病者<u>占龟未已</u>,急死。(《史记·龟策列传》)

上举用例中例(13)(25)(26)(27)(29),梅祖麟(1999)已经引用过,例(7)(11)(12)周守晋(2003)已引用过。为了便于观察,我们以表格的形式将东汉以前的"动(宾)完"句式出现情况表示为(表4-1):

表4-1 东汉以前文献中"动(宾)完"的出现情况

	左传	战国纵横家书	战国策	吕氏春秋	史记	合计
V(O)毕	2	0	1	2	19	24
V(O)已	0	2	1	0	7	10
V(O)讫	0	0	0	0	2	2
V(O)竟	0	0	0	0	0	0
合计	2	2	2	2	28	36

从表4-1看,在东汉以前,尤其是先秦"V(O)完"句式出现频率还是相当低的,即使在西汉的《史记》也不过只出现28例,而且这28例中"礼毕"出现8次,"寿毕"出现3次,"奏事毕"出现2次。这相对于超过60万字数的文本来说,不但出现比例相当低,而且分布范围也较窄。另外,从统计结果看,先秦的"V(O)完"句式中,表达完结的动词主要是"毕、已","讫、竟"还没有出现。

4.2.2 "完成"语义标记的产生动因和机制

将"动(宾)完"中的"完成"动词看作语义标记以后,现在需要进一步探讨的是:既然已经有无标记形式表达"完成"语义了,为什么还会产生有标记的"动(宾)完"形式,其中蕴藏着什么机制?

当今研究语言变化时一般将变化机制和变化途径区别开来。(Jurafsky,1996;Traugott & Dasher,2002:1)语言变化的过程本身一般被划分成三个阶段:个体创新,规约化,最后状态。关于语言更新(innovation),通常至少有两个方面需要区别对待:引起更新发生的机制,更新背后的动因。(Rainer,2005)因此,我们在解释"完成"语义标记的产生时将分别从语言更新的动因和机制两个方面进行讨论。

4.2.2.1 动因

梅祖麟(1999)认为"动(宾)已,下句"来自"动(宾)不已"(鸡鸣不已),同时认为先秦没有别的完成动词可以用在"动(宾)+完成动词,下句"这个句式里。周守晋对梅先生的观点做了补正,并且指出,"从使用的时代和数量两个方面看,'动词+毕,下句'或者'动(宾)毕+则/而动(宾)'是在'名词+毕,下句'的基础上形成的。同样的,表示完结的'已'也经历了这个过程,即先有'名词+已,下句',后有'动词(宾)已,下句'。"(周守晋,2003:316)

通过周守晋(2003)的进一步研究,我们对完成貌句式的来源有了更加深入的认识。但是,这一问题仍然值得做进一步思考。

第一,既然"动词+毕,下句"是在"名词+毕,下句"的基础上形成的,需要说明为什么以后的"动(宾)+完成动词,下句"句式中,完成动词前面的动词均是持续动词。

第二,如果坚持"动词+毕,下句"是在"名词+毕,下句"的基础上形成的话,那么后一句式通过前一种句式类推而来需要类推的心理基础。这是重新分析产生的前提条件,也就是需要存在这样一种句式,在"完成"动词"毕、已"等前的名词成分可能理解为动词,这样才有可能发生结构上的类推。上举例(8)中的"城"、例(15)的"寿"、例(16)的"礼"、例(27)的"医药"、例(28)的"饭"在东汉以前的古代汉语文献中它们确实是可以做名词的,但是上面所举的例子中我们却很难把它们看作名词,即它们在上面的结构中都是处于连动结构中的,很难把它们理解为"NP+完"结构。类似的例子如《史记》:

(31)围宋五月,城中食尽,易子而食,析骨而炊。(楚世家)|又使骑都尉李陵将步骑五千人,出居延北千余里,与单于会,合战,陵所杀伤万余人,兵及食尽,欲解归,匈奴围陵,陵降匈奴,其兵遂没,得还者四百人。(匈奴列传)

(32)摄政八年而尧崩。三年丧毕,让丹朱,天下归舜。(五帝本纪)|十七年而崩。三年丧毕,禹亦乃让舜子。(五帝本纪)|尧崩,三年之丧毕,舜让辟丹朱于南河之南。(五帝本纪)|以天下授益。三年之丧毕,益让帝禹之子启,而辟居箕山之阳。(夏本纪)

(33)王行,度道里会遇之礼毕,还,不过三十日。(廉颇蔺相如列传)|献酬之礼毕,齐有司趋而进曰:"请奏四方之乐。"(孔子世家)

例(31)中《楚世家》的"食尽"单独看似乎可以理解为连动结构,但是放在上下文中就可以看出"食尽"是主谓结构;例(31)中《匈奴列传》中的"兵及食尽"是并列名词结构做主语,也不是连动结构。同样,例(32)的"三年丧毕"也是主谓结构,"三年之丧毕"以及例(33)中的"之"的作用是将句子形式变成名词形式。王力先生(1958:395)指出,上古时期,如果句子要用作主语或宾语,需要预先在句子的主语和谓语之间加个"之"字把句子变成仂语化的名词。因此,将例(16)和例(33)比较,虽然二者都用"礼毕",但是前者是连动结构形式,而后者是仂语化的名词结构形式,也缺少类推的基础。

根据 Hopper & Traugott(1993:104),语言中的主要范畴指的是名词和动词(相对"开放的"词汇范畴)。几乎所有的语言都有这两个主要范畴,即名词和动词。① 如果我们坚持上面连动结构来自主谓结构的观点,那么需要论述主要原型范畴动词和名词转换的条件,因为这两个主要范畴差别极大,中间还有不少次要范畴。从一个主要范畴跳到另一个主要范畴不是不可能,但是至少需要某种桥梁,所以需要进一步找出它们之间转换的条件,结论才更加可信。

第三,周文还进一步论证了由于"既、已"分工的逐渐消失,也就是说表示完结的"既"的消退,导致"已"完结用法的出现。但是遗憾的是,从周文中所举的例证来看,我们见到的都是"既、已"在动词前的副词位置上的分工,没有"既、已"在动词后面做完结义用法上的分工。

梅祖麟先生认为"动(宾)已,下句"来自"动(宾)不已",如《诗经》中的"鸡鸣不已"。梅先生的这种观点实际上是在连动结构中寻找更早的用例,这种论证避免了需要找出产生类推的条件的问题。不过,必须指出,周守晋(2003)从类推来解释完成貌词尾"已"的来源也有其合理性,因为类推是语言更新的一种方式。事实上两种解释并不是互相矛盾的,因为在语言的演进过程中,这两种方式都可能同时存在。只是我们更倾向于从语法化演进的途径,即从话语(discourse)到句法(syntax)的路径来解释"完成"语义标记的产生动因。

连动式是指由两个或者两个以上的动词并列连用而构成的动词性结构,分为广义连动式和狭义连动式。一般将由连词"而"连接或者是由几个动词小句构成的连续动作称为"广义连动式",而将各个动词之间不插入任何连接成分的结构称为"狭义连动式"。② 为了便于研究,我们将在两个或者两个小句基础上形成的连续动作称作"广义连动式",而将在一个小句内的(包括由连词"而"等连接)几个动词构成的连续动作称作"狭义连动式"。这

---

① Croft(1991)认为有三个主要范畴:名词、动词、形容词。
② 参赵长才(2000)博士学位论文第二章第二节中有关"连动式"的论述。

第四章 "完成"语义标记的衍生和演进

样,我们就可以跳出在一个小句的范围内来寻找"完成"动词"毕、已"等所在的句式的藩篱。将范围扩大,也许能更进一步发现完成貌句式的较早来源。

已有研究表明,在甲骨文中,"既"有动词和时间副词两种用法(张玉金,2002),①做动词时可以表示行为的完结。如:

(34)辛巳贞:雨不既,其燎于亳土。(屯南1105)│庚寅雨,中日既。(合集21302)│至于庚寅施廼既。(丙76)

上举例(34)中的"既"为停止义。②《小屯南地甲骨》中的"雨不既"就是雨不停的意思,《小屯·殷墟文字丙编》的引例意思是说一直到庚寅那一天"施"祭才结束。它们表示的是持续性事件的完结,只是这种结构属于梅祖麟(1999)的完成貌句式中的"下句"而已。而类似的用法还见存于《左传》和《包山楚简》中。如:③

(35)初,楚子将以商臣为太子,访诸令尹子上。子上曰:"……。"弗听。既,又欲立王子职,而黜太子商臣。(《左传·文公元年》)

(36)视之不足见,听之不足闻,而不可既也。(《郭店楚简·老子丙》)│夏尿之月癸卯之日,戠言市以至,既涉于乔奥,乔佐仆受之。其对戠言市,既,以迡郢。(《包山楚简·疋狱》)

例(35)是讲楚王最初打算立商臣为太子,因此征询令尹子上的意见,但是楚王并没有听从令尹的意见,而在立了商臣以后,又想立王子职而废黜太子商臣。这里的"既"就是表示前一持续动作"立太子"的完结,只是这种动作在文本中没有很明显地表现出来。根据周守晋的研究,例(36)"既"表示的也是完结。

同样,"毕"和"已"也可以用在如同上面所举的广义连动式中。如:

(37)使者报言燕王之甚恐惧而请罪也,毕,又复之,以矜左右官实。(《吕氏春秋·行论》)│弘演至,报使于肝,毕,呼天而啼,尽哀而止。(《吕氏春秋·忠廉》)

---

① 沈培(1992:162)认为在甲骨卜辞中"既"是兼类词,是动词也是副词。我们不采用兼类词的看法,此处所引的甲骨卜辞例证移录自张玉金(2002)。

② 张玉金(2002:162)认为例(34)中的"既"当训为"尽"。但是他自己在对卜辞做解释的时候则译为"停止、结束"等意义。在徐中舒主编的《甲骨文字典》中(第559页),"既"有二义:一、已也,毕也;二、祭名。因此,我们参照《甲骨文字典》的释义,将"既"解释为"停止"。例(34)所引《甲骨文合集》中的例子周守晋(2003)也曾引用。

③ 包山楚简的例子引自周守晋(2003)。

(38)受而饮之,免使者而复鼓。旦而战,见星未已。(《左传·成公十六年》)|郑伯有耆酒为窟室,而夜饮酒击钟焉,朝至,未已。(《左传·襄公三十年》)

(39)楚王使景阳将而救之。暮舍,使左右司马各营壁地,已,植表。(《战国策·齐韩魏共攻燕》)|太子闻之,驰往,伏尸而哭,极哀。既已,无可奈何,乃遂收盛樊於期之首,函封之。(《战国策·燕太子丹质于秦》)

(40)以布丽(晒)之,已,而以邑(杂)枣之脂弁之,而以涂布巾。(《马王堆汉墓帛书·杂疗方》)①

(41)无忌曰:"令尹好甲兵,子出而寘之门,令尹至,必观之,已,因以为酬。"(《吕氏春秋·慎行》)|苏代许诺。遂致使于秦。已,因说秦王曰:……(《史记·樗里子甘茂列传》)

例(37)的完成动词"毕"语义指向前一动作"报",表明"禀报、复命"这一动作已经结束。例(38)~(41)的连动结构分别为"战/未已""饮酒击钟/未已""营壁地/已""哭/已""丽(晒)/已""观/已""致使/已"。例(41)《吕氏春秋·慎行》的例子,张双棣先生等在《〈吕氏春秋〉译注》中说"已,句末语气词","已"表语气一般处在句末,后边不再有接续小句。而例(41)后文有后续小句"令尹使人观之,信"这样的结构,"已"语义指向"观"这一持续动作,所以我们将它归入广义连动式。此外,例(41)所引《史记》用例,"已"前面用的是句号,按照一般的处理,应在一个句子内分析语义。但是,考虑到这种标点其实也基于个人对文本的解读的因素在起作用,也就是说,不同的解读者可能会有不同的标点,这里完全可以是逗号,所以,我们将这种语义上有时间先后的连续动作也算在广义连动式中。

根据语义演变的单向性,Givón(1979:209)将语法化路径表示为:

　　话语＞句法＞形态＞音位语素＞零形式

"话语"指的是语言中松散的、未经筹划的、非正式的连接方式。一般来说,如果语法化被更广泛地解释为包括产生语法结构的诱因及其发展过程,那么小句的连接过程当然应该如Givón所指的包括在语法化的范围之中。(Hopper & Traugott,1993:168)从相对自由的连接形式到句法形式再到形态的附着形式经历了一系列的语法化过程,这种演变是以语义演变的单向性为前提的。我们将"动(宾)已"的来源扩大到广义连动式,不再局限于

---

① 此例引自周守晋(2005:102)。

从小句（clause）内部寻找其最早来源，而是扩大到小句与小句之间，应该说这种思路是符合语法化演变途径的。也就是说，汉语的完结动词更早的来源是广义连动式，它的演化路径大致可以表示为：

广义连动式＞狭义连动式＞动补结构＞体标记

至于为什么"既"一般只有"SV，既""既 V"式，而没有"V 既"式的"既"表示完结的用法，我们猜想大概是"既"早在广义连动式的阶段就已经演化成为了时间副词，当狭义连动式如"动（宾）毕/已"产生以后，"既"已经由动词虚化为副词，也就不能用在狭义连动式中了，这时表示动作完结的任务就主要由"毕"和"已"来承担了，此后又逐步加入了新的成分，如"讫、竟、了"等。

4.2.2.2 机制

上一节从语法化的角度将汉语完结式用法产生的动因归结为语义演变的单向性，应该说，语法化是现象或动因而不是语言演变的机制。下面我们尝试从标记理论的角度对其结构产生的机制做一点阐释。

根据蒋绍愚（2001b）的研究，秦汉以来的"动（宾）已"应该分为"已₁"和"已₂"，"已₁"表示动作的"完结"，是汉语里原有的动词用法。那么，为什么连动式结构中的"动（宾）已"完成动词前面的动词都具有"持续"的特征呢？

跨语言的研究表明，在没有明显的视点体（viewpoint aspect）标记蕴涵事件实现（event realization）的语言中，如德语、俄语、伊努伊特语（Inuit）中，小句或者动词的体指代依赖于它们所在句子事件中谓词的有界性（telicity）。在缺值情况下有界谓词和完整体相联系，而无界谓词和非完整体相联系。（Bohnemeyer & Swift,2004）因此，缺少视点体的动词或小句的投射由事件谓词的有界性来决定，理想的依赖于有界性的体系可表示为（表4－2）：

表4-2 依赖有界性的体系（Bohnemeyer & Swift,2004:266）

	无界	有界
非完整体	∅	明确表达
完整体	明确表达	∅

注：∅表示视点体没有被明确表达出来。

我们先来看看 Bohnemeyer & Swif(2004)所举的伊努伊特语的例证：①

(42) *Anijuq.*　　　　　　　(43) *Pisuttuq.*
　　Ani-juq　　　　　　　　　pisuk-juq
　　go.out-PAR.3.SG　　　　walk-PAR.3.SG

---

① 例中的 PAR 表示分词（participial），SG 表示单数（singular）。

'He/She went out.' 　　　'He/She is walking.'

例(42)(43)都是无标记形式,例(42)是有界事件谓词表示完整体意义,例(43)则是无界事件谓语表示非完整体意义。但是,当需要用有界事件谓词来表示非完整体,或者是用无界事件谓词来表示完成体时则必须采取有标记的视点体,不能是缺值形式。如:①

(44) *Anilirtuq*.
ani-**liq**-juq
go. out-ING-PAR. 3. SG
'He/She is (in the process of) going out.'

(45) *Pinasugiirtuq*.
pinasuk-**jariiq**-juq
work-TERM-PAR. 3. SG
'He/She finished working.'

例(44)是有界谓词表示未完成体的语义,例(45)则是无界谓词表示完整体的语义,它们都采用有标记的形式。

这种思路可以用来解释汉语"完成"语义标记的产生机制。

我们在第二章中描写的汉语通过隐性范畴或者显性范畴单独表达完成语义的时候,指出它们一般是瞬时实现的,所以可以表达"完成"语义,这其实和例(42)中的情况类似。但是当动词具有[＋持续]的语义特征时,如果要表达"完成"语义,则必须借助其他手段才能实现其表达功能,"动(宾)完"中的"完成"类动词的语义功能就是采取语义标记的形式将"－完成"的语义转换成为"完成"语义,这和例(45)的情况类似。也就是说,当所要表达的语义类型和谓词的意义不一致的时候,必须采取有标记的形式,这是语言体标记在类型学上的体现。

因此从类型学角度来看待汉语动词从"完结"向"完成"再向体标记的演变,我们认为根本的机制是语义标记规律的驱动。"动(宾)完"结构中动词之所以必须是持续动词,这是由于持续动词不足以表达"完成"语义,而实现其表达"完成"语义的一种有效的方式就是借助于后加"完成"动词的语义标记形式,实现语义从"－完成"向"完成"的转变。非持续性动词本身是不可持续的,在动词的内部已经隐含了"完成"语义,所以不需要采取有标记的形式,而采取缺值形式。至于后来基本上不论是持续动词还是非持续动词一般都需要强加体标记,这涉及体标记的演化历史。也就是说,汉语的"完成"

---

① 例中 ING 表示动作开始(ingressive),TERM 表示动作的终止(terminative)。

语义的表达经历了下面的演化路径：

无标记→语义标记→体标记

从初始阶段采取无标记形式的表达来看，以先秦汉语为代表的古代汉语以无标记为常态，以有标记为异态。到第三阶段的体标记阶段，尤其是现代汉语来看，一般以有标记为常态，以无标记为异态。中间的语义标记属于过渡阶段，这一阶段可能同时具有前后两个阶段的部分特征。将开始阶段和第三阶段的语义表达做一个比较，语义的表达功能恰好发生了一次大的转换，从无标记的基本表达模式变成了有标记的表达模式，也就是标记理论中常说的标记颠倒，大致可以表示为（表4-3）：

表4-3 先秦汉语与现代汉语"完成"语义表达的主要模式

	先秦汉语	现代汉语
常态	无标记	有标记
异态	有标记	无标记

4.3 语料同质性及分类

由于中古时期的汉译佛典文献无论是词汇还是语法方面都与其他文献有较为明显的不同，可以看作是汉语历史文献语言的一个非自然的独特变体，朱庆之先生称之为"佛教混合汉语"。（朱庆之，1992、2001）根据功能语法"不同的语体有不同的语法"的基本观点（参张伯江，2005），在描写"完成"标记演化的时候，我们不笼统地将中古汉语中的所有语料看成是同质的。由于汉译佛典文献无论是词汇还是语法方面的独特性，可以看作是汉语历史文献语言的一个非自然的独特变体。

唐五代时期是汉语发展史上的重要时期，在汉语史的研究中，作为同时资料的敦煌变文无疑具有最为重要的研究价值。1899年敦煌石室藏书的发现震动了国际学界，其中最重要而绝传已久的变文尤为近代学人所注目。1984年潘重规先生整理的《敦煌变文集新书》由台北中国文化大学中文研究所印行。潘书利用巴黎、伦敦所藏的敦煌变文卷子校正了《敦煌变文集》中的不少错误，在编次上也和《敦煌变文集》（1957）很不相同。潘重规先生在《敦煌变文集新书·叙例》中指出：[①]

敦煌变文集新书的编次，和敦煌变文集颇有不同。新书是根据

[①] 关于变文文体的发展过程，潘重规（1979）有详细论述。

变文的发展过程,和变文的形式与内容来排列的。早期的变文居前,孳生的变文置后。变文的形式和内容大约可分成两大类:第一类是讲唱佛经和佛家故事的,第二类是讲唱中国历史故事的。第一类又可分成三种:第一种是按照佛经的经文,先作通俗的讲解,再用唱词重复解说一遍;第二种是讲说释迦牟尼太子出家成佛的故事;第三种是讲佛弟子和佛教的故事。后两种还是有说有唱。第二类也可分为三种,但不以故事内容分,而是按形式分的。第一种有说有唱,第二种有说无唱或有唱无说,第三种是对话体。这一分类和分类的排列次序,正好反映了变文的发生、发展和转变为话本的全部过程……因此,敦煌变文集新书把讲唱佛经的变文改放在前面;而押座文又是讲经的先声,所以把押座文冠于全书之首。

1997年中华书局出版了由黄征、张涌泉整理的《敦煌变文校注》,该书吸收了国内外最新的研究成果,尤其在不少俗字的校录上尤见功底,在编次上与《敦煌变文集》相同,包括历史故事和佛教故事两大类。历史故事依文体之有说有唱、有说无唱和对话体分为三卷,每卷更依历史时代次序之。佛经故事则依佛的故事、佛经讲经文和佛家故事,亦分为三卷。押座文及其他短文则置于其后,总为一卷。毫无疑问,《敦煌变文校注》是目前我们研究唐五代时期的语言状况,尤其是西北地区语言的最好本子。因此我们在研究时如未特别说明,在校勘、断句、标点等一依《敦煌变文校注》。

近年来,已经有不少研究者利用敦煌变文文献资料做出了相当深入的研究,代表性的专著主要有刘坚等著《近代汉语虚词研究》,曹广顺著《近代汉语助词》和吴福祥著《敦煌变文语法研究》等,单篇论文就更多。但遗憾的是,目前国内的汉语史研究者在以敦煌变文为研究对象时,几乎所有的研究者都将变文材料所反映的语言事实作为同质语料使用,这实际上忽视了变文本身的历史发展进程,也不容易看出语言的发展和变化。在此,我们试图以《敦煌变文校注》为底本,不把敦煌变文看成是同质的语料,将变文材料按历史故事和佛经故事的材料分开处理,即除去第七卷的押坐文,将一、二、三卷讲唱历史故事(变文 A)的和四、五、六卷(变文 B)讲唱佛经和佛家故事的变文分开处理,以期望能发现一些已有研究忽视的语言现象,做出我们自己的描写和解释。

因此,根据语体所反映的实际,我们大致离析出宋代以前语料的同质性(图4—1)。

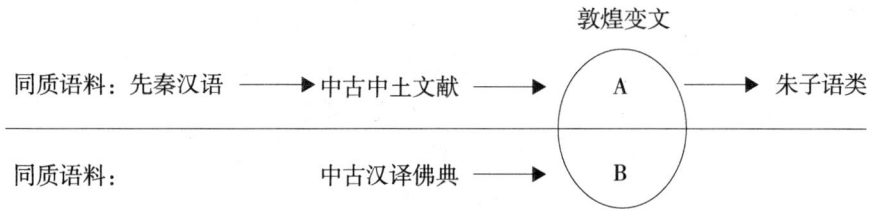

```
                                        敦煌变文
同质语料：先秦汉语 ——→ 中古中土文献 ——→  A   ——→ 朱子语类
─────────────────────────────────────────────────────────
同质语料：              中古汉译佛典 ——→  B
```

图 4-1　宋代以前语料的同质性

我们认为，要描写出汉语语法、词汇等演变的方向和轨迹，尤其是语法史的描写和研究必须考虑到语料的同质、非同质现象的存在，否则我们就有可能把文献中不是汉语本身的语言现象误认为汉语的特征，从而影响结论的可信度。因此，下面的分析中将据图4-1在语料的同质性基础上进行语料统计和分析。

4.4　"完成"语义标记在中古汉语的表现

已有研究表明，当处于连动结构中的"完成"语义标记诞生以后，由于在连动结构中存在两个以上的动词，因此就有一个不是句子的中心动词，该动词的动词性就会减弱。而当一个动词经常在句子中充当次要动词，它的语法功能就会发生变化：不再作为谓语的构成部分，而变成了谓语动词的修饰成分或者补充部分，词义进一步虚化的结果便导致该动词的语法化，由词汇单位变成语法单位。（刘坚等，1995：161）不少研究汉语虚词的来源及其演化的学者在这一思路的指导下，对汉语动态助词的来源进行了相当深入的研究，取得了十分可喜的成绩。

Givón(1971:413)指出，今天的词法就是昨天的句法（Yesterday's syntax is today's morphology）。我们这里力图从语义演变的角度细化"完成"语义标记演化的过程，从而在前人研究的基础上探讨演化过程中对动词的选择限制以及存在的规律。

中古汉语的"完成"类动词主要有"竟、讫、毕、已、了"等。李宗江(2004)对"完成"类动词的语义差别及其演变方向做了十分细致的研究。这些完成动词有时候以并列复合的形式出现，如"竟讫、讫已、毕也、讫毕"，把这些形式当作并列复合形式处理是没有争议的。但是，当"既、已"处于完成动词之前，形成"既+完成动词"或者"已+完成动词"的时候，在汉语史的研究中一直有两种处理方法，一是当作并列结构，一是当作偏正结构。李宗江先生就将"既毕、既竟、既讫"当作并列结构处理。

这里需要考虑的是,如果"既毕、既竟、既讫"是并列结构的话,在词汇化的过程中并列式应该有 AB 和 BA 式共现的阶段。但是在我们了解的范围内没有发现类似"毕既、竟既、讫既"的形式。既然没有同素异序的形式出现,那么把它看作并列结构显然不如偏正结构的理由充分;而且考虑到"既"已经在甲骨文时代就已经演化为副词,那么我们认为把"既+完成动词"当作偏正结构要稳妥得多。

"已+完成动词"的情况更为复杂。李宗江先生将"已罢、已了、已毕"当作并列式,他的理由是"如是偏正式,那是词组,不应有如此高的复现率,我们也没有见到'已'加其他动词构成的偏正式词组以这样固定组合的形式较多地出现,恰好都是与'完尽'类动词组合,以较高的频率出现,这不是偶然的。"(李宗江,2004:165 注)

为了全面认识"已"和完成动词的组合情况,我们对"已"从东汉至敦煌变文中的表现做了一个比较详尽的统计(见表 4–4)。①

表 4–4 "已"和完成动词的共现频率

	已竟	竟已	已毕	毕已	已讫	讫已	已了	了已	合计
东汉	0	8	0	0	0	1	0	0	9
三国·吴	6	0	1	1	12	9	0	0	29
东晋(姚秦)	13	0	0	0	7	4	0	0	24
南北朝	3	2	0	0	10	0	0	0	15
敦煌变文	8	0	3	0	14	0	41	0	66
合计	30	10	4	0	43	14	41	0	143

表 4–4 中的统计数据有说明的必要:东汉中的"竟已"形式在康孟详所译的两部佛经,即《中本起经》《修行本起经》中均未见用例。出现的 8 例均见于支娄迦谶译的《道行般若经》,其他 7 部译经未见用例;而且出现的句式都是"作礼绕竟已去"。如:

(46)复次拘翼,善男子善女人书般若波罗蜜,持经卷者天上四天王。天上诸天人索佛道者往到彼所,问讯听受般若波罗蜜,作礼绕竟以去。忉利天上诸天人索佛道者往到彼所,问讯听受般若波罗蜜,作礼绕竟已去。盐天上诸天人索佛道者往到彼所,问讯听受般若波罗蜜,作礼绕竟已去。(《道行般若经》,8/434c)

---

① 表中的统计数据只是抽样调查了某一个时代的代表性语料。这些代表语料为,东汉:康孟详的 2 部译经和支娄迦谶的 8 部译经;三国(吴):《六度集经》《撰集百缘经》;东晋:《摩诃僧祇律》(前 10 卷)、《大庄严经论》;南北朝:《百喻经》《杂宝藏经》。

"已"有时写作"以"。此外,《道行般若经》中还有"已毕竟"形式,即:

(47)诸色天人悉来问讯,听受般若波罗蜜,作礼绕已毕竟,各各自去。(《道行般若经》,8/435a)

因为我们不知道"作礼绕已毕竟"该如何断句,所以此例没有计入统计结果。而三国时期的"讫已、已讫"共 21 例,但是均见于《撰集百缘经》①中,《六度集经》中未见用例。"毕已、已毕"形式由于在我们统计的语料范围内出现的频率较低,所以可以不做考虑。但是"已竟、竟已","已讫、讫已"等形式出现的频率相差较大,对它们的不同处理可能会影响到结论。"已"和完成动词的组合中的这种不平衡现象是否和原典影响有关,或者说和译者的译文风格有关,我们不得而知。不过,"已"和完成动词组合以较高频率出现必定有其原因,也值得做进一步的深入思考。但是我们觉得不能把频率作为论证的唯一标准,因为有些例子实在难以将其看作并列结构。如:

(48)若比丘衣已竟,迦缔那衣已舍,三衣中若离一一衣异处宿,尼萨耆波逸提。(《四分律》,22/603b)|若比丘衣已竟,迦缔那衣已舍。若得长衣得至十日畜,过十日者尼萨耆波夜提。衣已竟者,比丘三衣已成,是名衣竟;不受迦缔那衣,亦名衣竟;已舍迦缔那衣,亦名衣竟;浣染衣讫亦名衣竟。(《摩诃僧祇律》,22/292a)

"已"在敦煌变文中可以作为单音节形式放在另外一个动词(主要是单音节动词)后面,形成"V 已"形式结构,如"闻已、推入火已、归依已"。但是"已"和"了"组成的形式中却是只有"已了",没有"了已",二者相差十分显著。因此,把它们都看作并列形式恐怕是有问题的。不可否认,在"已+完成动词"这一形式中肯定有些形式是并列结构,但是我们觉得在没有坚实的论据支持以前,将这一结构看作偏正式比看作并列式更为稳妥。这是需要说明的一点。

4.4.1 中土文献中的表现

4.4.1.1 《论衡》

中古时期"完成"语义标记主要有"竟、讫、了、毕、已"等,但是在《论衡》

---

① 据出本充代博士研究,《撰集百缘经》的译出年代大概出现在六世纪中叶,应该晚于《贤愚经》,参辛岛静志(2006)。从"已讫、讫已"的使用来看,把《撰集百缘经》归入南北朝时期是有道理的。

中它们作为语义标记,也就是在我们定义的狭义连动式中出现的频率是十分低的。从语料的数量上看,整部《论衡》约 27 万字,但是作为"完成"语义标记出现的只有 11 例,其中"竟、讫、了"均未见用例。

毕

语义标记"毕"有 3 例,即:

(49)世间缮治宅舍,凿地掘土,功成<u>作毕</u>,解谢土神,名曰"解土"。(解除)|是以病作卜祟,祟得修祀,<u>祀毕</u>意解,意解病已,执意以为祭祀之助,勉奉不绝。(祀义)|武王不豫,周公请命,坛墠既设,<u>策祝已毕</u>,不知天之许己与不,乃卜三龟。(知实)

实际上,上举《知实》中的例子也可以看作单一动词中心,不把它看作连动式也是可以的,因为前面有类似的结构"坛墠既设"。这里我们从宽处理,把它纳入了统计的范围。另外一例和《知实》有点类似的"祝毕辞已",我们归入了"已"类讨论。

已

标记"已"有 8 例,如:

(50)周公请命,史策告祝,祝毕<u>辞已</u>,不知三王所以与不,乃卜三龟。(死伪)|<u>自责适已</u>,天偶反风,《书》家则谓天为周公怒也。(感类)|黄帝<u>封禅已</u>,仙去,群臣朝其衣冠。(道虚)|先为宾客设膳,<u>食已</u>,驱以刃杖。(解除)

这里需要说明的是,"已"前面的动词为"封禅"的有 2 例,均出现在《道虚》中;"食"有 4 例,均出现在《祀义》中。即,作为"完成"语义标记在《论衡》中的表现情况来看,不但出现频率很低,而且分布范围也是相当窄的。

4.4.1.2 《三国志》

在《论衡》中"完成"语义标记主要是"已",但是在《三国志》(约 47 万字)中我们没有发现"已"可以作为"完成"语义标记使用的,"已"在《三国志》中的动词用法是"停止"义。如:

(51)后宫数千,而<u>采择无已</u>。又激水入宫,宫人有不合意者,辄杀流之。(《吴志·孙皓传》)|今寇房充斥,<u>征伐未已</u>,居无积年之储,出无应敌之畜,此乃有国者所宜深忧也。(《吴志·华覈传》)

了

"竟、讫、了"在《三国志》中可以作为语义标记使用了,这是《论衡》中不曾有的。"了"只有1例,乃治语法史者经常引用的《蜀志·杨洪传》中的"公留我了矣,明府不能止。"

竟

标记"竟"出现3例,即:

(52)及囚室,诘之,皆莫敢匿诈,一朝决竟,遂超为廷尉。(《魏志·司马芝传》)|桢以不敬被刑,刑竟署吏。(《魏志·王粲传》)|初,然为治行丧竟,乞复本姓,权不许,绩以五凤中表还为施氏,建衡二年卒。(《吴志·朱然传》)

讫

标记"讫"出现10例。如:

(53)徐盍堑安营讫,乃入谒,具陈其状。(《魏志·于禁传》)|遂于沔阳设坛场,陈兵列众,群臣陪位,读奏讫,御王冠于先主。(《蜀志·先主传》)|人马擐甲,严驾已讫,祎与敏留意对戏,色无厌倦。(《蜀志·费祎传》)|今之诛夷,无异禽兽,观讫情反,能不憯然!(《吴志·诸葛恪传》)

除去例(53)所举的4例外,其余6例均出现在《魏志》中,在"讫"前面的动词性成分为:"祭祀、号哭、下种、下议、吐二升余脓血、针胃管"。在这种结构中均只出现1次。

毕

标记"毕"出现的次数略多于"讫",达14例。如:

(54)讲《易》毕,复命讲《尚书》。(《魏志·三少帝纪》)|十年,亮休士劝农于黄沙,作流马木牛毕,教兵讲武。(《蜀志·后主传》)|慈引马至城下堑内,植所持的各一,出射之,射之毕,径入门。明晨复如此,围下人或起或卧,慈复植的,射之毕,复入门。(《吴志·太史慈传》)

"毕"在《魏志》《蜀志》《吴志》中的出现次数分别为:3、1、10。"毕"前的动词还有"食(2)[①]、葬(2)、言、语、作筏、拜、严('穿戴、装束'义)、写"。

[①] 括号中的阿拉伯数字表示出现次数,只出现1次的不标注出现次数。下同。

可以看出，使用"完成"语义标记在《三国志》中比《论衡》有了较大的发展，表现在：一是语义标记的增加，一是使用频率的增加和范围的扩大。

4.4.1.3 《〈三国志〉裴注》《世说新语》《齐民要术》

（一）《〈三国志〉裴注》

《〈三国志〉裴注》（约40万字），是南朝宋裴松之作的注。语义标记"竟、讫、毕、已、了"都有用例。

了

"了"用例最少，只有1例。即：

(55)此人买姜毕，捉书负姜，骑杖闭目，须臾已还到吴，厨下切鲙适了。(《吴志》卷十八裴注引《神仙传》)

竟

"竟"共6例，全部见于《魏志》裴注中，"竟"前面的动词性成分为"刑(2)、奏乐、服、考问、输作"。如：

(56)又降神礼讫，下阶就幕而立，须奏乐毕竟①，似若不(愆)〔衍〕烈祖，迟祭(不)速讫也。(《魏志·武帝纪》)｜遭母丧，服竟，又追行父服。(《魏志·袁绍传》)｜会有司奏允前擅以厨钱谷乞诸俳及其官属，故遂收送廷尉，考问竟，(故)减死徙边。(《魏志·夏侯尚传》)｜输作未竟，会太祖出征在谯。(《魏志·贾逵传》)｜(肇)髡决减死，刑竟复吏，由是放散十余年。(《魏志·常林传》)

讫

"讫"在裴注中达22例，仅次于"毕"，在《魏志》《蜀志》《吴志》中的出现频率分别为：18、1、3。"讫"前面的动词性成分为"礼、谒、会、劳问、飨、临、葬(2)、行祚、择吉日；言(2)、诵俳优小说数千言、注易、取水自澡、买姜；行视仓库军资器仗、持刀、著械、收、行刑、诛"。这里略举数例：

(57)逵著械适讫，而太祖果遣家中人就狱视逵。(《魏志·贾逵传》)｜时天暑热，植因呼常从取水自澡讫，傅粉。(《魏志·王粲传》)｜(侯植)遂科头拍袒，胡舞五椎锻，跳丸击剑，诵俳优小说数千言讫，谓淳曰："邯

---

① 这里的"毕竟"我们把它看作并列词组，因此在统计时分别归入语义标记"毕、竟"。

郸生何如邪?"(《魏志·王粲传》)|后三日,瑜请干与周观营中,<u>行视仓库军资器仗讫</u>,还宴饮,示之侍者服饰珍玩之物。(《吴志·周瑜传》)

上举"讫"前成分都具有[＋持续]特征,因此需要加上"完成"标记。特别是《王粲传》"诵俳优小说数千言","诵"是持续性动词,加上数量成分"俳优小说数千言"使得无界的动作变成有界的动作。但是需要注意的是,动作变成有界并不是表达"完成"语义的充要条件,[＋有界](telic)特征只是表明这一动作或者行为有自然的终止点,还不是实际终止点(bounded),所以必须加上"讫"等标记,使它由自然终止点变为实际终止点。

毕

语义标记"毕"的用例最多,共24例,在《魏志》《蜀志》《吴志》裴注中的出现频率分别为:16、3、5。"毕"前面的动词性成分为"礼(6)、祭(2)、祠、殡敛、哭泣尽哀、拜、奏乐、语、使、渡、市易、买姜、食、穿、著裈帽、讲业、读册、写(申、韩、管子、六韬一通)"。如:

(58)<u>帝升坛礼毕</u>,顾谓群臣曰……(《魏志·文帝纪》)|及赍玺书犒军,<u>饮飨礼毕</u>,或留请闲。(《魏志·荀彧传》)|到晦日,设祭,<u>徐氏哭泣尽哀毕</u>,乃除服,薰香沐浴。(《吴志·宗室传》)|闻丞相为<u>写申、韩、管子、六韬一通已毕</u>,未送,道亡,可自更求闻达。(《蜀志·先主传》)

例中前3例是持续性动词连用,后面再接上标记"毕",标记的作用就是使持续变成完结。《蜀志》的例子是无界的持续性动作"写",接上动量成分"一通"后变成了有界动作,而有界动作需要接上"完成"标记才能实现由自然终止点变为实际终止点。

已

"已"在裴注中做动词时主要表示"停止"义,用作"完成"标记的我们只找到1例。

(59)(李)意其不答而求纸笔,<u>画作兵马器仗数十纸已</u>,便一一以手裂坏之,又画作一大人,掘地埋之,便径去。(《蜀志·先主传》)

(二)《世说新语》(包括刘孝标注)

《世说新语》和刘孝标注(约20万字)中,"完成"标记只有"竟、讫、毕",

101

我们没有发现"已、了"用例。
竟

"竟"共11例,其中只有1例出现在刘注中。"竟"前面的动词性成分为"服、礼、食、坐(2)、视、看(3)、讲、谈"。如:

(60)谢公与人围棋,俄而谢玄淮上信至,<u>看书竟</u>,默然无言,徐向局。(雅量)|王仲祖、刘真长造殷中军谈,<u>谈竟</u>俱载去。(赏誉)|<u>交礼竟</u>,允无复入理,家人深以为忧。(贤媛)|<u>坐席竟</u>,下饮,便问人云:"此为茶为茗?"(纰漏)

讫

"讫"共4例,即:

(61)林公既非所关,<u>听讫</u>,云:"二贤故自有才情。"(赏誉)|褚公<u>饮讫</u>,徐举手共语云:"褚季野!"(轻诋)|恺以示崇,<u>崇视讫</u>,以铁如意击之,应手而碎。(汰侈)|王时为徐州刺史,<u>交礼拜讫</u>,王将答拜。(尤悔)

毕

语义标记"毕"在《世说新语》及其刘注中使用最多,共24例,有5例出现在刘注中。"毕"前面的动词性成分为"酹酒、食(4)、噉、饮酒、盥洗;叙寒温数语、语、叙情、言怀、游历;礼(3)、吊唁、为;哭、看、读、弄、撰《四本论》、注《老子》"。如:

(62)充至,妇已下车,立席头,共拜。<u>为三日毕</u>,还见崔。(方正)|钟会<u>撰《四本论》始毕</u>,甚欲使嵇公一见。(文学)|值顾方集宾友酣燕,而<u>王游历既毕</u>,指麾好恶,傍若无人。(简傲)|何晏<u>注《老子》未毕</u>,见王弼自说注《老子》旨。(文学)

上举第一个例动词"为",影宋本及沈校本并无。徐震堮先生在校笺中指出:"三日,婚后三日,设宴会亲属,后世犹有'做三朝'之礼。"因此我们将"为三日毕"也当作狭义连动式统计。从例(62)其余几个引例来看,标记"毕"前面的副词如"始、既、未"等还处于"毕"和前面的动词性成分之间,而不是放在整个连动式之前;如果前一动词带宾语,则副词还必须放在宾语之后、标记之前,说明"毕"等的动词性还很强,还没有演化成语法成分。

(三)《齐民要术》

《齐民要术》(约 14 万),公元六世纪北魏高阳太守贾思勰撰,是我国完整保存至今的最早的一部农林牧副渔各业的综合性古代农业全书。但是由于流传久远,在传抄过程中也有所增益和删改。柳世镇(1989)从语言的角度判定该书卷首的《杂说》非贾氏所作,结论十分可信,语言学界也基本认同这种看法,因此我们的分析范围不包括卷首的《杂说》。

在《齐民要术》中,作为"完成"标记使用的有"了、竟、毕、讫",我们没有发现"已"用作标记的例子。

了

"了"有 2 例,即:

(63)净洗了,捣杏人和猪脂涂。四五上,即当愈。(卷六"养牛、马、驴、骡")|五月,毛床将落,又铰取之。铰讫,更洗如前。八月初,胡荾子未成时,又铰之。铰了亦洗如初。(卷六"养羊")

上举第二例前面是"铰讫",后面为"铰了",说明"讫"和"了"是作为同义词使用的。

竟

标记"竟"只有 3 例,即:

(64)言未竟,皮蹶然起,卷女而行。(卷五"种桑、柘"引《搜神记》)|内豆于荫屋中,则用汤浇黍穄穰令暖润,以覆豆堆。每翻竟,还以初用黍穰周匝覆盖。(卷八"作豉法")|白鱼长二尺,净治,勿破腹。洗之竟,破背,以盐之。(卷九"炙法")

毕

"毕"用作标记的有 8 例。但是"毕"前面的动词性成分除了用"耕荒""锉鱼"各 1 例外,其余 6 例都是"酘"。如:

(65)耕荒毕,以铁齿镂榛再遍耙之,漫掷黍穄,劳亦再遍。(卷一"耕田")|锉鱼毕,便盐腌。(卷八"作鱼鲊")|常预煎汤停之;酘毕,以五升洗手,荡瓮。(卷七"法酒")|七日一酘,皆如初法。四酘毕,四七二十八日,酒熟。(卷七"笨麴并酒")

讫

"讫"做标记的用例最多,达到 80 例,占绝对优势。"讫"前面的动词性成分为"种、践、刈(2)、散(6)、耕(2)、治、治釜、焊、焊治、获、割(2)、收(2)、剪、洗(2)、压(3)、潢、剡、内树、栽树、插、饲、悬、作、劳、出土、绞、洗面、下、下黍、下饮、取、铰(2)、捋、滤乳、磨、布(3)、覆、溲、粉、押、淘、量、和(3)、浸辕、簸、翻(2)、扬簸、杀、去鳞、斋、奠(2)、准、燀、用、臼市、择、煤、削、茹、捣、曝干"。兹略举数例:

(66) 叶落尽,然后刈。刈讫则速耕。(卷二"大豆")|凡栽树讫,皆不用手捉,及六畜觚突。(卷四"栽树")|明旦,碓捣作粉,稍稍箕簸,取细者如糕粉法。粉讫,以所量水煮少许穄粉作薄粥。(卷七"笨麴并酒")

上引《笨麴并酒》中的"粉讫"有异文,明抄本作"粉讫",金抄、湖湘本等只一"讫"字。

我们在前面曾提到,根据标记理论,"完成"标记前面的动词都具有[＋持续]的语义特征。在《齐民要术》中有比较特殊的例子,即:

(67) 有盖下白稻,正月种,五月获;获讫,其茎根复生,九月熟。(卷二"水稻"引《广志》)|其为齑者,初杀讫,即下美酢解之。(卷八"作鱼鲊")

我们在第二章里曾指出,在中古时期"获、杀"可以做中心动词来表达"完成"语义,那么是否可以这样认为,即从"获讫"和"杀讫"来看,"完成"标记前面的动词已经由[＋持续]语义扩展到了[－持续]语义了呢?答案是否定的。因为在第二章谈到,能够单独表达"完成"语义的中心动词"获"表示的是"获得"这一语义,而例(67)中的"获讫"中的"获"是"收获"意义,是持续性动作,与"获得"义不同。另外,这里的"杀"表示的是动作,而不是结果意义。

此外,《齐民要术》中还有 1 例值得注意,即:

(68) 国树,子如雁卵,野生。三月花色,连著实。九月熟。曝干讫,剥壳取食之,味似栗。(卷十"五谷、果蓏、菜茹非中国物产者"引《南方记》)

此例的特殊之处在于标记"讫"前面的动词组是"曝干"。应该说可以把

"曝干"看作动补结构,因为现有的研究表明,南北朝时期动补结构已经相当成熟了。"动补结构+完成动词"中,动补结构、完成动词本身就可以分别表达"完成"语义。也就是说,完成动词前面的结构已经不是通常意义说的具有[+持续]语义特征的典型的动词性成分了。考虑到在我们调查的整个中土文献中只发现这样1例,而且又是引书中出现的,这使我们怀疑这一例句的可靠性。因为据缪启愉先生在《校释》中论述的,《南方记》不见于各家书目著录,唯《御览》等每有引录,书已佚。除非我们发现更多的例证,因此我们对此例还是采取比较审慎的态度。

上面简要地将汉语"完成"语义标记在中古时期的中土文献中的情况做了简单的描述,为便于比较,我们将统计的结果表示为(见表4-5):

表4-5 "完成"标记在中古时期中土文献中的表现

	字数(万)	已	毕	讫	竟	了	合计
论衡	27	8	3	0	0	0	11
三国志	47	0	14	10	3	1	28
《三国志》裴注	42	1	24	22	6	1	54
世说新语	20	0	24	4	11	0	39
齐民要术	14	0	8	80	3	2	93
合计	148	9	73	116	23	4	225

中土文献中"完成"标记前面的动词都是具有[+持续]语义特征的,这点蒋绍愚先生(2001b)早已指出。对比表4-1和表4-5来看,西汉以前的"完成"标记主要是"毕、已","讫、竟"还十分少见;到了中古时期,"毕"还是主要的表达方式,但是已经开始让位于"讫"。在中土文献用语义标记表达"完成","讫"占据了绝对优势,尤其是在南北朝时期,而"已"正在逐步退出历史舞台。新兴的标记成分"了"在这一时期也开始产生了,只是处于萌芽状态。从历时的角度来看,整个"完成"标记的表达方式正在经历一个由少到多,甚至成为"完成"语义的主要表达方式。这从相同数量的语料出现标记的频率可以看出来:如果以每一万字中出现标记的频率来看,在《论衡》《三国志》《〈三国志〉裴注》《世说新语》《齐民要术》中的出现次数分别为:0.4,0.6,1.28,1.95,6.64,它们呈现出一个递增的过程。这绝不是一个偶然的现象,正是语义标记的使用频率的逐步增加,一是标记的程式化有可能使得标记前动词性由[+持续]向[-持续]的语义成分扩展,为标记的功能扩展准备了条件;一是为语义标记向语法标记的演进奠定了基础。

此外,南北朝时期的三部文献《〈三国志〉裴注》《世说新语》《齐民要术》,从大的时代背景来看,它们均属于南北朝时期,时代相差不大,语言事实应该比较接近。但是从标记的出现频率来看,裴注最低,《世说新语》居中,《齐民要术》最高,这是否恰好可以作为我们判断一部传世文献的口语性的证据呢?从目前总体性认识来看,统计数据正好支持了我们的基本语感:史传体文献一般来说文言性相对较高,而反映世俗性质的材料如农书、医书、契约文书等口语性较强,所以我们目前倾向于用标记的使用频率来鉴定传世文献的口语性。当然这个问题还可以做进一步深入的探讨。

4.4.2 汉译佛典中的表现

以上我们调查了中古时期的"完成"语义标记在中土文献中的表现,那么它们在同时期的汉译佛典中的表现又是怎么样的呢?下面我们试着各抽取东汉、三国、东晋、南北朝时期的代表性语料做一番调查。

4.4.2.1 东汉

东汉译经材料我们抽样调查了康孟详、竺大力、昙果(公元200年)所译佛经《修行本起经》《中本起经》,以及支娄迦谶(公元170~190年)所译的8部经①,共约21万字。在东汉译经中,中古时期的"完成"标记除"了"未出现外,其他几个标记"竟、讫、毕、已"均见于调查语料中。

竟

"竟"共出现17例,均出现在支娄迦谶译经中,《道行般若经》就占了11例,"竟"前面的动词性结构均是"作礼绕"。如:

> (69)诸人诸非人都卢赐来到是间,问讯法师,听受般若波罗蜜,作礼绕竟各自去。(8/435a,"竟",圣本作"竟已")|听受般若波罗蜜,作礼绕竟以去。(8/435a,"以",圣本作"已")|三千大千国土诸四天王诸释梵及诸尊天,一切皆来到佛所,前为佛作礼绕竟三匝各住一面。(8/443b)

除此之外,在《阿閦佛国经》、《般舟三昧经》②、《阿阇世王经》中分别有

---

① 关于东汉译经目录,请参考许理和(1977、1991),这两篇论文分别译成中文,刊于《语言学论丛》(第十四辑)和《汉语史研究集刊》(第四辑)。支娄迦谶译的8部东汉佛经为:T224,道行般若经,10卷;T280,兜沙经,1卷;T313,阿閦佛国经,1卷;T350,遗日摩尼宝经,1卷;T418,般舟三昧经,3卷;T458,文殊师利问菩萨署经,1卷;T626,阿阇世王经,2卷;T807,内藏百宝经,1卷。

② 汪维辉(2007a)、方一新和高列过(2012)分别从文献著录和语言的角度对《般舟三昧经》的译者进行了详细的考辨,可参看。

1、3、2例,"竟"前面的动词性结构为"记、作礼(2),行澡水、语(2)"。如:

(70)如是舍利弗,菩萨如来<u>记竟</u>,菩萨摩诃萨未成最正觉时,譬如谷贵。(《阿閦佛国经》,11/763a,"记",宋、元、明三本作"说",宫本作"讫")|和伦调菩萨悉与宗亲俱,前以头面著佛足,及为比丘僧作礼,<u>作礼已竟</u>从佛所去,归到罗阅祇国。(《般舟三昧经》,13/914c)|跋陀和菩萨见佛诸弟子悉饭已,前<u>行澡水毕竟</u>,持一小机于佛前坐听经。(《般舟三昧经》,13/915a)|其一举足之功德中百见佛,<u>语适竟</u>,是三儿已到,前为怛萨阿竭作礼。(《阿阇世王经》,15/395a)

"竟"前"作礼"达13例,说明"竟"做语义标记时分布的句法环境很窄。

毕

标记"毕"只有2例,均见于《修行本起经》。即:

(71)夫人沐浴,<u>涂香著新衣毕</u>,小如安身。(3/463b)|二女奉乳糜,得色气力充,咒愿福无量,令女归三尊,<u>食毕</u>洗手漱口,澡钵已还掷水中。(3/470a)

讫

标记"讫"共4例,即:

(72)菩萨意念,欲先沐浴,然后受糜。行诣流水侧洗浴身形,<u>浴讫</u>欲出水。(《修行本起经》,3/470a)|舍利弗白佛言:"愿闻诽谤法者,<u>受形何等像类讫</u>,不知其身大如。"(《道行般若经》,8/441b)|我到市,于道中央失堕钱散在地,以聚欲<u>取讫</u>,以仰头上视。(《文殊师利问菩萨署经》,14/438c)|于是<u>被马讫</u>,骞特自念言……(《修行本起经》,3/468a,"被"元明本作"鞁")

例中"受形、被"均是持续性动词,"被马"是实义动词,在此不表被动。

已

"已"在东汉佛经中用作标记的例子远高于其余几个标记。"已"在康孟详的译经中只有2例。即:

(73)食毕洗手漱口,<u>澡钵已</u>还掷水中。(《修行本起经》,3/470a)|

佛说经已,一切众会皆大欢喜,为佛作礼而去。(《修行本起经》,3/472b)

但是在《道行般若经》里面"已"做标记的例子非常多,有111例。如:

(74)闻般若波罗蜜者,何况乃学、持、诵念。学已、持已、诵已,取学如是,用是法住。(8/434a)|为以自坏复坏他人,自饮毒已复饮他人毒。(8/441b)|今我曹当更扫除整顿坐席,即共扫除整顿诸座已,自念言……(8/474c)

如例(74),在《道行般若经》中"已"前面的动词性成分多具有[＋持续]语义特征,这类动词有77例,它们是"劝乐、书、写、绕、行、供养、随法、持戒、行戒、诽谤、问、听、取、受(授)决、度、作、出、散、报、说"等。

与中土文献的最大区别是,汉译佛典中"已"前面的动词性成分不少具有[－持续]语义特征,在《道行般若经》中有32例,这些词语为:"觉(3)、知、信;闻(3)、见(5)、入、至、入至、得(5)、成(9)、离、断"。它们或者是前限结构,或者是后限制结构,一个基本特性就是表示的动作或者行为是瞬时实现的,但是,它们后面仍然有完成动词做标记。如:

(75)从是东行,悉断念已,作是行不缺者,令得闻般若波罗蜜。(8/471b)|菩萨摩诃萨知是者,为行般若波罗蜜,有想者便离般若波罗蜜远已。(8/442b)|是菩萨摩诃萨于梦中觉已,若见城郭火起时,便作是念。(8/459c)|是天人至师经所,入至经所已,善男子善女人则踊跃欢喜。(8/435b)

此外,还有2例是在被动句式后面加"完成"标记的。即:

(76)心不入大法,亦不讽诵般若波罗蜜,是为魔所得已。(8/448c)|怛萨阿竭以佛眼视学持诵般若波罗蜜者,最后若书持经卷者,当知是辈悉为怛萨阿竭眼所见已。(8/446a)

以上是《道行般若经》中"已"做标记的情况。在东汉的其他几部佛经,即支娄迦谶译的《阿閦佛国经》《遗日摩尼宝经》《般舟三昧经》《文殊师利问菩萨署经》《阿閦世王经》《内藏百宝经》中,"已"做标记分别出现32、3、30、

11、10、1次,而具有[－持续]语义的分别为13、2、21、3、2、0。也就是说,在汉译佛典中,"已"作为标记一开始就可以接[－持续]动词性成分,这是和中土文献的最大不同。

4.4.2.2　三国

三国时期的汉译佛典我们选择了吴支谦所译《太子瑞应本起经》《菩萨本缘经》以及吴康僧会所译《六度集经》(8卷),共13万字。其中标记"了"还未见用例。"竟、讫"在《太子瑞应本起经》未见用例。

竟

共出现14例,均出现在《六度集经》中,"竟"前面的动词性成分为:咒愿、布施、说(8)、言(2)、食(2),全部都具有[＋持续]特征。如:

(77)言<u>竟</u>忽然不现,妇怅然而归。(3/37c)

讫

标记"讫"共4例,其中《菩萨本缘经》《六度集经》分别出现1、3例。即:

(78)满九十日,<u>过夏已讫</u>,奉施倮愿。(《菩萨本缘经》,3/54a)|<u>布施讫竟</u>,贫者皆富。(《六度集经》,3/8b)|王襄衣膝行,<u>供养讫毕</u>,即说经曰□□。(《六度集经》,3/23c)|长者意解,即留比丘与作饮食,<u>饮食毕讫</u>,比丘便退精舍。(《六度集经》,3/35c)

毕

标记"毕"出现30次,《太子瑞应本起经》《六度集经》中分别出现2、28次。标记前的其他动词成分为:言(7)、说毕、饮(2)、食(3)、饭、饮食、食饮;辞(2)、报、受辞、受偈、供养、稽首(2)、悔过、誓、乞退、跨、出、澡浴。如:

(79)佛后日入指地池<u>澡浴毕</u>,欲出无所攀。(《太子瑞应本起经》,3/482a)|佛起于异处<u>食毕</u>,咒愿贾人言□□。(《太子瑞应本起经》,3/479b)|去地七仞,自空来下,以发布地,令佛踏之。世尊<u>跨毕</u>,告诸比丘。(《六度集经》,3/48b)

已

标记"已"共出现107次。在《太子瑞应本起经》6次,其前面的动词性成分是"念、食(4)、施床座"。在《六度集经》中也只出现9次,其中"已"前面的动词性成分7次具有[＋持续]特征,这些成分是"饭、受戒、礼、饮食、思、产、诤";2次具有[－持续]特征,即"到、绝。如《六度集经》中:

(80) 日月满足,夫人<u>在产</u>,娩娠得男,又无恶露。其儿适生,叉手长跪,诵般若波罗蜜。夫人<u>产已</u>,还如本时无所复知。(3/36a)｜<u>王到已</u>,太子五体投地,稽首如礼。(3/20c)｜儿大欢喜,<u>经句绝已</u>,便问比丘。(3/35c)

例(80)中的"产"应该是[＋持续]的,因为前面有"在产",表明"产"这一过程的持续性,这是和动词"生"不同的地方;我们认为"产"是过程,"生"是结果。《菩萨本缘经》标记"已"出现较多,标记前为[＋持续]的成分的共40例,这些成分是:欢喜、念、语、说(9)、思(2)、供养(2)、庄严、作(9)、化、行善法、舍此身、慰喻(2)、发遣、遭、过夏、坐、出、还(2)、剥(2);为[－持续]性成分后的共52例,它们是:闻(31)、见(11)、得(3)、到(3)、至(2)、知、饱满。如:

(81) 尔时,溺人<u>闻是语已</u>,悲喜交集涕泪横流,即礼鹿足。□□<u>说是语已</u>,寻便即路。鹿王望之,远<u>不见已</u>,即还本处众鹿之中。是时,溺人既<u>还家已</u>,忘恩背义。(3/67b)｜彼人若念,<u>剥此皮已</u>,当得无量珍宝重货,愿我来世常与是人无量法财。尔时,龙王既<u>被剥已</u>,遍体血出苦痛难忍,举身战动不能自持。(3/69c)｜婆罗门即便前坐,<u>坐已</u>,一切施王便以所有众味甘果而奉上之。既<u>饱满已</u>,王即问言:……(3/55c)

4.4.2.3 东晋

东晋时期的汉译佛典我们调查了佛陀跋陀罗译《摩诃僧祇律》、姚秦鸠摩罗什译《大庄严论经》。《摩诃僧祇律》我们只调查了前10卷,约16万字。两部译经共约27万字。东晋王朝存续的时间是公元317～420年,姚秦(后秦)则是公元384～417年。我们将《大庄严经论》一起归入东晋时期讨论,在时代称谓上均称东晋,除非有专门声明。

了

标记"了"在《摩诃僧祇律》中只出现1例,即:

(82) 若比丘买衣,虽<u>价决了</u>,未得不犯。(22/293a)

"决了"在佛典中的常用意义是"使义理决定明了。"①在《摩诃僧祇律》

---

① 丁福保《佛学大辞典》,上海佛学书局,1996年。

中大多也是这种意义,如"若不见不闻不疑不决了,便谤若屏处"(22/280c)。但是从上下文来看,例(82)中的"决了"大意是"(价格)谈妥了"之意。因此,我们把例(82)的"决了"看作是"非持续动词+完成标记"结构。

竟

标记"竟"在《大庄严论》中只有3例,即:

(83)在于上座前,而唱僧跋竟,众毒自消除,汝今尽可食。(4/332c)│赞佛已竟,礼佛而退,将诸五百比丘尼入闲静处。(4/335b)│离欲者观法,耶旬烧已竟,收骨用起塔,令众生供养。(4/336b,"已",宋、元、明三本作"以")

在《摩诃僧祇律》中"竟"做标记共61例,"竟"前面的动词性成分为"指授(3)、算计、浣衣、浣染、浣染擗、浣染作、衣(7)、解、安居(8)、作制限分齐、示、过、作(10)、说(19)、煮、食、持此衣与某甲知识比丘"等,均是表持续的。如:

(84)初谏时未竟,越比尼罪;羯磨说竟,偷兰罪。第二羯磨未竟,越比尼罪;说竟偷兰罪。若第三羯磨未竟,偷兰罪;说竟僧伽婆尸沙。(22/286c)│是比丘尼夏后因自浣染衣过,为比丘浣染衣。比丘安居竟,还索衣欲浣染。比丘尼言:"我已浣染竟。"是比丘不犯。(22/301b)

值得注意的是,在《摩诃僧祇律》中有2例"竟"前为非持续性动词。即:

(85)时优陀夷脚蹴白,白转母人倒地,身形裸露。优陀夷即便扶起言:"姊妹起,我已见竟。"(22/264b)│主人言:"为我儿得妇竟,当为尊者作饮食。"(22/274a,"为",圣本无)

"见、得"均是瞬时实现的行为,"瞬时动词+竟"这种结构不但在中古汉语的中土文献没有,就是在我们前面调查的汉译佛典中也未曾出现。

讫

标记"讫"共出现31次,在《摩诃僧祇律》《大庄严论经》中分别出现:19、12次。"讫"前面的动词性成分均是持续性的,这些动词性成分为"安居(8)、听法、咒愿(2)、作节会、治政事、饮(2)、食(4)、奉食(2)、设食供养、化缘、作索、服油、倒水、浣染、浣染打、擗染治、收获、骂"。如:

(86)时大爱道比丘尼即为<u>擗染治讫</u>,还送与优陀夷已,往至世尊所,头面礼足却住一面。(《摩诃僧祇律》,22/310b,"擗",宋、元、明、宫四本无)|向暮野干群集,如前饮地残水。唯野干主<u>饮罐中水讫</u>,便扑地不能令破。(《摩诃僧祇律》,22/282c)|时须达多婢字福梨伽,从外持水来入至须达所,以已持水置大器中,<u>倒水未讫</u>,见长者悲涕,以瓶置地。(《大庄严论经》,4/317c)|菩萨实时用草作索,<u>作索已讫</u>与婆罗门。(《大庄严论经》,4/339c)

毕

标记"毕"在东晋的两部文献中只出现1次,即《摩诃僧祇律》:

(87)若人娶妇<u>输钱未毕</u>,此女父母多索其钱,不能令满,而不得妇,女亦不得更嫁。(22/273c,"娶",宋、元、明、宫、圣五本作"取")

已

标记"已"在《摩诃僧祇律》《大庄严论经》出现次数分别为387、340①。"已"前面成分具有[＋持续]特征的词语为"白、呵责、作、问、问讯、唱令、礼、忏悔、请问、还斋、示教利喜、随所乐住、随彼意、摄卧具、礼足、问讯、相慰劳、安居、布施、乞食、食、聚会、教令行、修不净观、解两头、过、受、坐、骑、著衣、乘、布、吐、学、说、取、观、看、劝、来、出、还、浴、行淫、行欲"(《摩诃僧祇律》);"说、令渐通泰、作是念、服、催促、取、出家、听受、受、变其形、观察、与"(《大庄严论经》)。如:

(88)世尊告诸比丘:"唤彼比丘来。"<u>来已</u>,佛问比丘……(《摩诃僧祇律》,22/232a)|若比丘盗心,欲取此马,<u>乘马已</u>,欲向东方。(《摩诃僧祇律》,22/249b)|尔时骨人为彼法师<u>变其形已</u>,身心俱困,不能自申。(《大庄严论经》,4/278a)|时彼画师即与知事比丘三十两金,<u>与彼金已</u>,还归于家。(《大庄严论经》,4/279a)

标记"已"前具有[－持续]特征的成分在《摩诃僧祇律》《大庄严论经》中

---

① 我们只是统计了《摩诃僧祇律》中前四卷、《大庄严论经》四分之一的文本的语料,整个数据是按比例推算所得。在《摩诃僧祇律》前四卷中"已"共出现149次,"已"前面的动词性成分具有[－持续]语义特征的为63次;《大庄严论经》四分之一的文本中标记"已"共出现85次,其中"已"前面的动词性成分为[－持续]特征的为57次。

分别出现 164、228 次。这些词语是"觉、到、入、见、闻、成、得、舍物、离、去、失、灭、出界、决、远去、杀、坏、息、食彼树叶饱、被摄"(《摩诃僧祇律》);"知、睹、见、得、到、至、闻、被呵责、被骂辱"(《大庄严论经》)。如:

(89) 如是已后,地肤复灭。地肤<u>灭已</u>,次生地脂,味如石蜜。(《摩诃僧祇律》,22/239c,"肤",宋、元、明、宫四本作"肥","脂",宋、元、明、宫四本作"芝")| 有比丘在道行,为贼所劫,诸比丘<u>失衣钵已</u>,入林中藏。(《摩诃僧祇律》,22/251a)| <u>既得经已</u>,至于林树间闲静之处而读此经。(《大庄严论经》,4/258c)| <u>到已</u>便还家,无一随从者。(《大庄严论经》,4/273b)

(90) 此山南有一树名尼拘律,常有金色鹿王飞来在上,<u>食彼树叶饱已</u>而去,猎师闻此甚大欢喜。(《摩诃僧祇律》,22/230c)| 即使有司摄系耶输陀,耶输陀<u>被摄已</u>即便思念。(《摩诃僧祇律》,22/239a)| 时优婆塞<u>被呵责已</u>,喟然长叹。(《大庄严论经》,4/257b)| 众人见之咸皆骂辱,□□<u>被骂辱已</u>,还诣王边。(《大庄严论经》,4/274a)

例(89)中的"灭、失、得、到"均是瞬时实现的动词,它们是非持续的。例(90)的第一例中"食彼树叶饱"可以看作是隔开式的动补结构,动补结构本身就可以表达"完成"语义,但是例中在动补结构后面依然有"完成"标记"已";同理,我们在第二章中已经指出被动句式本身也可以单独表达"完成"语义,但是例(90)中的"被摄、被呵责、被骂辱"也带有"完成"标记。

4.4.2.4 南北朝

南北朝译经,我们调查了南齐求那毗地译《百喻经》、元魏吉迦夜译《杂宝藏经》,两部经共约 11 万字。在这两部佛典中,没有发现标记"了""毕"的用例。

竟

标记"竟"共出现 14 次,在《百喻经》《杂宝藏经》中分别出现 6、8 次。"竟"前均为具有[＋持续]特征的成分,它们是"饮(2)、交通、涂毒、祀天、造作痴花鬘"(《百喻经》);"食(2)、庄严、作(2)、受打、嘱诫、还"(《杂宝藏经》)。如:

(91) 昔有一人与他妇通,<u>交通未竟</u>,夫从外来,即便觉之,住于门外。(《百喻经》,4/557a)| 如阿伽陀药,树叶而裹之,<u>取药涂毒竟</u>,树叶还弃之。(《百喻经》,4/557c)| <u>庄严既竟</u>,辞母欲去。(《杂宝藏经》,4/

451a)|未远之间,入一沟壍偃腹而卧,良久乃还,云以草叶还主人竟。老婆罗门信以为然,倍增爱重。(《杂宝藏经》,4/497c,"竟",宋、元、明三本作"已竟")

讫

标记"讫"共出现20次,在《百喻经》中使用1次,即:

(92)一人观瓶而作是言:"待我看讫。"如是渐冉,乃至日没。(4/551c)

在《杂宝藏经》中"讫"前面的动词性成分为"食(6)、饭食、饮食、设食、斋食、炊、大祀、供养、听法、设会、修治、耕种、礼佛、安居",它们均是表持续的。

已

标记"已"在《百喻经》《杂宝藏经》中的出现次数分别为50、173,其中"已"前的具有[＋持续]特征的成分分别出现11、53次。这些词语为"食(2)、作(3)、来、还、捉、取、与、受勅"(《百喻经》);"白、言、说(9)、解、思惟(2)、作(25)、造舍、食(3)、占、舍取、娶妇、受佛教、受募、受勅、统临、礼佛足、忏谢、还"(《杂宝藏经》)。如:

(93)譬如有人,因其饥故食七枚煎饼,食六枚半已,便得饱满。(《百喻经》,4/549c)|时彼人者信老母语,实时共捉,既捉之已,老母即便舍熊而走。(《百喻经》,4/557a,"熊",宋、元、明三本作"罴")|此城人民悉皆请佛,我今新造舍已,亦当请于如来。(《杂宝藏经》,4/475c)|夜儿达多,为欲令彼少欲之故,舍其濡草,取彼鞕草;舍此甘果,取彼酢果;舍己新果,取他陈果。舍取果已,即得五通。(《杂宝藏经》,4/482a)

"已"前的动词性成分具有[－持续]特征的词语为"见闻、见(10)、闻(11)、睹、犯禁、舍身(2)、生、死、丧、获得、得(4)、至(3)、到、被鞭"(《百喻经》);"知(3)、觉、瘥、见(28)、闻(57)、获(2)、得(14)、为、灭(2)、满、关、来到、来至、至(3)、到、被毒箭、被瞋打、被打"(《杂宝藏经》)。如:

(94)其人后复而语之言:"汝儿生已,今死矣。"(《百喻经》,4/547c)|既犯禁已,舍离三乘,纵心极意,无恶不造。(《百喻经》,4/554c)|转转前进,遂入铁城。门关已,下中有一人头戴火轮。(《杂宝藏经》,4/

451b,"关",宋、元、明三本作"开")|佛作是语:"生灭灭已。"(《杂宝藏经》,4/470a)

(95)昔有一人为王所鞭,既被鞭已,以马屎拊之,欲令速差。(《百喻经》,4/547a)|时梵摩达王游猎而行,见鹿饮水,挽弓射之,药箭误中睒摩迦身。被毒箭已,高声唱言。(《杂宝藏经》,4/448b)|被瞋打已,情甚懊恼。(《杂宝藏经》,4/479c)|时摩诃罗重被打已,过问打者言……(《杂宝藏经》,4/480a)

例(94)中的"生、犯禁、关、灭"都是瞬时实现的非持续动词,例(95)是被动结构加完成标记"已"的例子。

以上是我们对中古汉语汉译佛典中"完成"标记出现的环境所做的简要描述。为了便于比较,我们将统计的结果以表格的形式表示出来(见表4-6)。从表4-6可以看出,整个中古时期汉译佛典中"完成"标记基本上由"已"表达:在所有的标记中"已"的出现比例平均高达86%,在东汉时期出现频率最高,为89%;即使三国时期也达到了69%,如此高的出现频率是同时期的中土文献无法比拟的。除了东晋时期的标记"竟、了"共3例接在[-持续]特征的成分后(均出现在《摩诃僧祇律》中),完成标记前具有[-持续]语义特征的词语均出现在"已"前。此外,在"毕、竟、讫"三个标记中,"毕"到东晋时期已经基本退出了舞台,而"竟、讫"还在使用。

表4-6 "完成"标记在中古汉译佛典中的表现

	字数(万)	已	毕	讫	竟	了	合计
东汉	21	200/75	2	4	17	0	223/75
三国	13	107/54	30	4	14	0	155/54
东晋	27	727/392	1	31	64/2	1/1	824/395
南北朝	11	223/159	0	20	14	0	257/159
合计	72	1257/680	33	59	109/2	1/1	1459/683

注:"/"后面的数字表示标记出现在[-持续]成分的次数。

4.5 "完成"语义标记在近代汉语中的演进

对于"完成"语义标记在近代汉语中的演进,我们选取晚唐五代的《敦煌变文》和南宋的《朱子语类》为代表语料进行研究,在语料范围上不再向下扩大取料范围。因为现有的研究表明,完成体标记在《朱子语类》中已臻成熟,基本和现代汉语没有大的差别。

4.5.1 敦煌变文

4.5.1.1 讲唱历史故事的变文

竟

标记"竟"只出现1次,即:

(96)王陵心口思惟:"莫遭项羽独(毒)手?"道由(犹)未竟,灌婴到来。(汉将王陵变)

讫

标记"讫"共出现48次,"讫"前成分基本上表[＋持续]特征,即"遗语、杀、食、祭祀、辞王(2)、拜舞、拜舞礼、拜舞谢帝、谢皇帝、排阵(2)、问、言(26)、语、言语(2)、言说、授(受)敕、传令、筑清陵台、添禄"。如:

(97)楚汉两家排阵讫,观风占气势相吞。(捉季布传文)|拜舞谢帝讫,收在怀中。(唐太宗入冥记)|传令既讫,当即胤(引)兵,凿凶门而出。(张淮深变文)|二将辞王已讫,走出军门。(汉将王陵变)

"讫"和前面的动词之间还有否定副词"未",时间副词"既、已"等修饰,如例(97)中的后两例,所以这时期的"讫"的虚化程度还较低。

但是,有1例"讫"前面的动词性成分是非持续动词结构,即:

(98)秋胡行至林下,见一石堂讫,由差一寻。(秋胡变文)

毕

标记"毕"共出现10例,其前面的动词性成分均表[＋持续]特征。即"哭、掩埋、织、安下、受罪、思惟、修书、安排、立铺、写","毕"前面大多有副词"既、已、未"修饰,只有2例没有这些修饰成分。如:

(99)修书寄必(既毕),遂差一小将直至周罗侯寨内送书。(韩擒虎话本)|将到市廛,安排未毕,人来买之,钱财盈溢。(茶酒论)|上卷立铺毕,此入下卷。(王昭君变文)|天福十五年,岁当己酉朱明蕤宝之月,冀生拾肆叶,写毕记。(舜子变)

已

标记"已"出现 8 次,它前面的动词性成分既可以是[＋持续]成分,即"哭、语(5)";也可以是[－持续]成分,即"闻(2)"。其中有 7 例分布在《伍子胥变文》中。如:

(100)子胥哭已,更复前行。(伍子胥变文)|乃舍梁王之罪,语以(已)进发。(伍子胥变文)|子胥闻此语已,即知是船人之子。(伍子胥变文)|皇帝闻已,忙怕极甚,苦嘱□(崔)子玉:……(唐太宗入冥记)

上举前两例中,标记"已"前的动词"哭、语"是持续性动词。后两例则是非持续的,动词都是"闻",这说明标记"已"的分布很窄,使用频率也很低。

了

标记"了"出现 77 次,"了"前成分基本表[＋持续]特征,即"悲歌(4)、剑歌、作此语、答语、道、说(2)、曰、报(2)、答、问、叹(2)、商量、分付、学问、读、勾改、作、辞(5)、拜谢、拜舞、拜(5)、祇揖、相、嘱咐、开经、受罪(2)、常(偿)、吃(2)、食、饮、书(5)、斫营(2)、下营、造战书、修制、抄录、收敛、收兵、斩、杀、决(2)、过、铺置、尉、祭(3)、筑坟、安葬、复墓、解梦、为奴"。如:

(101)二将斫营已了,却归汉朝。(汉将王陵变)|催子玉既□□(奉帝)命拜了,对帝前坼书便读。子玉读书已了,情意□□(不悦),更无君臣之礼。(唐太宗入冥记)|下营未了,顿食中间,陵欲攒军,方令击鼓。(李陵变文)|铺置才了,暂往坻塘。(燕子赋)

"斫营、读书、拜、下营、铺置"均是动词性持续成分;"了"前面还有副词"未、既、已、才"等修饰,如"受罪未了、拜舞既了、书契既了、读书已了、筑坟犹未了、斫营已了、悲歌已了"等,这些结构中的"了"还都是表示完结的。

但是,在前 3 卷中,标记"了"前面的动词有 2 例为[－持续]的动词。即:

(102)王陵只是不知,或若王陵知了,星夜倍程入楚,救其慈母。(汉将王陵变)|一人死了,何时再生!(庐山远公话)

117

"知、死"都是瞬时实现的,前者是前限结构,后者是后限结构。

4.5.1.2 讲唱佛经和佛家故事的变文

竟

标记"竟"出现 7 次,它前面的动词性成分均为表[+持续]的,即"寒温、解释(2)、解(4)"。如:

(103)寒温未竟,仙人庆贺大王:"卑臣福薄业微,不遇太子剩(盛)世。"(太子成道变文)|解释已竟,从此外觅送路而走,七劫任用者也。(金刚般若波罗蜜经讲经文)|上来解菩萨二字已竟,从此解上生二字者。(观弥勒菩萨上生兜率天经讲经文)

从标记"竟"前面的动词来看,"竟"的出现环境已经受到很大限制,除了 1 例用"寒温"以外,其他 6 例均是"解释(解)",所以"竟"的分布范围较窄。

讫

标记"讫"共出现 20 次,标记前面的动词性成分表[+持续]的,有"发愿(3)、付嘱、处分、相、坐、礼、婚娉、告、言(6)、语、出言、说偈赞叹世尊"。如:

(104)处分新妇已讫,新妇便辞大王,往至雪山,亦随[修]道。(太子成道经)|两个相诤语未讫,中途忽遇首陀天。(降魔变文)|尔时长[□](者)子宝积及五百长者子,既献七宝盖已,乃说偈赞叹世尊讫,乃白佛言:……(维摩诘经讲经文)|其须达后有七子,六个婚娉已讫,第七小者未取妻房,须达常忧。(祇园因由记)

有 1 例标记"讫"前面的动词具有[-持续]特征,即:

(105)净饭王闻讫,□(报)道……(八相变)

毕

标记"毕"共出现 10 次,"毕"前面的动词性成分均为表[+持续]的,即"咒愿、说法、化(2)、嘱付、礼(2)、买园、营饰、复制①"。如:

---

① "复制",指复(亦作"覆")墓的礼仪。

(106)须达买园既毕,遂与太子却归,忽于中途,逢着六师外道。(降魔变文)|未及诚心营饰毕,六师群众稍难当。(降魔变文)|此是流通分中,弟一标佛化毕也。(金刚般若波罗蜜经讲经文)|罗卜自从父母没,礼泣三周复制毕。(大目乾连冥间救母变文)

已

相对来说,标记"已"的出现频率要高于"竟、讫、毕"。"已$_1$"共出现19次,其前面的动词性成分为"坐、上座、作(4)、说(5)、语、问、赞叹、调伏、献、归依、送、慰问"。如:

(107)若具深妙之心,则能调伏其意。若调伏意已,则所闻如其所说修行。(维摩诘经讲经文)|善友既蒙龙王差鬼兵送出海岸,送已却回,见弟恶友。(双恩记)

"已$_2$"出现24例子,其前面的动词性成分为"闻(12)、见(5)、推入、入、到、得(2)、满、净"。如:

(108)推入火已,其火坑世尊以慈光照,变作清凉之池。(太子成道经)|佛放光明,依前见道,寻光直至如来之前。到已,不解仪则,相挹而已,亦不作礼。(祇园因由记)|此唱经文是喜见菩萨求得三昧已,欢喜无量。(妙法莲华经讲经文)|其心净已,则一切功德清净。(维摩诘经讲经文)

了

吴福祥(1996:293)对"动+了"格式中的"了"究竟是完成动词还是动态助词有几个标准:甲、瞬间动词+了;乙、状态动词+了;丙、形容词+了;丁、动补结构+了;戊、"V+了"的否定形式是"未+V";已、"V+了+宾"与"V+了"同义并用。吴福祥先生在"瞬间动词+了"标准中把"死、去、谢、别、辞、知、娉"等看作瞬间动词,我们对瞬间动词的标准更加严格一些,我们把"辞、娉"看作持续动词,而不是瞬间动作,这是需要说明的一点。①

据我们统计,标记"了"前面具有[+持续]特征的动词性成分共计79例,即"诞生(2)、生(2)、缚、堀、涂、布(4)、看(3)、哭、劝、娉、添、书、吟

---

① 或者说,这类动词既可以是持续的,也可以是瞬时的。

咏、吟、言(4)、言谈、发言、语(3)、说(2)、道(3)、作念、思忖(2)、思惟、问(2)、问讯、启告(2)、教示、告示、称扬、叹(5)、叹羡、解$_1$(2)、解$_2$(2)①、解释、呷、食、饮、吹、娉、斋、咒愿、服香油、雨花、礼拜、跪拜、归依、升坐、忏悔、受戒(2)、弹指、作偈(3)、剃除、分界、拜别、呵责、排遣、相(3)、候脉(2)、排批"。如：

(109)是时夫人<u>诞生</u>太子<u>已了</u>，无人扶接。（太子成道经）｜寻时<u>缚了</u>彩楼，集得千万个室女。（悉达太子修道因缘）｜<u>布金既了</u>情瞻仰，火急须造伽蓝样。（降魔变文）｜丝绦<u>解了</u>架头鹰，飞入碧霄不可见。（妙法莲华经讲经文）

我们将例(109)中的"诞生"看作是持续动词。同样，"<u>生</u>时百骨自开张，吓得浑家手脚忙。未降孩儿慈母怕，及乎<u>生了</u>似屠羊"。（《父母恩重经讲经文》）和"<u>生</u>时受苦命如丝，赤血滂沱魂魄散。时饷之间潘却命，由（犹）怕孩儿有损殇。<u>生了</u>心中便喜欢，忘却忧愁如（而）快乐"。（《盂兰盆经讲经文》）中的"生"我们也看成是具有[＋持续]语义特征的动词。

标记"了"前面具有[－持续]语义特征的动词性成分共出现42次，它们是"见(11)、相见(2)、闻(8)、知(2)、悟(2)、迷、别、去(2)、谢、死、消化、乐、安健、勤苦、病交、成长(5)、长大"。如：

(110)个个总令齐<u>悟了</u>，慈悲方始称身心。（维摩诘经讲经文）｜国主乍闻心痛切，朝臣<u>知了</u>泪摧摧。（欢喜国王缘）｜波咤莫去死，<u>去了</u>却生来。（破魔变）｜前皇后帝万千年，<u>死了</u>不知多与少。（维摩诘经讲经文）｜伤嗟世上人男女，<u>成长了</u>不能返思虑。（父母恩重经讲经文）｜<u>长大了</u>择时娉与人，六亲九族皆欢美。（父母恩重经讲经文）

例(110)中前两个引例的"悟、知"属于前限结构动词；中间两个引例的"去、死"属于后限结构动词；最后的两例属于动补结构，它们都可以单独表达事件完成或者实现，但是依然有标记"了"后附。

为了便于比较，我们将以上描写和统计的敦煌变文中讲唱历史故事(A)、讲唱佛经和佛家故事(B)的文本结果用表格的形式表示出来（见表4－7）。

---

① "解$_1$"指解除义，"解$_2$"指解释、讲解。

表4-7 "完成"标记在敦煌变文中的表现

	字数(万)	已	毕	讫	竟	了	合计
讲唱历史故事(A)	10.4	8/2	10	48/1	1	77/2	144/5
讲唱佛经和佛家故事(B)	20.5	43/24	10	20/1	7	121/42	201/67
合计	30.9	51/26	20	68/2	8	198/44	345/72

从表4-7中可见,"了"在变文中已经取代"已"(在中古时期的中土文献中是"讫")成为最主要的"完成"标记。几个标记在不同文本中的排列次序(P)是不一样的。

P_A类:了＞讫＞毕＞已＞竟

P_B类:了＞已＞讫＞毕＞竟

从上面的排序看,大概可以这样认为:标记"了"获得了标记"完成"语义的绝对优势,"竟"则属于最先被淘汰的标记。

4.5.2 朱子语类

《朱子语类》是朱熹讲学语录的汇集,口语程度较高,全书篇幅近20万,治汉语史的学者一般都把它作为研究南宋时期汉语语法、词汇等的重要语料。由于《朱子语类》篇幅宏大,我们只选择了第四本(约27万字)进行调查。在约27万的语料范围中,"完成"标记"竟、已"未见用例,"讫、毕"只分别出现1、4次。这说明,除了少量用法还残留在当时的书面文献中以外,这几个标记成分已经基本被淘汰了。这几例为:

(111)语讫,若有所思然。(《朱子》152)|问:"恶安得谓之刚?"曰:"此本是刚出来。"语毕,先生又曰:"'生之谓性',伊川以为生质之性,然告子此语亦未是。"(《朱子》1493)|说毕又曰:"辟异端说话,未要理会,且理会取自家事。自家事既明,那个自然见得。"(《朱子》1496)|"旅酬"者,以其家臣或乡吏之属大夫则有乡吏。一人先举觯献宾。宾饮毕,即以觯授于执事者,则以献于其长,递递相承,献及于沃盥者而止焉。(《朱子》1556)|东坡注易毕,谓人曰:"自有易以来,未有此书也。"(《朱子》1630)

据杨永龙(2001:172)统计,在《朱子语类》全书中,标记"已、竟、讫、毕"出现次数分别为:0、1、32、57。

《朱子语类》中的"了",杨永龙(2001)研究得最为详尽。他根据"了"所处的线形序列,将《朱子语类》中的表现概括为四大类九小类,并且从背景和前景的角度对"了"的时体功能做了很好的描写和解释。据杨永龙先生统计,在《朱子语类》中共有各种用法的"了"近 6000 例。其中"了"前面的终结动词在 A2(V+了)中有"死、废、失、休、断、过、住(停住)、罢、灭、走、去、亡、到、竭、截、封、消、消散";静态动词有"有、无、没、在、信、相似、理会、错记、南向"等;形容词有"错、大、乱、多、少、好、坏、满、粗、远、近、差、是、老、繁、周全、太平、空寂、明白"。杨著指出,在 A2 式中,"了"前的 V 有 150 例是动词或动词短语,63 例是形容词,2 例是代词。可以看出,标记"了"前面的动词性成分具有[-持续]特征的成分已经大大增加了。这是晚唐五代时期的敦煌变文,尤其是讲唱历史故事的变文无法比拟的。

4.6 两种不同类型文本中的比较

在对中古汉语中两种不同文本的语料——中土文献和汉译佛典,做了比较详细的描述后,比较表 4-5、4-6、4-7,就会发现"完成"标记在这两种文本中具有较大的差异。为了便于比较,我们将表 4-5、4-6、4-7 移录于下。

表 4-5 "完成"标记在中古时期中土文献中的表现

	字数(万)	已	毕	讫	竟	了	合计
论衡	27	8	3	0	0	0	11
三国志	47	0	14	10	3	1	28
《三国志》裴注	42	1	24	22	6	1	54
世说新语	20	0	24	4	11	0	39
齐民要术	14	0	8	80	3	2	93
合计	148	9	73	116	23	4	225

表 4-6 "完成"标记在中古汉译佛典中的表现

	字数(万)	已	毕	讫	竟	了	合计
东汉	21	200/75	2	4	17	0	223/75
三国	13	107/54	30	4	14	0	155/54
东晋	27	727/392	1	31	64/2	1/1	824/395
南北朝	11	223/159	0	20	14	0	257/159
合计	72	1257/680	33	59	109/2	1/1	1459/683

表 4-7 "完成"标记在敦煌变文中的表现

	字数(万)	已	毕	讫	竟	了	合计
讲唱历史故事(A)	10.4	8/2	10	48/1	1	77/2	144/5
讲唱佛经和佛家故事(B)	20.5	43/24	10	20/1	7	121/42	201/67
合计	30.9	51/26	20	68/2	8	198/44	345/72

4.6.1 相同

首先最明显的是"了"在中古时期还仅仅是零星出现,在这两种文本中一共只出现了 5 次;而且出现环境有选择性,并不是一旦有了最早用例以后,就会在后代口语性较强的文献中出现。即使到南北朝时期的《世说新语》中也没有发现做标记的"了"。在佛典文献中,东晋发现 2 例后,在南北朝时期也未见用例,说明这一语言现象还处于弱势。但是到变文中则突然取得了绝对优势。

其次"毕、竟、讫"做标记时,不管是在汉译佛典或中古中土传世文献还是变文中,都基本不与具有[－持续]特征的成分共现,它们前面的成分基本上为[＋持续]特征的。因此可以把这 4 个例外看作语言使用中的误用现象。

最后是除去"已"外,中古时期"讫"是表达"完成"语义的主要标记,因为在这两种不同的文本中,"讫"出现的频率都是比较高的。

4.6.2 差异

首先是不同文本中标记出现频率的巨大差异。就我们的调查,在整个中土文献中,所有的"完成"标记总量为 225 次,在汉译佛典中则出现了 2142 次,而且后者的语料数量只大约相当于前者的一半(148:72)。所有"完成"标记在两种不同文本中的发展趋势也是不同的,如果以每一万字中出现的标记的频率来看,在中土文献中的出现频率随着时间的推移而呈现出递增的趋势(《论衡》《三国志》《〈三国志〉裴注》《世说新语》《齐民要术》中的出现次数分别为:0.4,0.6,1.28,1.95,6.64),而在佛典文献中标记的发展趋势则不太明朗(东汉,10.61;三国,11.92;东晋,30.56;南北朝,23.36)。

其次是每一个标记在这两种不同的文本中表现出的差异,最大的莫过于"已"了。

"已"在中土文献中的表现为:在《论衡》中出现 8 次以后,在后代的中土文献中基本上退出了作为标记的功能(只在《〈三国志〉裴注》中出现 1 次,再未见用例)。而在汉译佛典中的表现则截然不同,一是呈现出高起点、高频率的特点;二是"已$_2$"。在变文 A、B 不同文体的文本中的表现来看,也基本上表现出中古时期中土文献与汉译佛典标记出现频率的基本趋势。

"已"的这种反常现象使得我们不能简单地处理这种现象。在图 4－1 中我们将中古中土传世文献和敦煌变文中讲唱历史故事(A)看作一类同质的语料,将中古汉译佛典和变文中讲唱佛经和佛家故事(B)看作另一类同质的语料。现在结合表 4-5、4-6、4-7 可以进一步看到这种分类处理的可行性。① 从表中可见,"毕、竟、讫、已"在中古中土文献中和变文 A 中均为表达"完成"语义的主要标记,而"已"却一直处于弱势。与此相对的是,不仅"已"在中古汉译佛典和变文 B 中均处于绝对强势,而且"已₂"大量使用。

对比这几个标记在变文(A、B)和中土文献(C 类)、汉译佛典中(D 类)的表现,如果用 P 表示排序,我们可以看到标记在不同质的语料中的表现。

P_C类:讫＞毕＞竟＞已　　　　P_D类:已＞讫＞竟＞毕
　　↓　　　　　　　　　　　　　　↓
P_A类:讫＞毕＞已＞竟　　　　P_B类:已＞讫＞毕＞竟

从上面排序,大概可这样认为:"竟"则属于最先被淘汰的标记。将 P_A、P_B、P_C、P_D 做一对比,我们发现,从 P_C→P_A 以及从 P_D→P_B 发生了规律性变化,即标记顺位的互换,即:

P_C→P_A 标记换位:竟＞已　→　已＞竟
P_D→P_B 标记换位:竟＞毕　→　毕＞竟

我们目前不知道这种现象的发生只是一种偶然巧合还是有某种内在动因和机制。

从标记的变化来看,从 P_C→P_A 以及从 P_D→P_B 发生的变化应该是一脉相承的。但是有一点较重要的变化是:在 P_C 中的标记前面的动词性成分没有表示[−持续]的成分出现,而到了敦煌变文中出现了 5 例表示[−持续]的动词性成分,即:"已"2 例,"讫"1 例。对待这种现象有几种处理:一是把它们当作标记功能的扩展,即标记所修饰和限制的动词性成分由[＋持续]向[−持续]的扩展(这是体标记诞生的关键,从语言类型来看,这种处理是符合一般演化模式的);一是把它们看作是有汉译佛典在翻译中的外来影响。

折中的看法是认为这既有佛典翻译的影响,也同时是语言自身发展的结果。主要出于以下几点:

(一)一般认为"变文"的"变"即是"变相"之"变",大约是变化、变现、变异义。郑振铎先生在《中国俗文学史》认为,像"变相"一样,所谓"变文"之"变",当是指"变更"了佛经的本文而成为"俗讲"之意。郑振铎(1996:150)指出:

"变文"的来源,绝对不能在本土的文籍里来找到。

---

① 由于标记"了"在中古时期很少见,到变文中却突然表现出大批量的反常现象,因此,我们暂时不把"了"加入比较范围。

我们知道，印度的文籍，很早的便已使用到韵文散文合组的文体。最著名的马鸣的《本生鬘论》也曾原样的介绍到中国来过。一部分的受印度佛教的陶冶的僧侣，大约曾经竭力地在讲经的时候，模拟过这种新的文体，以吸引听众的注意。得了大成功的文淑和文溆表示其中一人。

从唐以后，中国的新兴的许多文体，便永远的烙印上了这种韵文散文组合的格局。讲唱"变文"的僧侣们，在传播这种新的文体结构上，最有功绩的。

当然，对变文的来源仍有不同的看法，不过似乎没有人否认佛教文学对变文的深刻影响。

（二）根据前面的描写，P_A中的标记中"已"前表示[−持续]特征的动词性成分为"闻"，"讫"前面为"见"，而这两个非持续动词在汉译佛典中用得非常普遍。所以这种用法很有可能是受到了佛典翻译的影响，因为在P_B中标记前面的非持续动词"闻、见"就占去了42例中的31例。

从以上两方面来看，可以认为一部分标记前面的非持续动词的用例是受到了佛典翻译的影响，而一部分则是汉语自身发展的结果。也就是说，没有佛典翻译，从语言本身的角度看，汉语也会发展出体标记成分，只不过由于佛典翻译的影响，加速了这种进程。以往的研究在统计说明上往往忽视的文体上的巨大差异，或者将整个中土文献看作一类语料处理，或者对变文材料在文体上表现出的不同性质未予足够的重视。现在，从不同文体材料的分类处理上可以看到对不同质的材料分类处理的合理性和可行性。

4.7 "完成"语义标记演化的单向性过程

以上我们大致描写了完成标记在中古和近代汉语中的演进。跨语言的研究表明，人类语言的形态句法演变具有强烈的共性，从完成动词演变为完成体标记就是这种共性的一个表现。(Heine & Kuteva,2002)根据语义演变的单向性倾向(Traughott & Dasher,2002)，语义演变不是杂乱无章的，而是表现出一定的演变方向，随着使用比例的增加以及伴随而来的使用范围的扩大，实义动词就可能慢慢演变成比较虚的成分，甚至是时体成分。不少学者已经从语法的角度对完成体标记的演化做出了详细的描写，如梅祖麟(1981)、蒋绍愚(1994)、曹广顺(1995)、吴福祥(2005a)等。下面我们尝试从语义演变的单向性出发进行阐释。

4.7.1 "已"的性质和来源①

关于中古汉语,尤其是汉译佛典中"已"的特殊性,已经有不少学者对此问题给予了特别的关注,他们均注意到了汉译佛典中"已"的特殊表现和异质特征。

梅祖麟(1981、1999)认为,中古汉语,包括汉译佛典中的完成标记"已"的用法就是直接来源于"鸡鸣不已"。从我们调查的完成标记在中古时期中土文献与变文 A 中的发展趋势来看,"已"在整个"晋朝"到晚唐时期的发展是缓慢上升的过程,这种趋势比较符合语言演化的进程。但是由完成标记从整个中古时期汉译佛典到敦煌变文 B 中的表现状况来看,如果考虑到先秦和西汉的语义标记的低出现频率,这种演化趋势是不太符合语言演化的常规的:上古和近代汉语极低的出现率,中古时期汉译佛典极高的出现率。因此,简单地将中古汉语的"已"全部看作上古汉语的继承和发展面临较大的困境。

张洪年(Cheung,1977)、何莫邪(Harbsmeier,1989)均指出"V+O+了"中的"了"是受到梵文的影响而产生的。辛岛静志(2000)进一步指出:

在汉译佛典里,在句末用"已"的例子十分常见。这种用法相当于现代汉语"看见了他就开始哭"的"了",是一种时态助词。例如:西晋竺法护译《正法华经》"五百亿百千梵天……适见佛已,寻时即往"(大正藏第九卷90b16);"贤者阿难……心念此已,发愿乙密,即从座起,稽首佛足。"(同97c29);"比丘尼见说此颂已,白世尊曰:'唯然,

---

① 这部分内容根据笔者 2006 年博士学位论文修改后作为会议论文提交给中国语言学会第十四届年会(温州大学,2008 年 8 月 29 日),后来以《中古汉语"完成"标记的衍生过程——兼谈"已"的性质和来源》为题发表于《中国语言学报》(第十四期)。当时未能及时参阅到蒋绍愚先生 2007 年 12 月发表于《语言学论丛》(第三十六辑)上的文章——《语言接触的一个案例——再谈"V(O)已"》。不过,我们与蒋先生有大致相似的观点,蒋绍愚(2007/2012)的"已¹、已²"大致与本书的"已₁、已₂"对应。蒋先生(2007/2012)指出:

所以,归结起来可以说,"已²"本是因语言接触而产生的,首先(而且是主要)存在于汉译佛典的书面语言中。但由于出现频率高,逐渐也影响到译经者的口头语言,他们在自己遣词造句时也会用"已²",而且,有一些"已"的用法比翻译梵文的绝对分词的"已²"还要扩大一些。虽然这样的例句数量不是很多,但毕竟存在,而且,不但在 6 世纪的阇那崛多的语言里存在,在 7 世纪的义净的语言里也存在。这一事实的重要意义在于,它清楚地说明了由梵汉翻译这种书面的语言接触而产生的"已²",至少已扩展到译经者的口头语言之中。所谓"扩展",一方面是指范围扩大,一方面是指用法变化。……我们可以想象,由语言接触(翻译)而产生的"已²",首先出现在汉译佛典书面上,然后扩展到佛典的译经者或阅读者(听者)的口头语中,然后通过这些人和大众的语言交流,逐渐进入全民语言中。(蒋绍愚,2007/2012:556~557)

大圣！'"（同106c13）等等不胜枚举。但在佛典文献以外的中土文献里这种"已"的用例极为罕见，这一事实就使人联想到与原典有直接关系。在梵汉对比时，我们就发现这种"已"大多数与梵语的绝对分词（或叫独立式；Absolutive, Gerund）相对应。上面所举的"适见（佛）已"与梵语 dṛṣtvā（H. Kern and B. Nanjio, *Sanddharmapuṇḍarīka*, St. Pertersburg 1908-12[*Bibliotheca. -Budaahica X*]，第169页，第3行）相对应；"念（此）已"与 *cintayitvā*（同215.2）相对应；"说（此颂）已"与 *bhāsitvā*（同270.5）相对应。在梵语里绝对分词一般表示同一行为者所做的两个行为的第一个（"……了以后"），相当于汉译佛典的"已"。

蒋绍愚先生对此则有更好的解释，他指出：

> 东汉魏晋南北朝的"V(O)已"的"已"应分为两部分：(A) 一部分是"V_1＋(O)＋已"中的"已$_1$"（V_1是持续动词），这种"已"是在佛教传入前就已存在的、汉语中原有的"已"。(B) 另一部分是"V_2＋(O)＋已"中的"已$_2$"（V_2是非持续动词），这种"已"是用来翻译梵文的"绝对分词"的。在佛典译文中，"已$_2$"用得比"已$_1$"多。在《贤愚经》中296个"已"中有161个"已$_2$"，占54.3%。在《百喻经》中，43个"已"中有40个"已$_2$"，占93.0%。（蒋绍愚，2001b：76）

蒋绍愚先生已经指出南北朝时期的标记"已"有"已$_1$"和"已$_2$"之分。我们对整个中古时期的完成标记的统计，基本上支持蒋先生的观点。

不过在如何看待中古汉语的汉译佛经的语料性质问题上，我们有自己的看法。

根据我们的统计，做标记的"已$_2$"在佛典译文中的出现频率似乎经历了一个渐进增长的过程，出现频率没有蒋先生统计的高。"已"在不同文本中的出现频率是不一样的，如在康孟详的译经中只有2例，都是"已$_1$"，《六度集经》中只出现9例，"已$_2$"只有2例。在《道行般若经》《摩诃僧祇律》中"已$_2$"也还没有超过50%，直到《大庄严经论》才过半（67%），在南北朝时期的《百喻经》《杂宝藏经》中则分别为78%、69%。如果忽略译文因为译者的个人癖好、文学素养、翻译风格等因素的影响，将每一个时代的译经都看作是相对同质的文本，那么可以看到，"已$_2$"在汉译佛典中的出现恰好经历了一个逐步增长的量变过程。尽管是翻译文体，我们必须考虑这种表现是偶然趋同还是演变中的必然趋势。

我们猜想,在汉译佛典中,这种"已$_2$"不仅来源于源头语——梵文,而且在翻译文体中也有自己独立的功能扩展,所以"已$_2$"才有可能不断增长。只是这种扩展一直在汉译佛典这种独特的文体中流行,而没有进入到中土文献中。

那么是否可以把汉译佛典中所有"已$_1$"都看作和中土文献中的"已"相同的情形来分析呢?我们的看法是否定的。汉译佛典中的"已$_1$"和"已$_2$"相比,在中古时期确实是随着时间的推延在逐步降低,但是还必须考虑如下的问题:

一是高出现频率与同时期的中土文献不可比拟的现实之间的冲突。在东晋的汉译佛典中"已$_1$"的用例就达到了335次,而整个中土文献中的"已"只有9次,这9次中《论衡》就占去了8次。这种巨大的反差很难直接用语义演变的规律性来解释,除非我们考虑到语言异质因素的介入。

二是中土文献中的标记"已"在以《论衡》为代表的东汉时期以后就基本寿终正寝了,但是在汉译佛典中却依然长盛不衰。根据语言演变的规律,一种语言现象首先在口语性为主的文本中最先出现,然后才逐步向文言性为主的文本中演进。因此,按照常规的推理,某种语言现象的消失也应该是先在口语性质较强的文本中最先消失,然后才是在文言性的文本中逐步隐退。但中古时期汉译佛典的口语性一般都比同时期的中土文献强,然而我们得到的实际状况却是:标记"已"在中古早期的中土文献就基本寿终正寝了,在汉译佛典中却还在热火朝天地使用着。

比较合理的解释是,汉译佛典的"已$_1$"也和源头语有相当大的关系,否则不会有这种变异现象的出现,当然我们不能完全否认这种译法承袭了汉语中的在先秦两汉时期就已经固有使用的"已$_1$"的用法。换言之,如果说中古汉语中的"已$_2$"是来源于源头语的话,那么汉译佛典中的"已$_1$"则是汉语和梵语等共同作用的结果,只不过我们认为其中梵语等文本对佛典语言中的"已$_1$"起了决定性的作用。

从语言接触和文化传播的角度也可以解释完成标记"已"在两种不同质文本中的表现。

从语言接触来看,理论上讲任何成分都可以借用,但事实上在语言的借用中明显地表现出倾向性,如词汇项比词缀更有可能借用,能明显切分的词缀又比融合形态更有可能借用。在词汇范围内,名词比其他词类更有可能借用,尤其是两种语言亲缘上的联系不密切,没有密切到可以在原有系统和借用系统之间明确进行逐一比较的程度,那么情况更是如此。(Comrie,1981)所以从跨语言的比较得出的结论来看,我们更加倾向于认为"已"在中古汉译佛典中的体现不是典型的语言接触,而是文本翻译所致。

朱庆之先生曾指出:

> 在佛典语料得到越来越多的运用的同时,一些问题也暴露了出来。它的口语化程度常常被夸大了;其中那些不经见的语言成分和现象往往都被认为是口语和俗语的成分。进而希望在更早的文献中寻找来源;相反,佛典语料的特殊价值被忽视了,这就是作为汉语有史以来第一次系统欧化,即古代印度语言和文化对汉语和汉文化深刻影响的直接产物,佛教混合汉语同时又是研究佛教对汉语及汉文化影响的第一手资料的价值未能得到重视。(朱庆之,2001:3)

> 作为汉语文献语言的一种特殊变体,佛教混合汉语的利用应当建立在如下的前提上,即首先或至少同步地对它进行专门研究,弄清它的本质和特点,尤其是应当弄清楚它与原典的关系以及它与汉语全民语的关系。……如果不进行这样的研究,继续将这种特殊的文献语言与一般中土文献混为一谈,对佛教混合汉语的利用就无法在目前的水平上继续提高。(朱庆之,2001:5)

因为佛经的原始语言是个相当复杂的问题,所以要逐一确定某篇经文究竟是从哪种语言译来的,这在目前还不可能。现有研究表明,我国早期的佛经有不少是从龟兹文转译的,此外还有一些从巴利文译来的经典,直接来自梵文的很少。而佛经东渐之历史,史学前宿已取得共识,即萧梁魏隋以前,中亚诸国佛僧是传播佛教、翻译佛籍的主力,东来传教译经者也多使用葱岭以北语言和中亚西域佛经文本。在这方面,梁启超对佛经翻译史的分期,今天对了解汉魏以来我国佛教史仍有指导意义。梁氏将佛教输入分为三期,第一西域期,则东汉三国也(第一期中月氏四人,安息五人,康居三人,其他当属岭东之西域国人,内天竺亦有六人)。[①] 第二罽宾期,则两晋刘宋也;第三天竺期,则萧梁魏隋也。

孙维张(1989)指出,一种语言的体系或成分,有两种不同的分布:一种

---

① 周伯戡的观点与梁启超略有不同。据周伯戡(1986)考证,早期的译者中有六个月支人,四个安息人,三个龟兹人,四个康居人,一个于阗人,四个印度人,他们对汉语不可能十分了解。六个月支人:支娄迦谶、支曜、支谦、支敏度、支法度、法护;四个安息人:安世高、安玄、安文惠、安法钦;三个龟兹人:帛延、帛元信、帛法祖;四个康居人:康巨、康孟祥、康僧会、康僧铠;一个于阗人:无罗叉;四个印度人(极可能是克什米尔人):竺佛朔、竺将炎、竺叔兰、维祇难。

是语言的地理分布,即一种语言的体系在地球的一定区域内存在、使用;一种是语言的异体分布,即一种语言的成分存在于其他语言体系中。从动态角度看,这两种分布都是语言扩散的结果,语言的两种分布反映了语言两种不同的扩散方式。语言的异体扩散与分布并不是人口流动与扩散造成的,它是文化的流动造成的。语言扩散的异体分布与语言扩散的地理分布不同:第一,它是非体系性的,不是一个语言的体系扩散到另一个或另一些语言的体系中去了,扩散的只是体系的成分和个别的具体的规则。在一个个体中两种不同的语言体系是不能并存的。第二,语言的异体扩散与人口的流动与分布没有直接的关系。

据许理和先生考证,早期来到中国的僧人是沿着丝路南北分别到达中国的:来自康居和安息的走的是北道,而印度人和月氏人(后者可能来自贵霜帝国南部)则采取南道。今天的新疆虽然在当时充当了佛教传播的通道,但是,那里的绿洲并没有在很早就建立起佛教,中国佛教有传入及时的特点:

> 可以看出,很早以前,最迟不超过公元 65 年,佛教影响已由旅居中国的外国僧人带到中国,在宫廷范围内产生了黄老与佛教混合的宗教。这种宗教产生之早是令人惊讶、甚至令人迷惑不解。因为,没有证据表明贵霜皇帝迦腻色伽即位以前,佛教传播到兴都库什以外的地方;而且根据估算,迦腻色伽即位最早也当在公元 78 年。由于没有更好的解释,我们只能这样设想:楚王宫中的桑门是一些漂泊流浪的僧人,佛教向西部中亚扩张的大潮还未开始,他们就游荡到了中国。
>
> ……前面我们曾经提到,中国佛教有传入及时的特点。这里,又有两件事情同时发生,它们再次体现出中国佛教的"及时"性:佛教传入帕提亚、萨马尔罕不过几十年,那里的僧人就到达洛阳,成为首批传教士。(许理和,1990/1998:302)

许理和先生认为,以前较为普遍的关于佛教早期传入中国的观点应该改变,进而对于整个汉代佛教似也应重新考虑。首先,佛教出现在中国如此之早(公元 65 年),根本不可能通过一个渐进的传播过程最后才引入中国,它是受同一股传播浪潮的推动,同时被带到费尔干纳河谷和中古北部平原的。其次,洛阳教团的创始者既不是库车人,也不是和阗人,而是来自遥远的西方的僧人们。换句话说,汉代佛教从某种意义上来讲是一种反常的现象:它不是"接触传播"的结果,而是"远程传播"的结果。汉译佛典在中国的传播并不是靠人口流动等波浪式推进的,也就是说,佛教文化在中国的传播是一种文化异体扩散实例。

许理和先生还特别指出：

> 汉代的佛教，核心是组织严密的僧院佛教（Monastic Buddhism），它有外国的僧人和中国的居士，也有自己的驻地（那时已称之为"寺"了），也有正规的教义（从某种意义上指"佛陀亲传的经典"）——它不是一个混合体，而是一种移植。公元148年，安息僧人和翻译家安世高来到洛阳，标志这一时期的开始。（许理和，1990/1998:295）

这样看来，汉代佛教恐怕和原来描写的实际状况有一定出入。从许理和先生的这种考证来看，我们也就比较好解释汉译佛经从一开始就用完成标记，一开始就在其前大量出现非持续动词性成分；这不仅是一种文化移植现象，而且一开始就有规范化的译法。这一语言现象始终没有在同时期的中土文献中显露出来，说明这种外来因素，一是影响相当有限，二是翻译文本在某种程度上恐怕只能算作一种异质成分。

而且这种趋势在敦煌变文中也有所体现。在敦煌变文中讲唱历史故事（A）以及讲唱佛经和佛教故事（B）的文本中，完成标记"已"的表现也是如出一辙。

在敦煌文学中最负盛名的是变文，但是对变文文体的认识在敦煌学界是存在着分歧的。1957年，向达、周一良、启功、王叔庆、曾毅公和王重民六位先生编校了《敦煌变文集》，并在《出版说明》中说："早在公元七世纪以前，我国寺院中盛行一种'俗讲'。记录这种俗讲的文字，名叫'变文'。"高国潘（1985:188~189）则认为这个定义不正确，实际上，"变文原是唐代盛行的一种叫做'转变'的民间文艺体裁的蓝本，它的特点是图文并茂，翻开给观众看的图画叫'变相'，根据图画讲唱的内容叫'变文'。其中有讲唱民间故事的，如《舜子至孝变文》《孟姜女变文》等；有讲唱历史故事的，如《伍子胥变文》《张义潮变文》等；还有讲唱佛教故事的，如《大目乾连冥间救母变文》（简称目连变）、《降魔变文一卷》等。第一类与第二类显然与佛教无关，因此不能认为敦煌变文是记录寺院中盛行的俗讲的文字。"① 根据高氏的研究，讲唱变文的人不全是和尚，而是有民间艺人。这种转变演唱的地点也不仅仅是在寺庙中，而是有的在路边讲唱。总之，转变最初流传的范围，并不在寺院中，而是在社会的上下层全部盛行。转变这种人民创造的独特的文艺形式后来被和尚们所利用，于是便形成了佛教故事变文。

根据这种观点，我们没有必要一读到变文，便把它同佛教联系起来。民

---

① 着重号非原文所有，为引者所加。

间故事变文和历史故事变文与佛教毫无关系,也看不出它们同庙堂文学有什么联系。可见,从敦煌千佛洞出来的变文不一定和佛教有关。而讲唱佛教故事的变文和佛教的关系十分密切,这大概没有人可以否认的,如《降魔变文》就出自《贤愚经》卷十《须达起精品第四十一》。

关于变文的定义、来源等还有争论。我们从语言的角度对敦煌变文的题材所做的划分大致支持高氏的观点。从跨语言的比较得出的结论来看,我们更加倾向于认为"已"在中古汉译佛典中的表现不是典型的语言接触,而是文本翻译所致。

语法化理论认为,语言具有渐变性。但是,Bruyn(1996)指出,在克里奥耳语(Creole)中语法化具有独特性,不但语法化的时间非常短,而且渐进性(gradualness)通常很不明显。而我们认为,在异体分布的翻译文本中,语法化可能更不明显,也就是说,运用语法化必须考虑语料的同质性,应该在同质的语言材料中进行分析。

因此,如图4-1所示,从语料的同质上考虑,在历时的发展中看待"已"在不同文本中的表现,我们认为大致应该在如下的发展轨迹中探讨汉语完成标记的演化:

I. 先秦汉语→中古中土文献→敦煌变文A→朱子语类
II. 　　　　　中古汉译佛典→敦煌变文B

4.7.2 "了"的功能扩展

完成貌词尾"了"的形成一直是汉语语法史上的一个大问题。一般认为,完成貌词尾"了"是由表"终了"义的动词"了"虚化而成的。关于这一发展过程的详细研究,蒋绍愚(2005b)有详细评述,此不赘。

不过,我们并不认为变文A中的标记与[-持续]特征成分的搭配完全是因为受到佛教翻译的影响,是外来的成分,因为标记"了"在有唐一代,尤其是在晚唐五代时期的文献中能找到"了"前面的动词性成分具有[-持续]特征的用例。

下面的一些例子应当排除。

(112)〔三月〕三日,早朝,县长官使来屈。赴长官所相见。入州见录事。又入判官衙,<u>见判官了</u>。从载门入参见使君,邀上厅里啜茶。(《入唐求法巡礼行记》卷二,"三月三日")|仰山受戒后,再到<u>相见</u>。才入法堂,师便云:"已<u>相见了</u>也,不用更上来。"(《祖堂集·东寺和尚》)

(113)十万梅销空寸土,三分孙策竟荒丘。未知<u>到了</u>关身否,笑杀

雷平许远游。(罗隐诗)|贪生莫(一作尽)作千年计,到了都成一梦闲。(罗隐诗)

例(112)中的"见"指参见、拜见,表示的是动作过程,不表结果。例(113)的"到了"的结构不是瞬间动词"到"+完成标记,而是词汇单位,"到了"大致相当于"到底、毕竟"之义。在排除了这类例子后,我们在唐代(包括五代)的语料中也找到了"非持续动词+了"的结构。如:

(114)此等抄写程,既云案成以后,据令:"成制敕案,不别给程。"即是当日成了。(《唐律疏议》卷五"名例"条41)|欺枉得钱君莫羡,得了却是输他便。(王梵志诗)|将谓岭头闲得了,夕阳犹挂数枝云松。(成彦雄诗)|凉风动行兴,含笑话临途。已得身名了,全忘客道孤。(齐己诗)|见了又休真似梦,坐来虽近远于天。(吴融诗)|乾坤见了文章懒,龙虎成来印绶疏。(陈陶诗)①|见了又还休,愁却等闲分散。(白居易诗)|严妆嫩脸花明,教人见了关情。(尹鹗诗)|及到桃源了,还似鉴中影。(太守诗)|合暗报来门锁了,夜深应别唤笙歌。(王建诗)|漫教脂粉匣,闭了又重开。(施肩吾诗)|卷罗帏,锦字书封了,银河雁过迟。(牛峤诗)|死了万事休,谁人承后嗣。(寒山诗)|几日行云何处去,忘了归来,不道春将暮。(冯延已诗)|桃李不须夸烂熳,已输了风吹一半。(韩熙载诗)

(115)时来未觉权为祟,贵了方知退是荣。(刘禹锡诗)|若还猜妾倩人书,误了平生多少事。(许岷诗)

以上是我们在唐诗中检得的例证②,例(114)中的"成、得、见、到、锁、

---

① 《全唐诗》收录的陈陶的诗作非一人所作,因为有两个陈陶。《全唐诗》将其与晚唐陈陶误为一人,于晚唐陈陶的诗中混入南唐陈陶诗。不过,由于我们研究唐代的语言现象时,一般将五代时期的语料也纳入整个唐代范围考虑,因此这对我们的研究没有大的影响。
② 除了上面所举的例子外,《全唐诗》里署名为吕岩的诗作中有"-持续动词+了"的结构。即:
九年采炼如红玉,一日圆成似紫金。得了永袪寒暑逼,服之应免死生侵。(吕岩《七言》)
死了犹来借精髓,主持正念大艰辛。(吕岩《窑头坯歌》)
既得一,勿遗失,失了永求无一物。(吕岩《修身诀》)
偶游洞府至芝田,星月茫茫欲曙天。虽似离尘世了,不知何处偶真仙。(吕岩《摘紫芝》)
吕岩,字洞宾,号纯阳子,世乘回仙,为传说中的八仙之一。身世记载颇多歧见,或谓河中(今山西永济)人,吕让之子。咸通年间应进士不第。《全唐诗》中收录的署名为吕岩的诗4首,词30首,《全唐诗补编·续补遗》补诗30首,词8首,据考皆为宋及宋以后人伪托(参张忠刚主编《全唐诗大辞典》,语文出版社,2000)。因此,我们没有将吕岩的作品纳入考察范围。

闭、封、死、忘、输"属于瞬时实现的后限结构动词,例(115)中的"贵、误"属于状态性质的动词,它们处于叙事句中均为非持续事件。

在《祖堂集》中我们也发现"非持续动词+了"的结构。如:

(116)百丈索道吾信,岩便取,呈似和尚,和尚<u>见了</u>云……(药山和尚)|仰山<u>见了</u>,贺一切后,向和尚说……(香岩和尚)|但言先见心,然后见色,云何<u>见色了</u>见心?(仰山和尚)|又上大树<u>望见</u>江西了,云:"奈是许你婆。"便归雪峰。雪峰见他来,问师:"教你去江西,那得与摩回速乎?"师对云:"<u>到了</u>也。"(玄沙和尚)|入门须得语,不得道"早个<u>入门了</u>也。"(保福和尚)|仰山危手<u>接得了</u>,便礼谢吃。(沩山和尚)|我亦见汝行脚人,入门便<u>识得汝了</u>也。(黄蘖和尚)|有一日,心造坐不得,却院外绕茶园三匝了,树下坐,忽底睡著,<u>觉了</u>却归院,从东廊上下。(长庆和尚)|其鬼使去后,寺主商量:"这个事鬼使则<u>许了</u>也,某甲一日作摩生修行?"(江西马祖)

(117)蚁子在水中,绕转两三匝,<u>困了</u>浮在中心,死活不定。(慧忠国师)|行得个四五十里<u>困了</u>,忽然见一池水,某甲拟欲入池。(黄蘖和尚)|只见四山<u>青了</u>又黄,<u>青了</u>又黄,如是可计三十余度。(大梅和尚)|<u>天明了</u>,其鬼使来太安寺里,讨主不见。(江西马祖)

(118)时大师复往亲观之,<u>挥却了</u>,举头微笑,亦不赞赏,心自诠胜。(弘忍和尚)|师曰:"与摩则大唐国内总被阇梨<u>占却了</u>也。"(洞山和尚)|雪峰便<u>放却</u>垸水了云:"水月在什摩处?"(钦山和尚)|师问僧:"一切声是佛声,一切色是佛色。<u>拈却了</u>与你道。"对云:"<u>拈却了</u>也。"(云门和尚)|有人举似师,师云:"老僧自去勘破。"……师归院,向师僧云:"<u>敢破了</u>也。"(赵州和尚)①

例(116)中的"见、望见、到、入、接得、识得、觉、许"均是表示瞬时实现的成分,属于后限结构的非持续动词;例(117)中的"困、青、天明"都是状态形容词,它们所表示从¬P到P的实现也是瞬间完成的;例(118)中的"挥却、占却、放却、拈却、敢破"是动补结构,动补结构本身就能够表达事件的完成或实现。所以它们都是具有[－持续]特征的语义成分。

此外,在圆仁的《入唐求法巡礼行记》中有7例完成标记"了"前面的动词性结构属于非持续性成分。即:

---

① 从上下文看,"敢破"的"敢"当作"勘"。

(119)〔八月〕三日,请令请益僧等向台州之状,使牒达杨〔扬〕府了。(卷一,"八月三日")|〔八月〕十日,辰时,请益、留学两僧随身物等斤量之数定录,达使衙了。(卷一,"八月十日")|申时,勾当王友真来云:大使等以今月三日到京都了。(卷一,"十二月十八日")|虽闻是事,未详是第几之船。又闻"大唐天子为新罗王子赐王位,差使拟遣新罗,排比其船,兼赐禄"了。(卷二,"四月廿四日")|不论僧俗男女,行香尽遍了。(卷二,"五月五日")|明德二年十月 日,全部四帖感得了,可喜可喜。(卷四)

这种"非持续动词成分＋了"结构形式不仅见存于和佛教有关文本(变文 B)中,而且出现在同时期的不同题材的文献资料中。如果说《祖堂集》《入唐求法巡礼行记》还是和佛教关系比较密切的语料,那么《唐诗》中出现的用例我们很难认定它们的出现是完全受到了佛典文献翻译等外来因素的影响。管见以为,应该将这时期出现的这种结构看作是汉语自身演变的结果,只不过在演变的过程中由于佛典翻译文体中大量出现的类似结构加速了这一进程。而且必须承认,这种外来影响应该是十分有限的,否则为什么这一用法在中古汉语汉译佛典中大量出现,但是同时期的中土文献中却找不到一例"非持续动词成分＋了"类结构的用例呢？因此,我们认为标记"了"前面出现非持续动词性成分是汉语自身发展的结果,或者说标记"了"在其演变过程中发生了功能扩展。

汉语体标记的诞生过程大致是:零标记→语义标记→体标记,这基本和语言类型学上的完成体标记的衍生途径相一致。

那么鉴定体标记的诞生的标准是什么呢？吴福祥(1998)认为用"(i)瞬间动词＋了,(ii)状态动词＋了,(iii)形容词＋了,(iv)动补结构＋了"几个标准,可以认定出现在其中的"了"是一种表示实现或完成的动相补语(phase complement),虚化链表现为:结果补语＞动相补语＞完成体助词。动相补语居于虚化链的中段,显然是一种虚化中的语法成分。根据吴福祥先生的看法,唐五代"动＋了＋宾"格式里的"了"还只是一种高度虚化的动相补语,典型的完成体助词"了"要到宋代才能见到。

吴福祥先生的研究和我们的出发点不同。从语义的角度看,整个中古时期中土文献中的完成标记,如"了、讫、毕"等的出现环境是:标记前面的动词性成分一定是具有[＋持续]特征的动词性成分。我们将这种完成标记定位为语义标记。在晚唐五代时期的敦煌变文 A 中开始出现了变化,具有[－持续]特征的成分开始出现了,而且在同时期的文献中,如《祖堂集》《入

唐求法巡礼行记》中也有所体现,我们认为这一用法是汉语自身发展的结果。这种现象一旦出现,就可以认为它们是准体标记。如:

(120)师曰:"与摩则大唐国内总被阇梨<u>占却了</u>也。"(洞山和尚)|雪峰便放却垸水了云:"水月在什摩处?"(钦山和尚)|师问僧:"一切声是佛声,一切色是佛色。<u>拈却了</u>与你道。"对云:"<u>拈却了</u>也。"(云门和尚)|有人举似师,师云:"老僧自去勘破。"……师归院,向师僧云:"<u>敢破了</u>也。"(赵州和尚)

这些"了"还居于句子的动宾词组之后,但是有些标记"了"后面还有语气词"也"说明"了"不是语气词。从语义上来看,这和宋代的体标记功能表达上没有多大区别,因此可以把它们看作准体标记。一旦"了"紧贴于动词后我们便可以认为"了"发展出了体标记的用法,即"了"的前移说明它"语法化程度进一步加深,对动词的依附性加强"(蒋绍愚,2005b:151),"了"与动词的紧密程度加强了。

4.7.3 "赎了物付仓桃仁去"别解

在唐代,放在动词后面的"了"可以分为三类:第一类,动+宾+了;第二类,动+了+宾;第三类,动+了。学者们一般将第二类句子的出现作为判断完成貌词尾"了"的产生的标志。大多数的研究者认为,"动+了+宾"格式在晚唐五代才出现,根据是在那个时期的诗词和变文才发现了用例。曹广顺(1995:18)还进一步指出:"这个时期的例子一般都见于韵文作品,在同期的散文作品,包括像《祖堂集》这样比较接近口语的散文作品中,动态助词'了'(也就是见于'动+了+宾'结构中的'了')都还没有出现。"

但是,也有学者认为这个格式在初唐就已经出现。廖名春(1990:26)举出了一个更早的用例,该例见于《吐鲁番出土文书》第五册:

(121)张元爽正月十九日取叁拾□①,同日更取拾文,八月十六日<u>赎了物</u>付仓桃仁去。(5.321)②

廖名春认为,其中的"赎了物"当作一句读,"物"的谓语为"赎",不可能

---

① 在《吐鲁番出土文书》中实际上在"叁拾"后边还有一缺字符号"□",廖名春引文漏掉了。
② 句末括号内数字点前为《吐鲁番出土文书》之册数,点后为页数,下同。

是"了","了"表示的只是"赎"这一动作在过去了的"八月十六日"已经完成。"了"直接附着于前面的动词"赎",后带宾语"物",可说是真正的动词词尾。这个例子的意义在于,它出自初唐时期的文书,如果廖名春的看法没有错误,那么完成貌词尾"了"有可能在初唐已经产生了,因为吐鲁番文书写作年代在初唐,而且是"同时资料",不可能经后人改动。

不过蒋绍愚先生对这一看法表示怀疑,蒋绍愚(2005b:139)指出:如果词尾"了"和"动+了+宾"的语序在初唐已经产生,而且在民间的契约文书中已经运用,那么为什么从初唐到晚唐的二百多年间,在保留到今天的大量资料中见到的都是"动+宾+了",而"动+了+宾"只在晚唐时见到四例?因此蒋绍愚先生主张,除非我们在吐鲁番文书中或同时期的其他资料中找到更多的"动+了+宾",对于这个唯一的例子最好还是取慎重态度。他进一步推测,这里有可能是把"赎物了"误写作"赎了物"。

笔者赞同蒋绍愚先生的意见,从语言事实来看,仅凭一个用例就认为初唐已经产生"动+了+宾"格式显然欠妥,但是将这个例子的出现归为抄写者的笔误,也很难成为定谳。

为了弄清楚这一问题,我们先看看原文。

(122)〔前缺〕
1　张元爽正月十九日取叁拾□
2　　同日更取拾文
3　八月十六日赎了物付仓桃仁去

这是录于《吐鲁番出土文书》第五册第321页的第七段某账录文的一部分,是1973年新疆博物馆考古工作队与西北大学考古专业协作,在吐鲁番阿斯塔那206号古墓地发掘出土的。在出土时,这批账历被撕成条状,捻作绢衣舞乐俑的臂膀,经考古人员拼合整理成33段,其中较为完整的只有13段,乃某年正月十八日至三十日的流水账,中间不完全连续,记载了约30人以物质钱的情况,每项格式相仿,内容各不相同。根据陈国灿(1983:331)的考订,这批账历文书只能是公元662~689年间物,属唐朝高宗后期长安的新昌坊内或邻近一带某质库,是借贷关系的原始记录,只是由于它已被勾销当作废纸,捻成绢衣舞乐俑的臂膀内衬,被运送到西州,在张雄妻麴氏死时附葬入土,才有幸被保存下来。

从这些质库账历反映的情况来看,当时质库内已经有了一套完整的工作程序和制度。在有人持物来典时,要在账上登记物品色目、数量、质举人的姓名、年龄、住址，质库的时间，取钱的数目；当质举人持钱来赎时，也要注明给付的时间、情况，是否了结，如已了结，则要在账上勾销；如未赎，则无勾销的痕迹。所以每一项账目的内容都不是一次写成的，而是随着质举情况的变动而有所增补，这从每项账目中的不同书法和墨色可以得到证明（陈国灿，1983：334）。

根据以上情况，我们认为上面的材料应当读为：

张元爽正月十九日取叁拾□，同日更取拾文，八月十六日赎了，物付仓桃仁去。

"物"指典当物，仓桃仁为从质库拿回典当物的人。

下面谈谈做这种解读的一些理由。

文书中多次出现"赎、付"并列的情况，廖名春认为"赎付"是一个词，这实际上构成了他接下来分析的前提或基础："了"紧跟在动词如"还、赎付"等动词时，动作的重心是"了"前面的动词，这样，"了"字前的动词成了动作的主导，成了句子中谓语部分的主要成分，而"了"在谓语部分中的作用已退居其次，成了前一动词的补充成分。因此，"了"的地位下降引起了其实词意义的弱化。但是，"赎付"是不是一个词呢？我们对此有不同的看法。

"赎"和"付"是典当质钱这一经济活动中两个相互关联却内容完全不同的事物，我们不妨从语义逻辑的角度来分析，"赎"的施事是典当举钱者，"付"的施事是质库的主人。因此，所有含"赎付"的句子都是复句，"赎"属于上一个分句，"付"属于下一个分句，应当分开读，即：

(123) 绢一丈四尺。卫通正月十八日取壹佰贰拾文，……其月廿四日赎，付了。(5.314)

尹娘正月十八日取伍拾文，同日更取伍拾文，其月廿三日赎，付了。(5.314)

杨二娘正月十八日取贰拾文，二月十七日赎，付了。(5.316)

何山刚正月十九日取壹佰文，其月廿五日赎，付了。(5.320)

杨娘正月十九日取壹佰□，十二月七日赎，付了。(5.323)①

---

① 在有唐一代的相关文献中我们并没有发现有"赎付"成词的例证，如《唐律疏议》中"赎"出现286次（包括复音词"收赎"共出现62次），就没有1例是"赎付"连用。

从实际用例来看,"付"大多时候是光杆动词,既无主语,也不带宾语。但例外也不少。先说带宾语的情况。如:

(124)李思庆正月十八日取壹佰贰拾文,二月十日赎,付弟思泰。(5.317)

何七娘正月廿八日取陆拾伍文,二月一日赎,付母米去。(5.318)

曹阿金正月十九日取壹佰□,二月九日更取壹佰伍拾文,付母。二月十日赎,付了。(5.321)

刘元感正月十九日取叁拾文,其月廿日赎,付弟元英去。(5.324)
王团仁正月廿四日取壹佰陆拾文,六月四日赎,付主了。(5.328)

在宾语位置上,都不是典质者本人。是否可以这样说,当其他人而非举钱人本人来还钱赎物的时候,通常则需要在宾语的位置上标明典当物"付还"的对象?从账上所记人名、年龄、住址、签字或指押来看,当时的质库还没有发展到后代当铺那种"认票不认人"的阶段(陈国灿,1983:335)。正是由于这种质库制度,所以记账人必须标明代赎之人或代举之人。

以上的宾语都是间接宾语,有时候也会是直接宾语。如:

(125)囡白小绫衫子一,铜镜子一。马四娘正月十九日取肆拾伍文,十月廿八日将镜子更取柒拾文,十一月___十七日赎,付镜子去。(5.319)

(126)故绯罗领巾一,故白练二尺。崔基正月十九日取壹佰囗,六月七日入本册文、利九文,付帛去。七月十八日赎,付了。(5.324)

例(125)中,原文书将"铜镜子"圈了起来,实际表明此物已赎。例(126)则说明崔基正月十九日只赎回了二尺白练,所以要在"付"后面接上宾语"帛",直到七月十八日才赎回绯罗领巾,此时由于所有交易已经完成,也就没有必要标明所赎之物了。是不是可以这样说,当举钱人不是一次赎清所质之物时,则要以直接宾语的方式标明本次所赎之物?

再来说"付"的主语。通常,"付"的施事者,也就是质库的主人或工作人员并不出现。但"付"有时也会有"主语",像"物付仓桃仁"中的"物"就是。从语义上来说,"物"其实是所"付"之物,是"付"的逻辑直接宾语。这种情况在吐鲁番文书中多见。如：

(127)十六日郡坊帖马五疋,食麦三斗五升付马子吕承祖。(10.95)
十七日郡坊马五疋,……食麦三斗五升付马子吕祖。(10.95)

"付"的这一用法在《吐鲁番出土文书》第十册可以说"触处可见",尤其是在第57~122、166~222页特别常见,每页都差不多有10例,此不赘。①

"物付仓桃仁去"这种"V+NP+去"结构,"去"做趋向补语。这种用法在魏晋时期就比较常见(王锦慧,2004:95)。如：②

(128)合埋妾在下,婢在上,取财物去。(搜神记)｜此中无人,必是海龙,持我宝去。(《贤愚经》,4/408b)｜时婆罗门,担王头去。(《贤愚经》,4/390a)

我们在隋代阇那崛多译的《佛本行集经》中也见到了3例类似的用法,即：

(129)有一高楼,太子坐上。四面散掷无量诸宝,而其四方复有无量无边亿数诸众生,来将此宝去。(3/721a)｜我以割舍亲爱来,汝今速将干陟去。(3/734a)｜自外四边,大有余树,汝可速疾移他处去。(3/778b)

总之,"赎了物付仓桃仁去"的正确读法应该为"赎了,物付仓桃仁去",其中的"了"仍是实词,表完结,所谓的"动+了+宾"格式在吐鲁番文书中其实是不存在的。

---

① 这种用法在唐代的其他文献中不乏用例,如《唐律疏议》：
"若犯当死罪",谓据纠告之状合死者,散留其身,待上报下。违者,各减所犯罪四等。留身者,印及管钥付知事次官,其铜鱼仍留拟勘。敕符虽复留身,未合追纳。(卷九"职制律"条130)
"从征",谓从军征讨；"及从行",谓从车驾行及从东宫行；并公事充使,于所在身死。依令应送还本乡者,军防令："征行卫士以上,身死行军,具录随身资财及尸,付本府人将还。"(卷二十六"杂律"条407)

② 例(128)均引自王锦慧(2004)。

第五章 "完成"语义隐性范畴的历时演变

"万物皆流"。语言一旦产生,就会在社会中发挥效应;也正是因为语言和交际密切相关,所以语言会发生变异或变化。语言本身不会变化,其之所以变化归根结底是由于人类活动,Croft(2000)就从人类交往的角度论证了语言的演化规律。根据语言演变的基本观点,词汇的语义也并不是一成不变的。那么我们需要讨论中古汉语表达"完成"语义的方式方法等和上古汉语有多少渊源,以及中古汉语前后发生了哪些"完成"和"-完成"之间的语义演变?这就是我们本章需要讨论的主要问题。而 Koptjevskaja-Tamm et al. (2007)指出,由于各种方法问题和我们对根深蒂固的词汇现象(lexicon-rooted phenomena)总体认识欠缺,在将来大部分词汇类型研究最可能必须限制在少量语言,因为即使是密切相关的语言也显示出词汇组织的不同,而这些不同对词汇类型学有深远影响。因此,对每一语言中的词汇类型研究显得十分重要。

由于隐性范畴所包含的词汇项比较多,所以我们不可能对每一个词的演化做详尽的研究,而是在分类选择的基础上挑选代表性词汇,分别对"斩""杀""败"的语义演变以及相应的句法变化进行探讨。

我们遇到的一个主要问题就是首先要确定语言单位的同一性;只有确定了同一性,才谈得上表达方式的转换。而我们讨论的"斩""杀""败"等词,有些学者认为它们是"作格动词"。近来有学者将作格研究的新成果运用到汉语史的研究中,取得了不俗的成就。应该说,现代汉语中是否存在作格动词争议不大。但是从历史演变出发,我们不得不思考:汉语的作格动词是与生俱来的,还是一个渐进发展的过程?所以在没有回答清楚这个问题前,将作格动词的基本理念和结论运用到汉语史的研究中必须十分谨慎。

因为"完成"语义隐性范畴的演变和所谓的作格(有的也称"非宾格")动词关系十分密切,所以在正式讨论前,需要对作格动词的研究进行检讨。也就是说,我们要先确定在中古汉语中有没有作格动词?如果有,有哪些?它们是如何形成的?诸如此类的问题都值得我们进行深入思考。因为作格动词研究认为 SVO 中的 O 与 SV 中的 S 同指,而且认定某个动词是否为作格动词的一个基本的前提是 SVO、SV 这两种句式中的 V 是一个动词。我们首先要确定这两种句式中的中心动词是否为一个动词,也就是同一性问题;只有确定了同一性,才能进一步讨论语义表达方式的转换。所以我们首先需要对作格动词研究,尤其是应用作格动词研究处理汉语史语料的问题做一番检讨。

此外,在第二章我们曾将中古汉语"完成"语义的表达形式用图 2-4 表示出来。显性范畴已经在第四章做了比较详细的研究,处置、被动、副词、数量等成分因为有不少文章讨论过,这里不打算继续讨论。我们将讨论与连动式以及动补结构有关的"败、断、废、坏、伤、乱、灭、破、却、折、中"等隐性范畴,这类词在上古时期的表现与发展对中古时期"完成"语义的影响,以及由此伴随的从上古到中古时期发生的语义表达方式的演变。

我们认为自主动词和使成动词在表达"完成"语义时,动作、结果形成互补关系(表 2-2),紧接着又将使成动词分成了两类:一类是表异质活动的动词,如"毁、灭、醢、乱"等,一类是表完结的动词,如"败、断、折、破"(表 2-3)。也就是说,这两类词虽然都能出现在使成式中,但是它们的地位是不同的。因为本章讨论的几类隐性范畴的语义转换与使成结构密切相关,所以在正式讨论前还需要对使成结构在上古汉语的表现做一番讨论。

5.1 对作格动词研究的检讨

5.1.1 作格动词研究概略[①]

Accusativity 一词最初用来描述一种动词的形态现象,也就是及物动词的主语和不及物的主语标注同一种格(nominative),而及物动词的宾语标注另一种格(accusative)。Ergativity 一词描述正好相反的形态现象,也就是不及物动词的主语和及物动词的宾语标注同一种格(absolutive)[②],而

[①] 我们对作格动词研究的简介主要参考了顾阳(1994、1996)、杨素英(1999)、潘海华和韩景泉(2005)等。

[②] 已有研究表明,通格(absolutive)实际上根本就不是通常意义上的"格",而是一种格标记模式,即形态缺省。所以认为及物动词的宾语和不及物动词的主语具有相同格标记本身就是有问题的,相关研究请参 Goddard(1982)、Aldridge(2004)、Legate(2008)等。即使是 Dixon(2010:vol.2,120)也认同了这种看法,如:"Absolutive is always the functionally unmarked member of an absolutive-ergative contrast,and if the either member is formally unmarked it will be absolutive(that is,it has zero realization or at least a zero allomorph).Nominative is almost always the functionally unmarked term in a nomintive-accusative system,and may also be formally unmarked."不过本文仍采用传统称谓。

及物动词的主语标注另一种格(ergative)。这两个词的词义也被延伸用来描述句法现象。当某一句法规则适用于不及物动词的主语和及物动词的宾语而不适用于及物动词的主语时,我们称这一句法为作格句法(ergative syntax);当某一句法规则适用于及物动词主语和不及物动词的主语,而不适用于及物动词的宾语时,我们称这一句法为宾格句法(accusative syntax)。后来,有人开始用 ergativity(或 unaccusativity)来表示某类动词的某个论元既能出现在主语的位置又能出现在宾语的位置的现象,如"John opened the window"和"The window opened"两句中的"window"一词(参见吕叔湘,1987;Dixon,1994 就这方面的讨论)。后来,unaccusativity 的这一意义在非宾格现象的讨论中有了进一步发展,用来专指某一类不及物动词的特性,它们被称为"非宾格"动词,原因之一是认为这类动词不指派宾格,所以它们的唯一论元虽是深层宾语,在许多语言中却必须出现在表层主语的位置上。

第一次明确提出了著名的非宾格动词假设(unaccusative hypothesis)的是关系语法学家 Perlmutter(1978)。按照他的分析,自然语言中的不及物动词应该分为两类:只指派一个论旨角色为客体的非宾格动词(unaccusative verbs)和只指派一个论旨角色为施事者的非作格动词(unergative verbs),这两类动词分别与某些句法结构相联系。Perlmutter 用关系语法中的一些普遍规则来说明非作格动词的论元是域外论元(深层主语),而非宾格动词的论元是域内论元(深层宾语),认为非作格动词和非宾格动词是可以根据语义进行区分的。在对语义及句法结构之间关系做了初步总结之后,Perlmutter & Postal(1984)提出了普遍联系假设(universal alignment hypothesis)。此假设的基本的意思为:语言中存在一些普遍的法则,在法则的基础上,可以从句子的语义推导出动词论元的深层句法关系是深层主语还是深层宾语。有意愿控制或自主的非作格动词的唯一论元是深层主语,也就是域外论元;而无意愿控制或非自主的非宾格动词的唯一论元是深层宾语,也就是域内论元。

Burzio(1986)则通过动词指派格位的能力(case assignment capability)来解释,他的基本结论是,一个动词是否能够指派宾语格位取决于该动词是否带有域外论元。非宾格动词没有域外论元,所以动词不能给其域内论元名词指派格位,该名词短语只可经过提升,到达句子的主语位置以取得格位。非作格动词有域外论元,动词便有能力指派格外,所以可接纳同源宾语。

Levin & Rappaport Hovav(1995)报告了作者数年来研究的成果,是近

143

二十年来非宾格动词现象研究之集大成之作。他们详尽讨论了几个非宾格动词的诊断句式：结果式，使役结构和不及物结构转换，以及地点短语前移式。他们认为结果式、使役结构和不及物结构转换是比较可靠的诊断句式，而地点短语前移式的可靠性则有待商讨，得出的结论为：动词的使役形是基本的，非宾格形是派生的。

可以看出，非宾格假说的核心思想是，unaccusative 动词的主语是派生的，在深层结构中是宾语，而 unergative 动词的主语在深层和表层句法结构中都是主语。上述思想在不同的句法理论框架中有不同的处理方式，在 Chomsky(1981) 的 GB 理论中，分别将两类动词描述如下：

  a. unaccusative verb：____〔vp V NP〕
  b. unergative verb：NP〔vp V〕

汉语关于"作格"（或"非宾格"）动词的研究发轫于吕叔湘(1987)的重要论文《说"胜"和"败"》。吕叔湘先生根据 1984 年 5 月 13 日的《光明日报》和《北京日报》报道的同一则新闻："中国女篮大败南朝鲜队"及"中国女篮大胜南朝鲜队"时指出：这两个标题的结构都是"主语＋动词＋宾语"，主语和宾语都相同；如果把相同的主语消去，剩余部分意思不变；如果把相同的宾语消去，左边标题的意思大变。在下面这个图解里面可以看得更清楚，其中 X 代表胜的一方，Y 代表败的一方。

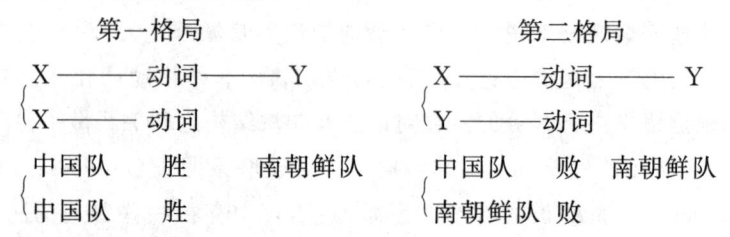

```
        第一格局                         第二格局
   ⎧ X ——— 动词 ——— Y              ⎧ X ——— 动词 ——— Y
   ⎨ X ——— 动词                    ⎨ Y ——— 动词
   ⎧ 中国队    胜    南朝鲜队         ⎧ 中国队    败    南朝鲜队
   ⎨ 中国队    胜                    ⎨ 南朝鲜队  败
```

这两个格局的不同，关键在于动词，"胜"和"败"是两个类型的动词。是怎么样的两个类型呢？需要对这两个格局做进一步的考察，看哪些动词能进入第一格局，哪些动词能进入第二格局，以及哪些动词既能进入第一格局，又能进入第二格局。吕叔湘先生指出：

> 很重要的一点是区别作格语言和受格语言必须要有形态或类似形态的手段做依据。汉语没有这种形态手段，要说它是这种类型或那种类型的语言都只能是一种比况的说法。如果汉语的动词全都只能，或者大多数只能，进入前面提出来的第二格局，不能进入第一格局，那末说它是作格语言还有点理由。可事实上汉语的及物动词绝大多数都能进入第一格局的二成分句，而进入第二格局的二成分句

却很受限制。这就很难把汉语推向作格语言的一边了。(吕叔湘，1987/1992:587)

此后的研究多从句法的角度来研究汉语动词中的非宾格现象，如顾阳(1996)、邓思颖(2004)、潘海华和韩景泉(2005)等。顾阳(1996)讨论了使役和不及物的交替形式，并认为能参与交替的在不及物时都是非宾格动词。她指出，不带地点存现句、天气句和使役/不及物交替的句子，可以用来区分非宾格动词和非作格动词，能在这些句式中出现的动词为非宾格动词。能在使役和不及物交替出现的四种动词：引起状态变化词、空间置放词、状态词、身体体态词。这四种词在用于不及物句式中时都应看作是非宾格动词，它们的唯一论元也应看作是域内论元。潘海华、韩景泉(2005)认为，从来源来看，存现动词属于基本非宾格动词，而被动动词与非使役动词属于派生非宾格动词，尽管它们的派生方式并不相同，前者由句法派生，而后者由词汇派生。就其本质特征而言，非宾格动词不能给深层逻辑宾语指派结构宾格。动词之后的论元名词组是否须做显现句法移位取决于该语言 EPP① 特征的强弱。汉语的显性非宾格结构可以有话题而无主语，这有效地支持了有关主语突出—话题突出两分的语言类型学以及汉语为话题突出型语言的论断。

Cikoski、大西克也等将作格动词的基本思想系统地运用到汉语史的研究中。Cikoski(1978a、b)给古汉语动词的分类提出了一个很独特的观点。② 他主张几乎所有的动词可以分为中性动词(neutral verb)和作格动词(ergative verb)两个类型，这两个类型句型框架不同。

中性动词:X+V+Y　　　　X+V
作格动词:X+V+Y　　　　Y+V

中性动词指的是古汉语中的动词，不管带不带宾语，主语和谓语之间的施受关系并不受影响，其主语总是施事。而作格动词则不是这样，这类动词带或者不带宾语就影响到主语的论元：不带宾语时其主语由施事(agent)充当；带宾语时主语由肇始者(causer)充当，而其宾语是施事。Cikoski 的作格动词(亦即非宾格动词)通常是指不及物动词底下的一个类，不及物动词和使役动词的交替是其句型特征。但是他有时把所谓及物句型和其受事主语句的交替也归入了作格动词。

大西克也(2004)在 Cikoski 研究的基础上，对《史记》中的 40 个动词做

---

① 即扩充投射原则(Extended Projection Principle)，所有句子(TP)必须有主语。
② 我们没有见到原文，这里关于 Cikoski 对作格动词的研究均引自大西克也(2004)。

145

了细致的调查,并考察了动词的施受表现后指出:

> 《史记》中动词和主语之间的施受关系是相当确定的。经常出现在及物句型的动词不带宾语的时候,其主语指向施事还是受事,大致随动词而异。过去所说的"施受同辞"和"反宾为主",只不过是笼统的说法,既不是每一个动词无规律地主动受动两用,又不是所有的所谓及物动词都能反宾为主。尤其是主语显现而且谓语由一个动词构成的主谓结构,较少受到其他词语的干扰,显著呈现施受关系固定的倾向。对偶句、无主句、谓语离主语较远的句子、谓语结构复杂的句子,由于受其他成分的影响,施受关系松缓化,因而出现了一些施受同辞的现象。(大西克也,2004:392)

此外,魏培泉(2000b)也对中古时期的作格动词做了讨论。

5.1.2 对古代汉语作格动词研究的检讨

据 Mahajan(1997),作格标记形式仅仅出现在动词处于外围的 SOV 和 VSO 语言中,动词居中的语言(SVO)没有作格标记。① 因此,讨论分析性语言中的作格现象一般指的是结构上的作格,而不是形态格。

目前汉语界对作格动词的研究大致可以分为两派:一派是继承了国外学者 Perlmutter & Postal、Burzio、Levin & Rappaport Hovav 等的研究思路,如顾阳、杨素英、潘海华等,他们基本上在生成语法的框架上讨论非宾格动词现象,研究重点放在内化语言(Internalized language, I-language)及其机制上。生成语法将内化的语言的生成过程视为一个纯粹的演算(computational)或生成过程(generative procedure),即从词库中获取一组带有各种特性的词项后,按照 X-标杆的原理直接将一个个中心语构成的短语标志(phrase marker)投射到浅层结构(S-Structure)进行演算。② 因此他们认为如果以带有使役意义的及物形式(causative)为基本形式,那么非使役不及物形式(non-causative)是经过一个脱使役化(decausativize)过程派生来的。

---

① 原文为:"Ergative Case marking patterns are found only in verb peripheral languages(within SOV and VSO languages). Verb medial(SVO) languages are never ergative."这是其基本观点,此外,他还认为:"The verb *have* is usually found in SVO languages, consequently, ergative languages tend to lack the verb *have*."

② 其实生成语法本身也有一个发展的过程,不同阶段的术语和导向会有不同,这里只是简便称述其基本思路。研读这一派的文献需要特别注意的是,早期的生成语法所谈论的 ergative 实际上是 unaccusative。

在施事论旨角色被完全抑制以后,动词的受事论元移位至句首位置充当主语。动词非使役化实际上就是从使役性及物动词派生出非宾格动词的操作,可称为动词的非宾格化(unaccusativization)。因此,他们将语言看成一个同质的系统进行演算,运用移位和演算讨论非宾格从词库到句法的生成过程。另外一派则属于传统语义解释,这一派重在对作格现象在汉语中的表现和原因进行历史的回溯,探讨非宾格现象的产生和原因,如吕叔湘、大西克也等。①

这是基于不同的语言观基础上形成的两种完全不同的处理模式。从历史语法的角度来看,生成语法在语言的演绎上基本将语言看作完全同质的系统,而语言的发展不仅是一个语言内部自身演化的过程,还与外来因素的影响密切相关,因此运用这种方法处理历史语料究竟有多大的解释力一直在讨论中。国内的作格研究也一般不采用这一派的观点,所以我们在此不评述这一派的观点,探讨古代汉语中的作格现象时也不在生成语法的框架内进行。

汉语史中的作格动词究竟有哪些,是否真如大西所说呢?如果是,那么汉语作格动词就有十分长的历史。

在对大西克也(2004)等的作格动词研究做评论前,我们首先需要重点关注的一个问题就是同一性问题。因为我们研究语义转换的一个基本前提是确定同一性,只有同一性确定了才能讨论语义表达方式的转变。

关于语义、词汇、语法等的同一性问题已经有大量的研究,如吕叔湘(1962)、蒋绍愚(1989)、张联荣(2000)等。应该说,同一性问题是一个始终困扰着我们而至今尚未解决的难题,一直没有找到一个很好的鉴定标准。②

---

① 此外,宋亚云博士"汉语作格动词的历史演变及相关问题研究"(北京大学博士学位论文,2005年)中将上古汉语的动词分为及物动词、不及物动词和作格动词。他的作格动词是:

带宾语时,主语一般是施事(或者是属于主体格的致使者、感事等,也可以不出现),宾语一般是受事(或者是属于客体格的当事、结果等);不带宾语时,主语一般是受事(或者是属于客体格的当事、结果等)。这个特点可以概括为"可逆转性",即:"作格动词"所带的客体格宾语一般能够比较自由地转成主语而不会引起歧义。……"作格动词"则介于及物和不及物之间,应该独立出来。

据我们看来,因为宋亚云博士未能明确指出对"作格"的定义等,也未能说明做这种分类的理论依据何在。简单来说,需要回答:出现于及物用法的"使役"义从何而来?而不及物用法的"使役"义为何消失了?出现于及物句式时有"使役"义,不及物用法时没有"使役"义,这还是一个动词?根据黄正德(2007),宋亚云博士的这种分类恐怕仍值得商榷。

② 其实不仅是汉语,就是研究西方语言的学者也有同样的困惑。布龙菲尔德在《语言论》中谈到词的意义时说:"在很多情况下,我们往往犹豫,究竟是把一个形式看成是带有几种意义的形式呢,还是看成是一套同音异义词。这一类的例子如:air(空气,大气;调子,乐曲;风度)(最后这个意义包括 airs,拿架子),key(用于开关的工具,钥匙;音乐里的字调),charge(攻击;装置;遣责;使负债),slot(一种动物的名字;懒惰)。"这里的论述转引自张联荣(2000)。

我们在此关注的是语义、词汇单位的同一性问题。

蒋绍愚(1989:28)指出,"古汉语词汇的研究既然要以词为单位,那么所要解决的第一个问题就是究竟哪些是词,哪些不是词;哪些是一个词,哪些是几个词"。蒋先生在其专著中还特别强调了研究古代汉语词汇要以词为单位,而不能以字为单位,这是常识。张联荣(2000:209)指出:"研究词义的发展变化,应当注意三个基本的原则:第一,词的同一性问题;第二,词义的性质问题。第三,词义的概括性问题。"张联荣(2000)在《古汉语中词的同一性问题》一章对如何确定古汉语中词的同一性做了特别详尽的研究,对我们这里的研究具有重要的指导意义。如果不能确定词的同一性也就谈不上语义的同一,只有解决了词义的同一性才能谈语义的同一性。有几个基本原则可以确定下来:

第一,读音相同;

第二,写法相同;

第三,各项意义之间有密切的联系。

这三条基本原则是应该坚持的。如果我们所确定的语义和它们有冲突,那么造成冲突的原因至少必须是可以解释的。

大西克也在研究《史记》中的动词时选择动词的标准为:

> 第一,李佐丰先生所说的准自动词不作调查对象,如"败、定、立、伤、亡"等等。李佐丰先生(1994:32)说:"准自动词的宾语可以无条件地变换为主语。""NP_1败",NP_1不管自败还是被人败,一定是失败的人,不可能是败别人的人。这些动词有人也叫作格动词,NP_1有指向受事的强烈倾向应该没有问题。第二,调查对象限于有生名词当受事的动词和例句。如上所述,古汉语无生名词当受事主语,比有生名词自由一些。看来两者不该相提并论。第三,为了回避构词法的纠缠,调查对象暂时不包括清浊别义的动词,如"败、折"等。其实,魏培泉(2000:848)指出,这些动词虽可以用清浊或四声别义来区别其使动用法,但在实际上却仍须依赖句法。(大西克也,2004:378~379)

看来大西先生似乎已经先入为主地将某些动词排除在外了。我们认为,既然是谈论"施受同辞",不能将准自动词的施受同辞排除在外。而且,从他的第三条标准来看,大西似乎自己也无法面对清浊别义的困扰,只能采取回避的态度。这样一来,排除了那些不太听话的动词后,我们有理由对文章的结论产生怀疑。作者还引用魏培泉的做法,似乎认为清浊别义对作格

动词的讨论没有影响。魏培泉(2000a)在讨论中古汉语使成式时,指出:

> 第一项因素①对甲式②上古汉语的转变影响恐怕很有限。怎么说呢?上古汉语有些单音节的使动词虽然可以用清浊或四声来与其基本式相区别,但在实际上却仍须依赖句法。如"甲败乙"是"乙"失败,而"甲败"一定是甲失败,不会就理解为"甲 i 败 j"(即甲打败某一个对象,只是这个对象不具有语音形式)。这也就是说,作为使动用法的一个动词后头得有一个具有语音形式宾语才行,也就是不能有零宾语。因此我们可以说,无论使动词与其基式是否有形态的区别,其主要的区别还是依赖句法的。此外上古汉语单音节使动词和其基式间没有形态的变化可能也有不少,但上古汉语的甲式也没有因此转为述补式。再说中古汉语中这些动词就算清浊对比消失,也无碍于其作使动词用。(魏培泉,2000a:848)

其实魏培泉先生的这种论证是可以商榷的。我们不清楚作者的"上古汉语有些单音节的使动词虽然可以用清浊或四声来与其基本式相区别,但在实际上却仍须依赖句法"的确切含义是什么。如果按照这种思路推论,那么一定有不依赖于句法的动词存在?这些动词有哪些,魏培泉先生没有告诉我们。作者举例说"'甲败乙'是'乙'失败,而'甲败'一定是甲失败,不会就理解为'甲 i 败 j'(即甲打败某一个对象,只是这个对象不具有语音形式)"。但是并没有排除这种句法表现根本原因正是清浊别义。魏培泉先生进一步说"中古汉语中这些动词就算清浊对比消失,也无碍于其作使动词用"在我们看来是经不起严格推论的,至少如果没有清浊对比的消失,"败"是不大可能产生使成式的用法的。对此,梅祖麟先生等已有详细论述,此不赘。

而且,魏培泉(2005)在评判中古汉语使成式的判定标准时,针对胡敕瑞(2005a)用"破、坏、碎、折"等几个词的演变作为证据时,指出:"上古汉语的'碎'、'折'的例子见频不高,没有见到作定语的例子有可能只是几率的问题。'坏'和'折'的自动和他动读音不同,而定语的读音有可能和用为不及物动词时是一样的,和作使动用的可以分析为不同的词。"这样看来,对使成式、作格动词的讨论,清浊别义并不是无足轻重的。如果我们忽视语音上的这种区别,就可能将由语音标明的不具有同一性的两个词当成同一个单位

---

① 指梅祖麟(1991)所说的"清浊别义的衰落"。
② 指甲一式"(NP$_1$)+V$_1$V$_2$+NP$_2$"和甲二式"(NP$_1$)+V$_1$V$_2$"。

看待。这是需要十分注意的地方,应该说,也是有些学者在研究中古使成结构的形成时忽视的重要问题。

大西克也等的中性动词和作格动词相当于吕叔湘(1987)中的第一格局和第二格局。吕叔湘先生特别指出:①

> 现在可以回过头来看看"败"和"胜"的问题。"胜"和"败"是古汉语里的两个动词。我们在前边从"胜"和"败"生发出两种动词格局。可是在说明这两个格局的时候都用现代汉语的例子。这,一则是为了更容易领会,二则是也因为在古汉语里,可以进入第二格局的动词常常有读音问题,虽然不是都有读音问题。拿"败"字来说,按传统的说法,"败"字有两个音,《广韵》夬韵:"自破曰败,薄迈切","破他曰败,补迈切"。读音不同就该算两个词,虽然是一对孪生词。"薄"是并母字,"补"是帮母字。现代官话区方言不分阴去和阳去,在分别阴去和阳去的方言区,"败"都读阳去。(吕叔湘,1987/1992:583)

吕叔湘先生已经清楚地指出,古汉语中读音不同就该算两个词,所以谈论作格动词和作格现象不能突破这个界限。② 遗憾的是不少讨论作格动词或者作格现象的文章对吕先生指出的这一重要标准给忽略了。所以讨论"X+V+Y"和"Y+V"这一反宾为主的现象,如果其中的"V"不具有同一性,那么实际上已经偏离了方向。我们认为,正确的研究方法是首先必须保证研究对象中心动词的同一性。

反过来说,如果认为《史记》中的有清浊别义的动词,如"败"等,以及没有清浊别义的动词是作格动词,就已经认定它们具有同一性了。那么它们在中古时期的实际表现是否支持这种看法呢? 现有研究表明,《史记》中的动词如"破、败、伤、折、断、绝、碎、坏、落、堕"等到魏晋南北朝时期就成了补语,做动补结构的下字。(蒋绍愚,2003:303)如果认为它们是作格动词,那么当 V 变成使成结构的时候,它们在这两种彼此相互联系的句式中应该有相应的演变,即:

---

① 着重号为引者所加。
② 此外,吕叔湘(1962/1990:397)指出,"两个字读音不同而意义相同或相近,仍然是两个语素,两个同义字或近义字。"朱德熙(1961/1999:128)指出,单纯根据同音原则来归纳词(即把语音形式相同的个体词归纳为同一个概括词),可能需要建立"音韵学上的词"这样的概念。而"根据同音同义的原则来归纳词(即把语音形式相同,意义相同的个体词归纳为同一个概括词)叫'语法学上的词',可是把'音韵学上的词'代替'语法学上的词'作为代替语法分析的基本原则是不合适的,也就是说,归纳词需要照顾到音义兼顾"。

第五章 "完成"语义隐性范畴的历时演变

$$\begin{Bmatrix} NP_1 & V & NP_2 \\ NP_2 & V & \end{Bmatrix} \longrightarrow \begin{Bmatrix} NP_1 & VC & NP_2 \\ NP_2 & VC & \end{Bmatrix}$$

事实是不是如此呢？我们调查了魏晋南北朝时期的几部主要文献，即《世说新语》《齐民要术》《百喻经》《贤愚经》。由"破"构成的动补结构有"射破、啮破"(《世说新语》)；"啮破、擘破(9)、踏破、捣破、打破(5)、捶破、椎破、搦破(6)、搦……破、披破、曲破、捻……破、穿破、决破、坏破"(《齐民要术》)；"打破、打……破(2)、毁破(3)、决破"(《百喻经》)；"毁破(2)"(《贤愚经》)，共出现43次。

其他一些并列结构的"V破"，即"碎破、坏破、断破、伤破"没有纳入统计范围。如《贤愚经》：

(1)脑髓白爆，头骨<u>碎破</u>百千万分(4/378b)｜调达愚痴，造不善业，<u>坏破</u>善根，辱释种子。(4/416b)｜心意忽忙，以瓶打壁，瓶即<u>破坏</u>，屎尿浇身。(4/397b)｜是时盲人，不知所在，为是何国。互相捉手，经行他田，<u>伤破</u>苗谷。(4/393a)

例中"破坏、坏破"均见使用，说明它们一是词化程度不高，二是语义上属于并列结构。

在我们调查的43例动补结构中，我们根据这些 VC 结构前后名词性成分出现情况大致分为以下几类：

(一)$NP_1+VC+NP_2$

(2)平定江东，为许贡客<u>射破</u>其面，引镜自照。(《世说新语·豪爽》)｜正月地释，驱羊<u>踏破</u>地皮。(《齐民要术·种葵》)｜犹如愚人<u>毁破</u>禁戒。(《百喻经》,4/545c)｜汝莫<u>毁破</u>三世佛戒，污染三宝父母师长。(《贤愚经》,4/381a)

例中 NP_1 和 NP_2 均出现。有时 NP_2 居于 V 和 C 之间，形成"NP_1+V+NP_2+C"的隔开式动补结构，如：

(3)彼人者……以梨<u>打</u>我头<u>破</u>乃尔。(《百喻经》,4/543b)

(二)$(NP_1)+VC+NP_2$

也就是施事者不出现，只出现动补结构后面的受事成分。如：

(4)于席上摊黍饭令极冷,贮出曲汁,于盆中调和,以手搦破之,无块,然后内瓮中。(《齐民要术·造神麴并酒》)|如椎曲法,擘破块,内著瓮中。(《齐民要术·笨麴并酒》)|以梨打破头喻。(《百喻经》,4/543a)|毁破善行,生死旷路永无出期,经历三涂受苦长远。(《百喻经》,4/545a)|时医言曰:"此病最重,以刀决之可得差耳。"即便以刀,决破其口。(《百喻经》,4/554b)

NP₂也可以出现在 VC 之间。如:

(5)日西更淘三斗米浸,炊还令四更中稍熟,摊极冷,日未出前酘之,亦搦块破。(《齐民要术·笨麴并酒》)|明日,出,蒸之,手捻其皮破则可。(《齐民要术·作豉法》)|以梨打头破喻。(《百喻经》,4/543b)

(三) VC

这类只出现动补结构的形式,在它们出现的小句中 NP₁ 或者 NP₂ 均没有出现,但是可以通过上下文找回。这种形式在《齐民要术》中出现频率很高,《世说新语》中仅见 1 例,《百喻经》《贤愚经》未见用例。如:

(6)王蓝田性急。尝食鸡子,……鸡子于地圆转未止,仍下地以屐齿蹍之,又不得,嗔甚,复于地取内口中,啮破即吐之。(《世说新语·忿狷》)|种茄子法:茄子,九月熟时摘取,擘破,水淘子,取沈者,速曝干裹置。(《齐民要术·种瓜》)|炒鸡子法:打破,著铜铛中,搅令黄白相杂。(《齐民要术·养鸡》)|经汤出,三寸断之,决破,细切,熬。(《齐民要术·羹臛法》)

从这些动补结构的出现环境和文体特点看,因为它们均出现在连贯性很强的连续性事件中,它们前后的动词,基本上都是带宾语或者说宾语隐含的句子,因此,我们认为它们属于"(NP₁)+VC+(NP₂)"的及物性结构。

(四) NP+VC

这类不带宾语的结构只有 1 例,即:

(7)假令瓮受十石米者,初下以炊米两石为再馏黍,黍熟,以净席薄摊令冷,块大者擘破,然后下之。(《齐民要术·笨麴并酒》)

表面上看,例(7)属于"NP₂+VC"的作格结构,但这只是表面现象而已。

"块大者擘破"的意思是说，如果块大的话，就擘破它。因此，如果用 TP 表示话题，它属于"TP,(NP₁)+VC+(NP₂)"结构，"块大者"是话题而已，只是这个话题又和 VC 的受事同指，即：

块大者ᵢ,(NP)擘破(NP)ᵢ

因为"块大者擘破"后面有"然后下之"动宾结构，所以如果我们认为它属于"NP₂+VC"结构，那么从叙述的连贯性来看不太符合常规。由于作格动词（或非宾格动词）表示的是一种初始的、原始的状态（inchoative state），"NP₂+VC"属于简单事件，只有一个论元的参与，它表示某种状态或变化以后的状态，所以事件结构不完全，只有事态部分。（顾阳，1994、1996）那么如果把"块大者擘破"看成是作格动词显然不符合文体特点。

处理了含有"破"的动补结构的句法表现以后，其他几个动词构成的句法表现又如何呢？用同样的方法，我们调查了这几个动词在南北朝时期的表现情况（见表 5-1）：①

表 5-1　南北朝时期常见动补结构的句法表现

	破	败	伤	折	断	绝	碎	坏	落	堕	合计
NP₁+VC+NP₂	43	0	2	5	4	2	4	3	0	1	64
NP₂+VC	0	0	0	0	0	0	0	3	0	0	3
合计	43	0	2	5	4	2	4	6	0	1	67

从表 5-1 看，除了"坏"有 3 例出现在"NP+VC"结构中外，其他几个词构成的动补结构只出现在"NP₁+VC+NP₂"结构中。而且，由"坏"构成的 3 例"NP+VC"结构也并非截然可以判定为"NP₂+VC"。我们来看看这 3 个例子。

2 例出现在《贤愚经》中，即：

(8)世尊身上所著之衣，有少穿坏，将欲以化应度众生。(4/438c)
时有一人值行绕塔，见象身破，便自念言："此是菩萨所乘之象，今者损坏，我当治之。"(4/432a)

以上 2 例"NP+VC"结构中的"穿坏""损坏"在南北朝时期的文献如《世说新语》《齐民要术》《百喻经》《贤愚经》《杂宝藏经》均没有相应的"NP₁+VC+NP₂"结构，就是在隋代的《佛本行集经》中也没有这种结构。因此我们有

---

① 这里暂不讨论"斩"，后文有论述。

理由怀疑把它们看作作格动词性结构的可行性。

在其他的佛经文献中我们倒是发现了"穿坏"的及物性结构,即:

(9)彼执行人穿坏有漏三界之墙,于中贸易,望其福庆。(《出曜经》,4/750c)|诸比丘于彼得食,食不能尽,房中殷积,无处不有,来致虫鼠,穿坏屋壁。(南朝宋·佛陀什译《弥沙塞部和醯五分律》,22/54b)|圣者,岂可唯畜如此穿坏钵耶?(唐·义净译《根本说一切有部毗奈耶》,23/745b)|后有众蚁依此草敷穿坏房舍。(《根本说一切有部毗奈耶》,23/783c)

但是,我们还发现了"NP+VC"结构中的NP不是受事,而是施事的例。如:

(10)苾刍若见未损死尸,或自坏或遣人坏,取粪扫衣,得恶作罪。下至虫蚁穿坏,若取此衣,便成应理。(唐·义净译《根本萨婆多部律摄》,24/537a)

例(10)中的"虫蚁穿坏"结构,"虫蚁"只能是施事,不可能是受事。也就是说,"穿坏"可以出现在"施事+VC+受事""施事+VC""受事+VC"三种结构。因此,很难将"穿坏"看作作格动词。

在其他汉译佛经文献中也有"损坏"出现在"NP$_1$+VC+NP$_2$"结构中的用例。如:

(11)其长者等善为讥笑,损坏我法。(唐·义净译《根本说一切有部毗奈耶》,24/352b)|能夺势力,损坏诸根。(唐·地婆诃罗译《方广大庄严经》,3/568a)

但是,汉译佛典文献中也有和"损坏"同素异序形式的"坏损"。如:

(12)苾刍寒月于砖地上随处然火,令砖坏损。(唐·义净译《根本说一切有部尼陀那目得迦》,24/454c)|于三疮处,体无坏损。(唐·义净译《根本萨婆多部律摄》,24/533b)|亦不急揿,令衣坏损。(《根本萨婆多部律摄》,24/551c)

这样看来,我们最好将"损坏"看作并列结构而不是动补结构。

排除了"穿坏、损坏"后,仅剩下 1 例出现在《世说新语》中的"毁坏"了。即:

(13)张(闿)闻,即毁门,自至方山迎贺。贺出见辞之曰:"此不必见关,但与君门情,相为惜之。"张愧谢曰:"小人有如此,始不即知,早已<u>毁坏</u>。"(《规箴》)

从上下文来看,实际上把"早已毁坏"看作是省略了宾语"门"的结构更合适,因为前两个分句"小人有如此,始不即知"的主语是施事。不过即使这 1 例是"NP_2+VC",在总共 67 例中只有 1 例,我们要凭借它就认为作格在中古时期就产生了恐怕是证据不够充分的。

作格和及物是两种不同的分类系统。Halliday(1994)认为,及物分析法所关联的是一个过程是否涉及参与者,即一个动作是否延及某个实体;而作格分析法所要探索的不是一个动作是否延及某个实体,它所感兴趣的是分清造成一个动作的原因是来自内部还是外部。而据 Halliday(1994),作格现象在现代英语中从出现到普遍应用发生在过去的五百年(或更早),同时伴随着逐步深远和复杂的语义变化。影山太郎(1996/2001:297)进一步指出,英语作格动词是在不及物、及物动词的后缀消失的中古英语时代产生的。而印欧语语言从综合状态变为分析状态,也就是说,它从原来的句法关系是通过词的屈折变化来表示的语言状态演变到了由独立的小词来表达的状态,恰恰和格尾演变的历史密切相关。(参帕默尔,1936/1983:58)因此,作格的产生是一个动态的过程。尤其是不少研究指出,作格的产生和被动结构密切相关。Hale(1970)认为南岛语诸语言(Australian languages),比如 Walbiri 语最初是主—宾格,通过被动规则的强制使用,后来替代了被动规则的强制作格格标记规则被应用于主动结构。[①] Chung(1977:13)认为,在波利尼西亚诸语言中(Polynesian languages)作格标记是通过原来的被动小句被重新分析为主动小句而产生的,也许正是这种特别的重新分析促进了在原始波利尼西亚语中被动比主动更经常地使用。Anderson(1977:321~329;1980:58~59)则指出,汤加语(Tongan)中的作格/通格(ergative/absolutive)模式已经取代了原始波利尼西亚语(Proto-Polynesian)的主格/宾格(nominative/accusative)模式,而且作格的兴起是由于被动结构代替主动结构的普遍化;现代汤加语中的作格结构反映了历史上的先行语,

---

① 转引自 Anderson(1977:327)。

即被动结构。Harris(1996)认为在波斯语(Persian)和(也许)一些波利尼西亚语言(Polynesian languages)中,由于被动的高频使用导致了其被重新分析为作格结构。(转引自 Newyer,1998:243)此外,Payne(1980)、Estival & Myhill(1988)、Siewierska(1998)也解释了从被动到作格的可行性。Næss(2007:60)进一步认为,通常情况下,格陵兰语(Greenlandic),至少是在较古老的语言中,如果某个及物动词只有一个论元与其共现,那么这一及物动词具有被动意义,即这一论元被理解为受事,而且动词与受事论元一致(agree)。如(Sadock,1980:305):①

(14) a. Piniartoq   toquppaa
猎人.通格   杀死.陈述语气.第三人称单数/第三人称单数
'他杀死了猎人'
b. Piniartoq   toquppoq
猎人.通格   杀死.陈述语气.第三人称单数
'猎人被杀死了'

更为重要的是,藏语经历了(分裂)作格模式向主动—状态模式的转变,其间,现代藏语主动—状态的分裂模式(active-stative split pattern)中的作格标记,据 Chang & Chang(1980),非主动的及物动词是被动结构。(参 Takeuchi & Takahashi,1995)

因此,在我们看来,古汉语中的所谓"作格"动词不过是无标记的受事主语句而已,至少魏晋南北朝时期,汉语真正的作格动词还没有产生。

综上,我们认为目前的事实尚不支持古代汉语有所谓的"作格动词"的看法。形成中古时期的"施事+动词+受事"以及相应的"受事+动词"结构一方面与语音脱落,②即清浊别义的消失等因素有关;另一方面还与被动句的发展密切相关。事实证明,吕叔湘先生所举的第二格局在中古时期还没有产生。作格现象的产生应该在近代汉语时期,当另文探讨。有文字可考的上古汉语也许已经是属于汉语的形态脱落的晚期,因此,史前,或者说前商周时期可能是汉语形态化比较发达的时期,也就不能排除这一时期汉语存在作格动词的可能,但是,由于文献不足征,从目前所能看到的材料来看,尚不支持古代汉语存在作格动词的看法。

---

① 请对比例句(22)~(24)中古时期"诛"的类似用例。
② Woolford(1997、2006)进一步认为,ergative case 并非结构格,而是固有格(inherernt case),如冰岛语、巴斯克语等。果真如此,那么,作格理论是否适合于汉语就更值得进一步思考了。

5.2 使成结构及其上古表现

5.2.1 使成结构

使成式①,指由"动词+结果"构成的动补结构。王力先生指出:

> 使成式(causative form)是一种仂语的结构方式。从形式上说,是外动词带着形容词("修好"、"弄坏"),或者是外动词带着内动词("打死"、"救活");从意义上说,是把行为及其结果在一个动词性仂语中表示出来。这种行为能使受事者得到某种结果,所以叫做使成式。(王力,1958/1980:401)

王力(1944)在《中国语法理论》上册第十一章里认为凡叙述词和它的末品补语成为因果关系者,叫作使成式(causative form),内动词带内动词("饿死")和内动词带形容词("站累")这两种结构也是使成式。在《汉语史稿》中王力先生改变了看法,认为使成式的第一成分应该限于外动词,这样才和一般所谓的 causative 相当。因为研究对象和目的不同,不同的研究者对使成结构的定义也有不同程度的差异。如黄正德(Huang,1988:297 注)就指出王力先生的使成式不能包括如"醉得张三站不起来""激动得张三说不出话来"等结构,因此黄正德先生认为王力先生的定义太窄,李亚菲(Li,1993)等谈论的使成式也比王力先生的宽泛得多。日本一些汉学家称使成式为"使成复合动词",如太田辰夫(1958)、志村良治(1974)。

使成复合动词是在中古时期产生和形成的。关于这一过程,有大量研究文章论及,蒋绍愚(1994、2005b)、魏培泉(2005)有详细评介,此不赘。

王力先生等谈论的使成式一般指的是由两个动词性成分从并列结构逐步演化为动补结构,前一个动词表示动作(或者原因),后一个动词表示结果,其事件结构表达某一个复合事件,即:②

---

① 根据 Kearns(2003:629~631),使成式属于基本事件谓词,指涉使役变化,不是基于独立的可识别事件的可分离特性的谓词。整个事件的完成和过程阶段无关,这类事件的过程阶段不同于整个"活动+结果"复杂体。由于使成结果谓词(causative upshot predicate)刻画的事件仅适用于整个事件实体,而不是其时间部分或阶段,因此,使成结果谓词属于个体平面(individual-level)事件。

② 李亚菲(Li,1993)认为复合事件的前一成分是体核心(A-head),后一成分是体补语(A-complement),汉语的结果复合动词核心居首。因为汉语的形态核心和体核心都汇聚于前一成分(使动动词),所以并不需要体核心必须是活动(activity),体补语必须是状态(state)。

(15) a. 复合事件　　　　　　b. 一般事件

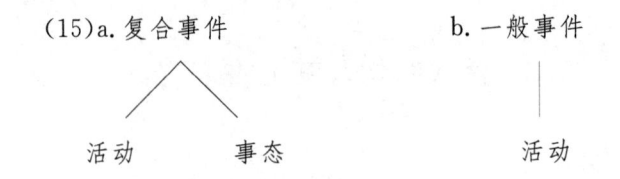

　　　　／＼　　　　　　　　　｜
　　活动　　事态　　　　　　 活动

　　活动部分是事件的起因,事态部分表示事件最终的结果;一般事件的结构只有活动部分,没有表示结果的事态部分。一个事件总要有参与者才称其为事件,论元就是其参与者。复杂事件必须有两个或两个以上论元的参与才足以表示X对Y所施予的活动使Y处于某种状态,或X通过Y对Z施予某种活动,最终使Z处于某种状态。这是二元或三元述语的事件结构。简单事件结构只表示活动,所以只有一个论元的参与。(顾阳,1994)这种分别由两个成分表示使成的结构,如(15a)我们称之为"分析型使成"。

　　王力(1958/1980:401)认为,"由致动发展到使成式,是汉语语法的一大进步。因为致动只能表示使某事物得到某种结果,而不能表示用哪一种行为以此达到此一结果。……使成式的产生,使汉语语法更完善、更能表达复杂的思想。"

　　那么,分析型使成结构产生以前,古人表达使成的方式有哪些呢?

　　跨语言的研究表明,使成结构一般包括三种类型:(I)词汇使成(lexical causatives),(II)形态使成/综合使成(morphological or synthetic causatives),(III)分析使成(analytic or syntactic causatives)。(Comrie,1981、1985a;Dixon,2000)①

　　典型的分析型使成式表达使成概念和表达结果各有独立的谓语形式,例如英语 I caused John to go(我使约翰去了),或 I brought it about that John went(结果我使约翰去了),其中有两个独立的谓语 cause(使)或 bring it about(造成)〔成因〕和 go(去)〔结果〕。

　　典型的形态型使成式具有以下两个特点:第一,使成谓语通过形态手段跟非使成谓语发生联系,例如通过词缀,或者通过有关语言可资利用的任何其他形态技术;第二,把使成谓语跟非使成谓语联系起来的手段是能产的:在理想的类型里,我们可以取任何一个谓语通过适当的形态手段构成它的使成式。土耳其语非常接近于这种理想类型,因为我们几乎可以从任何一个动词构成它的使成式,甚至还可以构成使成式的使成式:从 öl(死亡)我们可以构成 öl-dür(杀死),而从 öl-dür 出发我们又可以用同样的手段构成 öl-dür-t(使杀死)。但是,反复运用这种手段有一定的限度,所以大概没有一

---

① 本文引用 Comrie(1981)时,径用沈家煊先生的翻译。

种语言能具体体现纯典型的形态型使成式，可以无限制地反复运用有关的形态手段。

词汇型使成式是指那些结果表达形式和宏观使成表达形式之间的关系毫无规律性，因而只能做词汇处理而不能做能产处理的情形。最明显的例子就是异干交替，如英语 kill 和 die 的使成式，或俄语 ubit（杀死）是 umeret（死亡）的使成式。

当然，跟许多其他类型划分一样，语言形式并不总是齐整地属于这三种类型中的这一种或是那一种，而是能发现许多中间类型。整个连续体的范围从分析型使成式向形态型使成式直到词汇型使成式。要构建明显只容许做直接使成解释或只容许做间接使成解释的例子是十分困难甚至是不可能的。但是当我们把分析型—形态型—词汇型这个连续体上各不相同的使成结构做一对比分析时，那么很明显越是接近于分析型一端的结构越适用于关系疏远的（间接）使成，而越是接近于词汇型一端的结构越适用于直接使成。

从语言类型上看，很多语言由于诸多原因从综合型语言向分析型语言演变，相应地就会在这一语言中留存几种结构形式，汉语的周边语言如藏缅语，尤其是现在的缅彝语支基本上已经由综合性为主的语言演变成了分析性语言，部分语言如哈尼语、白语、纳西语等语言动词使动范畴的形态特征已完全消失，只用分析形式（杜若明，1990）。所以在使成（或者使动）的表达上就是多种形式并存，但是词汇型使成、形态型使成只残留在某些词汇中，而大量使用和能产的属于分析型使成。关于这方面的研究除了在《汉藏语概论》（马学良主编，1991）有介绍外，戴庆厦（1981、2001）、黄布凡（1981）、陈康（1990）、杜若明（1990）、孙宏开（1998）、杨将领（2001、2003）等做了细致的研究。

汉语，尤其是上古汉语虽然在有文字出现的时期已经是分析型为主的语言了，但是其他几种方式，尤其是综合型使成还保留在古汉语中。吴安其（1997）指出，汉语、侗台语和苗瑶语可能上古时期已分别成为以分析形态为主的语言，这些语言残存的非分析形态可表明它们与藏缅语有共同的原始形态。汉语内部构拟和汉藏语的比较表明，汉、藏缅、侗台和苗瑶语中分布有古老的使动前缀*s-、*k-、*p(*b)和完成体前缀*b 和*g-(*G-)。完成体前缀*b-广泛地分布于汉、藏缅和侗台语中，完成体前缀*g-(*G-)可在汉、藏缅和苗瑶语中寻找到残存的踪迹，说明原始汉藏语动词有完成体。

虽然汉藏语研究中对同源词的鉴定还存在争议，不过如果我们承认汉藏同源的话，应该说汉语从有形态的综合型语言向分析型语言的演变是基本事实。从类型学上来说,从综合向分析演变是语言演变的总趋势,如现代英语已经丢失了很多形态,基本上属于分析型语言了。而且,从汉语方言的事实,尤其是闽南语反映的事实来看,做出这一判断应该是比较符合语言的单向性演变规律的。

5.2.2 上古汉语的使成类型

连金发(Lien,1999)从类型学的角度将台湾闽南语的使动式分成词汇使动式、综合使动式、分析使动式,还讨论了使动式的演变。他认为其演变起因于音变,由综合式变入分析式,产生形式和意义之间错综复杂的关系。他的这一研究极具示范作用,我们也尝试从类型学的角度讨论汉语使成式在上古汉语中的表达方式。根据语言的自足性,在动补结构产生以前,古人一样能够很好地表达动补这一概念,那么它们在上古汉语中的表现是怎样的呢?这是本节的目标和任务。

需要说明的是,限于能力,我们不是对上古时期所有表达使成的动词和结构进行分类,而是提出一种新的分类方法,所以每一类里面的举例不多,甚至很少。至于每一类中究竟该归入哪些词汇和结构,这是今后的任务。

(一)词汇型使成

典型的词汇型使成最明显的例子就是异干交替,如英语 kill 和 die 的使成式。台湾闽南语中保留了比较多的词汇型使成,如"治/死""食/饲""开/敲"等。(Lien,1999:408)上古汉语中典型的词汇型使成是"杀/死",至于"丧/亡"是不是词汇型使成可能会有争议,因为在上古汉语中"丧"是否真正如藏语一样,由前缀*-s 来表达使动和及物化的功能还未取得一致意见。潘悟云(1991、2000)、丁邦新(2002)都认为"丧"是"亡"的使动式。但是潘悟云先生说:

> "丧"* smaŋ 为"亡"* maŋ 之使动形式,很多人已经讨论过。可能"亡"在古代就有两种读音,只不过* smaŋ 一读后来失落了而已。《左传·昭公二十三年》:"鲁亡叔孙,必亡郱",意思是说鲁国如果死了叔孙,一定会去灭郱国,前一个"亡"为自动词,后一个"亡"为使动词,如果"亡"没有两种读音,这种句子就会很令人费解。(潘悟云,2000:134)

而丁邦新先生则认为属于"词缀用例原则"。丁先生举《尚书·汤誓》:"时日曷丧,予及汝偕亡"为例,说上古音"丧"是 smangh,"亡"是 mjang,而"丧"是有词头的,等于"使亡"的意思,意思是:"这个太阳什么时候才能使它死亡,我愿意跟你一起死亡。"

如果在上古汉语中,"丧"有*-s前缀的话,我们主张将其归入由音变构词的综合型使成。因为如果有*-s词头的话,它的使成式表达就有规律可循了,也就不再具有词汇型使成的典型特征了。

(二)综合型使成

综合型使成也称之为形态型使成,指的是这种类型的使成表达由形态手段来标记。不过这里所说的形态是广义的形态。王力(1965)指出:

> 使动词的构成,是按照自动词的语音形式而加以变化。这种变化采取三种方式:(1)变声调;(2)变声母;(3)变韵母。这三种方式可以只采用一种,但也可以同时采用两种乃至三种。无论变声母或变韵母,都是变而不出其类。这样,就使对话人意识到它是从跟它配对的自动词变来的,两个词之间既有联系,又有区别。在某些情况下,自动词和使动词的分用不能划若鸿沟。但是主要的分工则是非常明确的。(王力,1965/2000:484)

我们将王力先生所说的通过"变声调""变声母""变韵母"等方式区别自动和使动的方式称为综合型使成。

关于音变构词的问题,很多谈论汉语史语法、语义的专著都对这一问题进行了论证。[①] 讨论音变构词,也就关系到如何认定词的同一性问题,即破读是否能够作为确认词的同一性的根据,主要有三:

> 第一,如何看待破读音的性质,它是一个时期语言(口语)的实际反映还是中古经师人为。第二,是不是所有的破读音都可以看作音变构词,都可以作为确认词的同一性的依据。第三,如何分析破读音和词义变化的各种关系。(张联荣,2000:156)

对此,周法高(1953)的看法是:

> 我们现在要问:那些用语音上的差异(特别是声调方面)来区别词类或相近的意义的现象,是不是后起的呢?我觉得有两点须先弄清楚:

---

① 早期关于音变构词的讨论以周法高(1953、1962)最为详尽,孙玉文(2000)论述了音变构词中的变调构词,可参看。

第一，某字的读音最先见于记载的时期和它存在于语言中的时期并不见得一致。它可能在见诸记载以前早已存在于口语中，也可能虽见于记载而只是书本上的读法；在口语里并不存在。根据此点，那些讨论一字两读起于葛洪徐邈、抑或起于后汉的人，只能证明其最早出现于记载的时期，而不能断定其在语言中使用的时期。第二，某些字读法上的区别发生是后起的，并不能证明所有属于这类型的读音上的区别都是后起的。可能某些字读音的区别发生很早，而某些字则是后来依着这类型而创造的。

……

最后，我们的结论是：

根据记载上和现代汉语中所保留的用语音上的差异（特别是声调）来区别词类或相近意义的现象，我们可以推知这种区别可能是自上古遗留下来的；不过好些读音上的区别（尤其是汉以后书本上的读音）却是后来依据相似的规律而创造的。（周法高，1953/1975：361～364）

也就是说，一方面我们得承认上古汉语中有音变构词这一构词现象；同时也必须指出，后世记载于文献中的有些音变构词是经师们的类推。太田辰夫（1958/2003：72）就认为，"这种破读，时代越晚就越被人注意，这种现象可以看作是反映了由于破读在口语中逐渐消失，人们为了保存古代正确的读法而做的一种努力，因而，其中不能保证没有混入在实际发音中并不存在的人为的成分"。

现在对音变构词的基本看法还和周法高、太田辰夫等的观点一致。如梅祖麟（1980、1988、1991、1992）系列论文论述了古汉语中的音变构词规律，并指出：拿四声变读来分别词性是上古汉语的一种构词法；上古有一种清浊声母交替而形成的构词法，清音声母是他动词，浊音声母是自动词或形容词，后者也有既事式的意味，而且：

清浊别义可以远溯到汉藏共同语。当清浊别义在口语里活跃时，不必用文字点明，人们自然而然地会按照字的不同用法说出清浊两音，倒是在清浊别义衰落时，才需要在经典的诠释中注明。最早关于清浊别义的记载大概是晋代吕忱的《字林》。《尔雅·释诂》"坏，毁也"，《释文》云"《字林》坏自败也，下怪反"；《礼记·问丧》"如坏墙然"，《释文》云引《字林》云："坏音怪。"我们知道，《经典释文》是四声别义、清浊别义的

总汇。这样看来,清浊别义作为能产的构词法,在东汉已开始衰落,到六世纪渐趋灭亡。(梅祖麟,1991/2000:236)

因为目前我们不能确认哪些是后代经师的类推,所以这里的综合使成的举例都是出自前贤时哲的研究。这种使成是一种构词法,而不是构形意义上的使用。王力(1965)指出:

> 构词法上的使动词,就古汉语来说,它们是和自动词的语音形式有着密切关系的。配对的自动词和使动词,二者的语音形式非常近似,但又不完全相同。近似,表示它们同出一源(一般是使动词出自自动词);不完全相同,这样才能显示使动词和自动词的区别。不完全相同的语音形式具有三种表现方法:(一)字形相同;(二)由字形相同变为不同;(三)字形不同。(王力,1965/2000:470)

王力先生清楚地指明了音变构成的使动词属于构词法。既然如此,只要读音不同我们就该承认使动和自动是不同的词,即吕叔湘(1987)所说的"读音不同就该算两个词,虽然是一对孪生词"。

上古汉语的综合型使成动词有:

败、折、别、著、解、坏。(王力,1965)

饮、语、离、毁、去、禁、折、别、解、著、断、坏、败。(周祖谟,1966)

败、断、折、解、降、见、坏。(梅祖麟,1988)

这些动词中"败、坏、折、断"等和使成式的产生紧密相关。一方面它们与先秦汉语动词的分类密切相关,究竟这些词是及物还是不及物;另一方面,在汉语使成式的产生和演变机制的讨论中,有很大一部分论文集中讨论了以它们做使成式下字的结构,是并列结构还是使成结构。所以正确认识它们的性质关系到汉语语法史的描写。

(三)迂说型使成

综合型使成和分析型使成的共同点是它们对使成的表达均是有规律可循的,这是它们和词汇型使成的最大不同。综合型使成是将一个复杂事件压缩在一个单位内表达出来,如果用分析型表达同样的概念则需要两个或者两个以上的单位,这是二者的不同。根据 Banczerowski(1981:336),对于一个同样的概念或者意义,如果是用一个短语来表达,我们往往把这种表达法称之为"分析型表达法";而如果用一个词来表达,则把这种表达法称之为"综合型表达法"。上古汉语中,由于分析型使成还没有产生,所以这一时期

的使成还使用典型的"使/令"式结构,即迂说式①来表达,有的又称之为"使役式"。如《左传》:

(16)赵文子为政,<u>令</u>薄诸侯之币,而重其礼。(襄公二十五年)|子产<u>使</u>尽坏其馆之垣而纳车马焉。(襄公三十一年)

关于这一结构的特点、演变以及机制问题,有不少文章论及,如刘承慧(1999)、赵长才(2000)等,刘子瑜(2003)对此有较为详尽的评述。

刘承慧(1999)把带有使令标记的使令词组看作使成词组,认为它是使成式的基本形式之一,与述补结构的来源有关,并指出使令词组的重要特征在于它完全排除时间解释的余地,只指定因果内涵,并有扩展使成范围的作用,使得原本受限于词性而无从出任因果词组之结果成分的特定实词,可以通过"使""令"标记取得表述结果的功能。由此,他认为述补结构发展的三个阶段为:

连动词组→使成词组→动补词组

赵长才(2000)也提出了类似的看法,他把"V_1(+NP)+使/令/教/交(+NP)+V_2/A"结构称作"分析型使成",认为这类结构对动结式的形成有直接影响,这种影响来自性质形容词充当"V_2"的"V 使/令 A"结构,并且指出出现在"V 使/令 A"结构中的形容词在上古、中古汉语中绝大多数都没有使动用法,是地地道道的自动词。

对此,刘子瑜(2003)指出赵长才(2000)的这一结论和语言事实不符。刘子瑜(2003)认为"V_1(+NP)+使/令/教/交(+NP)+V_2/A"结构在形式和语法意义两方面都与述补结构存在相当大的差异:

形式和语法意义上的特点决定了它是一种表示使役意义的连谓结构,而历时语料也显示,它是在连谓式向动结式语法化过程中出现的一种伴随句法形式,是在六朝时期他动词自动化、使动用法衰微的大背景下产生的,是使动用法的衰落导致了这种以显性方式表述使役意义的使令结构的出现,而不是它导致了使动用法的衰落。从六朝以后的语料来看,这类结构并未如刘承慧(1999)所言,在隋初就迅速衰落了,而

---

① 注意,在使役研究中一般将这种使役式分析为分析型使役,因为本文已经将复合形式构成的 VV 形式称之为"分析型使役",因此,为了称谓方便,我们将由"使""令"动词构成的使役式称之为"迂说型使役",这是需要特别说明的。

是一直伴随在述补结构的左右,共现于整个近代汉语时期,直至在现代汉语的一些方言中还保留,如河南获嘉方言中还有"晒叫干些儿"的说法。从《朱子语类》的情况看,这一结构在南宋时期还十分活跃,是一个出现频率相当高的格式,并在述补结构的参与下有了新进展,进入到鼎盛时期。(刘子瑜,2003:201)

在这一点上,我们基本赞同刘子瑜的看法。不过这一结构"在南宋时期还十分活跃,是一个出现频率相当高的格式",共现于整个近代汉语时期,似乎证明尚有其他因素影响着这一句式的产生和发展。① 实际上,这一结构在现代汉语中还比较常见,只是发生了词汇兴替,使令动词以"叫、让"为主罢了。在王朔的小说《空中小姐》(约3万字)中就出现了13次"使"做使动词的迂说式使动结构。如:

(17)片刻,她端着托盘出来,嫣然一笑,姿态优雅,<u>使人人心情愉快</u>。只有我明白,她那一笑是单给我的。空中气象万千的景色把我吸引住了。有没有乘船的感觉呢?有点。不断运动、变化的云烟<u>使人有飞机不动的感觉</u>——同驶在海洋里的感觉一样。但海上没有这么单调、荒凉。翱翔的海鸟,跃起的鱼群,<u>使你无时无刻不感到同活跃的生物界的联系</u>。空中的寂寥、清静则<u>使人实在有几分凄凉</u>。|飞行生活除了有优厚的报酬外,还<u>使她有一种自豪感</u>;<u>使她觉得对人人有用</u>;<u>使她觉得自己是国家在精神面貌和风范方面的一个代表</u>。

这种结构类似于英语的 make、have 构成的使令结构。如:②

(18)Too much food <u>made him ill</u>. 他吃得太多以致生病。|The king married and <u>made her his queen</u>. 国王娶了她并立她为王后。|He <u>made himself heard across the room</u>. 他提高了嗓门,让整个房间的人都听得见。|The pain <u>made him cry out</u>. 他疼痛得叫出了声。|Some

---

① 关于汉语"使令"结构的演变和机制,张丽丽(2005)有详细的讨论,可参看。
② 所引例句均出自《朗文现代英汉双解词典》(*Longman Contemporary English-Chinese Dictionary*),北京:现代出版社,1993年,第841页。关于 make、have 使成结构的语义区别,Wierzbicka (1988:241)指出,make 使成式暗含受使者违反使动者的意愿,而 have 使成式则没有这种暗含。另外,需要指出的是,"causative"来源于罗曼语,因此,造成了"cause"为英语原型使役动词(causative verb)的误解。实际上,英语中的原型使役动词不是 cause,而是 make。相关论述请参 Dixon(1991、2000)。

people say if you step on a worm it makes it rain. 有人说如果你踩到了一只虫子，天就会下雨。

可见，这一类型不但贯穿于整个汉语历史发展过程，而且在其他语言中也见存。因此，这种结构具有类型学意义。这里将其称为"迂说式使成"，而把由 AB 两个单位表达复合使成概念的结构称之为"分析型使成"，后一形式是中古汉语中诞生的。

(四)基于构式的使成①

除去上面讨论的能够表达"完成"语义的几种使成式以外，古代汉语中还有一类是上面的几类不能包括的。在《左传》中就有不少，如：

(19)庄公寤生，惊姜氏，故名曰寤生，遂恶之。(隐公元年)｜吾见申叔，夫子所谓生死而肉骨。(襄公二十二年)｜于是子叔齐子为季武子介以会，自是晋人轻鲁币而益敬其使。(襄公十四年)｜赵文子为政，令薄诸侯之币，而重其礼。(襄公二十五年)｜敝邑以政刑之不修，寇盗充斥，无若诸侯之属辱在寡君者何，是以令吏人完客所馆，高其闬闳，厚其墙垣，以无忧客使。(襄公三十一年)｜君其往也，送葬而归，以快楚心。(襄公二十八年)

这种现象有的称之为"活用"，有的则干脆把它看作是临时用法。陈承泽在《国文法草创》中就用"活用"来解释的。运用"活用"来解释这一现象，给人的印象是词义的不可捉摸性。如陈承泽就在"他动自动用之例"中说，"绝"字本是他动字，如《史记》中的"举鼎绝膑"；但是在《淮南子》"江河绝而不流"中是"转被动而再转于不连续之义"。至于为什么要这样转换，我们不知道其中的原因和机制，所以对这类词汇一直争论不休。②

"构式语法"(Construction Grammar)的出现，为我们重新审视这种现象提供了一种新的视角。③ 根据 Goldberg(1995、2003)，语言的基本单位是

---

① 关于这类使役式，Lien(2003)将其使役用法归入语用。不过，Lien(2003:5～6,23)同时强调这类使役表达依赖于结构。Lien 一方面承认结构的制约，一方面又认为是语用造成的，似乎有点抵牾。我们这里直接将这种用法归入构式。我们直至博士论文答辩前一直未见到 Lien(2003)，特此说明。

② 现代汉语中这类词也不少，如"帮""骂""放""巩固"，多数人倾向于接受动词在不同的句式里会产生不同的语义，但是问题是，"我们是否需要就此为动词归纳出这么多不同的语义呢？"显然那将造成过多不必要的烦琐。(张伯江,1999)张伯江主张把那些语义归因于句式。这种选择不仅是考虑到便利，更有其方法论上的优越性：避免循环论证。

③ 陆俭明(2004)将"Construction Grammar"译为"句式语法"，为了避免和本文"句式"概念混淆，我们译为"构式语法"。

构式,整体意义大于部分之和,句子意义不能只根据组成句子的词汇意义推知出来,句法结构本身也表示某种独立的意义。构式所指不限于基本论元结构相关的那些句式,甚至可以推广到短语、复合词等。运用构式语法的观点,我们认为上述本为非及物的一元动词,在句中做使动词具有了二元动词的特征是由于构式带来的。实际上,王力(1965)在讨论古汉语中自动词和使动词的配对的时候,已经有从构式的角度来讨论使动词的深刻思想。王力先生指出:

> 在古代汉语造句法里,有所谓动词的使动用法:主语所代表的人物并不施行这个动作,而是使宾语所代表的人物施行这个动作。例如《论语·先进》:"求也退,故进之;由也兼人,故退之。"一个动词是不是使动用法,往往由上下文的语意来决定。例如《论语·宪问》"孔子沐浴而朝。""朝"字是动词的一般用法,施行"朝"的动作者是主语"孔子"。《孟子·梁惠王上》:"然则王之所大欲可知已:欲辟土地,朝秦楚,莅中国,而抚四夷也。"这个"朝"字却是使动用法,施行"朝"的动作者不是主语"王"(承上省略),而是"秦楚",意思是说"使秦楚来朝"。凡是多读古书的人,对于动词的使动用法,是很容易体会出来的。
>
> 但是,动词的使动用法,只是造句法的问题,不是构词法的问题。像上文所举的"进""退"和"朝",它们只能说是在句中有使动用法,严格地说,它们本身并不是使动词,因为它们在形式上和一般动词没有区别,没有形成使动词和自动词的配对。(王力,1965/2000:469~470)

王力先生早就敏锐地观察到了使成动词内部的多样性,并将使动词分为造句法上的使动用法和构词法上的使动用法。我们将前者归入构式,后者则归入综合型使成,这种分类应该说是远绍自王力先生。

5.2.3 使成结构的语义

Hale & Keyser(1987)、Rapport Hovav & Levin(1988)、Jackendoff(1990)等讨论了词汇的概念结构,即动词用抽象的谓语概念表示概念性意义的结构,叫词汇概念结构,基本上等于语义结构。[①]

[①] 对于概念结构是否相当于语义结构,不同的研究者有不同的看法,语言学界一般认为概念结构基本上等于语义结构,如Jackendoff(1990)等。但是心理学界大多认为概念结构不等于语义结构,如Medin(1989)、Levinson(1997)、Johnson(2004)等。

在讨论概念结构,尤其是非宾格语义时,一些研究者基于从基础结构派生相关的句式,所以他们在研究语义结构时,将及物和不及物联系起来讨论,如 Levin & Rapport Hovav(1995)、影山太郎(1996)。他们为使动及物用法与不及物用法拟设相同(或极为相似)的概念结构,并把不及物用法视为使动及物用法的"反使动化"(anti-causativization,即使动及物用法的使动者外论元 x 在不及物用法中消失),所不同的只是反使动化的机制(即 x→∅ 与 x=y 的区别)而已。

我们讨论使成式的语义时不采用这种反使动化的分析方法。使成及物动词和不及物动词在词汇属性上分别具有典型动词和形容词的属性。尽管它们在概念结构上有联系,但是从语言原型范畴的观点来看,几乎所有的语言都有三个主要范畴:名词、动词、形容词(Croft,1991),因此,这几个范畴的语义是语言的原型语义。用概念结构来表示,所有的使成式均可以表示为:

使成式概念结构:$[_x \text{CAUSE}[_y \text{BECOME}[_y \text{BE AT}-_z]]]$

使成结构都是复杂事件结构(Rappaport Hovav & Levin,2001:783)。这个概念结构因为由上位事件(使役作用)和下位事件(变化结果)合成,所以由单一的动词来体现时,语义重点便会偏重于某一子事件。(影山太郎,1996/2001:167)X 为复杂事件的肇始者(causer),是事件的域外论元,表示主语因其本身的性质,对状态变化有某种"责任";Y 为受事,做事件的宾语。

上举几种使成式虽然具有相同的概念结构,但是各自的时间结构有所差别。一般地说,在划分使成结构的类型时可以依据两个独立谓语(成因或结果)归并成一个单一谓语的程度。直接使成式和间接使成式的区别跟成因和结果之间联系的媒介有关。一方面,在有些情形里,成因和结果在时间上互相十分接近,因而很难把宏观情景分解为成因和结果,尽管在概念上还是可以这么分解。但是,在另外一些情形里,成因和结果之间的联系可能疏远得多。许多语言有跟这种直接和间接使成的区别相联系的形式区别,而且各种语言里面发现的这种形式区别是一致的:从分析型经形态型到词汇型这个连续统跟从不太直接到比较直接的使成这个连续统互相联系。例如英语 *John broke the stick* 和 *John caused the stick to break* 意味着棍子破了,但是二者之间有一个潜在的语义区别。前者意味着在 John 的动作和棍子的破损之间有直接的联系,例如他通过站在上面或者是用手指折断的方式弄破它。然而后者则暗示着事件的间接联系,例如,John 推向杠杆,减轻了重量,所以跌落在棍子上。同样的区别也存在于 kill 和 cause to die 之间。(Comrie,1985a:333)

必须指出,直接和间接使成之间的区别是一个连续统上的程度区别。①要构建明显只容许做直接使成解释或只容许做间接使成解释的例子,是十分困难甚至是不可能的。但是当我们把"分析型—形态型—词汇型"这个连续统上各不相同的使成结构做一对比分析时,那么很明显越是接近于分析型一端的结构越适用于关系疏远的(间接)使成,而越是接近于词汇型一端的结构越适用于直接使成。由于还没有认识到这一点,所以在生成语义学内部关于英语 kill(杀死)和 die(死亡)间关系的争论产生许多不必要的分歧,论争的参与者来回争辩 kill(杀死)和 cause to die(使死亡)两者到底是不是同义词。诚然,要设想这两个词语中的这个或那个被排除在外的情景是困难的,但是很容易设想一些情景,尤其是设想一对情景,其中这两个词语变体中有一个比另一个更适用。(Comrie,1981、1985a)

因此,我们可以认为在使成式的原因和结果的密切程度上,使成式在原因和结果,或者说使役与结果在语义的黏合度(scale of cohesion)上形成以下类型及斜坡(cline):②

迂说使役 > 分析使成 > 综合使成 > 词汇使成

基于构式的使役

越是靠近左端的分析性越高,语义的黏合度就越低;反之,越是靠近右端的综合的程度越高,语义的黏合度也就越高。

这样,我们在每一类使成式中选一个词作为代表,那么上古汉语的这三类使成式可以表示为:③

词汇型使成:"杀"类

综合型使成:"败"类

---

① 通常的看法是,词汇型使役描写直接使役,而迂说使役描述间接使役。但是,这种看法实际上是有问题的,McCawley(1978)、Levin & Rappoport Hovav(1999:215~216)就指出,迂说型使役在表达使役的直接性上是中性的。限制迂说使役表达间接使役的典型条件是会话隐含原则,由于 Grice 量准则,因此,说话者通常不会选取词汇使役(如果有的话)来表达直接使役。因此,从另一个角度讲,迂说型和词汇型也可以不是同一分类层面上的,即从语用平面上来讲,迂说型是贯穿于语言始终的。

② 基于构式的使成是在构式中形成的,而不是词汇内部的语义特征赋予的,所以我们讨论语义黏合度时不包括这一类。这一斜坡是符合语言象似性原则的(参 Haiman,1985:108~110)。Levin & Rappoport Hovav(1999)将 kill、break、open 归入词汇型使役。根据 Haiman(1983),迂说型使役与词汇型使役在意义表达上的区别是:词汇型使役的原因和结果存在于同一单位中,因此原因和结果是同时、同地发生的,而迂说式则不是必然如此。

③ 胡敕瑞(2005a)在讨论动结式的鉴定标准时将充当补语的词分为"杀"类、"破"类、"熟"类。我们这里讨论的使成式分类也谈到"杀"类等,但是分类的目的和标准不同,所以每一类内容会有较大差异。

迂说型使成:"使"类

在语义的黏合度上,"杀"类高于"败"类,"使"类最低。

随着汉语从上古汉语综合型语言向中古汉语的分析型转变,语义也在发生转换,语言结构变化伴随着语义概念结构的变化。已有研究表明,中古时期动结式的产生和这种结构的变化有密切的关系。我们将使成式分成词汇型、综合型、迂说型、分析型使成、基于构式的使成。典型的分析型使成结构是中古时期产生的,由于迂说型使成在结构形式上只是使役动词发生词汇兴替,语义并没有发生大的变化,所以我们研究使成式的语义演变时不讨论迂说型。本章讨论隐性范畴的语义演变,实际上是运用词汇化的共时观(synchronic perspectives on lexicalization)解释词汇概念结构的变化,即从概念结构到词汇形式。

5.3 "斩"

在 2.2.1.1 中我们曾指出古汉语中有一类表达"完成"语义的动词,典型的如"斩、诛、醢、刖、劓、枭、兀、房、免、执、拘、立、止"等,它们本身是动作动词,类似于大西克也(2004)说的"中性动词",句法表现为:X+V+Y;X+V。为了称述方便,这里将这类动词称为"斩"类动词。下面讨论"斩"类动词,它们既然是动作动词,但还能表达"完成"语义,其中的根本原因是什么?以及发生语义演变的内在动因何在?表现如何?这是本节的着重点。

5.3.1 中古时期"斩"的句法表现

大西克也(2004)采用 Cikoski(1978a、b)的术语,将"斩、诛、伐、劓、执、拘、囚、系、得、征、用、逐、抱、葬、幸、爱、嬖"等看成是"作格动词",认为作格动词构成受事主语句,是其原有的特性,它并不是对偶或其他修辞条件所产生,也不是语境决定施受关系的,并指出不带宾语的作格动词做受事主语句属于常态,主动句则属于特殊情况。

"斩"是否为作格动词,我们认为有几点需要明确:

(一)应该从史的角度看待某一语言现象。也就是说,应该有语法史的观点,在语言的动态演变中分析某一时代的语言现象。

(二)某一现象在某一个时代产生,是凭借什么样的历史契机出现的?这一现象的出现对整个语言系统有何影响?

当我们用新的分类系统替代传统的分类时,必须把新的分类的优点以及不足都考虑进去。及物性与作格的分类是两种不同的分类,前者重线性解释,后者重核心演绎。Halliday(1994:167)从语义关系的视角出发,认为作格小句所关心的是该小句的致使语义,而及物小句关心的是过程类型以及过程涉及的参与者和所在的环境。因此,及物性和作格性并不是同一层次上的成对概念,他们属于不同的概念系统。

提出作格动词的分类首先需要面临的一个问题是同一性。也许大西意识到了这一问题的严重后果,他采取了回避的态度,"为了回避构词法上的问题,调查对象暂时不包括有清浊别义的动词,如'败、折'等"。但是,从汉语的历史看,这一时期恰好就是发生重大历史变化的一个重要时期,如清浊别义的逐步消失、动结式的形成等都和"败、折"等词具有密切的关系,撇开这些常用词提出另外一个分类系统,这一分类的可信度就会大打折扣。

其次,如果确如大西所云,上面的"斩"类动词是作格动词,那么在后代文献中应该保持这种基本态势。如果发生了大的变化,至少是可以解释的,因为从语言演变的单向性来看,语言变化具有某种方向性,其变化不是杂乱无章,无规律可循的。前面我们已经从动态的角度,对把"破""败"等当作作格动词的看法做了指正。下面我们来看看"斩"类动词是否是作格动词。

我们统计了南北朝时期四部中土文献和汉译佛典,即《世说新语》《齐民要术》《百喻经》《杂宝藏经》,出现在并列复合、祈使句式、被动中的"斩"类动词排除在统计之外,"斩"类动词的句法表现如下(表5-2):

表5-2 南北朝时期"斩"类动词的句法表现

	斩	诛	伐	刽	执	拘	囚	系	逐	徵	合计
NP_1+V+NP_2	42	31	61	0	38	0	0	20	37	19	248
NP_2+V	2	14	0	0	0	0	0	0	0	2	18
合计	44	45	61	0	38	0	0	20	37	21	266

从表5-2来看,"刽、拘、囚"大概属于文言词汇,所以在这四部文献中都未见用例。"伐、执、系、逐"所在句式都出现在"NP_1+V+NP_2"句式中,"NP_2+V"未见用例。"斩、徵"绝大多数用例出现环境为"NP_1+V+NP_2",分别有2例出现在"NP_2+V"的用例中,而且均见于《世说新语》,汉译佛典未见用例。一方面大概是由于《世说新语》反映的大多是士大夫的言行,口语性质相对于汉译佛典来说要低得多;另一方面,虽然成书在南朝,但是记载了从东汉至晋宋间近300年的言行,所以某些用法会有存古的现象。不管怎样,把这些动词看成是作格动词是不大妥当的。

唯一值得讨论的是"诛",它出现在"NP_1+V+NP_2"和"NP_2+V"的次数为 31∶14,那么是否"诛"可以看作是作格动词呢?我们的回答也是否定的。

首先是 31 例"NP₁+V+NP₂"只有 1 例出现在《齐民要术》中,其余 30 例均出现在《世说新语》中。而 14 例"NP₂+V"也全部出现在《世说新语》中,汉译佛典中未见用例。

其次,还有 7 例"见诛",14 例"被诛"和"为……所诛"没有统计在内。实际上,这种被动句式后面的"诛"没有带宾语的例子,应该是因为受事成分出于叙述的需要变成了谈论的话题或主语,所以后面不能再带受事宾语。从"诛"所在被动句的论元来看,我们可以把它看成是被动句的主语与宾语位置上的空受事宾语同指。如:

(20)(何晏)ᵢ 为司马宣王所诛∅ᵢ。(《世说新语·言语》)

例(20)中主语位置上的"何晏"实际上同宾语位置的 ∅ 同指,只是由于被动结构"为……所……"的出现,使得受事成分提前,同时宾位受事被抑制。

为了证明这样分析的可能性,我们看《世说新语》中类似的例证:

(21)a. 嵇中散既被诛,向子期举郡计入洛。(言语)
　　　b. 嵇康被诛后,山公举康子绍为秘书丞。(政事)
　　　c. 钟会庭论康,曰:"……今不诛康,无以清洁王道。"(雅量)

例(21)叙述的都是三国时期魏人、"竹林七贤"领袖人物嵇康因为遭到钟会诬陷,而后被司马昭杀害的事情。例(21a、b)中的动词"诛"因为处于被动句中,原有的宾语位置上的受事被提到了主语位置,所以"诛"后未出现受事宾语。例(21c)为主动结构,动词"诛"后面有受事名词"康"出现,证明"诛"一般需要在宾语位置上带上受事性域内论元。

这样,将被动结构中的这类"诛"做动词归入"NP₁+V+NP₂"结构中,整个带受事宾语的例子就达到了 52 例。因此,我们很难认同大西克也(2004∶384)的这种看法:"不带宾语的作格动词,做受事主语句属于常态,主动句则特殊情况。"

另外,我们还需要解释"诛"出现在"NP₂+V"结构中的 14 例。在《雅量》篇中有同样叙述嵇康被杀的例子:

(22)康之下狱,太学生数千人请之,于时豪俊皆随康入狱,悉解喻,一时散遣。康竟与安同诛。(雅量)

"康与安同诛"意思是嵇康和吕安一同被诛,"康与安"是受事成分。对照例(21)可以证明例(22)中的"诛"只是被动标记未出现而已。类似的例子还有：

(23)a. 贾充前妇,是李丰女。丰被诛,离婚徙边。(贤媛)
　　b.(李丰)仕至中书令,为晋王所诛。(容止)
　　c. 充妻李氏,名婉字淑文。丰诛,徙乐浪。(贤媛)
　　d. 后中书令李丰恶大将军执政,遂谋以玄代之。大将军闻其谋,诛丰,收玄送廷尉。(方正)
(24)a. 后诸公诛峻,硕犹据石头,溃散而逃,追斩之。(方正)
　　b. 苏峻既诛,大事克平之后,都邑残荒。(言语)

例(23)是叙述三国时期吴卫尉李义之子李丰被晋王司马昭杀害的事情。(23a、b)用被动句式,即"丰被诛"和"为晋王所诛",所以"诛"后面不再出现宾位受事论元。(23c)是无标记的受事句,"丰诛"即李丰被诛。(23d)用的是主动句,"诛丰"是"NP$_1$+V+NP$_2$"结构,动词"诛"的域内论元和域外论元都出现。例(24b)实际上也应该看作是无标记的受事主语句。

汉语被动句经历了从无标记到有标记的过程,也就是通常说的从意念被动句式到形式被动句式的发展。周法高在《中国古代语法·造句编》(1961)说被动不用记号,而凭文义来判断,可能是较早的办法。金兆梓在《国文法之研究》(1983)中说施动受动不分,实在是古代语言未完备时,所不能避免的现象。王力在《汉语语法史》(1989)中说："在原始汉语里,被动句是不存在的;在先秦的古书中,被动式还是少见的;汉代以后,被动式逐渐多起来。"此外,根据钱宗武(2004)研究,今文《尚书》的被动句处于从语意被动句向形式被动句的发展阶段。今文《尚书》中的被动句式凡60例,其中,形式被动句13例,语意被动句47例,两者之间的比约为1∶4。因此,大西克也(2004)所举的一些作格动词,以钱著的研究来看,只不过是语意被动句而已。如：

(25)周公居东二年,则罪人斯得。(《周书·金縢》)|舜生三十征。(《虞夏书·尧典》)

钱著还举《史记·五帝本纪》："舜生二十以孝闻,年三十尧举之。"证明舜是"被征","舜"是受事主语,全句意为："舜三十岁时被征召。"(钱宗武,2004:374)

所以，从动态的语言观来看待《史记》中的"NP_1+V+NP_2"和"NP_2+V"对举的结构关系，我们必须考虑到同一系统内部与其相关的语言现象的消长。也就是说，"NP_2+V"式在南北朝时期的逐步衰落其实和汉语被动句的发展和成熟有密切的关系，汉代前后"NP_2+V"句式的大量涌现是因为此时的汉语还处于被动句式由意念被动向形式被动的发展时期，很多看似由作格动词构成的受事主语句式不过是语意被动而已。一旦形式被动句式取代语意被动句式，那么所谓的作格动词现象也就不复存在了。赵元任先生在《中国话的文法》中指出：

> 咱们说过，中文里的动词没有主动被动之分。因此动作的方向可以从内向外，主语是动作者；也可以是由外向内，主语是动作的目标。如果想把向内的反向说得更清楚些，就得用上代表所谓被动式的"被"字，像："房子被烧了。"如果想说明执事者，就把他放在"被"字的后头作宾语。(Chao,1968/1980:202)

对比前面 5.1.2 中跨语言的研究以及例(14)，中古汉语的"斩"类词不是所谓的"作格"动词，它们的受事对象一般为有生命的实体。①

5.3.2 作为表"完成"义的"斩"的语用属性

"斩"和"杀""败"等均可以用来表达"完成"语义。但是"斩"类动词的最大一个特点是：这类动词表达"完成"是由于语用造成的。

作为语义学的常识，语言的意义包括概念意义和隐含意义，概念结构只表示其中的概念意义，概念意义是语言表现的基本的、主要的意义，它多反映在句法结构的使用上。但这绝不意味着要把隐含意义排除在语义学之外。晚期的维特根斯坦提出了"意义就是用法"(meaning is use)的口号，主张完全通过研究句子的用法来探究句子的意义。Wittgenstein 在《哲学研究》(1953)中强调，"'意义'这个词可以这样来定义：一个词的意义就是它在语言中的使用。"所以我们在第二章用这一精神挑选出的能够表达"完成"语义的词汇或者结构，严格说来还没有鉴别出概念意义和隐含意义，或者说语义和语用。既然语言存在于人们的使用中，那么有些意义的产生和定型肯定和语用有关。

大多数情况下，"斩"类动词表示的动作在这类动作施行时会伴随相应

---

① 也有例外，如《云梦龙岗秦简·田赢》："斩人畴企赀一甲"，"畴"指田沟，"企"指田埂。

的结果。如：

(26)成帝在石头,任让在帝前戮侍中钟雅、右卫将军刘超。帝泣曰:"还我侍中!"让不奉诏,遂斩超、雅。事平之后,陶公与让有旧,欲宥之。许柳儿思妣者至佳,诸公欲全之。若全思妣,则不得不为陶全让,于是欲并宥之。事奏,帝曰:"让是杀我侍中者,不可宥!"诸公以少主不可违,并斩二人。(《世说新语·政事》)

例中"戮""斩""杀"并用,属于近义词。先有"戮侍中钟雅、右卫将军刘超",才有"斩超、雅"的事件发生。"戮"只表示动作,这一动作完成后才是"斩"这一动作和隐含结果的事件发生。"斩"在这里的意思大致和"杀"相当。但是"斩"的结果意义是语用,而"杀"的结果意义是语义。①

王凤阳(1993:643)将"斩、镮、磔、刖、绞、枭"归为一组,认为这是和死刑有关的一组词:

斩(斬),《说文》"截也",《广雅·释诂》"断也",又"裂也"。将人将物裂为两截或几截都可以用"斩",如《墨子·非攻下》"芟刈其禾稼,斩其树木";《史记·项羽本纪》"为诸君溃围,斩将刈旗,令诸君知天亡我,非战之罪也"。因有大罪而处死刑也叫"斩",因为古代执刑多用斧钺,所以字从"斤"。……"斩"主要有两种方式,一是砍头,二是从腰间断开,前者用"斩",后者称"腰斩":《释名·释丧制》"斫头曰斩,斩要(腰)曰要斩"。因为"斩"用的是斧钺,所以相应地在砧质上进行,行斩时要解衣伏质,如《汉书·张苍传》"苍当斩,解衣伏质,身长大肥白如瓠"。汉以后,"斩"主要是用刀,就专指砍头了,《正字通》"斩,断首也"。

"斩"是砍头,或者是暂时加以兵,所以是动作动词。可见"斩"在通常情况下指的是斩头。"斩"的动作施行后是被斩结果的产生,如果"斩"的是人,一般具有人头落地的后果。② 历来的法律文书将"腰斩"归入死刑。其实,从语义上来讲,"死"和"斩"这一动作并无必然的联系。如《周礼·秩官·掌戮》郑注:"斩以斧钺,若今腰斩也;杀以刀刃,若今弃市也。""腰斩"是将犯人

---

① 关于"杀"的语义,后文有专门论述。
② "腰斩"则不同,是斩腰,结果不会是人头落地。

拦腰斩断,人被斩了腰自然只有死路一条,"斩"的这一死亡意义(meaning)其实是由于被斩的对象是"腰",所以才会有死的结果。一旦斩的不是生命攸关的部分,就不会有"死"的结果。如:

(27)有罪当黥,故黥者劓之,故劓者斩左止,斩左止者斩右止,斩右止者府之。(《张家山汉简·二年律令》)

律令中说明已经割了鼻子的"斩左止"①,已经"斩左止者斩右止","斩右止者"则"府",即施行宫刑。《汉书·刑法志》:"当斩右止,皆弃市",颜师古注:"止,足也。"只有斩腿不至于丧命,才有可能"斩左止者斩右止,斩右止者府之"。关于"斩止"这一刑律已经在秦代的律令中出现,如《睡虎地秦墓竹简·法律答问》:"五人盗,臧(赃)一钱以上,斩左止,有(又)黥以为城旦。"又"斩左止为城旦"。《韩非子·和氏》中的例子更能说明当时"斩"还没有"死亡"的固定意义。如:

(28)楚人和氏得玉璞楚山中,奉而献之厉王,厉王使玉人相之,玉人曰:"石也。"王以和为诳,而刖其左足。及厉王薨,武王即位,和又奉其璞而献之武王,武王使玉人相之,又曰:"石也",王又以和为诳,而刖其右足。……和曰:"吾非悲刖也,悲夫宝玉而题之以石,贞士而名之以诳,此吾所以悲也。"(和氏)|夫珠玉人主之所急也,和虽献璞而未美,未为主之害也,然犹两足斩而宝乃论,论宝若此其难也。(和氏)

因此,可以肯定地说,"斩"最初只是一个动作动词,被斩的对象可以是人的"头""腰"等致命部位,也可以是"足"等非致命部位。也就是说,"斩"除了王凤阳先生所举的两种方式以外,还有"斩止"。朱红林在《张家山汉简〈二年律令〉集释》(2005)中指出:"《韩非子》所提到的'刖刑'当与张家山汉律中的'斩刑'相同。"因此,可以认为"斩刑"在汉代还不是死刑,因为张家山汉简中的刑种,死刑之下为"斩刑","斩刑"之中,"斩右止"又重于"斩左止"。

在南北朝时期,"斩"的宾语大多数是人,或者是人的致命的部位。如:

(29)石崇每要客燕集,常令美人行酒。客饮酒不尽者,使黄门交斩美人。……已斩三人,颜色如故,尚不肯饮。(《世说新语·汰侈》)|后

---

① 徐富昌(1993)认为"斩左止"乃刖刑。

为临海太守辛昺斩首送之。(《世说新语·德行》)|有一老人来语之言："汝莫愁也,我教汝出,汝用我语必得速出,汝当斩头自得出之。"即用其语以刀斩头,既复杀驼而复破瓮。(《百喻经》,4/554c)|佛经行道头,然灯供养,阿阇世王,斩其腰杀。(《杂宝藏经》,4/472c)|王复告言:"若不能得,当斩汝身。"(《贤愚经》,4/353c)

"斩"的部位也可以是臂、手足等非致命部位。我们仅发现 2 例,即:

(30) 以瞋母故举手向母,适打一下。即日出行,遇逢于贼,斩其一臂。(《杂宝藏经》,4/492c)|王家搜觅,于其舍得。寻取淫女,斩截手足,劓其耳鼻,悬于高标,竖置冢间。虽荷此苦,然未命终。(《贤愚经》,4/443a)

例(30)第二例指出"斩"后"然未命终",所以并没有丧命。
此外,"斩"的对象可以是有生命的动物,如蛇、蛟、鼠。如:

(31) 隋侯出行,有蛇斩而中断者,侯连而续之,蛇遂得生而去。(《世说新语·言语》)|或说处杀虎斩蛟,实冀三横唯余其一。(《世说新语·自新》)|正月旦,日未出时,家长斩鼠,著屋中。(《齐民要术·种桑柘》)

还可以是动物的"翻""翅"等非肉体部分。如:

(32) (鸡)雌雄皆斩去六翮,无令得飞出。(《齐民要术·养鸡》)|别取雌鸡,勿令与雄取杂,其墙匽、斩翅、荆栖、土窠,一如前法。(《齐民要术·养鸡》)

甚至动物死了还可以"斩"。如:

(33) (新鲤鱼)胸别斩过,皆使有皮,不宜令有无皮胸也。(《齐民要术·作鱼鲊》)|用乳下豚。燖治讫,并骨斩脔之,令片别带皮。(《齐民要术·菹绿》)

"斩"的还可以是植物。如:

(34)仲冬斩阳木,仲夏斩阴木。(《齐民要术·伐木》)|取禾种,择高大者,斩一节下,把悬高燥处,苗则不败。(《齐民要术·收种》)|以绳急束蒿,斩两头令齐。(《齐民要术·醴酪》)

可以看出,中古时期的"斩"并不是如王凤阳先生所说的"汉以后,……就专指砍头了",被斩的对象可以是有生的,还可以是无生的。因此,此时的"斩"还只是表示动作,大致相当于"砍"。不过从用例的多少来看,绝大多数指的还是斩头。

但是到了唐代的律令《唐律疏议》卷一中明确将"斩"归入到了死刑中,并云:

(35)古先哲王,则天垂法,辅政助化,禁暴防奸,本欲生之,义期止杀。绞、斩之坐,刑之极也。死者魂气归于天,形魄归于地,与万化冥然,故郑注礼云:"死者,澌也。消尽为澌。"春秋元命包云:"黄帝斩蚩尤于涿鹿之野。"礼云:"公族有死罪,磬之于甸人。"故知斩自轩辕,绞兴周代。二者法阴数也,阴主杀罚,因而则之,即古"大辟"之刑是也。

"斩刑"已经归入到了死刑的范畴,因此"斩"在唐代已经包括了结果意义。"斩"从仅仅表示动作意义转向了表示动作和结果的意义。在《元典章》中也归入死刑,如:

(36)"死"义曰:绞、斩之坐,刑之极也。《春秋元命包》云:黄帝斩蚩尤于涿鹿之野。故云:斩自轩辕,绞兴周代。即大辟之刑也。"绞"、"斩"二罪皆至死。(《元典章·刑部》"五刑训义"条)|旧例:奴婢杀主者,皆斩。其路驴儿,合行处死。(《元典章·刑部》"恶逆"条)|旧例:谋杀夫者皆斩,各合处死。(《元典章·刑部》"谋杀"条)

5.3.3 功能竞争

中古以前,和"斩"相近的词是"斫"。先秦时期"斫"基本上表动作,如:

(37)工师得大木,则王喜,以为能胜其任也。匠人斫而小之,则王怒,以为不胜其任矣。(《孟子·梁惠王章句下》)|贾举射公,中其股,公坠,崔子之徒以戈斫公而死之,而立其弟景公。(《韩非子·奸劫弑臣》)

从例(37)可以看出,"斫"的对象可以是有生的,也可以是无生的。"斫公而死之"说明"斫"只表示动作,并不蕴涵结果。而且,从我们调查的语料来看,"斫"所接的受事宾语以无生为主。

中古时期,"斫"所接的宾语可以是无生的。如:

(38)如有好用剑者,见寝石,惧而斫之,可复谓能断石乎?(《论衡·儒增》)|大将军曹爽使材官张达斫家屋材,及诸私用之物,观闻知,皆录夺以没官。(《三国志·魏志·王观传》)|斫取白杨枝,大如指、长三尺者,屈着垄中。(《齐民要术·种榆、白杨》)

也可以是有生的,其有生受事宾语包括人、动物等。如:

(39)(黄审)预以长镰,伺其还,未敢斫妇,但斫所随婢。(《搜神记》卷十八"狸婢")|寄便放犬,犬就啮咋,寄从后斫得数创。(《搜神记》卷十九"李寄")

而所接受事宾语可以是致命的部位,也可以是非致命部位。如:

(40)若此比丘说法不入我耳者,当取斫头。(《出曜经》,4/708a)|以两手持斧,斫削身及头面手足鼻耳,毒痛不可忍。(《大楼炭经》,1/284b)|复有一人以刀斫指髻身体,破时指髻头破身血。(《鸯崛髻经》,2/511c,"破",宋、元、明三本作"彼")|时王恚盛不顾后世,寻拔利剑斫右手断,次斫左手,复斫右脚,次斫左脚,截耳截鼻。(《出曜经》,4/731b)

而且,即使所接对象是致命部位,其结果意义也是语用造成的。除例(40)中的"斫头"外,例(41)也有结果意义:

(41)忽有一物直来过前,状如兽,手中持火,以口吹之,生惊举刀斫便死。(《异苑》卷九)

不过,这种结果是可以取消的。如:

(42)吕奉先讨卓来奔,请兵不获,告去何罪?复见斫刺,滨于死亡。(《三国志·魏志·臧洪传》)|统不忍,引刀斫勤,数日乃死。(《三国

志·吴志·凌统传》)|时树上人至天明已,见此群贼死在树下,诈以刀箭斫射死尸,收其鞍马并及财宝,驱向彼国。(《百喻经》,4/552c)

上举例中,"斫"后有"滨于死亡""数日乃死",尤其是人死后还能"斫",可见"斫"的"结果"意义是语用的,而非语义的。但,当"斫杀"连用时,所在句子有结果意义。如:

(43)彼人即执妇臂将入屋中……便以利刀斫杀其妇,并自害己。(《中阿含经》,1/801c)|魏武常云:"我眠中不可妄近,近便斫人,亦不自觉。左右宜深慎此!"后阳眠,所幸一人,窃以被覆之,因便斫杀。(《世说新语·假谲》)|须臾,见壁中有一物,……复横斫之,又成四人。便夺取刀,反斫杀李。持至坐上,斫杀其子弟。凡姓李者必死,惟异姓无他。(《搜神后记》卷七"壁中一物")

例中"斫杀"均有"结果",《搜神后记》中"斫、斫杀"并用,似乎更说明"斫"有结果意义。当"斫"的是"头"等致命的部位时,"结果"义更加明显。如:

(44)(其弟)恐兄返戒还夺其业,便语贼帅:"雇汝五百金钱斫彼沙门头来。"贼帅受钱往到山中见彼沙门。沙门语言:"我唯弊衣无有财产,汝何以来?"贼即答言:"汝弟雇我使来杀汝。"沙门恐怖便语贼言:"我新作道人,又未见佛不解道法,且莫杀我,须我见佛少解经法,杀我不迟。"贼语之言:"今必杀汝不得止也。"沙门即举一臂而语贼言:"且斫一臂,留我残命使得见佛。"时贼便斫一臂,持去与弟。(《菩萨本行经》,3/111c)

但是,这种"结果"意义其实是"杀"带来的,因为在缺省状态下光杆"杀"有足够的能力表示"杀死"这一意义。① 例(44)中最后的结果是"斫一臂";而且,当"斫""杀"连用的时候,我们见到大量的"斫杀"用例,如例(44),而"杀斫"连用的1例也没有。所以,从语义来看,"斫"的"死亡"意义并不是本身所具有的,而是"杀"带来的。

从上面的分析可以看出,中古时期,"斩""斫"是同义词,其所接宾语和语义有很大的交叉。有时候"斩""斫"并用,我们很难区分二者有何根本区别。如:

---

① 详见下文对"杀"的论述。

(45)密勒健儿,令因行觞而斫宝。宝性不甘酒,视候甚明,觞者不敢发。晔因自引取佩刀斫杀宝,斩其首以令其军。(《三国志·魏志·刘晔传》)

(46)我于此那难陀内一切众生,于一日中斫剉斩截、剥裂削割,作一肉聚,作一肉积。(《中阿含经》,1/629c)

(47)(栴陀罗)头面顶礼而白之言:"我……而今被遣来杀父王,若不加害,必受诛罚。"父王……语栴陀罗:"随尔斫截。"时栴陀罗极力斫之,刀不能伤。父王愍故,而借神力,语栴陀罗:"尔今为我往语尔王,尔今杀父,复害罗汉作二逆罪,好加忏悔可得轻罪。"时栴陀罗既受勅已,举刀复斫,斩父王首。(《杂宝藏经》,4/495b)

(48)譬如壮士手执利刀斫一茎竹,或斫一箭,如是如是。太子钗彼按摩铁棒,谓言竹束,左手执剑,不用多力,一下斩斫,随时彻过。时诸释种复作是言,已试斩斫,太子最胜。(《佛本行集经》,3/711b)

上举例中"斫、斩"并用,尤其是例(46)"斫剉斩截、剥裂削割"连用,它们是一组表方式义的动词。只是,在中古时期,"斩"所接的受事宾语以有生名词为主,而"斫"则以无生名词为主,这大概是二者在宾语搭配上的一点区别。由于二者在功能上有较大重叠,就存在竞争关系。

唐五代时期,由于"斩"归入了死刑缩小了使用范围,所以"斫"理应承担"斩"放弃的那部分功能。但是,大概由于"斩、斫"在中古时期的功能重叠,所以,大致在中古时期"斩"便替代了"斫"的功能,一个显著的标志便是唐五代文献中"斫"已经比较少见了(见表5-3)。

而在"斩""斫"发生功能更替的时候,魏晋时期又产生了的"砍"。如:

(49)文翁常欲断大树,砍断处去地一丈八尺,翁先祝曰:"吾若得二千石,斧当着此处。"因掷之,中所砍一丈八尺处。后果为郡。(《幽明录》3)|(刘)余之即奋刀乱砍,得一大鼍及狸。(《幽明录》229)

所以,在中古时期"斩""斫"并用,又新产生了"砍"。三者在功能上有重叠,竞争的结果"斫"被逐渐淘汰了。我们从近代汉语文献中"斫""砍"同时使用的情况可以发现"砍"替代"斫"的轨迹。如:

(50)【偷斫树木免刺】洺州申:归问到钱留住招状:不合于至元五年十二月十七日夜,为首纠合已断薛驴儿,偷砍陈大榆树。(《元典章·

刑部》)

(51)三十年前,官司杖人,惟用荆棍,或加皮鞭,故罪人易受。后稍用竹篦,一篦之重,不过三四两。自成化十九年,一巡官忽有翻黄之制,重过二斤,用以侧斫,名之曰"砍"。故狱中之人,罪无轻重,但受"砍"者多死。(明·王锜《寓圃杂记》卷二"刑具"条)

例(50)中先说"偷斫",后面在对这一条做解释时用"偷砍";例(51)则将以侧斫方式来命名的刑具称为"砍",由此可见"砍"对"斫"的替代趋势。

同时,"斩""砍"在近代汉语开始发生功能上的分工。一般来说,"斩"的受事宾语一般只能是有生的,而且所斩的部位是"头";"砍"则不受此限制,如《三国演义》中:

(52)却说孔明<u>斩了马谡</u>,将首级遍示各营已毕,用线缝在尸首上,具棺葬之,自修祭文享祀(第九十六回)|(司马懿)喝令武士推出<u>斩之</u>。须臾,献首帐下。众将悚然。(第一百回)

(53)曲义马到,先<u>斩执旗将</u>,把<u>绣旗砍倒</u>。公孙瓒见<u>砍倒绣旗</u>,回马下桥而走。(第七回)|绍将颜良立<u>斩耿武</u>,文丑<u>砍死关纯</u>。(第七回)

(54)布向前,一刀<u>砍下丁原首级</u>(第三回)|刀斧手拥出,就坐席上<u>砍下二人之头</u>,用木匣盛贮,使人送到易州,来见曹操。(第三十三回)

例(52)中"斩"的对象是"马谡""之(偏将)",虽然未指明是"头",但后文有"将首级遍示各营""献首帐下",证明斩的是"头"。例(53)所斩为人;所砍可以是无生的(绣旗),也可以是有生的(关纯)。例(54)砍的是人的首级。这说明,"斩"和"砍"存在功能竞争。

我们统计了"斩""斫""砍"在近代汉语中的表现(见表5-3)。大致说来,南北朝以前的"斩"相当于宋、元以后才见于记载的"砍",如《西游记》第六回:"(真君)恶狠狠,望大圣着头就砍。"南北朝时期和"斩"语义相近的是"斫"。

斫(zhuó),亦作"斵",《说文》"斫,击也",又"斵,斩也",《玉篇》"斫,刀斫"。"斫"较"伐"后起,它也有"击"义,与"伐"相通。《韩非子·奸劫弑臣》"贾射公(齐庄公),中其股,公坠。崔子之徒以戈斫而杀之",《晋书·范乔传》"初,乔邑人腊夕盗斫其树";砍树、击人也可以用"斫"。不过《说文》、《玉篇》对"斫"的解释中更突出"斩"和"刀",这就显示了"斫"的特点。"伐"用的是戈,斧之类刃较窄、较尖的工具,其作用主要是"击";"斫"除用斧、戈之类外还适用于刀、剑之类的长刃的工具,所以对"斫"的各种解释中强调刹义和将物砍断义。杜甫《短歌行赠王郎司直》"王郎酒酣,拔剑斫地歌莫哀",《五代史·耿豪传》"大丈夫见贼须右手拔刀、左手把稍,直刺直斫,慎莫皱眉畏死":用的工具是刀、剑;《楚辞·七谏·怨世》"悲愤人之和氏兮,献宝玉以为石。遇厉武之不察兮,羌两足而毕斫",《西京杂记·五》"在船者斫断其缆":这是砍断或刹断。(王凤阳,1993:694)

所以,我们推测,"斫"和"斩"在南北朝以前是一对近义词,但在搭配的受事对象上有所差别,"斩"的对象多是人的头和腰等致命性部位。由于长期主要使用于这种环境中,再加上在语义上"斫"和它部分交叉,功能竞争的结果是二者在搭配对象上各有侧重。① 后来"斩"的受事只能是人,也就获得了"动作＋结果"的意义,即从语用意义转化为规约意义。

表5-3 "斩""斫""砍"在近代汉语中的表现

	斩	斫	砍	合计
唐律疏义	186	7	1	194
敦煌变文	44	5	0	49
祖堂集	10	13	1	24
入唐求法巡礼行记	11	1	0	12
朱子语类	55	18	2	75
河南程氏遗书	2	0	1	3
张协状元	3	1	1	5
宋元话本	7	1	2	10
三国演义	498	2	115	615
水浒传	98	3	177	278
西游记	28	2	103	133
金瓶梅(崇祯本)	3	1	13	17
型世言	16	0	38	54
三遂平妖传(二十回本)	16	0	3	19
儒林外史	1	1	6	8
红楼梦(前80回)	5	0	4	9
儿女英雄传	8	0	14	22
合计	991	55	481	1527

注:本表对"斫"的统计只涉及"用刀斧等砍或削"义的出现次数。宋元话本指《碾玉观音》《错斩崔宁》《简贴和尚》《快嘴李翠莲记》《宋四公大闹禁魂张》《万秀娘仇报山亭儿》。

---

① 关于"斩"和"斫"的功能竞争和语义发展,这里只能做大致的描写,二者的具体语义演变过程有待做进一步分析。

朱红林(2005:78)指出,因为在西汉文帝时期"斩右止"被废除,如《汉书·刑法志》:"当斩右止,皆弃市",但是到东汉,明帝、章帝及和帝的赎罪诏书中均明确提到"斩右止"的刑罚,这说明"斩右止"的刑法废于西汉而复行于东汉。至于《三国志·魏志·钟繇传》所载的"繇言于明帝曰,宜如孝景之令,当弃市欲斩右止者,许之"。而乔伟(1981:180)认为《三国志》的叙述不足为信。果真如此,那么可以推想,大概"斩"的对象不再是"止"等非致命部位,而一定是"腰""头"以后,"斩"就为从动作向"动作+结果"的意义转移准备了条件。一旦所用的使用者均认为"斩"和死亡有必然联系后,就发生了语义的规约化,从语用意义转换为常规意义。从动作意义转化为"动作+结果"义,关键是常规的语用推导。

似乎可以这样认为,秦汉时期"斩"的"死亡"义是语用意义,即非规约意义,当"斩"带的宾语是"止"时,这一意义就被取消了。因为规约意义(即语义)与非规约意义(语用义)的区别是:具备不可取消性(non-defeasibility)、可分离性(detachability)、不可推导性(non-calculability)的是规约意义,反之则是非规约意义。当"斩"的宾语隐含或者说在其他因素诱导下得以实现的时候,"斩"便和"死"相联系,这样宾语成分就会成为缺省值(default value)。而缺省值在信息上来看是价值不大的成分,只要句法条件允许(如韵律等),就可以被省略。这符合话语交际中的适量原则,即在交际中,话语所包含的信息既不能过多也不能过少。本该有的部分残缺就会使语言结构残缺不全,完整性受到损害;反之,不必说出的部分却未略去,也会使语言结构显得累赘不堪,使语言结构的简明性受到影响。一旦宾语信息被规约化过后,这种成分的出现与否都不会影响"斩"的语义,结果是"斩"的语义的固化。而导致这种语义产生的机制最终源于语言使用者"抄近路"的心理。

因此,"斩"的语义转换过程大致可以表示为(图5-1):

语用 ————————→ 语义(隐含)
动作 ————————→ 动作+结果
斩(头、腰、止)————→ 斩(头、腰)

图5-1 "斩"的语义演变过程

以上我们简要分析了"斩"的意义变化过程。Fillmore(1976:81)指出,广义上来看,句法、语义、语用事实上能被彼此区隔开来,但是有些句法事实需要语义和语用解释,而且,有些语义事实需要语用解释。换句话说,解释者有时用语义和语用信息来判定某一句子的句法结构,而有时用语用来做出语义判断。从我们的分析来看,"斩"类动词能够表达"完成"语义是和语用密切相关的。Goldberg(1995:188)指出,结果只能被应用到潜在地经受了状态变化的论元上面,而这一状态是动词指称的动作结果。① 因此,从语义来看,"斩"类动作所联系的论元并未经受严格意义的状态变化。② "斩"类动作的施行可以带来显著的状态变化,也可以没有显著状态变化,如"斩翅、斩木"等。王凤阳(1993)将"伐、斫、斯、砍"归为一组近义词,并说明了这组词在用工具向下猛击的意义上彼此相通,但在所击用的工具、所击的对象和方式上不尽相同。所以"斩"在中古还未包含结果。

借用 Bickel(1997)和 Michaelis(2004)的分析③,"斩"类动词属于异质活动(heterogeneous activity)动词,和具有使成意义的"败"相比,二者在情状类型、语义表现和时间属性上均具有不同的表现形式(见表5-4)。表5-4中,"斩"类和"败"类语义表现方面包含的事件结构基本相同,都是由上位事件和下位事件组成,但是在子事件的凸显上(加黑部分)有所区别:"斩"类动词凸显的是动态性事件(EVENT),"败"类动词凸显的是结果状态(STATE)。影山太郎(1996)指出,说话者的角度从行为出发到变化,再到结果状态,最后,结果状态(黑字部分)被焦点化以得到认知意义上的强调突出。这样,到达结果前的行为和变化的过程就必然被推入背景(background),在语言表现上几乎失去任何价值。由于"斩"的结果状态是可以被取消的语用成分,所以它的语义部分表现的结果状态不能被焦点化。两类动词在时间表现上也有区别:"斩"类动词处于从转换到状态的连续变化过程,最终动词的时间表现还是转换,即 $\tau \to \tau$。而"败"类动词开始是异质事件,但是在动词的时间性上,最后表现为状态,即 $\tau \to \varphi$。

表5-4 "斩"类和"败"类动词的区别

类别	情状类型	语义表现	时间表现
"斩"类	异质活动	[x<**EVENT**>]CAUSE[BECOME[y<STATE>]]	$\tau\varphi[\tau\varphi]+\tau$
"败"类	完结动词	[x<EVENT>]CAUSE[BECOME[y<**STATE**>]]	$\kappa\tau\varphi$

注:表中 τ 代表转换(transitions),φ 代表状态(states),κ 代表事件链(event chains)或者是异质活动,"[$\tau\varphi$]+"表示一次或者更多的特定的状态转换。

---

① Aronff(1980)、di Sciullo & Williams(1987)、Tenny(1994)等也有类似的观点。
② 这里的状态变化是认知心理上的,而不是物理意义上的。
③ 我们对"异质活动动词"的语义表现没有完全采纳 Michaelis(2004),而运用凸显理论来解释。

5.4 "杀"

当代语义学在讨论词汇的语义结构时,常常总会提及 kill。因为 kill 已经成为一类逃避语义分析的词,所以不少文献对其做了大量的研究,如 Katz(1970)、Foder(1970)、McCawley(1972、1978)、Wierzbicka(1975)、Kearns(2003)等。

在汉语中和 kill 在语义上比较接近的是"杀"。不过正如 Tai & Chou(1975)指出,在现代汉语中没有和 kill 完全对应的词,最接近 kill 的是"弄死"。也许正因为这种原因,研究现代汉语的学者基本不关注"杀"的语义。不过,"杀"一直是治汉语史者,尤其是研究汉语动补结构时讨论的热点,如太田辰夫(1958)、志村良治(1984)、梅祖麟(1991)、蒋绍愚(1999、2005b)、吴福祥(1998、2000)、赵长才(2000)、胡敕瑞(2005a)等,他们主要从语法史的角度讨论了与"杀"相关的动补结构的形成过程及其机制。从语义的角度来讨论"杀"的历史演变的主要有杨荣祥(2002)、徐丹(2004)等。正如 Haiman(1983:787)所指,kill 和 cause to die 的区别不在于被呈现的概念,而是概念的融合程度。换句话说,汉语的"杀"从表示"动作＋结果"演变成只能表"动作",我们研究的重点应该放在概念的隐现上。基于此,我们打算考察"杀"的语义演变的过程及其演变的相关动因。

5.4.1 "杀"的语义演变过程

先秦两汉时期,"杀"是典型的及物动词,而"死"是典型的不及物动词。(李佐丰,1983)"杀"和"死"在先秦汉语里在句法表现上呈互补分布。王凤阳(1993:645)认为"使生物失去生命都可以用'杀',它也不论由谁杀和用什么样的手段去杀"。赵长才(2000:22)指出,先秦两汉时期"杀"单独做谓语时,一般只能出现在"$S_{施}＋V＋O$"格式中,即只用于施事主语句,不用于受事主语句。"杀"跟"攻、刺、击、捕、斫"等着重体现方式、手段的行为动词相比,动作行为的具体性要弱一些,而侧重于表现施事主语在对受事宾语实施"杀"这一行为时达到或导致了什么样的预期目的或结果,换言之,目的或结果部分蕴涵在动作行为之中。杨荣祥(2002:77)指出:

> 古书中的"杀",并不能狭隘地理解为某人亲自使用某种工具将别人(或动物)杀死,只要是某人使用某种手段导致别人(或动物)死亡,就

可以说某人杀某某。绝大多数常用辞书对"杀"的释义基本上都把握了其语义特征,尤以张永言等《简明古汉语字典》的释义("使失去生命,弄死")最为准确。但《汉语大词典》分列"杀戮"和"死,致死"两个义项,似不妥当。

杨荣祥先生认为古汉语中的"杀"的意义包括动作和结果,这种动作具有"终结"特征。

"杀"表动作义的例子是大量的,此不赘。表示结果意义的,如:

(55)a. 楚人使蔡无常,公子燮求从先君以利蔡,不能而死。书曰"蔡杀其大夫公子燮",言不与民同欲也。(《左传·襄公二十年》)| 甲告乙贼伤人,问乙贼杀人,非伤殴(也),甲当购,购几可(何)? 当购二两。(《睡虎地秦墓竹简·法律答问》)

　　　　b. 杀者,夺其命是名为杀。(《摩诃僧祇律》,22/244b)

上引《左传》例中"死"和"杀"并用;秦简例译文为"甲控告乙杀伤人,经讯问乙是杀死了人,并非杀伤,甲应受奖赏,奖赏多少? 应奖赏黄金二两"。因此,先秦两汉时期的"杀"语义可以表示为"动作+结果"。这一时期的"杀"可以构成"杀 VO"与"V 杀 O"结构。杨荣祥先生认为"V 杀 O"严格地遵循"时间顺序原则"。① 从时间顺序来讲,一定是先 V 后杀,因此他说:

过去许多学者在谈到这类结构时,往往说两个动词是并列的(见王力,1958;梅祖麟,1991;蒋绍愚,1999)或称之为"等立的复合动词"(太田辰夫,1958:196),我们认为这些说法还不确切。准确地说,应是两个动词的连用,这种连用遵循时间顺序原则,从语义结构关系看应属连贯关系,我们称之为"动词连用"。如上举例 31—36,分别为先迁后杀,先诛(责问,问罪)后杀,先追后杀,先射后杀,先击后杀,先刺后杀。(杨荣祥,2002:79)

必须承认,绝大多数"V 杀 O"遵循时间顺序原则,即先 V 后杀。如:

(56)比丘杀人者,若用刀杀、若毒杀、若涂杀、若吐杀、若下杀、若堕

---

① 戴浩一(Tai,1985)指出,古汉语动词复合的类型中,动结式也必须遵循 PTS。

胎杀、若说相杀、叹誉杀。(《摩诃僧祇律》,22/255b)

但是实际语料中也有反例。如：

(57)a. 仓卒之世,以财利相劫杀者众。同车共船,千里为商,至阔迥之地,杀其人而并取其财,尸捐不收,骨暴不葬。(《论衡·祸虚》)

b. 且王断刑以秋,天之杀用夏,此王者用刑违天时。□□奉天而行,其诛杀也,宜法象上天。天杀用夏,王诛以秋,天人相违,非奉天之义也。(《论衡·雷虚》)

(57a)中的"劫杀"是"V杀O"结构,但是文中是"杀其人而并取其财"应该说是先"杀"后"劫",而不是先"劫"后"杀"。例(57b)中的"诛杀"似乎也不好说是"先诛后杀",二者应该都是并列结构。

中古时期"杀"开始出现了"死"的语义。研究动补结构产生的学者往往以"VO杀"格式来确定"V杀O"动结式的产生年代,如梅祖麟(1991)、赵长才(2000)。赵长才认为"VO杀"最早出现于三世纪的汉译佛经中,六朝时期这种用例更多了,并举了汉译佛经中5例"VO杀"的例子,即：

(58)a. 夫人嗔恚,恶口骂詈："我宁刺汝王子咽杀,取血而饮,今终不饮王所送酒。"(吴·支谦译《撰集百缘经》,4/222a)

b. 时龟小睡,不识恩者,欲以大石打龟头杀。(《杂宝藏经》,4/464b)

c. 阿阇世王斩其腰杀。(《杂宝藏经》,4/472c)

d. 即打野干杀,二兽还和合。(姚秦·佛陀耶舍共竺佛念译《四分律》,22/636c)

e. 雄鸽不信,眭恚而言："非独汝食,何由减少？"即便以觜啄雌鸽杀。(《百喻经》,4/557b)

上举例(58b、c、e)作为动结式的可靠性,梁银峰(2001)已讨论。梁银峰发现例(58c)叙述同样的事件,前面分别用"斩腰而杀"(或者"斩腰而杀之"),后面作"斩其腰杀",因此指出"斩其腰杀"的"杀"后省略了宾语"之",并非"杀"已经变为不及物动词。用相同的方法,梁银峰认为这3例都是省略了宾语的连动式。这无疑是很正确的。

那么剩下的例(58a、d)作为动结式是否也有同样的问题呢?
我们先看例(58d)。其上下文为:

> 彼自念言:"必是野干斗乱我等。"善博虎说偈答善牙师子言:"善博不说是,形色及所生;大力而复胜,善牙不能善。若受无利言,信他彼此语;亲厚自破坏,便成于冤家。若以知真实,当灭除瞋恼;今可至诚说,令身得利益。今当善降伏,除灭恶知识;可杀此野干,斗乱我等者。"即<u>打野干杀</u>。(《四分律》,22/636b)

同样的内容在唐道世撰的《法苑竹林》和《诸经集要》中也均作"杀此野干"和"即打野干杀"。这说明这里的"打野干杀"也是省略了宾语,而不是自动词的"杀"。而且在《摩诃僧祇律》中作:"时婆罗门捉杖来出打杀野干。"(《摩诃僧祇律》,22/282c)

例(58a)上下文为:

> 夫人瞋恚,恶口骂詈:"我宁<u>刺汝王子咽杀</u>,取血而饮,今终不饮王所送酒。"使者还驰,以状白王。王闻是语,复生瞋恚,寻即遣人送王子与试为能不。夫人得已,即欲刺咽。王子归躬,合掌向母:"我无过罪,何为见尔?"母答子曰:"<u>汝父勅杀</u>,非我咎也。"闻是语已,即便向母忏悔罪咎。其母不听,<u>即便刺杀</u>。乘是善心生忉利天。我于尔时,故是凡夫,<u>为母所杀</u>及以骂辱,终无恨心。(《撰集百缘经》,4/222a)

"汝父勅杀"并非"勅死"之义;"即便刺杀"也并非"即便刺死",正确的解释是即便刺杀(之),是省略了宾语的结构;更为重要的是后文有"为母所杀"被动结构,表明"杀"是及物动词。所以,以上例(58)中的"VO 杀"结构实际上是"VO 杀(之)"。

还须注意的是,上面所引的 5 例均出现于汉译佛典文献中。朱庆之(2001)早就指出汉译佛典文献属于混合汉语,和中土文献语言相比,是一种非自然的独特变体,为了适应文体上的要求,在汉译佛典中常会出现变异。而通过"杀"所在的例子,我们恰好可以看出这种为了适应文体的需要而出现语言变异的混合汉语特点。如:

> (59)时阿阇世王嫌其供养佛塔,用钻钻杀,命终得生三十三天。……天女以偈而答之曰:"我昔在人中,欢喜恭敬心;以诸好香华,供养于佛

塔。而为阿阇世,以钻钻杀我。"(《杂宝藏经》,4/473b)

例中当"杀"出现在四字格时便用"用钻钻杀"省略宾语的结构,一到了五言格式的句子中就用"以钻钻杀我",显然我们不能因为前者不带宾语就认为"杀"自动词化了。正确的看法是将其看作汉译佛典文体上的一种变异形式,不是当时的语言常规。

回过头来,如果仔细观察,我们可以发现例(58)中的"VO 杀"都出现在严整的格式中,例(58d)是五言,其余 4 例为四言。如:

若以知真实/当灭除瞋恼/今可至诚说/令身得利益/今当善降伏/除灭恶知识/可杀此野干/斗乱我等者/即打野干杀。(《四分律》,22/636b)|时龟小睡/不识恩者/欲以大石/打龟头杀。(《杂宝藏经》,4/464b)|阿阇世王/斩其腰杀/以是善因/命终之后/得生天中。(《杂宝藏经》,4/472c)|夫人瞋恚/恶口骂詈/我宁刺汝/王子咽杀/取血而饮/今终不饮/王所送酒。(《撰集百缘经》,4/222a)|雄鸽不信/眭恚而言/非独汝食/何由减少/即便以嘴/啄雌鸽杀/……彼实不食/我妄杀他。(《百喻经》,4/557b)

这些"VO 杀"是因为佛经文体的特殊要求而产生的,不是真正的"VO 杀"结构。① 因此,在判定"VO 杀"结构时我们应当考虑汉译佛典的文体特点。

还有一种可能是,把上述例证可以看作是从"VO 杀(之)"向"VO 杀"演变的中间阶段。蒋绍愚(2003:17)指出,如果"V_1+N+V_2"中的 V_2 是一个及物动词,像"啄雌鸽杀"的"杀"那样,那么,它的形成途径应该是:②

　　a."$V_1+N,V_2+之$"——b."$V_1+N,V_2(+之)$"——c."V_1+N+V_2"

蒋绍愚先生所举的南北朝时期的"V_1+N+V_2"例证为上举(58b、e),而这两例以我们的标准来看似乎并不是真正的"VO 杀"。

为了进一步弄清楚南北朝时期的"VO 杀"的表现,我们对同时期的中土文献做了一番调查,范围包括《世说新语》《齐民要术》《异苑》《幽明录》《冥祥记》《拾遗记》《搜神记》《搜神后记》,出现"VO 杀"结构的只有下面 2 例,即:

　　(60)a. 广守尸,取猪杀。(《幽明录》93)

---

① 关于汉译佛典文献文体特点及其成因,请参朱庆之(1992)、俞理明(1993)的相关论述。
② 这一演化序列是符合语言象似性原则的(Haiman,1983:782)。

b. 马后见女,辄怒而奋击。父怪之,密问女。女具以告父。<u>父射马杀</u>,晒皮于庭。(《齐民要术·种桑、柘》引《搜神记》)①

例(60a)的"取猪杀"形式上是"VO杀",但它实际上属于处置式,"取"表示处置,因此"杀"后面的宾语是因为处置结构而前置,所以此例不是隔开式的动补结构。例(60b)应该属于隔开式动补结构,但是和《搜神记》有差异,《搜神记》作:

　　父怪之,密以问女。女具以告父,必为是故。父曰:"勿言,恐辱家门。且莫出入。"于是伏弩<u>射杀</u>之,暴皮于庭。(《搜神记》"女化蚕"条)

也就是说,在《搜神记》中是"V 杀 O"结构,而不是"VO 杀"。这样一来,例(60b)也不能算作隔开式动补结构。而"V 杀 O"结构在上述南北朝时期的中土文献中大量出现。如:

　　(61)卫玠从豫章至下都,人久闻其名,观者如堵墙。玠先有羸疾,体不堪劳,遂成病而死。时人谓"<u>看杀卫玠</u>"。(《世说新语·容止》)|冯乘虞荡夜猎,见一大麈,射之。麈便云:"虞荡,汝<u>射杀</u>我耶!"(《搜神记》"<u>虞荡</u>"条)|晋义熙三年,朱猗戍寿阳,婢炊饭,忽有群乌集灶,竞来啄啖,驱逐不去。有猎犬<u>咋杀</u>两乌,余乌因共<u>咋杀</u>犬,又啖其肉,唯余骨存。(《异苑》卷三)|须臾,见壁中有一物,如卷席大,高五尺许,正白。便还,取刀子中之,中断,化为两人。复横斫之,又成四人。便夺取刀,<u>反斫杀</u>李。持至坐上,<u>斫杀</u>其子弟。(《搜神后记》"壁中一物"条)|充就乳母怀中呜撮,郭遥见,谓充爱乳母,即<u>鞭杀</u>之。(《异苑》卷十)②

除去例(61)中的"看杀、射杀、咋杀、斫杀"外,还有"打杀、封杀、格杀、缴杀、啮杀"出现在"V 杀 O"结构中。

　　这种现象使我们有理由怀疑在南北朝时期是否真正有"VO 杀"存在,因为这种结构在中土文献未见用例,而在佛典文献中一旦出现就见于整齐的四言、五言结构中。考虑到"杀"不仅在上古汉语,而且直到现在都还是及物动词,在南北朝时期的汉译佛典中突然出现一种"VO 杀"结构,而后又突然消失,似乎也不符合语言的演变常规。因此,我们认为中古时期并没有典

---

① 《齐民要术校释》标点为:"父射马,杀,晒皮于庭。"
② 此例《世说新语·惑溺》作:"郭遥望见,谓充爱乳母,即杀之。儿悲思啼泣,不饮它乳,遂死。"

191

型的"VO 杀"结构。

但是,否定了"VO 杀"结构在中古的存在,并不意味着"杀"在中古汉语中只表示动作。必须承认,从语义表现来看,中古汉语中大量存在着表示结果意义的"杀"。如:

(62)驱上标头,以箭射杀,最后斩杀。(姚秦·昙摩耶舍共昙摩崛多译《舍利弗阿毗昙论》,28/627c)|象见是已,恶心还生,王送罪人,象即蹈杀。(《摩诃僧祇律》,22/241)|即日夜中,有大群象踏杀众人。(《杂宝藏经》,4/464b)|吹笛人有小忘,君夫闻,使黄门阶下打杀之,颜色不变。(《世说新语·汰侈》)|吉甫乃求伯奇于野,而射杀后妻。(《世说新语·言语》刘注)|寻迹,定是咏家老黄狗,即打杀之。吠乃止。(《搜神后记》"蔡咏家狗"条)

从语义上来讲,例(60)中的"射杀、斩杀、蹈杀、踏杀、打杀"中的"杀"完全可以当"死"讲,因此,"杀"可以表示结果。尤其到了"看杀、愁杀"等结构中,"杀"的结果意义就更加明显了。蒋绍愚(2003:5)指出:"它不是'杀人'的'杀',而是大致和'死'相同,也就是说,它不是表示一种行为,而表示一种结果(状态)。但这种语义并没有固定下来,这种意义的'杀'不能和'死'一样独立地作谓语,而只能和另外一个动词(如'啄'、'愁'、'看')配合,表示动作的结果。"

到近代汉语中,"杀"基本上只表示动作,而不表示结果。如:

(63)穆豁子杀死亲兄,恶逆尤甚。(《元典章·刑部》"不睦"条)|洞贼扇聚,杀死收捕军民官,烧劫站赤马疋、铺陈,夺去县印。(《元典章·刑部》"谋叛"条)|他也要了钞和银子,将胡揔管杀了。(《元典章·刑部》"不睦"条)|至元二年四月,济南路归问到韩进状招:因与亲家相争,将棒于在旁冯阿兰右肩上误打一下,因伤身死。法司拟:即系因斗殴而误杀伤论,至死者,减一等,合徒五年。(《元典章·刑部》"误杀"条)|戏杀伤人者,减斗杀伤二等,谓以力共戏而致死伤者。(《元典章·刑部》"戏杀"条)

例(63)中"杀"一般处在动补结构"杀伤"和体标记中,"杀"这一动作的结果由补语和完成体标记"了"承担。而且在上举"误杀"和"戏杀"例中,"杀"这一动作产生的直接结果是伤而不是死,这是中古时期不曾有的现象。更值得注意的是：

(64)【打杀妻父】至元三年六月河间路申：张羔儿为伊丈人郭百户带酒屡常打骂上，纠合吴招抚，将丈人郭百户打死。(《元典章·刑部》"不义"条)

前面的案例条文标题作"打杀妻父"，判例作"打死"。前者大致是存古，而后者则可以说明"杀"因为不再表示结果，所以不能用在动补结构的补语位置上了。太田辰夫(1958)认为，到了唐代，中古汉语中用"杀"的地方用了"死"的例子就非常多了。因此，我们大致可以认为，"杀"表示结果的意义由"死"替代以后，"杀"也就不再表示结果，只能表示动作了。

不过在晚唐五代时期"杀"还可以表示结果。如：

(65)后阿娘又见舜子，五毒恶心便起："……买(卖)却田地庄园，学得甚崇祝术魅，大杖打又[不]杀，三具火烧不死。"(《敦煌变文·舜子变》)|酿此二酝，常宜谨慎：多，喜杀人；以饮少，不言醉死，正疑药杀，尤须节量，勿轻饮之。击分(激忿)声凄而对曰："说着来由愁杀人！"(《敦煌变文·捉季布传文》)|其使者却诣王宫，奏告大王，具此奏对："母子并焚烧不杀。"(《敦煌变文·悉达太子修道因缘》)

因此我们猜想，"杀"的语义由可以表示结果语义转换为只能表示动作意义的时期大概是宋元时期，即体标记和动补结构都已经成熟以后。这一趋势一直持续到现代汉语，"杀"只能表示动作[①]，这可以从词典释义

[①] Klein et al. (2000)指出，一相(1-phase)谓词"杀"在汉语中表现的是源点相(source phase)，"杀"不同于英语的 kill 之处在于其词汇内容中并不包含目标相(target phase)"死"(being dead)。因此，英汉在表达上有很大的不同。如：

　　杀了他三次。　　　　　* Kill him three times.

Tai(2003)从认知相对论的角度讨论汉语结果复合动词时谈到汉语和英语等语言具有不同的概念化，文中提到英语的完结词(accomplishment)kill 必然隐含着死亡，而汉语的"杀"并不必然隐含。如：

　　* I killed John, but he didn't die. (我杀了约翰，他都没死。)

因此，Kill 在汉语中并不存在。不过，Tai(2003)的这种看法恐不能适用于上古汉语。而根据 Kearns(2003)的分析，kill 虽然具有"被使、持续、渐进、有界变化、状态变化"等特征，但是它和完结动词具有不同的特性，即它不具有内部屈折——过程进行体不能使用于事件本身。Kearns 把 kill、cure、convince 等使成谓词(causative upshot predicates)称为"持续完成"(durative achievements)谓词。而且，durative achievements 在终点表示上和 accomplishments 也有不同，前者不具有自然或惯性终点(natural or inertial culmination)，而后者具有；前者一旦发生，就必然实现。因此，Kearns 认为，惯性终点和非惯性结果(non-inertial upshot)决定了二者的时间分布。

中反映出来：

杀[①]

〈他动〉使人或动物失去生命；弄死

【基本式】施事（屠夫、奶奶、乡亲们、特务、谣言）＋杀＋受事（老先生、人士、猪、鸡、细菌）：奶奶杀了一只鸡。｜奶奶鸡已经杀完了。｜奶奶把那只老母鸡杀了。｜那只老母鸡奶奶已经杀了。（林杏光等主编，1994：728）

从"杀"的语义来看，是"使人或动物失去生命；弄死"，这一语义似乎又回到了先秦两汉时期。其实这里有着比较大的差异：第一，先秦两汉时期的语义表现出一种综合型语言的特点（徐丹，2004；Xu，2006）；而现代汉语则表现为典型的分析型语义。[②] 第二，先秦时期动补结构、体标记都没有出现，而现代汉语中这两种结构早已产生。也就是说，先秦时期的结果意义是蕴涵的，而现代汉语中的结果是语用的，可以取消。比如我们可以说"他杀了半天，还是杀不死那只鸡"。所以，我们说近代汉语以来的"杀"语义上只能表示动作，它在具体环境中产生的结果意义是由于补语、体标记以及名词短语的有界性等带来的。

用图5-2可以简要地将"杀"的语义发展过程表示出来。

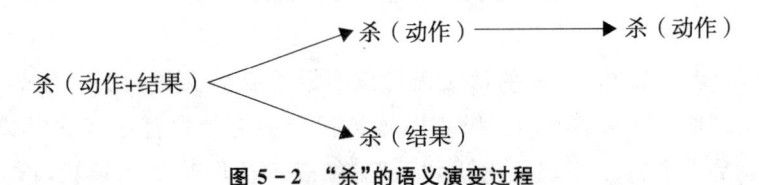

```
                    ┌──→ 杀（动作）──────→ 杀（动作）
杀（动作+结果）─────┤
                    └──→ 杀（结果）
```

图5-2　"杀"的语义演变过程

图5-2表明在第一阶段，也就是先秦汉语时期，"杀"是一个动词包括了"动作"和"结果"；第二阶段大致在中古时期，尤其是南北朝时期，"杀"动作和结果分离；第三阶段大致从近代汉语中后期开始，"杀"基本上只能表示动作了。

5.4.2　"杀"在不同时期的概念结构

根据Comrie（1981）的界定，"杀"在上古时期属于词汇型使成，但是

[①] 这里对"杀"的讨论不包括"杀"表示战斗意义的自动词用法，以及表示药物等刺激皮肤或黏膜使感觉疼痛的意义的他动词用法。

[②] 说现代汉语是分析型语言，并不是说表达现代汉语中的每一个复杂语义都需要由两个或者两个以上的词来承担。关于现代汉语的语义综合问题，谭景春（2004）有详尽研究。

从中古时期开始语义发生了很大的转变,从"动作+结果"转换为"动作"/"结果",即动作和结果分离,再转换为只能表示动作,"杀"的这种语义转换与语言结构的转变有关,同时更为重要的是与词汇本身的语义有关。

认知语言学引入概念结构来研究语义和语法结构,概念结构大致相当于语义结构。语言概念结构不同,基于概念结构上的语言结构和组织规则也就会表现出差异。

王力(1941)在讨论古语的死亡时,指出其原因之一就是由综合变为分析,即可加一个字变为几个字。例如由"渔"变为"打鱼",由"汲"变为"打水",由"驹"变为"小马",由"犊"变为"小牛"。蒋绍愚(1989)在《古汉语词汇纲要》第八章第三节中详细论述了词汇变化对语法的影响,并指出汉语词汇从古到今有一种从"综合"到"分析"的趋势,这种趋势影响到语法的变化。

> 所谓从"综合"到"分析",指的是同一语义,在上古汉语中是用一个词来表达,后来变成或是用两个词构成词组,或是分成两个词来表达。(蒋绍愚,1989:233)

蒋绍愚先生分三种情况讨论了汉语词汇从综合向分析的发展:(一)古汉语中一些单音的动词,到白话中要用一个动宾词组来表达;(二)在古汉语中还常常把动作和动作的结果综合在一起,用一个词来表达,这就是通常所说的"形容词的使动用法";(三)先秦汉语的实体名词从既可以表实体,又可以表处所,处所名词和一般名词在形式上没有区别,到后来一般名词和处所名词分离。

以后,不少学者也讨论了汉语词汇的这种发展规律,如石毓智(2003、2004)、徐丹(2004、2005)、Xu(2006)、胡敕瑞(2005b),其中尤以石毓智、胡敕瑞的论述最为详尽。不过石毓智、胡敕瑞二位关注的重点有所不同,前者关注古今汉语的差异,重在历时类型比较;后者关注汉语词汇从上古向中古的本质变化。石毓智(2003、2004)指出:"一种语言的概念化方式并不是一成不变的,先秦汉语……的谓语基本上由一个核心动词构成。这反映了古今汉语动词概念化方式的差异。概念化方式的差异表现在各个方面,常见的一种是对同一语义范围的切分的不同。"胡敕瑞(2005b)则认为这一根本转变是从隐含到呈现。

可以说,汉语词汇从综合向分析的转变是不争的事实,但具体到每一类词又有所不同。比如"杀",如图5-2,语义上,从上古"动作+结果"的综合型转化为"动作"或者"结果"的二分格局,然后是现代汉语的表"动作"的单一格局,这是其独特的语义表现形式。

形式和意义的复杂关系,一直是语言学讨论的热点和难点。Fillmore(1978)从类型学上论述了使成概念的组合性(compositionality)及其实现(realization)关系。如果用 Z 表示整个复杂事件,以 X、Y 分别表示起始、结果事件,那么使成事件可表示为(图5-3)①:

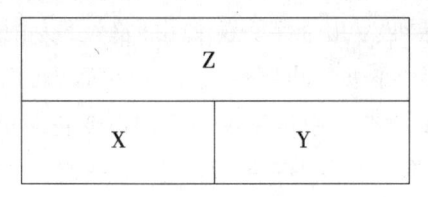

Z	
X	Y

图5-3 使成概念的表现方式

图5-3中使成概念的表现方式实际上只能适用于动结式产生以后,也就是动作和结果分离以后(或者说原因和结果分离)。从概念化的方式来看,由于汉语语义从综合型向分析型的转换,表现在汉语词汇上就是概念化方式的变化,在先秦时期由一个单一词汇单位表达的复杂概念(Z)到了中古汉语中需要由两个词汇单位"X+Y"形式表达。运用这一思路,我们将"杀"的演化过程表示如下(图5-4):

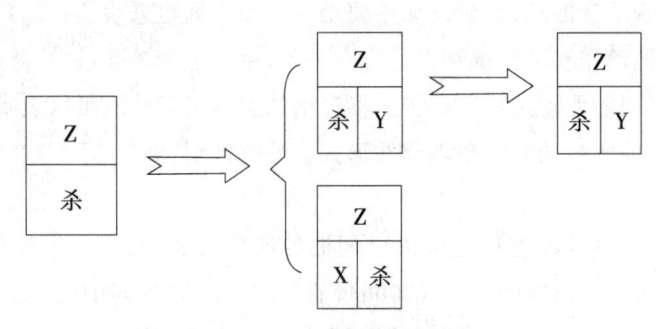

图5-4 "杀"的概念化过程

图5-4代表了"杀"的语义转换的三个阶段。在上古汉语中,"杀"表示"动作+结果";到了中古汉语,随着汉语复音化的加强,"杀"有两种表现形式,即"X 杀"和"杀 Y"。这是"杀"的第一次语义变化。后来,"X 杀"这一复合

---

① 这种综合式使成结构的 X 相当于英语的 make,而不是 cause。请参 Dixon(1994:139fn35)。

形式消失,只剩下"杀 Y"这一形式,这是第二次语义变化。①

也就是说这里有两个根本的变化:第一,"杀"的语义从综合型向分析型的转换;第二,"X 杀"形式的消失。

5.4.2.1 第一次语义转换及概念结构制约

第一次变化和"杀"自身的语义类型有非常密切的关系。

在上古汉语中,"杀"具有两个语义成分,即"动作+结果",这是语义综合的表现。到了中古汉语,"杀"产生了两条分化途径:当它在复合结构做上字时,表示"动作";做下字时,则表示"结果"。

关于"杀"在上古汉语中表示"动作+结果"综合语义,以及"杀"处于使成结构中表示"结果"的语义特征,已经有大量研究文章论述。赵长才(2000:22)指出,"杀"更侧重于表现施事主语在对受事宾语实施"杀"这一行为时达到或导致了什么样的预期目的或结果,目的或结果部分蕴涵在动作行为之中。那么"杀"从上古向中古的发展过程中有没有只是表示"动作",而不表示"结果"语义的呢?我们检得几例:

(66)a. 捕赀罪,即端以剑及兵刃刺杀之,可(何)论?杀之,完为城旦;伤之,耐为隶臣。(《睡虎地秦墓竹简·法律答问》)

b. 可(何)谓"家罪"?"家罪"者,父杀伤人及奴妾,父死而告之,勿治。(《睡虎地秦墓竹简·法律答问》)

c. 可(何)谓"家罪"?父子同居,杀伤父臣妾、畜产及盗之,父已死,或告,勿听,是胃(谓)"家罪"。(《睡虎地秦墓竹简·法律答问》)

d. 建初四年夏六月,雷击杀会稽靳(鄞)专日食羊五头,皆死。夫羊〔有〕何阴过,而雷杀之?(《论衡·雷虚》)②

(66a)的译文为:"捉拿应判处赀罪的犯人,便故意用剑以及兵刃把他刺杀了,如何论处?杀死犯人的,应完为城旦;杀伤犯人的,应耐为隶臣。""刺杀"

---

① 有意思的是,中古时期中有"往昔游猎时,执箭或持刀,射杀野鼍死"(《佛本行集经》,3/708b)这样的结构。赵长才(2000:52)称之为"混成动结式"。施春宏(2004)认为是 VRO 和 VOR 叠合使用的杂糅句式。不过,这里的"射杀"似乎可以理解成并列式更适合,"射……死""杀……死"透露了语义转换中的过渡现象。请容另文讨论。

② 孙诒让认为"靳"当作"鄞","专日食"三字,与雷击杀羊义不相属,当有错误。《御览》十三、《事类赋》三引并作"雷击会稽鄞县羊五头"。黄晖则以为"食"字衍,"专日"二字,为"县"字形残。因此,例(54d)可能有传抄错误,不过从《睡虎地秦墓竹简》中的引例来看,恐作"击杀"不误。这里姑且引上,待考。

的结果不一定是"死",否则,不会有"杀之,完为城旦;伤之,耐为隶臣"的两种后果。可见"刺杀"中的"杀"表示的是[+动作],不同于"杀之,完为城旦"中的"杀"。(66b)的译文为:"什么叫'家罪'?家罪即父亲杀伤了人以及奴婢,在父死后才有人控告,不予处理。"很显然,"杀"只能表示[+动作]。(66c)的译文为:"什么是'家罪'?父子居住在一起,子杀伤及盗窃父亲的奴婢、牲畜,父死后,有人控告,不予处理,这叫'家罪'。"因此,这里的"杀伤"中的"杀"也只能表示"动作",不表示"结果"。(66d)前面云"击杀",后面接着云"皆死",可见"杀"没有"死"义,否则违背了话语的经济和合作原则。

可见,"杀"的动作与结果分离的时间大概在秦汉之际或者更早。"杀"的这种语义转换一方面和汉语语义类型的转变密切相关;同时,更为重要的是,"杀"在上古汉语中具有"动作+结果"两个语义成分,随着汉语词汇的演变,"杀"表示"动作"的语义通过"杀Y"形式的复合结构中呈现出来,而表示"结果"的语义于"X杀"形式中呈现出来。如果用A、B分别代表这两个语义成分,那么我们可以将第一次语义变化表示为图5-5。

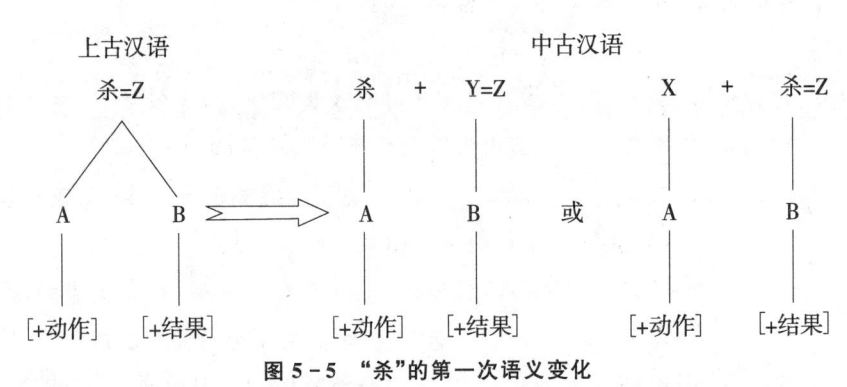

```
    上古汉语                  中古汉语
     杀=Z              杀 + Y=Z     X + 杀=Z
    ╱   ╲              │    │        │    │
   A     B     ⇒      A    B   或   A    B
   │     │              │    │        │    │
 [+动作][+结果]       [+动作][+结果] [+动作][+结果]
```

图5-5 "杀"的第一次语义变化

从图5-5可以看出,上古汉语"杀"表示的语义到了中古汉语时要用"杀Y"或者"X杀"来表示。石毓智(2003、2004)指出:"古今汉语动词概念化的上述变化对语法的最直接的影响是,以前是一个单纯动词表示的概念,现在则需要一个动补结构来表示。其变化可以用下式表示:V→VR,所有表示动作结果的这类动词古今都有这个对立。这说明,一个词语的概念内涵与其句法表现之间存在着一种反比例关系:一个词语的概念内涵越丰富,其句法表现可能越简单;反之,概念内涵越简单,其句法表现就可能越复杂。"也就是说,中古汉语的"杀"承担的语义功能和上古汉语已经具有很大的不同。虽然形式相同,但是概念表示的语义已经发生了变化。至于复合形式的"杀Y""X杀"中的"杀"分别代表"动作""结果"的原因,则和汉语语序的时间顺序有关。杨荣祥(2002:79)指出,"杀VO"与"V杀O"严格地遵循"时间顺序"原则,"V 杀 O"中,从时间顺序来讲,一定是先 V 后杀。这比较好地解释了复合结构中的"杀",尤其是解释了"V 杀 O"中的"杀"表示"终结"。而对于"杀"进入"动词连用"有"杀 VO"和"V 杀 O"两种,"杀 VO"极少,而"V 杀 O"非常多,在三个、四个动词连用时,"杀"只出现在第三或第四的位置,他的解释是:因为"杀"具有"终结"语义特征,这一语义特征在连续过程中往往就表示整个过程的终结,所以"杀"一般都出现在"动词连用"中的最后位置。

必须承认,在复合结构中,"V 杀"在中古汉语大大多于"杀 V",如"攻杀、打杀、射杀、击杀、刺杀、烧杀、溺杀、诛杀"等形式,而"杀 V"大多出现在"杀害"这一复合形式中。我们调查了中古汉语和《敦煌变文》的相关语料,所见到的"杀 V"就只有"杀伤、杀戮、杀害、杀取、杀却"等复合形式。如:

【杀伤】

虽为武王所擒,时亦宜杀伤十百人。(《论衡·语增》)|王法禁杀伤人,杀伤人皆伏其罪,虽择日犯法,终不免罪;如不禁也,虽妄杀伤,终不入法。县官之法,犹鬼神之制也。穿凿之过,犹杀伤之罪也。人杀伤不在择日,缮治室宅何故有忌?(《论衡·讥日》)|凤凰住佛法,不拟杀伤人。忽然责情打,几许愧金身!(《敦煌变文·燕子赋》)

【杀戮】

寡人所杀戮者众矣,而群臣不畏,其故何也?(《论衡·雷虚》)|孙权屈身忍辱,任才尚计,……然性多嫌忌,果于杀戮。(《吴志·吴主传》)|王广作诸罪,杀戮无道。(《杂宝藏经》,4/484c)|尔时王舍大城阿阇世王,其性弊恶,喜行杀戮,具口四恶。(北凉·昙无谶译《大般涅槃经》,12/474a)|时石勒屯兵葛陂,专以杀戮为威,沙门遇害者甚众。(梁·慧皎《高僧传》,50/383b)|不过五十里之间,杀戮横尸遍野处。(《敦煌变文·张义潮变文》)

【杀害】

人自爱身者,不当杀害于命。(《中本起经》,4/153a)|张鲁母始以鬼道,又有少容,常往来焉家,故焉遣鲁为督义司马,住汉中,断绝谷阁,杀害汉使。(《蜀志·刘焉传》)|时那罗聚落多诸疫鬼,杀害民众。(《撰集百缘经》,4/209c)|彼阿修罗,有大势力,好为恶事。我天神德力能杀

害,云何乃言非有智耶?(《大庄严论经》,4/257b)|石勒雄异好杀害,因勒大将军郭默略见勒。(《世说新语·言语》)

【杀取】

或杀取其财物,数不奉法。(《吴志·潘璋传》)|其价甚重,汝杀取其珠。(《六度集经》,3/18c)|猎师念言:"我若杀取其皮,不足为贵,当活将去。"(《摩诃僧祇律》,22/231a)|我今大利,得见此兽,可杀取皮,以用上王,足得脱贫。(《贤愚经》,4/438b)

【杀却】

官人闻奏国王,王闻嗔之,皆欲杀却。……小虫若于国有害,臣皆杀却。(《法苑珠林》,53/780c)|王闻是语即大嗔怒,汝可往彼,为吾杀却。(《根本说一切有部毗奈耶》,24/104a)|是时太子既登位已,告诸群臣曰:"汝等杀却达摩。"时宰牛大臣白大王言:"不作观察,无事何故即杀达摩,身现怀妊,未审生男或是生女,若生男时方可杀却。"(《根本说一切有部毗奈耶》,24/195c)|总是公孙邈(敖)下佞言,然始杀却将军母。(《敦煌变文·李陵变文》)|杀却前家歌(哥)子,交(教)与甚处出头?(《敦煌变文·舜子变》)|若杀却阿娘者,舜元无孝道。(《敦煌变文·舜子变》)

可能还有其他形式的"杀Y"。但就上面所举的复合形式来看,《论衡》中的"杀伤"似乎还是并列结构;而"杀戮、杀害"也应当归入并列结构一类。剩下的"杀Y"形式就只有"杀取"和"杀却"了,其中"杀却"似不见于隋唐以前的文献;也就是说,单独靠中古汉语的"杀取"形式无力承载中古汉语的"杀Y"向近代汉语一直到现代汉语的衍生和演变,①因为这一复合形式不管是从出现频率还是表现形式来看,在中古汉语都处于极其微弱的地位。徐丹(2001)抽样调查了汉末到六朝时期的动补结构的上字和下字在"V_1+V_2"结构中

---

① 曹广顺(1995)对"取"的语法化做了详尽的研究,并认为南北朝时期的"动取"结构,如"捕取、打取、抢取、斫取、缚取"是连动式,而不是述补式。刘瑞明(1997)把"取"字独用、前附动词的相关用法,与后附用法归纳为同一机制,都是词义范畴的特殊类型,从而认为"取"是一个典型的泛义动词。从我们见到的"杀取"来看,这些"杀取"还是并列结构,而不是使成结构,"杀"的受事不等于"取"的受事,其结构应该是"杀Ø取O","杀"的受事Ø省略,"取"的受事O和Ø有领属关系。

的出现情况,其中"杀"做上字是 4 例(4 次),做下字是 14 例(16 次)。按照一般的推论,"杀 V_2"形式应该被淘汰或者被其他成分替换,因为这一形式不管是从结构频率还是出现频率来看,都似乎没有存在下去的理由。

但是,事实恰好相反,这其中必定另有其因。

我们认为这和"杀"的复音化进程有关,即"杀 Y"的复音化程度低于"X 杀"。

赵长才(2000)认为,由于"杀"在先秦两汉时期与"刺、攻、杀、斩"等行为动词在功能分布上有明显不同,"杀"类动词单独做谓语时,一般只能出现在"$S_施$＋V＋O"格式中,较少出现在"$S_受$＋V"中;再加上结果蕴涵在动作行为之中,所以"杀"在与其他行为动词构成连动式时一般总是处于后一动词的位置。他说:

> 这种语序特点一方面反映了两个动作行为时间上的先后顺序,另一方面更重要的是,它标示了两个分离的动作行为或事件之间的事理因果关系。前一动作行为表示手段、方式,后一动作行为表示结果。(赵长才,2000:22~23)

可以这样认为:正是由于"杀"只用于施事主语句,不用于受事主语句的典型特征,所以当"杀"在复合结构中出现时,要明确地表示"结果"语义,一般只能做下字,因为中古汉语已经从综合型转变为分析型了。

这样解释了"杀"做下字的复合结构的形成之因。但是仍需要解释"杀"做上字的复合结构不能产的原因。

赵长才(2000)从认知语言学的角度,解释了"杀"的语义范畴的扩展过程:从(Ⅰ)主观上实施致死的行为动作→(Ⅱ)死,失去生命→(Ⅲ)表程度高。语义(Ⅰ)最早产生,是三个意义核心的初始意义,而这一语义出现的句法环境是"$S_施$ 杀 O"和"$S_施$ V(而)杀 O"。也就是说,正是"杀"可以单独做动词实施致死的动作行为影响了"杀"在"杀 V"结构中的复合化进程。

尽管"杀"在中古汉语中发生了语义的动作和结果分离,但是"杀"的一个重要的词汇属性是它不是一般的持续性动词,如"打、拉、追、逐、焚、烧"等同质行为动词。恰恰相反,在缺省的状态下,"杀"的结果是"死",因为"杀"属于异质行为动词。① 所以,光杆动词②"杀"本身可以表达"杀死"的语义功

---

① 《史记》中"田荣怒追击杀齐王市于即墨",不是"杀追击"或"追杀击"等,可证"杀"的异质性。
② 为了称述方便,我们将"杀"不带时体标记,如"了、已、毕"等和不出现于"杀 V"复合结构中的"杀"称为光杆动词。

能。借用 Bickel(1997)的分析,可以表示为(图 5-6)①:

```
        a. 上古汉语                              b. 中古汉语
           杀                                      杀
REPEAT<EVENT>BECOME<STATE>         REPEAT<EVENT>（BECOME<STATE>）
    |            |                     |                 ┆
   [τ           φ]                    [τ]              ([φ])
```

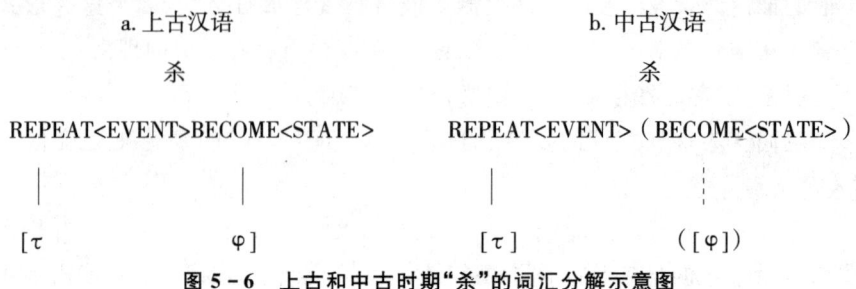

图 5-6 上古和中古时期"杀"的词汇分解示意图

上古汉语的"杀",语义分解的结果是转换和状态都呈现出来。到了中古汉语,由于动作和结果的分离,所以连接的线条是一实一虚,实线表示呈现的部分,虚线表示词汇语义没有呈现的部分。

也就是说,不管"杀"在复合结构中做上字还是下字,连接 τ 和 φ 的线条在中古汉语中只能一实一虚,不可能皆虚,也不可能皆实。道理很简单,因为语义结构已经从综合变为分析了。重要的是,图 5-6b 中用圆括号表示的部分([φ])就是缺省特征,即在默认状态下,执行"杀"的这一动作的结果或状态([φ])往往是"死"或者"失去生命"。如:

(67)传书言:聂正为严翁仲刺杀韩王。此虚也。夫聂政之时,韩列侯也。列侯之三年,聂政刺韩相侠累。十二年列侯卒,与聂政杀侠累,相去十七年,而言聂政刺杀韩王,短书小传,竟虚不可信也。(《论衡·书虚》)|或说处杀虎斩蛟,实冀三横唯余其一。处即刺杀虎,又入水击蛟,蛟或浮或没,行数十里,处与之俱。经三日三夜,乡里皆谓已死,更相庆。竟杀蛟而出。(《世说新语·自新》)|【穆豁子杀兄】至大三年九月,江西行台准尚书省咨:刑部呈:奉省判:本部呈:准中都留守司关:大同路申:朔州备鄯阳县申:至大二年十二月二十二日,穆仲良告:弟穆豁子,用刀将兄穆八扎死。……穆豁子杀死亲兄,恶逆尤甚。合无戮尸晓谕? 系为例事理,关请照验。准此。本部议得:穆豁子因伊兄不还元借钞五钱,用刀子将兄穆八扎死,即系恶逆重事。(《元典章·刑部》"诸恶"条)|他须没个亲人,料没甚大官司;再不或是哥拿着强盗,教人扳他,一个狱时,摆布杀他,一发死得干干净净。(《型世言》第五回)

---

① 图 5-6 中大写的 REPEAT、BECOME 表示语义算子(operator),是变量,尖括号内为常量,"τ"代表转换(transitions)或者界限(boundaries),"φ"代表状态(states)或相(phases)。

例(67)表明,"杀"在缺省状态下可以表达"刺死、扎死"的语义功能。所以《摩诃僧祇律》云:"杀者,夺其命是名为杀。"(22/244b)

因此,光杆的"杀"已经有足够的能力表示"杀死"这一语义,正是这一功能限制了它在"杀 Y"形式中的复合化。① 恰恰是"杀"的结果,如在"杀伤、杀取、杀却"中的"伤、取、却"等结果的不可预测性,或者说是结果的语义偏离,即偏离了缺省义"死",所以才需要形成复合的"杀 Y"以表示在光杆状态下不能表达的复杂语义。不过,这种表达方法因为是有标记的,所以比较少见。

以上我们力图从理论上解释"杀 Y"形式不能产的原因。为了验证这种假设,我们调查了"杀"在《世说新语》中的表现情况(见表5-5)。

表5-5 《世说新语》中"杀"的表现

类型	表现形式	合计
光杆动词	杀(包括"自杀(7)""杀生")	93
杀 Y	杀害(2)、杀戮(2)②	4
X 杀	射杀、宰杀、追杀、看杀、刺杀、幽杀、斫杀、诱杀、打杀、批杀	10

表5-5表明,如果我们只考虑"X 杀、杀 Y"的出现频率,那么"杀 Y"不但处于弱势,而且还只出现在并列的复合结构中。但是,如果虑及光杆动词"杀"的异质特性,即能够在缺省状态下表达"失去生命"的语义功能,那么相较起来,"杀"具有"动作"的语义功能的出现频率要大大高于"杀"表示"结果"意义的语义功能。伴随着动补结构和体标记的逐渐成熟,"杀"就逐渐演化出"杀死、杀了"等形式。

因此,正是"杀"的动作结果"失去生命"语义的可预测性以及"杀 Y"复合结构中"Y"状态的语义偏离,导致了光杆"杀"在出现频率上比"杀 Y"形式有着更大的优势,即在表示"动作"语义时,"杀"有两条并行途径:光杆

---

① 中古汉语虽然"动作"和"结果"分离,但是没有使成式的"杀杀"形式。我们猜想这也和光杆动词"杀"属于异质动词有关。《汉语大词典》举元稹诗歌"杀杀"为例,即:

呜呜暗溜咽冰泉,杀杀霜刀涩寒鞘。(唐元稹《五弦弹》诗)

徐抽寸寸刃,渐屈弯弯肘。杀杀霜在锋,团团月衔纽。(唐元稹《说剑》诗)

《汉语大词典》释为:"谓刀剑锋利,寒光逼人。"因此,元稹诗作中的"杀杀"不是使成式。此外,在《元典章》也有"杀杀"形式,也不是使成式。

【禁杀杀问事】……切见有司亲民之官,每于问事之际,私情暴怒,辄遣凶徒,驱于公厅之下,恣情以杀杀掴打。不思为人睹物听事,全在耳目。其杀杀击之,打及一颊,则冲损头目,以致含血满口,两颊肿胀,伤于肌肤,连月不愈。(《元典章·刑部》)

② 严格说来,"杀害、杀戮"不是使成结构"杀 Y",但是我们主要关心"杀"做上字和下字的出现比例,所以这里暂时不考虑其内部语义结构。

"杀"和动结式的"杀 Y"。

5.4.2.2 第二次语义转换

上面我们尝试解释了"杀"发生第一次语义转换的相关现象及原因,下面简要讨论"杀"的第二次语义转换。由于这一次转换主要发生在近代汉语中,而我们讨论的重点是中古汉语,所以这里只是大致勾勒其发展轨迹。

吴福祥(2000)、赵长才(2000)对"V 死 O"的来源及其在近代汉语中的进一步发展做了详尽的研究。吴福祥先生认为"V 死 O"格式的形成是一种词汇兴替的结果,六朝时期"V 杀 O"格式中的"杀"已由他动词变成了表结果的自动词。由于"杀"的自动词化,"V 杀 O"自连动结构变成了动补结构。因为动补结构"V 杀 O"由"杀"的词汇意义(失去生命),语法属性(不及物)跟自动词"死"相同,于是"死"进入"$S_{施}+V_t+杀(V_i)+O$"中"杀(V_i)"的位置,便形成了"$S_{施}+V_t+死+O$"格式。入唐以后"V 死 O"逐渐增多。不过,"V 死 O"的出现并未导致"V 杀 O"立刻消失。在唐宋元明这段时期内,动补结构"V 杀 O"一直跟"V 死 O"共存、并用。吴福祥(2000)指出:

> "斩"、"射"、"刺"、"烧"等动词,本身含有"杀"义,这些动词带上"杀"后,使动词"杀"原有的"[杀]"义素成分变成一种羡余信息,也就是说,动词"杀"用在含有"杀"义的"V_1"之后,实际参与交际的是它的"[死]"的义素成分。在这样的组合中,动词"杀"着重表达的是一种结果。可见,"杀"作为"V_2"与"杀"义动词的组合,已为动词"杀"的意义变化提供了条件。

赵长才(2000)认为元明以前,大体上"V 杀 O"比较常见,"V 死 O"用得较少,明清以后,"V 死 O"更为常见。因此,动补结构"V 死 O"完全替代"V 杀 O"是在入清以后。现代汉语里,表结果的用法只用"V 死 O";表程度的引申用法,普通话及多数北方方言只用"V 死 O",部分方言里,如吴语、晋语,用"V 杀(煞)O"。

因此,图 5-2 的"杀"的语义演变途径是在没有考虑词汇兴替的情形下的一种简略的表示。由于我们的主要任务是考察"杀"的语义演变,所以当"杀"被"死"替代以后的相关语法演进,就没有在图中表示出来。根据吴福祥(2000)、赵长才(2000)的研究,"杀 Y"和"X 杀"一直并行到元明时期,后来"V 死 O"基本上取代了"V 杀 O"。

我们关心的是"死"对"杀"的替换。在《元典章·刑部》中,"杀"做上字和下字之比分别是87∶53。① 做上字的是"杀死(45)、杀伤(29)、杀了(13)",做下字的是"故杀(28)、斗杀(6)、戏杀(5)、抹杀(3)、劫杀(2)、误杀(2)、打杀、过失杀、欧杀、格杀、戕杀、追杀、盗杀"。同时,"V死"有:"打死(86)、处死(63)、倒死(22)、渰死(20)、病死(16)、踢死(9)、扎死(9)、烧死(8)、碾死(6)、射死(4)、抹死(4)、撕死(3)、欧死(2)、溺死(2)、砍死(2)、斫死(2)、割死(2)、医死(2)、饿死(3)、压死(2)、役死(2)、咬死、吊死、诈死、磕死、搠死、勘死、缢死、饥死、宰死",共278例。相对于"V杀"的53例来说,"V死"已经占据绝对优势。在《元典章·刑部》中,"V死"和"V杀"均使用的词语是:"打死∶打杀;抹死∶抹杀;殴死∶欧杀",它们的出现次数分别为86∶1;4∶3;2∶1。因此,不仅"V死"对"V杀"的替换大概在元代或者更早就取得了优势,而且,"杀Y"复合结构已经超过了"X杀"。我们还在《三遂平妖传》中发现了"谋死"的说法,如"这事多是你家谋死了他的女儿,通同张千、李万设出这般计策,把这疯癫的儿子做个出门入户,不打如何肯招!"(罗贯中《三遂平妖传》第五回)②

当然,我们说"V死"替换了"V杀",并不是说"V杀"完全不能用,实际上直到今天,"射杀、劫杀"还比较活跃,如2005年12月27日的一则搜狐新闻:③

美国警察射杀持刀黑人男子　目击者拍下录像(图)

美联社今晨最新消息,新奥尔良市警方在圣查尔斯大街上,开枪射杀了一名持刀威胁警察官员的黑人男子。

---

① 我们的统计数字没有包括"杀杀、谋杀、宰杀、杀害、杀掳"。有意思的是,在针对朝鲜人的汉语教科书,如《朴通事谚解》《朴通事新释谚解》中,我们见到如下的变化:

　　一个放债财主。小名唤李大舍,开着一座解当库,但是值钱物件来当时,便夺了那物,却打死那人……有一日卖布绢的过去,那李大舍叫将屋里去,把那布绢都夺了,也打杀撇在坑里。又一日,一个妇人将豆子来大的明真珠一百颗来当,又夺了,也打杀撇在那坑里,用板盖在上头。……便要打杀那媳妇。(《朴通事谚解》27a)

　　一个放债财主。混名唤做李夜义(叉),开着一座解当铺,有值钱的物件来当,便夺了那物,打死那人……有一日,一个卖布绢的打他门口过去,他就诓到家里去,把那布绢都夺了,也打死了,撇在坑里。又一日,一个妇人拿珍珠一百颗来当,又夺了,也谋死他,撇在那坑里,用板盖在上头。……也要谋死他。(《朴通事新释谚解》33b)

从中我们可以见到"死"对"杀"的更替。但是需要说明的是,说"死"替代了"杀"是总的趋势表现上说的,在明初的《朴通事谚解》中我们见到上字是"打"时,下字既可以用"杀"也可以用"死",但在《朴通事新释谚解》中用的是"打死、谋死"。说明这种更替已经基本完成。只在某些固定格式,如"冷杀"中保留,如"今日天气冷杀人"。似乎可以说,"死"对"杀"的更替是以"词"为单位逐步替代完成的。至于在替代过程中的规律性如何,尚须做进一步研究。

② 张荣起整理,北京大学出版社,1983年。

③ http://news.sohu.com/20051227/n241160035.shtml。

  警方发言人大卫·亚当斯透露,一名商人在街上遇到该名持刀男子后便打电话给警方,但他没有透露该名男子的姓名,因为警方目前还未将他被<u>射杀</u>之事通告他家人。

  此前在12月7日,美国迈阿密国际机场也发生一起空中警察开枪<u>射杀</u>疑似炸弹客的事件,这是自从"9·11"以来美国空中警察首次击毙可疑乘客。

  第一次语义转换是因为语言类型从综合向分析转变的大背景下发生的,"杀"在中古汉语发生了动作和结果的分离;第二次语义转换发生在近代汉语时期,是在动补结构和体标记成熟的背景下发生的,正是在这种背景下,"杀死、杀伤、杀了"等结构大量产生,这是中古汉语所没有的。所以,导致"杀Y"形式大量产生,是在动补结构以及体标记成熟的大背景下发生的。如果没有这样的大背景,"杀死、杀了"格式不会大量产生和进一步成为常态;也正因此,中古汉语的光杆动词"杀"到近代汉语中一般必须带上体标记。

5.4.3 "杀"在中古汉语的构成

  除了汉语词汇本身概念结构制约"杀"的语义演变外,词汇概念间的组合也是导致"杀"发生语义演变的一个重要原因。因为中古时期是语言结构发生转变,同时也是"杀"发生演变的重要时期。吴福祥(2000)已经注意到词汇之间的组合关系对语义的制约,文章主要关注"V 死 O"形成的动因。因此,他所述的只是"杀"的组合中的一种类型。下面我们将中古汉语,尤其是南北朝时期的"杀"的组合情况大致分为四类进行讨论[①]:

  I. 使成式:A 杀
  II. 偏正式:A 杀
  III. 并列式:A 杀、杀 B
  IV. 范域式:牧杀、图杀、谋杀

I. 使成式

  由"杀"构成的使成式一般都是"A 杀",在中古汉语中占据了绝对优势,

---

① 调查的语料为《世说新语》《异苑》《冥祥记》《拾遗记》《搜神记》《搜神后记》《幽明录》《百喻经》《贤愚经》《杂宝藏经》《佛本行集经》。冯胜利(2002)将"矫杀、篡杀、蛰杀、幽杀、袭杀、馋杀、谋杀、围杀、诈杀、怨杀、责杀、争杀"等分析为语义右偏型。我们将"谋杀"归入范域式。

如"打杀、射杀、斫杀、绞杀、刺杀、击杀、格杀、扑杀、追杀、鞭杀、挝杀、批杀、捉杀、擒杀、缴杀、收杀、踢杀、蹋杀、填杀、钻杀、灌杀、治杀、烧杀、螫杀、咋杀、吸杀、啮杀、看杀"。如：

(68) 吉甫乃求伯奇于野，而射杀后妻。(《世说新语·言语》) | 充就乳母怀中鸣撮，郭遥见，谓充爱乳母，即鞭杀之。(《异苑》卷十) | 有猎犬咋杀两乌，余乌因共咋杀犬，又啖其肉，唯余骨存。(《异苑》卷三) | 昔有乌枭，共相怨憎。乌待昼日，知枭无见，踏杀群枭，啖食其肉。(《杂宝藏经》,4/498c) | 我宁吞此热丸而死，实不堪忍被铁钩死。如人俱死，宁受绞死，不乐烧杀。(《贤愚经》,4/372c) | 时阿阇世王嫌其供养佛塔，用钻钻杀，命终得生三十三天。……天女以偈而答之曰："我昔在人中，欢喜恭敬心。以诸好香华，供养于佛塔。而为阿阇世，以钻钻杀我。"(《杂宝藏经》,4/473b)

而"杀 B"形式的使成式在中古汉语中未发现典型用例，因为"杀 B"这一结构形式要到近代汉语中才发展成熟，前文已有所阐述。

II. 偏正式：A 杀

偏正式有"妬杀、怨杀、阴杀、故杀、枉杀、诱杀、谤杀、误杀、怒杀"。如：

(69) 峻怒曰："庾亮欲诱杀我也。"(《世说新语·假谲》) | 元康之末，而贾后专制，谤杀太子，寻亦诛废。(《搜神记》卷七"武库飞鱼"条) | 秦时丹阳县湖侧有梅姑庙，姑生时有道术，能著履行水上，后负道法，壻怒杀之，投尸于水，乃随流波漂至今庙处铃下。(《异苑》卷五) | 小妇懊恼，气绝复稣，疑是大妇妬杀我子，即问大妇："汝之无状，怨杀我子。"大妇实时自咒誓曰："若杀汝子，使我世世夫为毒蛇所杀。"(《贤愚经》,4/368b) | 会谯王构逆羽橄岭南，壳以谘愿。(法) 愿曰："随君来误杀人，今太白犯南斗，法应杀大臣，宜速改计，必得大勋。"(《高僧传》,50/417a)

III. 并列式：A 杀、杀 B

并列式中"杀"做上字的有"杀害、杀戮、杀啖、杀伤、杀捕"，"杀"做下字的有"宰杀、刺杀、屠杀、伤杀、猎杀、劫杀、残杀、捕杀"等。如：

(70) 抗旌犯上，杀戮忠良！(《世说新语·识鉴》) | 元康五年三月，吕县有流血，东西百余步。其后八载，而封云乱徐州，杀伤数万人。

(《搜神记》卷七"吕县流血"条）|后魏武帝伐冒顿,经白狼山,逢师子,使人格之,杀伤甚众。(《博物志·异兽》)|痴人爱欲故贫穷,系缚伤杀受诸苦。意望此欲成众事,不觉力尽后世殃。(《佛本行集经》,3/762b)|王子游猎,杀捕诸虫以用活命。所猎之处,见一鼍虫,趁而杀之,即剥其皮,肉水中煮。……时其夫人即说偈颂,以报王言："最胜大王听:往昔游猎时,执箭或持刀,射杀野鼍死,剥皮煮欲熟,遣我取水添,食肉不留残,而诳我言走。"(《佛本行集经》,3/708a)

例中"杀戮、伤杀、射杀"等均是并列结构,尤其是《佛本行集经》的"射杀野鼍死",可证"射杀"是并列结构,而不是使成结构。

IV. 范域式：牧杀、图杀、谋杀

范域式主要指"谋杀"①等复合形式。如：

(71)a. 高祖往谢项羽。羽与亚父谋杀高祖,使项庄拔剑起舞。……项羽谋杀,项伯为蔽,谋遂不成。(《论衡·吉验篇》)

b. 嗣章武侯窦常生,元狩元年,坐谋杀人未杀,免。(《汉书·恩泽侯表》)

c. 催将杨奉与催军吏宋果等谋杀催,事泄,遂将兵叛催。(《三国志·魏志·董卓传》)

d. (李音)既而惧为伯裘所白,遂与诸仆谋杀斐。伺傍无人,便与诸仆持仗直入,欲格杀之。……考询皆服,云："斐未到官,音已惧失权,与诸仆谋杀斐。会诸仆见斥,事不成。"斐即杀音等。(《搜神后记》卷九"放伯裘"条）

例(71a～c)是甲谋杀乙而没有成功的例子；(71d)则是李音谋杀陈斐,陈斐没有被杀,反而是李音被杀的例子。也就是说,在"谋杀"中,不但被谋杀者

---

① 参《唐律疏议》。程树德《九朝律考》卷一"汉律考"：
【谋杀】二人对议谓之谋。(《晋书·刑法志》引张斐律表)
羊胜、公孙诡谋刺袁盎,自杀。(梁孝王传)
嗣章武侯、窦常生,元狩元年,坐谋杀人未杀免。(恩泽侯表)
荣关侯骞,坐谋杀人,会赦免。(王子侯表)
嗣博阳侯陈塞,坐谋杀人,会赦免。(功臣表)
在《唐律疏议·名例律》"十恶"条曰："一曰谋反谓谋危社稷；二曰谓大逆谓谋毁宗庙、山陵及宫阙；三曰谋叛谓谋叛背国从伪"。刘俊文(1999:98)指出,谋反、谋大逆、谋叛"并非有言论行动,仅仅是谋,按《律疏》解释,仅仅是'将有逆心'、'而有无君之心'、'遂起恶心',就科以'十恶'"。

被杀与否不能肯定,而且动作"杀"这一行为实施与否也不能肯定。

5.4.4　I、II、III 式间的转化条件

由"杀"构成的复合使成、偏正、并列结构同时出现于中古汉语,同样是"A 杀",为何有的属于使成式,有的是偏正式,有的则是并列式呢？也就是说,同样是"射杀",为什么有的属于使成式,有的属于并列式？其中应该有某种规律性。下面我们尝试做出解释。

5.4.4.1　事件结构制约

运用"时间顺序"原则可以解释 I 式,即使成式的成因。刘坚等(1995：161)指出：

> 如果某个动词不用于"主—谓—宾"组合格式,不是一个句子中唯一的动词,并且不是句子的中心动词(主要动词)时(如在连动式中充当次要动词),该动词的动词性就会减弱。当一个动词经常在句子中充当次要动词,它的这种语法位置被固定下来之后,其词义就会慢慢抽象化、虚化,再发展下去,其语法功能就会发生变化：不再作为谓语的构成部分,而变成了谓语动词的修饰成分或补充成分,词义进一步虚化的结果便导致该动词的语法化：由词汇单位变成语法单位。所以,在词汇的语法化过程中,句法位置的改变、结构关系的影响是一个重要的因素。

也就是说,I、II、III 式的结构中心不同,I 式的结构中心是前字,II 式的结构中心是后字,III 式由于是并列结构,属于双结构中心。

"杀"在复合结构中,使成、偏正、并列结构同时出现于中古汉语。因此我们认为吴福祥(2000)对放在"杀"义动词后面的"杀"做 V_2 的解释顶多只能说是充分条件,而不是必要条件,因为我们所举的例中,就有"射杀"既有 I 式,也有 III 式的用例。

毋庸置疑,"杀"的复合形式中,"V 杀"在中古汉语时期不但占据了绝对优势,而且多作 I 式。张伯江、方梅(1996:148)指出,汉语的所谓"连动式"从来都不是一个稳定的结构形式,在比较紧凑的"V_1+V_2"组合中,只能有一个动词作为语义焦点,另一个则必然是辅助成分。就是说,如果 V_2 是语义焦点,V_1 就有虚化为修饰成分的趋向；如果 V_1 是焦点,V_2 就有虚化为助词的趋向。两个动作除了时间相续外,更强调两个动作或事件有着内在的联系,因此,两个动词中一定有一个承当语义焦点,而且往往是第二个动词。

正是在这种机制的制约下绝大多数走向了Ⅰ式。比较Ⅰ、Ⅱ两式中与"杀"组合的动词,发现Ⅰ式中的动词,如"打、射、斫、绞、刺、挝、擒、踢、蹴、烧、螫、咋、啮"等都是表示具体动作意义的动词。如"捉":

(72)王捉者,王使人执或捉其手及余身分,是名捉。(《摩诃僧祇律》,22/244b)

同理,"鞭杀"中的"鞭"也可以看作具体动作,即"用鞭子鞭打"。如:

(73)高人有时见处盗贼为县官所捕取,酷毒治之,反缚铁钻,斩其手足,解解断之。截耳截鼻,竹篦<u>鞭</u>之,复寸寸斩之,持喂虎狼。(西晋·法立共法炬译《大楼炭经》,1/290a)|儿王者之孙,荣乐自由,去其二亲,为绳所缚,结处皆伤,哀号呼母。<u>鞭</u>而走之。(《六度集经》,3/10b)|譬如五人共买一婢,其中一人语此婢言:"与我浣衣。"次有一人复语浣衣。婢语次者先与其浣,后者恚曰:"我共前人同买于汝,云何独尔?"即<u>鞭</u>十下,如是五人各打十下。(《百喻经》,4/550c)

因此,Ⅰ式动词多是异质动词,也就是说,只要这一具体动作实施,就往往会导致受事成分的状态改变;一旦和"杀"组合,就往往意味着:活动的结束就是某一个结果的出现,即动作和结果的接续性。

而Ⅱ式的动词如"妬、怨、阴、诱、诳、谤、误、怒"等动作性不强,"妬、怨、怒"属于心理动词,"阴、诱、诳、误"等上字只交代了致死的原因,而具体是"打、刺"还是"踏、蹴"等近因导致了受事的死亡,则不得而知。上字表远因,也就是说,这一动词的实施并不意味着某一结果的出现,即这一动词的结束和结果的出现不具有接续性。恰恰相反,这一动作或心理伴随着"杀"的整个过程,甚至即使"杀"结束后,仍然还有"妬、怨、怒"的持续。所以,可以将Ⅱ式中的动词称之为"伴随动词"。Ⅱ式的结果是由于"杀"的异质性带来的,在这一点上,"杀"表现出光杆动词"杀"的语义属性。方梅(2000:48)指出,在实际语篇中,特别是叙述语体中,有些语句是直接报道事件的进展、人物的活动的,而另一些则是对事件进行铺排、衬托。前者被称作前景(foreground)部分,后者叫作背景(background)部分。在叙述语体中,前景部分实际在回答发生什么,而背景的部分不回答发生了什么,而是描绘那些相伴而生的状态。在Ⅱ式中,叙述话语关心的是前景"杀"发生与否,而不是背景部分,所以在语义焦点(常规焦点)和结构重心都集中在"杀"上。

从时间结构上来看,I、II两式表现出不同的时间结构(图5-7):

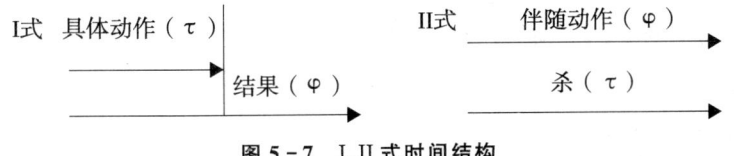

```
I式  具体动作(τ)              II式   伴随动作(φ)
              → 结果(φ)                    → 杀(τ)
```

图5-7 I、II式时间结构

因此,就I式和II式的比较来看,也许正是由于时间结构不同,导致了连动结构产生了使成式和偏正式。从语法属性来看,I、II式的一个重要区别是:I式以"杀"的自动词化为实现条件,II式则以"杀"的他动词化为实现条件。

I式和II式的转换条件:杀 $\in \{V_i, V_t\}$。
如果是 V_i,那么所构成的复合结构为I式;反之,则为II式。

I式中"杀"的自动词化,吴福祥援引《论衡·齐世》"岁败谷尽,不能两活,饿杀其子,活兄之子"为证。《汉语大词典》所引《周礼·秋官·司刑》:"杀罪五百。"郑玄注:"杀,死刑也。"和银雀山汉墓竹简《孙膑兵法·地葆》:"绝水、迎陵、逆溜、居杀地、迎众树者,钧举也,五者皆不胜"之外,"杀活"词条及其引例更能证明"杀"的自动词化。① 此外,如《贤愚经》《齐民要术》中:

(74)a.我宁吞此热丸而死,实不堪忍被铁钩死。如人俱死,宁受绞死,不乐烧杀。(《贤愚经》,4/372c)

　　　b.酿此二醴,常宜谨慎:多,喜杀人;以饮少,不言醉死,正疑药杀,尤须节量,勿轻饮之。(《齐民要术·笨麹并酒》)

在敦煌变文中,"杀"的自动词化比中古汉语表现得更为明显。如:

(75)a.季布既蒙子细问,心口思惟要说真。击分(激忿)声凄而对曰:"说着来由愁杀人!"(捉季布传文)

　　　b.然败军之将,不可御(语)勇;亡躯大丈夫,不可徒(图)存。杀活二徒(途),希申一决。(李陵变文)

---

① 【杀活】❶谓死与生。汉刘向《列女传·齐义继母》:"今皆赦之,是纵有罪也;皆杀之,是诛无辜也;寡人度其母能知子善恶,试问其母,听其所欲杀活。"《三国志·魏志·高柔传》"帝不听,竟遣使赍金屑饮晃及其妻子"南朝宋裴松之注:"晃之为任,历年已久,岂得于杀活之际,方论至理之本。"❷指定人之死活。《朱子语类》卷一一〇:"盖龟山当此时,虽负重名,亦无杀活手段。"

c.囗(伏)缘夫人生一太子,左右、近臣、六师同奏,皆称精魅,不是朕男,令朕扑杀,于国即兴,存即破家灭国。(八相变)|大臣见大王别要苦楚,遂奏云:"将耶输母子卧在床上,向下着火,应是(时)博(缚)杀。"大王又转大怒。据臣两件苦楚,并不入意,如似交(教)母子二人伏枕而死。(悉达太子修道因缘)

d.后阿娘又见舜子,五毒恶心便起:"……买(卖)却田地庄园,学得甚祟祝术魅,大杖打又[不]杀,三具火烧不死。……"(舜子变)|发愿已讫,武士推新妇及以孩儿,便令入火。推入火已,其火坑世尊以慈火照,变作清凉之池。池内有两朵莲花,母子各座(坐)一朵。武士遂奏大王:"其新妇推入火坑,并烧不杀。"(太子成道经)|世尊遂向灵山遥望火坑,以手指其一指,火坑变作清凉池。兼有两朵莲花,母子各坐一朵,不若(弱)化生之子,莫论焚烧耶输母子,直言耗(毫)毛一枝不动。其使者却诣王宫,奏告大王,具此奏对:"母子并焚烧不杀。"(悉达太子修道因缘)|后因大王朝退,其罗睺忽于殿前作剧之次,大王忽见,遂问美人:"此个孩子是那官中孩子?"美人奏言:"此是遮月前火坑烧不杀罗睺之子。"(悉达太子修道因缘)

例中"愁杀、杀活、扑杀、缚杀"以及否定结构"打不杀、烧不杀、焚烧不杀"中的"杀"都已经发生了自动词化,作"死"义讲。

III式为并列结构,有"A 杀、杀 B"两种形式。III式中"A 杀"形式,如"宰杀、刺杀、屠杀、伤杀、猎杀、劫杀、残杀"等在形式上和 I、II 式相同。前举例(70)中的"杀戮、伤杀、杀伤、射杀"等都属于并列结构。但是,实际文本中出现"V 杀"结构时,尤其 V 为具体动作动词时,即使在上下文中,我们并不能十分确切地判定这一结构是 I 式还是 III 式。如"刺杀":

(76)始皇发槛视之,疑是先所失者,乃此刺杀之。(《拾遗记》卷四"秦始皇四事"条)|后月余,又伴酒醉夜行,怀刃以去,家不知也。极夜不还,其孙恐又为此鬼所困,乃俱往迎伯,伯竟刺杀之。(《搜神记》卷十六"秦巨伯"条)|既而襄国人薛合有二子,既小且骄,轻弄鲜卑奴,奴忿,抽刃刺杀其弟,执兄于室以刀拟心。(《高僧传》,50/384a)

例(76)中的"刺杀"可以看作 I 式,即如吴福祥(2000)所称的,"刺"本身含有"杀"义,动词"杀"用在含有"杀"义的 V_1 之后,实际参与交际的是它的[死]的义素成分。也可以看作 III 式,因为"杀"做及物动词时,由于"杀"的异质特性,"死"的发生是可以预测的,其功能和光杆动词"杀"的作用是一样的,即"杀"保留了及物性功能。

同理,中古的"愁杀"以及后世的"气杀"等在形式上和 II 式也是同形异构。刘丹青(1996)指出:"在汉语的动结式中,动词通常属于预设,不是新信息,而结果补语才是句子的新信息甚至是焦点所在。说话双方并不关心是否有某行为,而是关心该行为产生了什么结果。"因此,如果 III 式中的 V_2 "杀"在话语交际中被当作结构的重心,那么原来连动结构 VV 就有可能形成 II 式。如魏培泉(2000a:825~827)就认为:"中古汉语 V_2 的及物性和甲式①能否带宾语毕竟是密切相关的,也由此可见甲式能否接 NP 大致决定于 V_2,并非决定于 V_1,或者由 V_1 和 V_2 共同决定。如果是这样,那么,中古汉语甲式的中心语应是 V_2 而不是 V_1,也就是说中古汉语甲式仍为状述式,而不是并列式或述补式。""至于甲一式的结构则不易决定,说它是并列式也可以,说它是偏正式也可以。"由于中古时期属于大批使动词发生浊音清化的时期,所以及物还是不及物在具体动词的判定上不是非此即彼的。正因为中古汉语属于动补结构的发展演变时期,所以由"杀"构成的"V_1V_2+O"可以是连动式,也可以是动结式,还可以是偏正式,关键要看每一式中的实现条件。

因为连动结构 V_1V_2 并不是一个稳定的结构,除非结构本身进一步词汇化。当 V_2 为自动词时,V_1V_2 就转换为 I 式。当 V_2 为他动词时,就可能转换为 II 式或 III 式;其中 V_1 为伴随动词时,则实现为 II 式;为双中心结构时,实现为 III 式。如果 II 式中的"杀"是他动词,那么又有可能转化为 III 式的实现条件。

这样,我们可以大致将这三式的转化模式和条件表示为:②

---

① 引者注:即甲一式(NP_1)+V_1V_2+NP_2 和甲二式(NP_1)+V_1V_2。
② 这里参考生成音系学的表达方式,"/"后面的内容是转化条件,"MH"中的 M 代表 modifier,H 代表 head。我们用"MH"表示偏正式,"HH"表示并列式。如 I 式可以读为:在条件"$V_2\in V_i$"下,V_1V_2 结构转换为 V_1R 结构。I 式使成式我们没有用"HC"即"head+complement"表示,是因为动结式的结构中心一直是个颇具争议的问题。所谓结构中心应当包含两层意思,一是指语义中心,二是指句法中心。在一个语言结构中,语义中心和句法中心有可能重合在一起,也有可能分离开来。从动结式带宾语的功能来看,无论是前项动词,还是后项补语,只要其中一项对宾语具有支配能力,整个动结结构就有可能获取支配宾语成分的能力。即前项动词和后项补语的句法功能都有可能决定动结结构的句法功能,前项动词和后项补语都有可能成为在句法功能方面起主导作用的核心成分。详细讨论请参任鹰(2001、2005)、魏培泉(2000a、2005)、蒋绍愚(2003、2005)等的相关论述。

I式：$V_1V_2 \rightarrow V_1R/V_2 \in V_i$

II式：$V_1V_2 \rightarrow MH/V_2 \in V_t \cap T_{V1} \geqslant T_{V2}$

III式：$V_1V_2 \rightarrow HH/V_1 \cup V_2 \in V_t$

I式为VR结构，因为动结式在动词的概念结构上大致相当于完结动词（accomplishment），这一类动词实际上由两个子事件构成：上一个起始事件表动作，下一个子事件表结果。这是它和活动动词（activity）以及达成动词（achievement）的最大区别，因为活动和达成动词只能由单一事件构成，在概念的体焦点上也就只能有一个焦点。而正因为完结类动词有两个子事件，所以完结动词的任何一个动词理论上都可能有两个体焦点（当然不可能同时有两个体焦点）。[①] 当体焦点落在上一个子事件时，整个复杂结构就属于活动类，也就是我们一般说的结构中心为"动"的动结式；但是，当体焦点落在下一个子事件时，整个复杂结构属于达成类，整个复杂结构就偏向以结果为中心，这样，动结式就实际上以"结"为中心。如果焦点落在"结"上，那么整个复杂结构就可能转化为偏正式。因此，VR式并不是稳定的结构，在一定的条件下可以转化：关键看体结构的焦点落在哪一个子事件上。

5.4.4.2 组合制约

上面我们从事件结构，主要就动词的语法功能的角度讨论了I、II、III式的实现和转换条件。同样是"射杀、刺杀"，为什么有的实现为使成式，有的实现为并列式，还有的则可能实现为偏正式，我们是从结果出发的解释程序进行讨论的。下面我们尝试从认知语言学的角度，即通过语义透视的角度，也就是从发现程序进行讨论。解释程序和发现程序不是矛盾的，而是可以互相补充的。

根据Fillmore的后期格语法理论，或者说"框架"语义学研究[②]，提出了"透视域"的概念。Fillmore认为意义是联系着场景的，在场景与语句之间增加"透视域"这样一个带有信息过滤作用的层面，大大增强了格语法理论对语句生成及语言现象的解释能力。语句所描述的是场景，可是，场景中的各参与者并非都能成为语句的核心成分，所谓的核心成分同表层结构中的主语和直接宾语是相对应的。场景中的参与者若想成为语句的核心成分，即充任句子的主语和直接宾语，就必须通过"透视域"的选择。在一段话

[①] 关于体结构焦点的论述请参Rapopart(1999)。体结构焦点不同于句子焦点，Erteschik-shir & Rapopar(1999)有详细讨论。

[②] 关于Fillmore的后期格语法理论和框架语义理论，我们直接参考杨成凯(1986)的介绍以及詹卫东(2003)的译文。Fillmore框架语义学的系列论文，请参Fillmore(1982、1985、1994)、Fillmore & Atkins(1992、1994)。

语的任何一处,我们都是从一个特殊的透视域去考虑一个场景;也不妨说,整个场景都在考虑之中时,我们只是集中注意那个场景的某一部分。因此,语义学研究的是话语所产生或引发的认知场景,任何一个谓词,它的每一个用法都有一个给定的透视域。

在 Fillmore 看来,词语代表了经验的分类(范畴化),这些范畴中的每一个都是以依赖知识和经验背景的激活情景为基础的。关于词语的意义,框架语义学的研究可以看作是试图理解一个言语社团为何会创建一个范畴并以词语来表达它的一种努力,同时通过将原因加以呈现和澄清来解释这个词语的意义。因此,Fillmore 把每一个格框架看作是刻画一个小的抽象的"场景"或"境况"(situation),这样,要理解动词的语义结构,就必须首先理解这类图式化的情景。框架使词语意义结构化,而词语则"唤醒"框架。一个"框架",作为在对语言意义的描写中起作用的一个概念,是跟一些激活性语境(motivating context)相一致的一个结构化的范畴系统。一些词语的存在,就是为了将这些框架知识提供给交际中的参与者,同时完成对框架的范畴化。词汇和文本中可观察的语法材料"唤起"(evoke)解释者头脑中的相关框架,这是通过这样的事实实现的:即这些词汇形式或这些语法结构或范畴是作为这些框架的索引(index)存在的。Fillmore(1982/2003:407)指出:

> 结构语义学的一个共同目标是删除有关词项的语义描述中的冗余信息或使冗余最小化。语义学理论家经常声称,"语义词典"的目标是让关于语言中的每一个词的描述刚好足够用,即刚好可以把一个词跟其他词的语义对比刻画出来(Bendix 1966)。这个目标实际上预设了分析家的能力可以达到观察该语言的全部词汇。这样一个目标跟框架语义学的目标是完全相反的。因为框架语义学的目标定在发现词语在一定语境中的范畴化功能。这种知识原则上是可以独立于语言中的其他词语的知识获得的,例外是那些很少的适合"拼凑的"(mosaic)图像的情况,在这样的情形下,一个词的意义依赖于它的临近词的意义,因而需要通过拼凑图像来使对这个词的意义描述达到完整。

受 Fillmore 这一思路的启发,我们也尝试从"透视域"和"激活性"语境的概念来解释"杀"和其他动词组合时表现出的不同功能结构。

中古时期"杀"已经演变为分析型,因此,"杀"在中古汉语与其他动词组合时只能表现出"杀"的"动作"/"结果"语义成分之一。这一成分是如何表现出来的呢？关键要看跟它组合的成分的索引和激活功能，也就是说看什么成分进入认知的透视域。比如，"射杀"组合，是"具体动作动词+杀"，当"杀"的"动作"意义被激活时，就有可能是产生并列结构（HH）；而在交际的具体的认知过程中，当"杀"的"动作"意义被激活并且被当作前景，而把"射"这一动作过程当作背景来认知时，就有可能产生偏正结构（MH）；当"杀"的"结果"意义被激活而进入认知透视域时，"射杀"就产生动补结构（VR）。在这种激活过程中，我们可以将"杀"看成是在概念框架的制约下产生的不同结构。由于"杀"做下字，因为汉语的时间顺序原则，所以"杀"被"射"顺向激活。① 即：

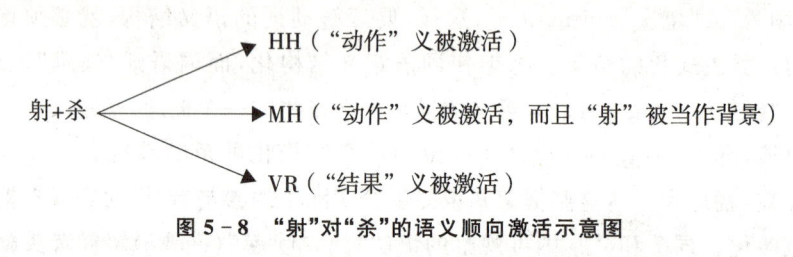

```
                    ┌─► HH（"动作"义被激活）
  射+杀 ────────────►  MH（"动作"义被激活，而且"射"被当作背景）
                    └─► VR（"结果"义被激活）
```

图 5-8 "射"对"杀"的语义顺向激活示意图

  Lakoff & Johnson(1980)曾从隐喻的角度对"临近便是影响力的加强"(closeness is strength of effect)的语言结构原则做过说明，假如形式 A 会在语义上给形式 B 以影响，那么 A 离 B 越近，A 义对 B 义的影响也就相应地越强。因此，在一个语句中，两个成分距离越近，其中一个成分对另一个成分产生的影响也就越大。"临近"属于形式范畴的问题，"影响力的加强"便是语义范畴的问题。Bybee(1985)在研究邻近对象时还引入了"关联"(relevance)概念，它是指一个单位的语义受另一个单位的语义影响或限制的程度。她认为，关联程度是词汇化(lexicalization)概率的标志，两个意义单位彼此越关联，它们就越可能被编码成为一个形式单位。因此，当这种因为临近关系而激活语言形式中的某些意义成分的表达形式开始大量出现时，就有可能逐步固定下来成为人们的认知框架。在这些框架中，有些框架的出现频率、使用广度、熟悉程度等要高于其他框架，也就是我们说的原型概念。Fillmore 指出，范畴、语境、背景等等这些概念，都是通过"原型"来理解的。因此，"射杀"等 VV 形式由于临近关系，"射"对"杀"的影响是符合认知语言学中"临近便是影响力的加强"的语言结构原则。

  中古时期，由"杀"参与构建的 VV 形式中，当"杀"做下字时，"V杀"形

---

① 根据 Quine(1960)意义整体论(meaning holism)，部分的意义依存于与其相关成分的意义。因此，意义具有组合性，语义的激活可以说是有理可据的。

式的原型范畴是Ⅰ式(VR),因为其出现频率最高;MH(Ⅱ式)和HH(Ⅲ式)次之。而当"杀"做上字时,由于汉语的时间顺序原则的作用,在语义激活中只能由前一个顺向激活,而不能反向激活。① 也就是说,当"杀"做上字形成"杀V"结构时,只能是"杀"激活V,而不能V激活"杀"。在这种结构制约下,"杀"最大可能是形成和光杆动词一样的功能结构,也就是VR(Ⅰ式)和HH(Ⅲ式)。但是在中古汉语时期,由于"杀"是异质性活动动词,其原型语义和"死"的结果意义紧密相连,所以其缺省值"死"是蕴涵的,在合作原则的制约下,中古时期的"杀V"一般没有VR形式,而是HH。

5.4.5 Ⅳ式的独特句法属性

前面我们谈到,在Ⅳ式范域式中,不但被谋杀者被杀与否不能肯定,而且动作"杀"实施与否也不能肯定。我们认为,导致"杀"的"动作"和"结果"意义均不能出现的原因是上字"谋"。"谋杀"的"谋"乃图谋,打算之意。"谋杀"也作"牧杀"。如:

(77)"臣妾牧杀主。"●可(何)谓牧?●欲贼杀主,未杀而得,为牧。(《睡虎地秦墓竹简·法律答问》)|贼杀伤父母,牧杀父母,欧〈殴〉詈父母,父母告子不孝,其妻子为收者,皆锢,令毋得以爵偿、免除及赎。(《张家山汉简·二年律令》)|子牧杀父母,殴詈泰父母、父母叚大母、主母、后母,及父母告子不孝,皆弃市。(《张家山汉简·二年律令》)

例(77)《睡虎地秦墓竹简》的译文为:"奴婢谋杀主人。"什么叫谋?企图杀害主人,没有杀就被捕获,叫作谋。"谋杀"的"谋"是图谋之义。在《唐律疏议》中也有类似的阐释,即"又问:假有数人,同谋杀甲,夜中忽遽,乃误杀乙,合得何罪?答曰:此既本是谋杀,与斗殴不同。斗殴彼此相持,谋杀潜行屠害"。(《唐律疏议》卷二十三"斗讼"条333)

所以,"谋"的支配对象是其后面的动词或整个动词短语。如:

(78)诸吏卒民,有谋杀伤其将长者,与谋反同罪。(《墨子·号令》)|齐桓公与管仲谋伐莒,谋未发而闻于国。桓公怪之,问管仲曰:"与仲甫谋伐莒,未发闻于国,其故何也?"(《论衡·知实》)|值汉桓之

---

① 我们假设汉语的连动结构AB形式中,语义的激活原则只能是A激活B,而不能是B激活A。这种假设的适用性还有待于进一步论证,这里暂不展开。

末,阉竖用事,外戚豪横。及拜太傅,与大将军窦武谋诛宦官,反为所害。(《世说新语·德行》)

例(78)中,"谋杀伤其将长者"的句法层次关系应该为:[$_{VP}$谋[$_{IP}$∅杀伤其将长者]]"谋"作为VP的核心动词,管辖的范围是整个省略主语的IP小句,"谋"的范域大于"杀"。同样"谋伐莒、谋诛宦官"中,"谋"的管辖范围分别是"∅伐莒、∅诛宦官"小句形式。当"谋杀"组合成复合形式时,由于语义凌驾原则(参3.5节)的作用,在这一复合形式中起决定作用的是管辖范围最大的成分,即"谋"的语义决定了整个复合形式的语义表现。在"杀"与"欲"等表将来实现的时间成分组合时,"谋"的语义范域表现得更加明显。如:

(79)a.妻淫无避,与罪人通,谋杀其婿曰:"子杀之,吾与子居。"(《六度集经》,3/6c)

　　b.或时王谋议,欲杀太子及诸宗亲,王未有教而事漏泄。比丘入宫,王便生恶念:"更无余人,正此比丘传漏此事,此比丘第四不可入王家。"或时太子欲谋杀王,比丘入宫与太子坐起言语,王便生恶念:"此比丘数至太子所,必当与共同谋,此比丘第五不得入王家。"或时王欲杀大臣,王未有教而声漏出,比丘入宫,王便生恶念。(姚秦·竺佛念译《鼻奈耶》,24/893b)

例(79b)中表现得最为明显。如"王谋议欲杀太子及诸宗亲"与"王欲杀大臣"形式共存,可见"谋"的辖域是后面的整个省略主语的小句形式。

所以,因为"谋"的辖域大于后面的动词,其组合原则不同于Ⅰ、Ⅱ、Ⅲ式。由于"谋"的语义辖域大于后面的小句,所以当形成"谋V"形式的复合结构时,"谋诛、谋反、谋逆"等表达的往往都是"谋划未实现"的意义。如:

(80)诸谋叛者,绞。已上道者皆斩,谓协同谋计乃坐,被驱率者非。余条被驱率者,准此。【疏】议曰:谋叛者,谓欲背国投伪,始谋未行事发者,首处绞,从者流。已上道者,不限首从,皆斩。(《唐律疏议》卷十七"盗贼"条251)

正因为当"谋杀"等复合形式出现在某一个小句中时表达的大都是"未

V"的意义,所以一般必须有后续小句,否则,这一叙述是不完整的。如:

(81)五凤元年夏,大水。秋,吴侯英<u>谋杀峻</u>,觉,<u>英自杀</u>。(《吴志·孙亮传》)

(82)孙宪与将军王惇<u>谋杀綝</u>,事觉,<u>綝杀惇</u>,迫宪令自杀。(《吴志·孙綝传》)|綝遇虑薄于峻时,虑怒,与将军王惇<u>谋杀綝</u>。<u>綝杀惇,虑服药死</u>。(《吴志·孙綝传》)

(83)【疏】议曰:殴谓殴击,谋谓谋计。自伯叔以下,即据杀讫,若<u>谋而未杀</u>,自当"不睦"之条。(《唐律疏议》卷一"名例"条6)|已上<u>谋杀人者</u>,徒三年;<u>已伤者</u>,绞;<u>已杀者</u>,斩。(《元典章·刑部》"打死定婚夫,还活"条)

施事主语"谋"发生以后,其下一步的结果"杀""未杀"或"伤"等发生与否是不可预测的,所以在法律条文中必须明确规定"杀讫""谋而未杀""已伤"等几种情况。而"谋杀"等复合形式中由于语义凌驾原则限制了"杀"的"动作"或"结果"意义的激活或者转换,也就限制Ⅳ式向其他Ⅰ、Ⅱ、Ⅲ三式的转换。

以上我们简要分析了汉语"杀"的演化路径和变化机制。从历时考察来看,伴随着汉语从上古综合型向分析型的转变,相应地,"杀"从上古时期的综合动词演化为中古时期的分析型,即"X 杀""杀 Y"形式;同时,由于处于"V 杀"结构中的"杀"逐渐演变为自动词,语义和"死"相当,导致"V 杀"形式被"V 死"替代,所以到近代汉语中"X 杀"形式消亡,只剩下"杀 Y"。这是其两次大的语义演变路径。

第一次语义转换是在语言类型从综合向分析转变的大背景下发生的,"杀"在中古汉语发生了动作和结果的分离;第二次语义转换发生在近代汉语时期,是在动补结构和体标记成熟的背景下发生的,正是在这种背景下,"杀死""杀伤""杀了"等动结式大量产生。也正因此,中古汉语的光杆动词"杀"到近代汉语中一般必须带上体标记。这两次语义演化受制于其概念事件结构及其组合制约,由于概念的不同的时间结构、组合结构、激活顺序等最终导致了 VV 形式演化为不同的结构。所以,"杀"从自然的蕴涵结果句(natural entailment resultative)演化为中古时期的弱性结果句(weak resultative),最后是强性结果句(strong resultative)(Washio,1997、1999),这是其独特的演化路径。①

---

① 关于汉语动结式在类型学上的表现,这里暂不展开论述。

Huang(2006:31)指出,汉语"杀"的概念结构在上古时期表现为"动作+结果"的综合性特点,这刚好和现代英语一致;古代汉语表现出综合性语言的特点,从上古到中古汉语发展而来的现代汉语可以看作从巨大的综合性向高度分析性发展的语言。关于这一点,还需要做更为深入的分析,不过,从"杀"的概念化来看,似乎刚好印证了这种观点。一方面,同英语的 kill 一样,由于其缺乏具体的意义,即手段、方式、目的等没有词汇化在其语义中(Levin,1993:231),另一方面,结果义逐步丧失,故大量的双音形式就形成为"X 杀"和"杀 Y"。

5.5 "败"

　　在 5.2.2 节中,我们把"败"一类词归入综合使成。综合型使成也称之为形态型使成,指的是这种类型的使成表达由广义形态来标记。① 这类词包括"败、坏、折"等,我们在 2.2.1.2 节中已提到,当时没有展开论述。它们在上古汉语中出现的句法环境是:既可以出现于 SVO,也可以是 SV 句式,而且很多情况下 SVO 中的 O 与 SV 中的 S 同指,我们当时将主语 S 的语义格称为致事(causer)。

　　在动结式的讨论中,"V 败"动结式一直是讨论的热点和难点(如李佐丰,1983;梅祖麟,1991;蒋绍愚,1999、2001 等)。而动结式的产生有一个逐步衍生的过程,正如魏培泉(2005:86)指出:"中古汉语虽然已经产生述补结

---

① 潘悟云(2000:124)指出:"现代汉语是形态极度贫乏的语言,从八九世纪藏文古文献的材料看来,当时的藏语则有丰富的形态变化。很难设想,汉藏关系如此密切的亲属语言在形态方面竟然会如此之不同。所以我们只能这样设想,要么这两种语言的形态原来都很贫乏,藏语形态变化是后来产生的;要么这两种语言的形态原来都很丰富,汉语的形态是在历史的发展过程中消失的。前一种情况显得很不可能,因为藏语的形态不是在增加,而是在不断减少。就是汉语方面,原来用声母清浊表示使动与自动的形态变化,到现代汉语中逐渐地用'使……'、'叫……'之类分析形式来表示了。我们一时といしとしてしとに确定上古汉语的形态到底属于构形还是构词现象,更可能是一种逐渐失去能产性的构形现象,所以我们只能笼统地用'形态'一词去概括它们。"关于古代汉语中的形态,我们采用王力(1965)的观点,将其看成是构词;另外,"使……"一类分析形式,我们是当作迂说式使成来处理的。
　　此外,刘子瑜(2004:231)认为,使结式所表示的语法意义要求进入结构的述语成分必须是动作动词,补语必须是表示结果状态的谓词性成分,就后项动词来说,为了适应这一要求,相当多的动词都发生了语义变化以满足结构需要,以早期见于使结式的"损伤"类动词"破、败、断、裂、坏、灭、杀(=死)"等为例,这些动词最初都是具体或泛义动作动词,后来,它们的语义从表动作向表结果状态发展,出现在动结式后项上,其间,推动语义转变的主要因素是结构变化。我们的看法和刘子瑜(2004)有所不同。本文并不认为"败"等类词在最初都是具体或泛义的动作动词,而是可表结果或状态。

构的使成式,但使成式分析为述补结构有可能尚未成为一个普遍接受的规则。"在大的演变趋势下,不同的动词次类具有不同的语义表现,因而具有不同的语法功能;相应地,在动结式的形成过程中不同次类的动词在演变过程中呈现出不同的时代性和规律。而且,据蒋绍愚(2003:303),"败"在魏晋南北朝时期经常用作补语。大量讨论使成式来源的文章都讨论过"败"类词的演变过程,这些研究的一个基本共同点就是力图确认"败"的词类归宿,及物或者不及物。胡敕瑞(2005a)在讨论动结式的判定标准时就将兼有自动、他动两用的动词,如"破、坏、碎、折"等,简称"破"类,并认为,"破"类词与施事、受事(或当事)都有关,这类词的语义特征是兼具"动作"和"性状"。从上古到中古,"杀"类动词通常是典型的他动词;"熟"类动词通常是典型的自动词;"破"类动词兼有自动、他动两用。因此,胡敕瑞先生把"破"类动词"形状"语义的凸显当作动结式形式的判定标准,讨论了各类动结式的产生过程。但是,胡敕瑞(2005)中并没有讨论"败"的句法地位,而且面临的一个问题就是古汉语中"败"等有两个不同的读音。

5.5.1 "败"的同一性

由于在古汉语中"败"在做他动和自动时分别有补败切、薄迈切两个不同的读音,因此,这就关系到"败"的同一性问题。

大量讨论使成式来源的文章都讨论过"败"类词的演变过程,这些研究的一个基本共同点就是力图确认"败"的词类归宿,及物或者不及物。但是,这样处理的一个问题就是古汉语中"败"有两个不同的读音。前面(5.1.2节)就词汇的同一性问题已确定下来了几个基本原则:第一,读音相同;第二,写法相同;第三,各项意义之间有密切的联系。事实上,在分析"败"在上古汉语中的语法表现时,吕叔湘(1987)已经为我们做了很好的研究。吕先生认为能够进入第二格局(引者注:即"X+动词+Y;Y+动词")的动词在古汉语里常常有读音问题(虽然不是都有读音问题):

> 拿"败"字来说,按传统的说法,"败"字有两个音,《广韵》夬韵:"自破曰败,薄迈切","破他曰败,补迈切"。读音不同就该算两个词,虽然是一对孪生词。"薄"是并母字,"补"是帮母字。现代官话区方言不分阴去和阳去,在分别阴去和阳去的方言区,"败"都读阳去。能不能说"败"的基本用法是自动(自败),使动用法(败他)是派生的呢?很难决定。不管怎样,在古汉语蓬勃发展时期即春秋战国时期,"败"字的使动用法已经跟自动用法同样常见,甚至更常见了。(吕叔湘,1987/1992:583)

吕先生早已清楚地指出了两层意思：1.古汉语中读音不同就该算两个词；2.在春秋战国时期，"败"的使动和自动用法同样常见，自败或败他都是基本用法。

王力(1965)、周祖谟(1966)、梅祖麟(1988)、潘悟云(1991)、黄坤尧(1992)等均认为"败"在古汉语中有两个读音。王力先生将"败"类词归入构词法上的使动词，就古汉语来说，它们和自动词的语音形式有着密切关系。梅祖麟先生系列文章论述了它们在古汉语中的音变构词规律，如梅祖麟(1988)指出，拿四声变读来分别词性是上古汉语的一种构词法，上古有一种清浊声母交替而形成的构词法，清音声母是他动词，浊音声母是自动词或形容词，后者也有既事式的意味。梅先生举了不少例证，如：

	他动	自动
$*p- > p-$: $*b- > b-$	败 补败切	败 薄迈切
$*t- > t-$: $*d- > d-$	断 都管切	断 徒管切
$*tj- > tśj-$: $*dj- > źj-$	折 之舌切	折 市列切
$*k- > k-$: $*ɣ- > ɣ-$ ①	坏 音怪	坏 胡怪切

其他的汉藏语研究者从汉藏比较的角度指出"败"等词做自动和使动时有两个读音。如 Baxter & Sagart(1998:43~46)：②

折　a. zhé < tsyet < *tjet 'to cut off, break off; decide'
　　b. shé < dzyet < *N-tjet 'to be cut off, be broken off'

败　a. bái < pœj < *prats 'to ruin, destory'(transitive verb)
　　b. bái < bœjH < *N-prats 'to go to ruin'(intransitive verb)

龚煌城(2004:188)：

败　PC*N-brads > OC*brads > MC bwai
　　《广韵》"自破曰败，《说文》毁也"
　　PC*s-brads > *s-prads > OC*prads > MC pwai
　　《广韵》"破他曰败"

降　PC*N-grəngw > OC*grəngw > MCɣång
　　《广韵》"降伏"
　　PC*s-grəngws > *s-krəngws > OC *krəngws > MC kång
　　《广韵》"下也、归也、落也"

而且，浊声母表示自动、清声母表示使动，这种现象广泛地见于古藏语、

---

① 这里用的是董同龢、王力的上古音拟音，用李方桂的拟音应该是 *g- > ɣ-。
② 前缀 N- 的作用是促使后面的清塞音到中古汉语变为浊音，H 是指上古-s 尾脱落，到中古汉语变为去声。

珞巴语、普米语、羌语、彝语、尔苏语、拉祜语,例见陈士林(1962)、孙宏开(1980、1981、1982、1998)、戴庆厦(1981、2001)、黄布凡(1981、2004)、格桑居冕(1982)、陆绍尊(1983)、张蓉兰(1987)、陈康(1990)、杜若明(1990)、马学良主编(1991)、吴安其(1996)、杨将领(2001、2003)等。徐通锵(1991:63～64)指出:

> 现代汉藏语系的语言呈现出单音节性,缺少形态变化,很多都是语音简化的结果。白保罗、马蒂索夫等人认为,说汉藏语系的语言没有形态变化是不对的,不能用今天的语音结构的面貌去认识古代语言的语音结构;其实,汉语的上古时期就有很多体现形态变化的前缀。
>
> 前缀在汉藏语的历史发展中具有非常重要的作用,它们深刻地影响到声母辅音的变化。例如,"s"前缀的一个重要功能是使普通动词变为使役动词(causative verb)。这个前缀在藏语是"s",在别的藏缅语里,往往表现为声母的清化。例如在现代缅语中 lwa 是"松"的意思,hlwa 是"放松"的意思;在景颇语里,"松"是 lɔt,"放松"是 šelɔt。"松"在藏语里是 glod,"放松"是 hold,有的是 slod。这是 s 前缀所实现的一种功能。汉语在早期阶段也可能有 s 前缀,因为它可以和其他发音部位的声母(舌尖塞音、舌根音等)谐声(试比较:"赐～剔""史～吏""隋～堕""宣～桓"等)。李方桂在《上古音研究》中认为"这个 s 可以算是一个词头 prefix,也因此在上古汉语的构词学里将要占很重要的位置……"。这些现象都说明汉藏系语言不是没有形态变化的。

以上研究表明,汉语曾经有形态变化,在上古汉语中保留的清浊别义是一种残留现象。因此,正确认识这类现象对我们如何看待汉语的综合使成具有很大的启示。

汉语和印欧系语言的结构类型不同,汉语语素的语音结构现在大都是单音节的,而且在古代,一个语素基本上也就是一个词,所以有人称为单音节语。徐通锵(1991:74)指出,正是由于结构上的这一特点,印欧系语言的构词以派生法为主,词根加上词缀,就可以构成新词;而在先秦汉语(甚至更早的时候)中,以语词的单音节结构为主要特点的构词法往往是通过词根内部的语音交替构造新词,如长(长短):长(生长);好(好坏):好(爱好),等等,这些通过词根语音交替而构成的词有一些后来字形上也发生分化,看起来像是彼此没有联系的几个词,例如"背"和"负","没"和"殁",

等等。① 所以我们在给词语分类的时候要考虑汉语的这种特性。一直以来,我们受到汉语字形的影响,在为古代汉语中词语分类的时候,往往采用非此即彼的理念。落实到动词上,就是采用不是及物动词就是不及物动词的理念。最典型的是处理"败"类词上,因为这类词一般可以出现在可以带直接宾语和不带宾语的两种句法环境,所以为了辨别它在某一段时期是及物还是不及物,往往采用统计频率。但是当某个词在及物和不及物的出现频率上基本持平的时候,就显得说服力不够。即使是面对基本相同的统计频率,在对动词的判定上也会得出不同的结论。比如"败"在先秦文献中的出现情况,据李佐丰(1983)的统计,"败"不带宾语和补语32次,带使动宾语111次,李佐丰把"败"分析为自动词,而蒋绍愚(2001a)则认为"败"应该是外动词。

需要说明的是,根据 Nedjalkov & Silnitsky(1973)、Haspelmath(1993)、Nichols et al.(2004)等,从语言类型学研究的成果来看,语言类型是及物(transitivizing)、脱及物(determinitizing)、中性(netural)、不确定(indeterminate)等对某个词、某对词是否及物的鉴定并无多大的帮助。Nichols et al.(2004)就指出,词汇化是一个词一个词的事情(word-by-word matters),因此,落实到古汉语中"败"的起源上,我们不能确定自败还是他败是原初形式。而且,民族语言的研究表明,将有清浊区别等语音差异的形式看成一个词比看成两个词面临更多的困难。基于此,我们主张将古代汉语中的这些有语音区别的形式当作两个不同的词处理。

5.5.2 "败₁""败₂"的句法表现

既然有"败₁""败₂"的根本区别,词汇语义不同,两个词就会有不同的句法表现。下面我们尝试从概念结构出发说明"败₁""败₂"的句法表现。

据吕叔湘(1987)统计,《春秋经传引得》里"败+宾语"与"主语+败"的出现频率分别为163∶114。② 按照吕叔湘先生的意思,"败"应该算两个词。

---

① 潘悟云(2000:124)认为:"汉字是表意文字,各种语言屈折和词缀成分不能直接通过字形表现出来。它的形态主要有两种表现方式。一是异字表现,即用不同的字形来代表同一个词的不同形态,如'立'和'位'分别代表动词及其派生出来的名词形式。一是同字表现,即用同一个字形来代表同一个词的不同形态变体。如同一个'量'字,既作动词,也作名词。不过前者读平声,来自上古的*g·raŋ,后者读去声,来自上古的*g·raŋs。同字表现就成为后来的异读。"这里,我们的处理是:同字的"量"既然读音不同,就该看作不同的词,而不是同一个词的不同形态变体。

② 吕叔湘先生还在正文的尾注部分对"败"在先秦时期有关文献中的出现情况做了说明。甲骨文里有"败"字1例,是败他的意思;金文里有"败"字2例,1例是自败的意思,1例是败他的意思;《尚书》(今文)里有"败"字4例,2例是败他的意思,1例是自败的意思,1例可有两解,或为自败之义,或为名词。

那么,"败"应分作"败₁"和"败₂"两个词,词汇不同,句法表现也就迥异。即:

甲:$NP_1+败_1+NP_2$

乙:$NP+败_2$

"败₁"是及物用法,"败₂"是不及物用法。所以即使在形式上"败₂"的主语 NP 与"败₁"的 NP₂ 同指,但是这是两个不同的词,语义也不同,两种句式并没有必然的联系,二者名词语义格也不同。即:①

甲:施事+败₁+受事

乙:当事+败₂

甲型句和乙型句的不同还可以归为外部控制事件(externally controlled event)与内部控制事件(internally controlled event)的不同。根据 Smith(1970:101~105)②,状态变化动词(change-of-state verbs)从动词的不同控制力来看,外部控制的变化可以假定为施事,而内部控制的事件则在实体(entity)的控制之下,比如"发抖"(shuddering)在人们自己控制之下。Levin & Rappaport Hovav(1995)、McKoon & Macfarland(2000)、Rappaport Hovav & Levin(2001)在 Smith 研究的基础上,将状态变化动词分为外部和内部驱使的状态变化动词(externally and internally caused change of state verbs),外部驱使者包括两个子事件,而内部驱使者只有一个事件,心理语言学的研究表明,前者的理解时间多于后者。因此,"败₁"所在的甲型句中有两个论元参与,即施事和受事,属于复杂事件。满足复杂事件的要件是必须有两个或者两个以上的论元参与,只有这样才足以表示 X 对 Y 所施予的活动使 Y 处于某种状态。相反,"败₂"所在的乙型句只有一个论元参与,属于简单事件。在事件的概念结构上,我们可以分别将它们表示为:③

甲:$((\alpha)CAUSE(BECOME(x<STATE>)))$

乙:$(BECOME(x<STATE>))$

甲型句的使役子事件 α 包括大量的事件类型,如活动、存在状态、达成和完

---

① 这只是就基本情况而言,在新闻语体中可能会有变异。如 2008 年 12 月中央电视台奥运频道体育新闻报道掘金对湖人的第三场季后赛(84:102)时,所用的标题新闻是:"NBA 季后赛掘金大败湖人"。乙属于表态句。Langacker(1987a:73)指出,乙属于总体扫描(summary scanning),而甲则是顺序扫描(sequential scanning),前者属于静态情状,后者则近于变化事件。

② 我们没有见到 Smith(1970)原文,这里转引自 McKoon & Macfarland(2000)、Rappaport Hovav & Levin(2001)。

③ 如果用影山太郎(2001)的表示方法,则可以分别表示为:

甲.$[[_X ACT(ON _Y)]CAUSE[BECOME[_Y BE AT<state>/<place>]]]$

乙.$[_Y BE AT<state>/<place>]$

这两种表示方法并没有本质的区别,我们这里用 McKoon & Macfarland(2000:846)的表示方法。

结类事件类型。(Van Valin & LaPolla,1997)不过,在先秦时期,使役子事件一般都是施事主语,所以 α 可以当作施事看待。比较起来,乙型句在语义结构上只有一个参与者 x,所以其状态的出现属于自变性质,不是直接由外部驱使的结果。

那么,概念结构上的不同对我们认清综合使成类词汇语义转换的规律有什么启示呢?

要了解综合使成的语义转换,重要的是必须在汉语发展的大背景下来讨论,即汉语从上古时期的综合状态向中古时期的分析状态发展的演变大势。梅祖麟(1991)认为清浊别义的衰落和使动式的衰落,两者有异曲同工,并指出:

> 原始汉语有套由各种词缀或声母清浊交替组成的构词法。目前可以证明的有*-s 后缀(梅祖麟,1980)、*s-前缀(李方桂,1980:24—27)、*-r-中缀(蒲立本,1973:118)以及清浊别义。这些音变构词法逐渐衰落,唐代完全灭亡。这是上古、中古时代很重要的演变,甚至于可以说汉语改变了类型,从藏文那样富有音变构词法的综合类型的语言变成分析类型的语言。(梅祖麟,1991/2000:239)

也就是说,清浊别义的消失与语言类型的转变基本上是同步发展,彼此相关的。

"败"在先秦时期表现为"$S_{施}败_1O_{受}$"与"$S_{当}败_2$"两种句法格式。如:

(84)a. 惠公之季年,<u>败宋师</u>于黄。公立而求成焉。(《左传·隐公元年》)《经典释文》:"必迈反。败佗也,后仿此。"

　　b. 离,火也;艮,山也。离为火,火焚山,<u>山败</u>。(《左传·昭公五年》)

例(84a)中的"败宋师于黄"中的"败"是"$败_1$",(84b)中的"山败"则是"$败_2$"。在词汇概念结构上前者是综合使成式动词,所以语义上的"使成"和"结果"融合在一个词汇形式里面,二者不可分离。(84a)中"$败_1$"整个结构可以表示为:

$$\text{惠公} \xrightarrow{\text{ACT ON}} \text{宋师} \xrightarrow{\text{CHANGE}} \text{宋师}$$

这就比较直观地将"$败_1$"的语义结构以时间延续的方式表示出来。实际上,"败宋师"的过程(ACT ON)和结果(CHANGE)是一个统一体,"败$_1$"整个语义结构中不能够分别分离出一部分表示过程,一部分表示结果,而这正是综合型语义的典型特征。

相反,由于"败$_2$"表示的是简单事件,所以语义结构则可以表示为:

$$山 \xrightarrow{\text{CHANGE}} 山$$

和"败$_1$"比较,"败$_2$"的语义结构缺少了过程部分(ACT ON),而只有结果(CHANGE)部分,这种语义具有自变性的特点。这里需要说明的一点是,并不是说"败$_2$"就完全不需要外部力量的作用;相反,很多情况下,"败$_2$"的这种自变特性的实现正是由于外界作用的结果。但是重要的是,我们是在讨论语言表达,而不是客观世界。"败$_2$"由于在语言的表达形式上没有将这种外部力量表示出来,那么我们就可以认为它的语义特点是自变性,典型的如英文的 erode、wither 等词(McKoon & Macfarland,2000):

(85) a. The storm eroded the building.
　　 b. The metal eroded.

(85a、b)的典型区别就是前者直接由外力驱动,表达的是复杂使成概念;后者则是自变的结果,属于简单事件。但是,(85b)中的当事 the metal 的结果从客观实际来看一般也需要外界的作用,比如空气、水分作用的结果,不过由于语言形式没有表达出来,我们就应该将其看作简单事件。例(85)和(84)还有一点不同,就是(85)中是同一个动词表达两种语义;(84)则是由两个不同动词表达的两种语义。表现在动词的属性上,就是"败$_1$"具有及物动词的典型特性,"败$_2$"则具有形容词的典型特性。

5.5.3　演化轨迹

上古汉语中动词"动作+结果"的综合使成形式(如"败$_1$")与"结果"类动词(如"败$_2$")的根本区别是因为语音上的清浊别义的不同。① 一般的情况是清音表他动,浊音表自动。但是由于语音在交际中的磨损等原因,导致清浊别义等语义区别作用的消失,而清浊别义的消失为语义结构从综合型向分析型②转换准备了条件。梅祖麟(1991)指出:

---

① 可能还有送气、不送气等的区别,只是文献不足征。因为民族语言中的证据表明送气、不送气也是一个重要的区别因素。
② 从综合到分析,参帕默尔(1936/1983:58)。

在音变构词法衰落的过程,有若干新兴的形式来替代失去的语法功能。大部分担任补偿作用的新兴形式和古老形式只是功能相称,但没有源流关系。清浊别义似乎结局不同。清浊别义的主要构词功能是分辨他动、自动;清音声母是他动词,浊音声母是自动词。上面看到清浊别义的衰落是动补结构的产生因素之一,两者之间有源流关系。(梅祖麟,1991/2000:240)

因此,"败"的转换过程大致可以表示为下面的公式:

败$_1$→败$_2$/清浊别义消失

"败$_1$"由于清浊别义的消失而逐渐只能表结果,这种条件下表示的"结果"从理论上来看还具有较强的动词性,而非形容词性。但是由于结果的状态性特点,结果和状态之间具有十分密切的关系。Levin & Rappaport Hovav(1996)认为中间有一个被动化的转化过程。[①] 由于上古汉语时期典型的由"被"标示的被动句还没有产生,被动句的功能在上古汉语中主要由受事主语句等来表达。因此,从表层结构上看,同是"NP+V"的形式既可以是受事主语句,也可以是表属性的事态句。这种两属的特性,为部分"败$_1$"向"败$_2$"的转换准备了条件。

伴随着结构的变化,上古汉语的综合型使成语义到中古时期发生分化,这种演变趋势可以从异文中窥见端倪。如:[②]

(86) a. 破:毁

破人之国而非……(简本《孙子·谋攻》)

毁人之国而非久也。(今本《孙子·谋攻》)

b. 亡:灭

韩亡参川,魏亡晋国。(帛书《战国策·苏秦献书赵王章》)

韩亡三川,魏灭晋国。(今本《战国策·赵策一》)

c. 拔:破

齐人攻燕,拔故国,杀子之。(帛书《战国策·须贾说穰侯章》)

齐人攻燕,杀子之,破故国。(今本《战国策·魏策三》)

[①] 影山太郎(1996)认为这种看法不正确,并指出,与其说是因为形容词才具有状态性,不如说正因其带有状态性才从词性上更接近形容词,这可从日语的"～た"形式的动词得到验证。

[②] 例(86)引自吴辛丑(2002:59~62)。关于"破"的语义历时转换,请容另文讨论。Langacker(1987a:76~77)中讨论了broken同形容词具有基本相同的属性,即状态性。

第五章 "完成"语义隐性范畴的历时演变

由于"破""毁""灭"在西汉时期还是使动多于自动，①因此，例(86a)中的"破：毁"的演变趋势还不明显；"亡：灭""拔：破"则已经显露出明显的演变态势。(86b)的"亡"是灭亡的意思，应该属于达成(achievement)动词，这类动词的典型特点是动作具有瞬时性，所以动作和结果是紧密相连的。②"亡：灭"的异文显示在帛书中"灭"已经凸显出"结果"意义，而不是"动作+结果"的综合意义。(86c)中的"拔"是"攻克"义，③因此，"拔"是"具体动作+结果"，相比"破"的"使……破"义，动作义更加突出。所以，从异文中的同义句式中，如(86b~c)中，已经显示"动作+结果"综合形式的使成动词已经开始向"动作"义或"结果"义凸显。中古汉语中，这种"动作"和"结果"分离的趋势在"败"类动词中表现得更加明显。如：

(87)a.迦叶自事三火，明旦然之，又不可灭。五百弟子及诸事者助而灭之，了不可灭。疑佛所作，便行白佛："我自事三火，不可得灭。"佛言："欲使灭乎？"曰："实欲使灭。"佛言："火可当灭。"应声即灭。(《中本起经》，4/151a2)｜佛往就之，独行无侣，到其路口，坐一树下。三昧定意，放身光明，照一山中，状如失火，山中尽燃。梵志怖惧，咒水灭之，尽其神力，不能使灭。(《法句譬喻经》，4/604c)

b.五百弟子适共破薪，各各举斧皆不得下。(《中本起经》，4/151b)

c.温峤为丹阳尹，帝令断大桁，故未断，帝大怒，瞋目，左右莫不悚惧。(《世说新语·捷悟》)

例(87a)魏培泉(2000a:835~836)已经引用过，并指出：

在上古汉语"灭之"应隐含有"灭"的结果。但是此二例中的"灭之"后即使接"又不可灭"、"不能使灭"，显然"灭之"已不含有"灭"结果，这里"灭"已可视为非使动的及物动词了。其次，此二例中用"使灭"，一方

---

① 根据梁银峰(2005)，"破""毁""灭"在西汉时期自动和他动的出现频率分别为 100:491；15:68；92:360。
② 结果即状态，关于这方面的研究，论述颇多，可参 Alsina(1992)、Johns(1992)、Ritter & Rosen(1993)、Fujita(1996)、Voskuil(1996)、Dikken(1997)。
③ 张永言等编《简明古汉语字典》"拔"字条：❺攻取；攻克。李斯《谏逐客书》："惠王用张仪之计，～三川之地。"《后汉书·邓禹传》："赤眉新～长安，财富充实。"王力主编《王力古汉语字典》"拔"字条：❺攻克。《庄子·则阳》："衍请受甲二十万，为君攻之，……然后～其国。"《韩非子·初见秦》："乃复悉士卒以攻邯郸，不能～也。"

229

面此时"使灭"在某个程度上和"灭之"有所交替;另一方面可能此时的"使灭"和上古汉语的"灭之"相当,而"灭之"反倒和上古汉语的"灭之"不相当。

也就是说,例(87a)中的"灭之"已经不含"结果"义,凸显的是"动作"义;同理,(87b)"破薪"、(87c)中的"断大桁"也是"动作"义。

从概念结构上讲,原来的语义结构发生了瓦解,综合使成开始向分析使成转换。这种转换过程类似图5-5中"杀"的第一次语义转换过程,不同之处是:"败"在转换过程中是向"结果"位置的转移,而"杀"则是既可以向动作,也可以向结果位置转移。原有的综合概念结构瓦解以后,需要有新的手段来填补原来表动作的语义空格,最直接的方式就是在"败$_2$"前加表示动作的词语,形成"V+败$_2$"结构。① 这也就是为什么汉代前后"V败"形式,例如"伐败"(《史记·秦本纪》:"伐败赵将泥,伐取义渠二十五城。")、"击败"(《史记·燕召公世家》:"齐田单以即墨击败燕军。")、"攻败"(《史记·南越列传》:"楼船攻败赵人。")、"射败"(《史记·大宛列传》:"宛兵迎击汉兵,汉兵射败之。")等在这一时期突然增加的原因。②

应该说,这种演化途径有个渐进的过程,所以在转换阶段就会有多种存在方式。即"V败"一种形式下可能存在两种不同来源的"败",即"V+败$_1$"和"V+败$_2$"共存,也正是这种演化的渐进性的特点使我们在"V败"形式上存在争论:因为我们很难判定这种结构中的"败"是"败$_1$"还是"败$_2$",也就一直无法确定动补结构产生的确切时间。这其实就是转换期的一个典型特征,既表现出转换前特质,又有转换后的特点,二者交融在一起,因此频率、单用状况等未必一定能判定某一个结构是连动式还是动结式。③

但是,一旦这种转换完成以后,旧有的现象就会越来越少。到中古后期,尤其是南北朝时期,目前一般的看法是动补结构已经基本成熟。比如在《世说新语》中,能够出现在甲型句中的"败"只有以下几例,即:

(88)竖儒,几败乃公事!(识鉴)|于是贾充语妃曰:"卫瓘老奴,几败汝家。"(规鉴)|步兵曰:"俗物已复来败人意!"(排调)|以吾观之,此三贤者皆败德之人耳!(识鉴)|此人必将以盛名处当世大位,然败俗伤

---

① 这种机制下形成的"V败"究竟是"连动"式还是"动结"式不是我们研究的重点。
② 据蒋绍愚(1999)研究,《论衡》中有"穿败、毁败、乱败、朽败、腐败、坏败、破败"形式,都是动词的并列式。
③ 据梁银峰(2005)统计,西汉时期的文献中,"败"自动和使动的出现频率为228:250。

化者,必此人也。(识鉴)

这种综合使成可以说是上古语言的残留。《世说新语》中大量的用例为乙型句中"败$_2$"的用法,此不赘。

此外,根据Croft(1991:55),名词、形容词、动词句法范畴三分。从语义上看,三者分别表示客体、特性、活动;语用功能上则分别表示指称、修饰、述谓。英语就是这样三分的。但是,跨语言的调查表明,在句法范畴上并不是所有的语言都是均等三分的,有些语言中,形容词和动词拥有相同的语法特性,如汉语,形容词可以与不及物动词出现在同样的句法功能槽(functional slot)中(参 Schachter & Shopen,2007);根据 Dixon(2010),在语法功能上,A类语言表现为形容词和动词比较接近,代表语言有汉语、泰语、越南语、韩语;B类语言表现名词和形容词比较接近,代表语言有拉丁语、西班牙语、芬兰语、匈牙利语、伊博语(Igbo)、盖丘亚语(Quechua)、迪尔巴尔语(Dyirbal);C类语言表现为名、动、形三者均比较相近,代表语言有:来自北非的柏柏尔语(Berber)、来自亚马逊地区的 Tariana 语,来自澳大利亚北部的 Nunggubuyu语、来自俄勒冈的 Takelma 语;D类语言表现为名词、动词、形容词严格三分,代表语言就是英语,此外还有来自路易斯安那的图尼卡语(Tunica)、来自中美洲的曼语(Mam)和 Teribe 语。具体表现如下(表5-6):

表5-6 名词、动词、形容词语法功能的类型学分类

类型	名词、形容词、动词语法功能			
A	名词		形容词	动词
B	名词	形容词		动词
C		名词	形容词	动词
D	名词		形容词	动词

因此,从类型学上看,汉语形容词在句法功能上,与动词,尤其是不及物动词具有十分密切的关系。一旦清浊别义的消失使得"败$_1$"的及物性减弱,从而在句法表现上变得与"败$_2$"十分相近,就为"败$_1$""败$_2$"的融合准备了条件。也就是说,汉语的语言类型,即动词、形容词的密切关系也为"败$_1$""败$_2$"能够逐步相融提供了足够的可能性。

我们将"败"类词的语义转换过程大致表示为图5-9。

甲型句表示"动作+结果",在先秦时期是无标记的。但是,到了中古汉语中,甲型句表示结果则是有条件的,因为中古汉语发生原因(或者是动作)和结果的分离后,及物小句一般表示的是动作,表示 NP$_1$ 作用于 NP$_2$,至于

这种作用的结果怎样则是不必然的。导致发生这种语义转换则与语义结构从综合类型向分析类型转变密切相关:因为清浊别义等语音掣肘下的区别条件在中古汉语中已逐步消失。

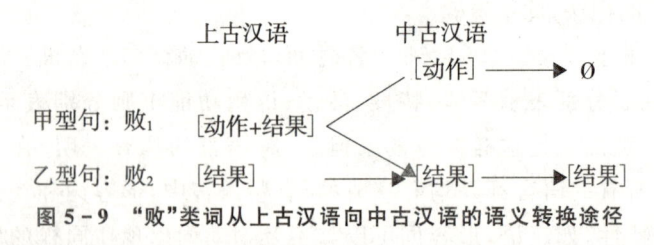

```
              上古汉语          中古汉语
                           ┌─[动作]────→ ∅
甲型句:败₁   [动作+结果]─┤
乙型句:败₂   [结果]────────→[结果]────→[结果]
```

图 5-9 "败"类词从上古汉语向中古汉语的语义转换途径

基于汉语词汇的同一性原则,我们认为,上古时期汉语"败"应该两个词,即"败₁"和"败₂"。清声母的"败₁"表他动,句法表现为"NP_1+败₁+NP_2",NP_1为施事;浊声母的"败₂"表自动,句法表现为"NP+败₂",NP 为当事。二者具有不同的语义结构,即:((α)CAUSE(BECOME(x<STATE>)))和(BECOME(x<STATE>)),前者表复杂的概念结构,而后者为简单的概念结构。

随着语言类型从上古汉语的综合状态向中古汉语的分析状态转换的结果,部分"败₁"向"败₂"转变,尤其是受事主语句中。而结果和状态是密切相关的,演变的结果是"败₁"和"败₂"融合为一个"败"。

帕默尔(1936/1983:36)指出:"由于现在还不清楚的什么理由,音变不会无限期地延续下去,而只在一定的期间内有效,并且只影响语音演变律有效期间那个语言里包含有某音的词。"所以这种类型的演变只能对"败"等原来靠语音来区分他动和自动的起作用。一旦这种作用消失以后,"败"类词就可能在某些语境中开始分别向"动作"或者"结果"义凸显。而大致的演变趋势是,"败"类综合使成动词,也就是甲型句中的动词最后基本上做使成复合结构的下字。这是它和其他类词汇在动结式演变途径上的根本区别。汉语词汇在历史上曾经历了一个"去使役化"过程,其结果是古汉语中具有使动含义的单音节在现代汉语中逐渐失去了使动用法(Li & Thompson,1976),因而只能表示状态(state)、行为(activity)或结果(result),而不能表示完结(accomplishment)或达成(achievement)意义。

第六章 "完成"语义范畴间的互动

在第二、三章我们从"场论"(field theory)的角度,将所有表现"完成"语义的成分在一个场内进行研究,并指出,"场是相互依存事实的整体"。既如此,那么同一个场内的成员间就存在互动关系,即我们还需要进一步说明同样表法"完成"语义的范畴,其成员间是如何相互作用和相互影响的。这是本章需要解决的问题。这里,我们主要选择三个方面进行研究:1."完成"标记的演进对语序的影响,一方面是"以"字结构的前置,另一方面是动量表达的后置;2."完成"语义范畴下不同类型的隐性范畴对动结式的衍生过程的影响;3.范畴间成员由于语义竞争造成同义句式发生结构类推。其中,所要讨论的前两个问题,即"完成"标记的产生对语序的影响、隐性范畴对动结式的衍生过程的影响主要发生在上古和中古时期,而范畴间成员由于语义竞争造成同义句式发生结构类推,衍生出"王冕死了父亲",这一句式则主要发生在近代汉语时期。

6.1 "完成"语义标记的演进对语序的影响

语序,就是两个或者两个以上语法成分在线形序列中的相对位置,有的研究者称之为词序。通常认为汉语缺少严格意义上的形态,所以词序和虚词就显得十分重要。① 刘丹青(2003:97)指出,现代汉语小句语序类型和古代汉语的差别突出表现为两点,一是有借助前置词"把"的受事前置句,二是没有古代汉语那种条件明确的代词宾语前置。在这一节里,我们主要研究与"完成"语义相关的语序问题:一是"以"字介词结构的前移动因和机制;二是"动量"成分的后移动因。需要指出的是,这里所说的前移或者后移不是

---

① 这里只是通常的看法,朱德熙(1985)指出这样的陈述不是十分恰当,因为说汉语的词序特别重要,似乎暗示印欧语的词序不那么重要。

形式语法的含义:在管辖范围内通过移动α而在原位留下语迹t,而是从历时的角度看,相对于以前某一时期的句法表现来看,某句法成分A从先前X位置占据优势变成了Y位置占优势,我们便说A发生了移位,即从X移到了Y。

6.1.1 "以"字介词结构的前移动因和机制

6.1.1.1 研究概况

关于汉语介词结构的移位问题,已有大量文章和专著论及,比较有影响的两部专著是张赪(2002)和刘丹青(2003)。这两部专著分别从汉语史和理论语言学的角度对汉语语序的变化做了相当深入和细致的研究,但是关于汉语介词结构的移位仍有大量问题值得继续讨论。黎天睦(Light,1979)、吴可颖(1988)注意到处所PP的位置按时间顺序原则移动,表示终点的留在后面,起点、行为场所等PP移到了前面,他们从语义关系来解释这一现象。张赪(2002)同意时序原则的作用,但指出这一原则不适合非处所类PP,而且也无法解释为什么这一原则直到约魏晋时期才开始生效,她也认为这一疑问还有待研究。刘丹青(2003)则指出,从语序类型学的角度讲,无法解释为什么PP在汉代以后会前移到一个不适合介词的、造成前置词不在中介位置、与VO语序不和谐的位置?为什么汉代以后时序原则才起作用?为什么早期连动式并不限于第一个动词虚化为前置词、虚化出来的前置词仍符合和谐性和联系项原则,后来却主要由第一个动词才能这样虚化了?他还特别希望研究语序类型学和研究汉语语法史的学者共同努力来回答这个问题。因此,我们希望换一个角度来讨论"以"字介词结构的前移问题。

关于汉语"以"字介词结构的研究,就笔者所知,大致有以下几种观点:

(一)"话语结构"论

这种看法是孙朝奋先生提出来的。孙朝奋(Sun,1991)[1]对《左传·隐公》和《孟子·梁惠王上》中的介词,如"从、在、于、於、为、与、以"等的分布和出现频率做了统计,结果显示,在《左传》中居于动词前和动词后介宾结构的出现频率各占一半,《孟子》中在动词前和动词后的比例分别为55%、45%,并不是通常说的动词后的介宾词组的出现频率高于动词前。孙朝奋先生根据省略宾语的"以"字结构在话语结构中与先行词(antecedent)的距离的不同[2],

---

[1] 参Wang(1988)的评论。
[2] 动词前、动词后的"以"字介宾结构省略的宾语与先行词的距离分别为2.81、17.64个小句(clause)。

认为在选择"以"字介宾结构的位置时,话语的语用功能是一个重要的因素,如果是同指实体在前面的上下文中存在,那么包括零形回指(zero anaphora)的动词前的"以"更有可能被使用,因为动词前"以"字的名词一般都较动词后"以"字后的名词更接近它的先行词。至于"以"字后置词(postposition)的用法则可能是因为上古语法的演变造成的。他认为汉语的词序可能是从汉藏语的主宾谓演变成主谓宾,所以古汉语的后置词用法可能是古汉藏语语法的痕迹。

支持Sun(1991)的分析的基础是:介词结构在应用上,居于动词前和动词后介词短语的使用频率基本不相上下。但是他的统计可能是有问题的,因为沈培(1992)、何乐士(1985、2004)、张赪(2002)的统计均显示在先秦时期,动词后的介词结构出现比例都高于动词前,所以我们怀疑也许是Sun(1991)的标准和其他人不同,而更大的可能是由于作者抽样调查的语料数量太少所致。这样一来,Sun(1991)的结论的可靠性也就值得怀疑,而他认为"以"字结构放在动词前的后置词用法是来源于原始汉藏语的说法也较难成立了。

(二)"调节"论

持这种看法的是鲁国尧先生。鲁国尧(1982)根据"以"字结构的句法分布,将《孟子》中的"以"字结构分为甲、乙、丙、丁四种句型,然后进行了十分详尽的分析,提出了"调节论"的看法。他指出:

> 在语言里,一个句子内的各个组成部分根据相互制约的关系而自动调节,以求构成一个协调、和谐的统一体。在《孟子》的语言里,有"以……",可担任状语,也可担任补语,从而造成不同的结构类型。选择什么结构类型,要受相互关系的制约。……在两个连贯的谓词性结构中,甲、丙型必须居前,乙、丁型必殿后,这也是语言为了更好地表达思想,根据各个结构的形式特点,对他们自动调节、选择,以求协调、和谐的体现。
>
> ……
>
> 我们讲,在语言里,由于受着句内、句外成分的制约与影响,对近似结构有所选择,从而加以调节,以求协和,不是指某个具体人在说话的时候边思考,边调节,边说话,而是指语言自行调节,使有关成分各得其所,各称其职,形成了约定俗成的规则。(**鲁国尧**,1982/1994:15~16)

以鲁国尧先生的观点,介词结构居于动词前或者动词后,在意义上并无多大区别,只是语言自动调节的结果。

应该说,鲁先生相当敏锐地发现了很多有规律性的条件,比如"动词(或带宾语)如果加上了'以……',这'以……'无论做状语还是做补语,都是侧重之点";"就未发现乙型、丁型的否定式"等,这些我们后边还要谈到。不过我们认为形式不同,意义必然有不同,"易之以羊"与"以羊易之"之间位置的不同肯定存在某种机制;而且简单地把它们归结为"调节论"还不足以解释介词结构的规律性表现及其演变态势。

此外,刘子瑜(1990)也对《孟子》中的"以"字结构做了详尽的考察。她认为:"'以'字介宾结构做状语或做补语,都是同语意表达紧密相关的,这固是修辞问题,也属于语法问题。"总的看来,刘子瑜的观点和鲁国尧的观点比较接近,如她认为《孟子·滕文公上》"陈子以时子之言告孟子"这类句子之所以用介词"以"把远宾语加以处置,提到动词前,"一方面是由于远宾语较长(通常为一复杂结构),另一方面是为了突出远宾语,将远宾语提到动词前,与介词'以'构成介宾结构做状语,这样处理,文意更明朗,文气更流畅,表达效果也更好。"而"子路,人告之以有过则喜"(滕文公上)"以"字介宾结构做补语也是文意表达顺畅的结果。

(三)"主要动词"论

坚持这种看法的是薛凤生先生。薛凤生(1996)认为当"以"字结构放在动词前面时,它的作用是修饰后边的动词词组,这和传统的看法没有不同。关键的不同是作者对动词后面的"以"字结构的处理,作者认为:"当'以'带有宾语而出现在动词词组后边时,许多语法学家仍把这种以字结构称作补语,这是错误的:事实上,它是句中的主要动词词组,它前边的动词短语才是起修饰作用的状语。"所以我们把这种看法归结为"主要动词"说。也就是说,薛凤生先生认为我们以前所说的"VP+(以+NP)"结构的中心动词不是前面的 VP,而是"以"。

因为古代汉语没有严格形态变化,句子的语法关系在很大程度上依靠词序来表现,所以在组合单位完全相同而词序不同的两个短语里,各个成分所扮演的角色必然是不一样的,两个短语的意义也不一样。因此对《孟子·梁惠王》中有"以羊易之"和"易之以羊"两种说法,许多学者把"以"字看作介词或者同动词,并且放在后边时就成了"补语",从表达上讲有一点强调的意味,①作者提出了批评,并指出:第一,作为修饰成分的介词短语为什么会放

---

① 如刘景农(1958:198~201)。同时薛凤生(1996)认为鲁国尧(1990)似乎没有把句法问题和实用问题区分开。

在被修饰语的后边?这样岂不违反了词序原则?第二,如果它真正是补充成分即所谓补语,为什么它又是说话人的语义重心,而比动词更重要?这在定义上就自相矛盾。

作者沿用自己对"动补结构"的研究成果,即现代汉语中的"使成式词组",如"打破、吃光、灌醉"中的"破、光、醉"等词不是补语,而是"具有使动意义的真正的动词中心语,即动词"。因此,薛文认为前面的动词修饰后面的"以"字结构。

应该说,简单地比照现代汉语的语法体系将动词后面的"以"字结构称为补语确实不妥当,而且对于《孟子·梁惠王》有"以羊易之"和"易之以羊"两种语序,薛文指出"如果一个说话人(例如齐宣王)有意思地改变词序,他一定有特定的用意"的看法也是相当正确的。但是作者认为"'以'字短语是作者有意识地放在另一动词之后,以显示它们是句子的意义焦点,也是句中的主要动词短语"的看法却不一定对。因为意义焦点大多不是主要动词,而且现代汉语的动补结构也恐怕难以归结为以"补语"为核心。已有研究表明,表达重心不同于结构中心(范晓,1985),而古代汉语动结式的形成也显示很难将动补结构看成是以"结"为中心。(蒋绍愚,2005b)这样看来,薛氏把动后的"以"字结构当成中心动词的看法是不成立的。

(四)"语法结构复杂化"论

坚持这一观点者以何乐士(1985)、张赪(2002)为代表。

何乐士(1985、2004)在对《左传》《史记》两部文献中介词结构的分布做了十分详尽的统计和分析以后,对"以+宾语"的前移倾向,作者认为是因为随着介词分工的进一步固定、用法的趋于规范,特别是动词谓语的复杂化趋势进一步加强,"以"字结构出现在动词后受到的限制越来越多,因而逐渐减少,而动词前的"以"字结构则逐渐增多。不过,作者在文中没有论述这一复杂化过程。

论述得最详尽的是张赪(2002)。张赪(2002)根据大量的文献资料,对从先秦至元明时期的各个阶段的处所介词以及工具介词的位置做了缜密细致的调查研究后,指出这种词序变化开始于东汉时期,激烈变化于魏晋南北朝时期,大致结束于唐五代时期,现代汉语中这两种介词词组的词序在元明时期就已经基本固定下来。而导致这种变化的原因,作者指出:

受介词词组修饰的VP带宾语情况的增加、VP后补语和其他成分的发展以及非单音结构的VP的发展都属于语法结构的复杂化,语法结构的复杂化使介词词组尽可能前移而使VP后的构成不至太复杂。

语法结构的复杂化和语义对介词词组位置作用的增强从语法和语义两个方面都对句子表达提出了要求,二者的共同作用使得介词词组词序发生了根本性的变化:语法结构复杂化使介词词组前移,语义的影响则使介词词组前移或留在VP后两个方向;语法结构复杂化对所有介词词组的词序变化都有影响,并独立作用于"介词+对象"类介词词组的前移,语义对介词词组位置的影响只限于"介词+场所"类介词词组,最终介词词组由基本位于中心成分后变为位于VP前为主。所以介词词组词序变化的原因是语法结构的复杂化和介词词组位置与语义相对应规律的作用。(张赪,2002:261~262)

张赪(2002)将汉语介词结构的演变过程及态势描写得十分详尽,也做出了比较合理的解释。但是介词结构的演变原因和机制仍还有进一步探讨的必要。首先,张赪(2002:257)指出:"汉语的词从古代到现代一直沿着复音化的方向发展,在魏晋南北朝明显表现出单音节复音化的趋势,受介词词组修饰的VP中非单音结构所占的比率明显增加。"那么,可以这样设想,在词汇总量不变的前提下,原来的单音节VP发生了复杂化,因为单音节动词变成了多音节后,在时代表现上就是单音节动词后面跟介词结构的逐渐减少。也就是说,有可能介词结构的前移另有其因。① 其次,从更严格的层面讲,张赪(2002)的研究只能说明是介词词组的分布和语法结构的复杂化相关,但并不能说是汉语词汇的复杂化导致了介词词组的前移,更不能说是介词词组前移的机制。从理论探讨的层面上看,我们还需要进一步探讨介词结构前移的机制。最后,如果说是语法结构的复杂化导致了"介词结构"的前移,但是这种情形在先秦就已经表现出来,即如果我们无法说明"以羊易之"和"易之以羊"二者在语法结构上谁比谁更为复杂,那么对介词结构的前移所做的解释仍显不足。

(五)"介词中介"论

持这种观点的是刘丹青先生。刘丹青(2003)吸收语言类型学的最新研究成果,以介词和介词短语在语句结构中的位置为参照点,考察汉语语序的

---

① 张赪(2002:258)指出:"在分布上各时期都有一个共同点,即VP为光杆单音节时介词词组大多数位于VP后,VP为非单音结构时介词词组大都位于VP前。可见,当VP为非单音结构时介词词组前移的速度比VP为光杆单音节时要快。非单音结构虽然影响了介词词组前移的速度,但它对介词词组词序的影响力不像VP带真宾语时那么强。介词词组位于非单音结构后的现象一直存在着。在元明时期,我们所搜集到的材料中允许介词词组后置的非单音结构占受介词词组修饰的非单音结构总数的近三分之一。"

历时变易及其与语言类型学的关系,从中总结语言的共性结构规律。根据统计分析,介词一般都处于介词短语和其所修饰的动词之间的中介位置,因而类型学家据此提出了介词的联系项居中原则。刘丹青(2003:323)指出:

> 跨语言研究显示各结构完全和谐的"理想"语言其实并不多。但是,在介词方面,和谐性的力量却很突出。"VO,Pre,VPP"为和谐性的一方,"OV,Pos,PPV"为另一方。两大类型已覆盖了绝大多数语言。所以,在语序类型学中,介词类型成为核心参项,比其他参项更有预测力(如在 Hawkins 1983 中);而 PP 的位置成为与动宾语序最和谐的几无例外的对应项(见 Dryer 1992)。

在研究汉语介词结构及其演变的机制上,刘著是目前理论探讨最深的一部,不仅考虑到了历史语料,而且用多种方言来验证和修正所提出的理论。比如由于先秦以降,本来多处于动词后的介词短语却前移到了动词前,使介词偏离了中介的位置,从而与介词联系项居中原则的共性结构不一致,作者认为,汉语介词短语的前移虽然偏离了这种共性,但由此产生了一种补偿手段,即由主要源于名词的后置词(如"里、中、上"等)和与此相关的"框式介词"(circumpreposition)起中介联系项的作用,从而维持介词的联系项居中的原则。这样比较合理地解释了一些相关语言事实。刘著认为联系项原则是人类语言中对介词的类型和 PP 的位置作用最大的原则,也是新介词类型产生的重要动因,所以他认为这是最为重要的原则。而和谐原则作为各种原则间的总原则并没有很强的力量,但在与介词有关的参项上则是一条有较强作用的原则。和谐原则和联系项原则在介词参项上大致是一种合力,有互相强化的作用。时序原则不是普遍原则,它只在语序灵活性允许的前提下发挥作用。时序原则与介词类型无关,只与 PP 的位置有关。

用"介词中介"论确实在一定程度上能发现一些新的规律,解释汉语介词的实质。但是汉语的介词异常复杂,类型学似乎还不能作为标准来使用。也许正是因为汉语一方面是 SVO 型语言,但是另一方面在介词的位置上多表现为 OV 型语言的特性,所以类型学的理论还远远不能真正解决汉语中的问题。而"框式介词"的阐释能够解释一些语言现象,但是解释力还是有限的。比如对于工具题元"用、拿"等前置词,作者认为是通过在工具题元后用一个"来"(少数用"去、而、以"),组成"用……来……"一类框式结构作为补偿。(刘丹青,2003:142)但是,这种解释放到汉语史来看大多不太管用。

由于汉语介词短语处于动词之前占据绝对优势,介词所处的位置与联系项居中原则的语序类型学的共性原理相背离;同时由定语后置词引介的定语位于中心语之前,与SVO型语言定语后置于中心语的共性原理也不一致。因此徐通锵先生在刘丹青专著的《专家评审意见》中指出:①

> 由于汉语占优势地位的前置介词的位置与语序类型学的共性原理矛盾,介词的联系项居中原则很难用来梳理和统率汉语语序的规律,……汉语的后置词和框式介词在语法结构中的比重较小,不占支配的地位,因而根本无力承担语序的统率作用,自然也无法成为能驾驭语序规律的杠杆。

就连作者自己也承认,从语序类型学的角度讲,还无法解释为什么PP在汉代以后会前移到一个不适合介词的、造成前置词不在中介位置、与VO语序不和谐的位置。

以上研究表明,对于诱发汉语的介词短语的前移的原因和机制,目前还没有真正找到一种解释力更强的理论来说明汉语的语序演变。语言类型学可以作为我们观察问题的一个窗口,但是离真正的答案本身还有相当长的一段距离。汉语的介词非常多而且复杂,我们不打算对所有的介词演变的原因做讨论,这也不是能力所允许的。下面我们就尝试对工具介词"以"的前移做一点阐释。

6.1.1.2 基本原则

讨论汉语语序历时演变的文章或者论著往往有意无意地忽略"以羊易之"和"易之以羊"之间的关系。和以往的研究不同,我们觉得要厘清汉语语序,尤其是介词结构的前置动因却不能避开它。为什么要从"以羊易之"和"易之以羊"的对立中入手呢?我们从结构主义归纳音位的原则说起。②

结构主义,特别是美国描写派结构主义在否定了传统语言学的做法后,设计出了一套尽量少依靠意义的确定音系单位的程序,这就是设法找到其他语音环境都相同,只有一个音素不同的"最小对立对儿",让母语者判断两个语段在该语言中是否"同音"。如果母语者认为不同音,则这两个音素处于"对立"分布;如果母语者认为同音,则这两个音素处于"自由替换"的关系。如果两个音素从来不在其他要素都相同的语音环境中出现,就找不到它们的"最小对立对儿",它们就是互补关系。凡是有对立关系的两个音素

---

① 徐通锵先生的《专家评审意见》见刘丹青(2003:372~375)。
② 关于结构主义确立音位的原则和方法的相关论述,我们直接参考了王洪君(1999)。

必须分立两个音位,处于自由替换或者互补关系的音素则可能归纳为一个音位。结构主义的这种归纳音位的原则,即在最小对立对儿中确立音位的一个最大好处就是能够避免其他因素的干扰。

在寻找语法、结构等的意义时,我们也应该在最小对立中进行操作,这样我们才能够在相对纯净的环境中进行研究。因为语义非常复杂,如果不找到最小对立就难免会把其他因素掺杂进来,干扰我们的判断。比如:

(1)子荡怒,<u>以弓</u>梏华弱于朝。(《左传·襄公六年》)

(2)十二月,齐侯田于沛,招虞人<u>以弓</u>,不进。公使执之。辞曰:"昔我先君之田也,<u>旃以招大夫</u>,<u>弓以招士</u>,<u>皮冠以招虞人</u>。臣不见皮冠,故不敢进。"(《左传·昭公二十年》)

例(1)"以弓"前置于动词"梏";例(2)中"以弓"后置于动词短语"招虞人",或者前置于动词"招士",但"以"不是前置词,而是后置词用法。故例(1)(2)不是我们说的"最小对立对儿"。而《孟子》中"以羊易之"和"易之以羊"为我们提供了"最小对立对儿"的最佳研究材料,二者都是介词"以"带上介词宾语"羊",中心动词短语都是动宾结构"易之",二者的不同就是介词结构前置于动词或者后置于动词的不同。所以音位研究中寻找"最小对立对儿"的鉴别方法对我们进行语义研究同样重要。

"以"字介词结构或者前置于动词中心前,或者后置。当"以+NP"前置时,它的作用是做状语,修饰后面的动词性结构,这是没有争议的。当"以+NP"后置时,有的把放在动词后的介词结构看成补语。也就是说,同一个介词结构当它在动词前时就叫作状语,当它在动词后时就叫作补语。但是有学者认为,按照这种做法,把动词前后的介词结构看成两种不同的句法成分,不利于说明介词结构位置的变化,而介词结构位置的变化在汉语发展史中具有重要的研究价值。因此,不少学者都用"前置"和"后置"的说法来考察介词结构的语序。沈培(1992:123)指出:

> 所谓"前置"和"后置",是相对于句中主要动词而言的,介词结构在句子的主要动词前称为前置,在主要动词后称为后置。我们同意这种看法,因此本章在考察介词结构位置变化时暂不认定"前置"和"后置"的介词结构是什么句法成分,而仅把它当作一个结构来考察它的位置变化。

刘丹青(2003:121)则进一步指出:

汉语从一开始就表现为不典型的 SVO 类型。这种类型的不一致性也表现在介词的类型、介词短语的位置及至整个修饰成分的位置等方面，其中对介词类型影响最直接的是动词修饰语（即状语）和名词修饰语（即定语）位置的不一致。定语一律在前，不管是领属定语、形容词定语还是关系从句。与之相反，上古汉语中介词短语作状语有后置于动词核心的倾向。介词短语以在动词后为主，使用的是前置词，介词作为联系项正好处在 V 和 NP 之间，符合联系项语序原则。

刘丹青（2003：150 注 2）特别指出："古代汉语语法书常仿效现代汉语语法学的状语补语之分而称后置的介词短语为补语，其实它们完全符合状语的性质，这里一律称为状语。"参照沈培、刘丹青先生的观点，这里不采用补语的看法，而一般用前置、后置或者动后状语等称谓。

同时，汉语介词"以"来源于动词，关于这方面的研究有 Karlgren（1926）、杨树达（1954）、郭锡良（1998）等，因此有时候介词和动词之间的区分不是泾渭分明的。张赪（2002）判定介词的主要标准是：1. 与谓词同时使用的才能是介词词组；2. 与做实词时相比，词义发生了很大的变化的就是介词，如"从、向、就"等虽然刚出现时用例极少，仍把它们看作介词；3. 如果词义没变化或变化不大，要看其引导的成分对谓词是否有明显的修饰作用，没有明显的修饰作用的就不看作介词，如先秦时位于动词前的"在"。同时一定时期内其介词用法出现频率的高低也要考虑。张赪（2002）还指出，"以"的基本用法是引进动作的工具、手段，在不同的上下文中它还可以引进实行某一行为的依据和凭借，三类用法其实就是一类，引进行为的依据和凭借是引进工具用法的进一步扩大，是抽象的工具。张著将它们统称为引进工具的介词"以"；此外还区分了一类引进受事的介词"以"。但是当 VP 为动词"教、加、示"时，"以"引导的介词词组看作引进工具或引进受事均可。如：

(3) 夫子教我以正。（《孟子·离娄上》）｜以行与事示之而已矣。（《孟子·万章上》）｜加之以师旅。（《论语·先进》）

张著认为例(3)中的"教我以正"中"正"既是教的内容也是完成教的手段，其他几例也可以做同样的分析。"以"引导的成分表示动作的工具、手段，又恰巧是动作的受事，"以"引进受事的用法正是这样从引进工具的用法发展而来的。

因为有时很难区分究竟是工具还是受事，所以这里在参照张著区分介词的标准时，对于"以"的引进工具和引进受事用法统称为"引进工具"的介词。

6.1.1.3 句法分布

上面我们简要介绍了对汉语介词结构的前置所做的各种解释。就"以"字介词结构的分布情况,尤其是在上古汉语中的表现而言,通过大量的论文以及专著的讨论,如鲁国尧(1982)、麦梅翘(1983)、何乐士(1985、2004)、刘子瑜(1990)、张赪(2002)等对上古时期的文献,如《孟子》《左传》《史记》等做了十分详尽的描述,基本事实已经很清楚了。目前研究的关键是要找到一个比较理想的突破口,从中发现汉语介词结构前置的动因和机制。为了便于说明,我们先将他们的统计数据移录于下:①

表6-1 上古汉语介词结构的分布情况(何乐士,2005)②

	可在动前或动后	动后	动前
《左传》	於以及自在(8.3%)	于诸乎(29.3%)	"与为从因由"等(12.4%)
《史记》	於以及自在抵(65%)	于诸乎(0.6%)	"与为从因由"等(34.4%)

表6-2 "以"字介词结构在先唐时期的分布情况(张赪,2002)③

	先秦	东汉		魏晋南北朝		合计
		论衡	佛经	非佛经文献	佛经	
VP前	489	586	58	442	432	2007
VP后	760	187	0	68	6	1021
合计	1249	773	58	510	438	3028

表6-1、6-2中的数据分别采自何乐士(2005)、张赪(2002)的统计。根据何乐士先生的统计,介词结构的出现环境可以分为:可在动前或动后、只在动后、只在动前三类。而既可以置于动词前,又可以置于动词后的介词在《左传》《史记》中的具体表现为:

《左传》:1518(动前44.8%)+1868(动后55.2%)=3386
《史记》:786(动前62.9%)+463(动后37.1%)=1249

也就是说,从《左传》到《史记》,介词结构置于动前和动后的频率发生了对调。何乐士(2005:297)指出:

《左》在D④前的介宾短语共约出现2228次,占其介宾短语总次数

---

① 表中的数据均来源于文中提到的论文,但是表格的设计和分类是我们重新编排的。
② 该文原载《语言研究》1985年第1期,题为《〈左传〉、〈史记〉介宾短语位置的比较》,后收入《古汉语语法研究论文集》(商务印书馆,2000年)和《〈史记〉语法特点研究》(2005)。因为作者声明在每一次收录时内容有修改、补充,所以表6-1的数据引自最新发表的成果,但是该文出版时误将表2第一横栏的第一项"在D前"排印成"在D后",我们统计时径改。
③ 张赪(2002)将"以"分为引进工具和引进受事两类,表6-2中的数据是二者相加的结果。
④ 何乐士(2005)中用大写D代表谓语动词(或形容词)。

5799 的 37%；在 D 后的共约 3671 次，占 63%。《史》第八册在 D 前的共约 1447 次，占其介宾短语总次数 1922 的 75.3%；在 D 后的共约 475 次，占 24.7%。很明显，《史》不仅把《左》前少后多的比例倒了过来，而且前后相差悬殊。这是一个重大的变化。

这说明汉语介词结构的前移在秦汉时期置于动词前已经多于置于动词后，张赪(2002)的统计也是如此(见表 6-2)。因此我们要寻找汉语介词结构前移的动因和机制应该在不晚于秦汉时期的文献中寻找答案；中古时期，比如魏晋南北朝时期的介词结构的表现应该可以看作是这种演变的进一步延续和演进，可以用来验证我们前面的分析，真正的主证材料还必须出于秦汉时期或者更早。

表 6-1 显示，在统计的范围内有些介词只能出现在动词后面，如"于、诸、乎"；有些则只能出现在动词前面，如"与、为、从、因、由"，由于它们位置很固定，所以不存在移位的问题，那么探讨介词结构的前移实际上和它们关系不大。最值得考量的是表中既可置于动词前面，又可以置于动词后面的"於、以、及、自、在"等介词。在这几个介词中，出现频率高、使用范围广的介词只有"以、於"两个介词。可以说，如果我们能够将这两个介词前移的规律找出来，就基本上找到了"以"或"於"的前移规律，我们就能取得突破，基本上也就找到了汉语介词结构前移的动因和机制。我们选择从"以"字介词结构入手，希望能够从另一种角度探讨介词结构的前移规律。

此外，表 6-2 显示"以"字结构在中古汉语中一般不在汉译佛典中出现，所以语料来源一般不考虑汉译佛经文献，而主要是中土文献，这是需要说明的一点。

关于介词"以"在《孟子》中的分布，鲁国尧(1982)已经做了十分详尽的统计。鲁国尧先生根据"以"出现的句法环境的不同，将"以"分为以下四型：

甲型："以"+介词宾语+动词+宾语

乙型：动词+宾语+"以"+介词宾语

丙型："以"+介词宾语+动词

丁型：动词+"以"+介词宾语

甲乙型与丙丁型的区别在于动词带不带宾语。鲁国尧(1982)指出："从功能上说，丙型似甲型，丁型似乙型。在《孟子》里，丙、丁二型的核心述语动词是不及物动词，或虽是及物动词却不带宾语。甲、乙二型的动词都带宾语，因而表达的内容广，出现频率高得多。"因此，从句法功能上看我们可以将鲁国尧(1982)中的甲型、丙型，乙型、丁型分别合并成一类，考察介词结构"以"的出现

环境及其分布规律。这样,我们将《孟子》中的"以"字结构分为两类:

　　A 型:"以"+介词宾语+动词(+宾语)　或　"以"+NP+VP
　　B 型:动词(+宾语)+"以"+介词宾语　或　VP+"以"+NP

我们的 A 型相当于鲁国尧(1982)的甲型、丙型之和,B 型相当于是乙型、丁型之和。这样,A、B 两型的区别从形式上看只是介宾短语位置的不同:A 型为前置型,B 型为后置型。我们根据鲁国尧先生的分析将二者的句法分布表示为表 6-3。

表 6-3　A、B 二型的句法分布

	A 型	B 型
条件 1	做句子的谓语,主语都是施事	主语有的是施事,有的是受事
条件 2	可以前有副词"不""无",构成否定式,也可前有助动词	未见乙型前加否定副词构成否定式或前加助动词之例
条件 3	如果两个谓词性结构在一起,则必居于前	如果两个谓词性结构在一起,则必居于后

　　鲁国尧先生文中归纳出的介词结构的分布条件较多,在甲、乙二型的区别中就有十种不同的出现环境。表 6-3 的三个条件是在综合了鲁先生文中的结论后,选择了我们认为比较重要的条件。这三条分布规律十分重要,有了它我们可以进一步认识介词结构前置和后置时的意义差别,以及由此出发寻找引发汉语介词短语结构前移的动因。

6.1.1.4　前置、后置的功能差别

　　关于介词"以"前置、后置的意义差别,刘景农(1958:200)的观点具有代表性:"大抵用作状语时,述说的重点是在动词上;若作补语,就侧重在介词的宾语。"①所举例中有两例出自《孟子》:

　　(4)汤使人以币聘之。(《孟子·万章上》)|招虞人以旌,不至。(《孟子·滕文公下》)

　　刘景农先生认为,前者述说的重点是在动词"聘"上,后者侧重点在介词"以"的宾语"旌","就做动词'招'的补语了。"对于刘景农(1958)的看法,鲁国尧(1982)认为,"如果仅仅一个动词(或带宾语),述说的重点自然是在动词上。

---

①　刘子瑜也大致采取和刘景农类似的观点,她认为"以"字结构"做状语时,其意义的重点一是在动词本身;做补语时,其意义的重点则落在'以字结构'上。"(刘子瑜,1990:61)

但是当'以……'被加在前面的时候,'以……'这个状语不是无足轻重的,较之原来的单个动词(或带宾语),工具状语就是侧重点。"并且引《滕文公上》篇中"有为神农之言者许行"章的一段著名的对话,将孟子问陈相的几个是非问句按先后次序排列为:①

(a)许子必种粟而后食乎?(b)许子必织布然后衣乎?(c)许子冠乎?(d)自织之与?(e)许子以釜甑爨,以铁耕乎?(f)自为之与?

鲁国尧(1982/1994:14)指出:

> 前三句孟子问话的重点是在动词"种"、"食"、"织"、"衣"和"冠"上,"必"起强调作用。第四、六句的重点在"自",第五句的重点呢?决非"爨"和"耕"(若是,"耕"和"种"义近犯复),孟子是在问:许子是不是用釜甑来烧火煮饭,用其铁器来耕田?重点在状语。待陈相回答"然"后,紧接着追问一句"自为之与?"这"之"就是指的"釜甑"与"铁",诱出陈相的答案"以粟易之",孟子马上就抓住不放,大发议论:"以粟易械器者,不为厉陶冶;陶冶亦以其械器易粟者,岂为厉农夫哉?""械器"、"陶冶"都是承"釜甑"与"铁"而言的。第五句的重点不是明明在"釜甑"与"铁"吗?

鲁先生的基本看法是:动词(或带宾语)如果加上了"以……",这"以……"无论做状语还是做补语,都是侧重之点。现代汉语的工具状语皆前置,司空见惯,而古代汉语却有工具补语,后置,这易于使现代人产生工具补语后置即为侧重点的错觉。

鲁先生的这种看法很有见地,下面我们尝试对这种看法展开论述。

当 A 型句("以"+NP+VP)与 B 型句(VP+"以"+NP)中 NP、均 VP 相同时,二者就构成了"最小对立对儿"。我们可以将"以羊易之"和"易之以羊"表示为下面的形式:

以羊易之:["以"+NP_2]+[V+NP_1]
易之以羊:[V+NP_1]+["以"+NP_2]

可见,二者的不同在于介词结构位置,找不出当介词结构["以"+NP_2]前置时述说重点在动词 V;而后置时重点却在 NP_2 上的理由。

一个结构成分如果从句法的角度来看是主语或宾语,从语义的角度

---

① 鲁国尧(1982)中原文的编号为阿拉伯数字编号,为了避免和我们的正文编号发生混淆,我们改为字母编号。

来看是施事或受事,从语用的角度来看是话题或焦点。① 通俗地说,所谓焦点就是句子中的重要部分,突出部分,强调部分。从信息表达的角度看,焦点(focus)是指一个句子中最为重要的信息,是与预设(presupposition)相对而言的。根据刘丹青、徐烈炯(1998),小句的自然焦点(又称规焦点、中性焦点、非对比焦点等)的功能特征体现为:[＋突出],[－对比],"在句子内部,自然焦点是说话人赋予信息强度最高的部分,它以小句的其余部分为背景。自然焦点没有专门的焦点标记,而跟语序关系密切,出现在某些位置的句法成分在没有对比焦点存在的前提下,会自然成为句子信息结构中重点突出的对象,同时往往是句子自然重音的所在。在汉语中,句子末尾通常是句子自然焦点的所在。"对比焦点则不同于自然焦点,其功能特征体现为:[＋突出],[＋对比]。"对比焦点有双重背景。它是本小句中最被突出的信息,因而以句子的其余部分为背景,所以有[＋突出]的特征;同时又是针对上下文或共享知识中(尤其是听话人预设中)存在的特定对象或所有其他同类对象而特意突出的,有跟句外的背景对象对比的作用,所以又有[＋对比]的特征。对比焦点总是借助于语言中的一些特定手段来表示。"因此,是否含有明显的可以推导的预设,是对比焦点和自然焦点的一个很重要的区别性特征。

在没有介词结构"以羊"出现的情况下,"(主语)易之"是典型的SVO句型,也就是汉语的基本语序。

关于现代汉语的基本语序,经过很多学者的研究,如 Li & Thompson(1974a、1974b、1975a、1975b)、Tai(1976)、Light(1979)、Sun & Givón(1985)、Xing(1993)、邢志群(2004)等,一般的看法是SVO(施事者＋动词＋受事者)。但是对于古汉语,尤其是上古汉语是否为SVO语序,存在着不同的看法。对于先秦汉语中疑问句、否定句等的宾语代词前置的问题,有的认为这是远古汉语SOV语序的残留,如邢公畹(1947)、王力(1958)、俞敏(1980)、Sun(1991)、LaPolla(1993)等。但是这种看法引起不少学者的质疑,如丁邦新(1997),石毓智、李讷(2000),石毓智、徐杰(2001),Dryer(2003),石毓智(2004),魏培泉(2004)等。石毓智(2004:41~50)认为,先秦

---

① 这里只是通常的看法。焦点问题是语言学研究所经常涉及的一个问题,不同的语言研究者由于对焦点的理解不尽相同,因而对焦点的定义有出入,划分出来的焦点的种类彼此也有交叉。每个研究者侧重点的不同就可能对焦点的看法形成差异,如董秀芳(2003)在讨论焦点时持以下观点:焦点既不是纯语用概念,也不是纯句法概念,焦点与句法、语用都有关。在确定焦点的标记性时,句法起作用;在确定焦点的具体所在时,语用起作用。本文对焦点的讨论,基本上是以刘丹青、徐烈炯(1998)的看法为依据,有的观点和陈述采自徐烈炯、潘海华主编(2005),文中不一一出注。

汉语的特殊语序并不一定反映史前汉语的特点,而是跟代词自身的语法性质有关,即通过语序的变换来表示某种语法意义。否定结构的代词在从句中只能出现 SVO 的顺序,在单句则只出现 SOV 语序。这一方面说明当时的基本语序为 SVO,另一方面表明疑问、否定等句子中的语序变换更可能是当时的一种语法手段,而不大可能是远古汉语 SOV 语序的残留。根据沈培(1992),甲骨文的语料也不支持 SOV 的看法。沈培(1992:224):

> 自汉藏语比较语言学开展以来,不少学者注意到,在与汉语同源的藏语、缅语和其他汉藏语系的语言中,SOV 的语序比较普遍,定语后置的情况也很多见。因此这些学者认为,汉语早期也应当与这些语言一样,是 SOV 语序,并且定语也是后置的。他们从古书、方言中找了不少类似这些现象的例子,有人还利用了甲骨卜辞的材料。我们认为,从已有的材料看,甲骨卜辞并不能给这种学说提供什么积极的证据。

因此,汉语的基本语序自古至今一直是 SVO。

徐烈炯(Xu,2004)认为汉语信息焦点主要通过句法位置体现,在不违反其他句法规则的前提下,信息焦点一般位于树形图递归方向嵌套最深的位置。汉语是右分支结构语言,递归方向嵌套最深的位置也就是句中最后一个词,并且汉语的焦点一旦处于这一位置上不需要重读。那么,可以认为在介词结构不出现的情况下,"(主语)易之"(SVO)的信息焦点落在宾语或者说受事成分"之"上。陆丙甫(1998)指出,根据主语是施事和常规话题的结合,我们也可以相应地说:典型的宾语是受事和常规焦点的结合,并解释说:"人类语言之所以倾向于选择受事作焦点,可能是因为受事直接受动作影响而改变状态,往往是表达中的新信息,而新信息倾向于成为交流的焦点。"宾语多由受事成分充当,受事成分又往往是语句中变化最大的成分,而变化越大,所包含的未知因素就越多,就越有理由成为表述的重心。这是宾语成分成为常规焦点的主要原因。

但是,当介词结构出现时,情况就不同了。我们认为表工具的介词结构实际上是对比焦点。现代汉语在没有重音、语调等标记的情况下,介词结构往往是句子的对比焦点。对比焦点与信息焦点属不同的语用概念。信息焦点是每句中必有的,而对比焦点不是必有的,因为任何一句话都不能没有新信息,但并非每句话都要做对比。对比焦点与信息焦点的区别在于对比焦点的选择有一个范围,而信息焦点的选择没有这样一个范围。从上面所举的鲁国尧先生引《滕文公上》篇中"有为神农之言者许行"章的一段著名的对话来看,正好符合对比焦点的特性。

根据刘丹青、徐烈炯(1998),在同一个小句中,对比焦点跟自然焦点不能共存。当对比焦点出现时,由语序等体现的自然焦点就不再具有自然焦点的功能,或者说,自然焦点的功能被对比焦点所覆盖。所以,当介词结构出现后,"易之"结构中动词宾语就因为被介词结构表达的对比焦点所覆盖而不再获得常规焦点。也就是说焦点转由介词结构表达。所以我们很赞同鲁先生的观点:"以……"无论做状语还是做补语,都是侧重之点。

所以,我们认为"以"字介宾短语在"以羊易之"和"易之以羊"中的功能是对比焦点,也就是不管这一介宾短语是前置还是后置都是强调的重点。跨语言的研究表明,通过语序、结构、语调等的变化便可以产生对比焦点。其中语序和语调因素由于反映出语法编码过程中固有的临摹原则(iconicity principle)而更引人注目。(张伯江、方梅,1996:88)

6.1.1.5 "以羊易之"和"易之以羊"中的意义差别

分析了"以"字介宾短语的功能,即对比焦点以后,下面进一步讨论前置和后置的介词短语在"以羊易之"和"易之以羊"中的意义差别。

表6-3中的A、B两型的分布条件:

> 条件1:A型句做句子的谓语,主语都是施事;B型句主语有的是施事,有的是受事。

也就是说A型句只出现在施事主语句中,而B型句却可以出现在受事主语句中。木村英树(1997)指出:被动句的主语名词所担当的语义角色不是一般的"受事",而是"受影响者(affected)";[①]同时,被动句中的介词宾语的语义角色也不能和主动句的施事等而视之。……木村先生通过大量的实例证明,汉语被动句主要不是表述客体接受了什么动作,而是表述动作结束后客体处于什么状态,动作只是使客体受到影响的手段。因此,只表示动作而不具有"影响含意"的动词,不能单独充当被动句的述语成分。任鹰(2005:88)指出:看来,被动句中,动词所表示的动作并不是语义重心所在,不是需要强调的部分,并认为被动句的述语动词前很少使用状语特别是描摹性状语,很值得注意。如果我们从广义的角度来看待被动句,那么受事主语句属于无"被"字标记的被动句,它同样具有被动句的特性,即木村所述:不是表述客体接受了什么动作,而是表述动作结束后客体处于什么状态。

---

① 转引自任鹰(2005:86 注14)。

我们在 2.2.1.2 中讨论过主语为受事时能够表达"完成"语义,而事件的完成和状态是可以转换的。因此从条件 1 来看,前置、后置的介宾短语在主语施事、受事上的不同分布已经透露出了二者的不同意义,即:前置时表"动作",后置时表"状态"/"受影响"。

我们再进一步检验这种意义差别能否适用于条件 2、条件 3。

> 条件 2:A 型句可以前有副词"不""无",构成否定式,也可前有助动词;B 型句反之。

条件 2 和条件 1 是相辅相成的。前面转述任鹰的观点,即:被动句的述语动词前也很少使用状语特别是描摹性状语,所以不难理解 B 型句不能用助动词。而 B 型句不能用否定副词"不""无"等其实也容易解释,因为一旦使用了否定词,实现事件的"状态"被否定,那就是事件的过程,或者说是事件的"动作"意义的凸显。[①] 所以,否定副词不能出现在 B 型句中。同理,条件 3 也说明前置表"动作",后置表"状态"/"受影响"。

回到《孟子》中"以羊易之"和"易之以羊"出现的上下文:

> 曰:"臣闻之胡龁曰:王坐于堂上,有牵牛而过堂下者。王见之曰:'牛何之?'对曰:'将以衅钟。'王曰:'舍之!吾不忍其觳觫,若无罪而就死地。'对曰:'然则废衅钟与?'曰:'何可废也?<u>以羊易之</u>。'——不识有诸?"
>
> 曰:"有之。"
>
> 曰:"是心足以王矣。百姓皆以王为爱也,臣固知王之不忍也。"
>
> 王曰:"然。诚有百姓者,齐国虽褊小,吾何爱一牛?即不忍其觳觫,若无罪而就死地,故<u>以羊易之</u>也。"

[①] 被否定的事件是状态,参 Asher(1993:52)、Klein(1994:48)、Bartsch(1995:31)、Ernst(2004:764)等。董秀芳(2005:224)在解释古汉语宾语的表层隐现条件时指出:

> 在表示行为或事件时,肯定句和否定句有一个不同:肯定句具有时间上的有定性,而否定句则具有时间上的无定性。肯定句是肯定一个行为或事件的发生,这个行为或事件是可以在时间中精确定位的或至少是具有这种潜在的可能性。否定句是否定一个行为或事件的发生,由于行为或事件根本没有存在,因此就无法对其在时间轴上精确定位,但可以指出行为或事件不发生这种状态所存在的时间范围。肯定句在时间维度上是内部异质的,一个行为或事件的发生是一种新情况的出现,其出现的一刻的情况与其前或其后都有可能不同。而否定句所表示的内容在一定范围的时间维度上是内部同质的,即在不出现某一行为或事件的一段时间中情况没有发生变化。

曰:"王无异于百姓之以王为爱也。以小易大,彼恶知之?王若隐其无罪而就死地,则牛羊何择焉?"

王笑曰:"是诚何心哉?我非爱其财而易之以羊也。宜乎百姓之谓我爱也。"

我们看到,第一次出现"以羊易之"是在对话的语境中出现,当时是牛"将以衅钟",梁惠王命令"以羊易之","以羊"是对比焦点,即选择范围是"牛、羊",强调的是动作或者方式。第二次出现的"以羊易之"大致也可以做相同的理解。而"易之以羊"则不然,梁惠王阐述自己并不是吝惜钱财才以羊代替了牛。如果这一事件没有完成,或者说没有实现,就不会有"百姓之谓我爱也"。所以,我们所归纳出的语义区别放在文本中也是能够解释通的。而且,这种解释大致可以解释《孟子》中的其余用例,如后置的"以":

(5)五亩之宅,树之以桑,五十者可以衣帛矣!(梁惠王上)|谨庠序之教,申之以孝悌之义,颁白者不负戴于道路矣。(梁惠王上)①

(6)暴见于王,王语暴以好乐,暴未有以对也。(梁惠王下)|王尝语庄子以好乐,有诸?(梁惠王下)|子路,人告之以有过则喜。(公孙丑上)|圣人有忧之,使契为司徒,教以人伦,——父子有亲,君臣有义,夫妇有别,长幼有序,朋友有信。(滕文公上)|君子深造之以道,欲其自得之也。(离娄下)

(7)孟子对曰:"昔者大王居邠,狄人侵之。事之以皮币,不得免焉;事之以犬马,不得免焉;事之以珠玉,不得免焉。"(梁惠王下)|生,事之以礼;死,葬之以礼,祭之以礼,可谓孝矣。(滕文公上)|昔齐景公田,招虞人以旌,不至,将杀之。(滕文公下)|有人于此,其待我以横逆,则君子必自反也。(离娄下)

(8)昔者辞以病,今日吊,或者不可乎?(公孙丑下)|他日王谓时子曰:"我欲中国而授孟子室,养弟子以万钟,使诸大夫国人皆有所矜

---

① 在笔者博士论文答辩会上,邵永海老师就例(5)"树之以桑"表"完成"表示怀疑。我们认为,单独看"树之以桑"不足以一定表达"完成"意义。但是,其"完成"意义不典型乃与句式为条件句(即非现实性)有关。有趣的是,Lau(1970:51)将其译作"(If)the mulberry is planted in every homestead of five mus of land",而连金发(Lien,2003)在单独引用"树之以桑"时将其对译为"to plant-it-with-mulberry",意译为"the mulberry is planted"。而被动表示的是结果状态。这说明,抛开条件句的句式影响,这里的"树之以桑"表"完成"恐怕还是有一定道理的。

式。……?"(公孙丑下)

(9) 曰:"嫂溺则援之以手乎?"曰:"嫂溺不援,是豺狼也。男女授受不亲,礼也。嫂溺,援之以手者,权也。"曰:"今天下溺矣,夫子之不援,何也?"曰:"天下溺,援之以道;嫂溺,援之以手。子欲手援天下乎?"(离娄上)|孟子曰:"势不行也。教者必以正;以正不行,继之以怒;继之以怒,则反夷矣。'夫子教我以正;夫子未出于正也。'则是父子相夷也。"(离娄上)

(10) 入其疆,土地辟,田野治,养老、尊贤、俊杰在位,则有庆;庆以地。(告子下)|夫苟好善,则四海之内,皆将轻千里而来告之以善。(告子下)|杀人以梃与刃,有以异乎?(梁惠王上)

以上是我们在《孟子》中收集到的"以"字介宾短语后置的用例。在例(7)(8)中的"完成"义较明显。例(10)中的"庆以地"用现代人的语感似乎较难理解,但是前文的"入"是瞬时动词,"土地辟,田野治"是受事主语句,表达的均是"完成"义,紧接着云"有庆",因此我们认为这里的"庆以地"表达"完成"义是在"有庆"的基础上来说的,所以不算例外。"告之以善"前面有"将",由于"将"的范域大于"告之以善",所以也能解释。"杀人以梃与刃"中的"杀"在上古时期是综合动词,即包括动作和结果,杨伯峻先生的译文为"用刀子杀死人和用政治害死人",所以"以"介宾短语后置。

此外,《孟子》中有这样的用例:

(11) 分人以财谓之惠,教人以善谓之忠,为天下得人者谓之仁。(滕文公上)

这种后置的用法在《庄子》中则可以前置:

(12) 以德分人谓之圣,以财分人谓之贤。(《庄子·徐无鬼》)

我们的解释是因为这里的动词"分"的意思是"分给",有结果义,[①]故"以"字短语既可以前置,也可以后置。

"以"的这种意义差别还能解释中古汉语的前置和后置的"以"字短语结构所在句子的不同语义重点。在中古汉语中后置的"以"字介宾短语还保持

[①]《王力古汉语字典》"分"字条㊀分开,与"合"相对,引申为分给。

着不受否定副词"不""无"修饰的特性。如《世说新语》中：

(13)桓即赏以二婢。(言语)｜进待以宾礼,授以几杖。(文学)｜陆太尉诣王丞相,王公食以酪。(排调)｜妻以姨妹蒯氏,室家甚笃。(惑溺)

只有2例出现在否定句中,即：

(14)虽然,要不可加以锋刃也。(赏誉)
(15)晋文帝亲爱籍,恒与谈戏,任其所欲,不迫以职事。(任诞)

例(14)"加以"有词汇化倾向,"加以"可以看成一个单位。这样一来,例外的只有例(15),和其余33例后置而不用于否定句的用例比较起来,完全不能否定后置的语义规律。

因此,我们通过最小对立对儿中用对比焦点的方法归纳出来的意义差别不仅可以解释上古汉语的"以"字介宾短语前置和后置时的用例,而且用在中古汉语也是基本合适的。

6.1.1.6 "以"字结构的前置动因

根据沈培(1992:158),汉语介词结构的语序本来可能都是以后置为常的。时间介词结构的语序最早发生变化,在殷墟甲骨卜辞中,已经变为以前置为常。非时间介词结构的语序由后置为常到前置为常的变化是在商代之后才发生的。根据何乐士(1985)、张赪(2002)等,"以"字介宾短语在《史记》中已经变得前置多于后置,在魏晋南北朝时期发生了很大的变化,已基本前移至VP前。

此外,后置的"以"在《睡虎地秦墓竹简》《二年律令》《齐民要术》中基本不出现。如在《齐民要术》中只出现8例,相对于同时期的《世说新语》来说这种用法相当少见。如果说我们可以把《齐民要术》中的现象归结为"以"字介宾短语的前移在南北朝时期已经基本完成,那么用语法结构的复杂化是很难解释在《睡虎地秦墓竹简》《二年律令》中后置介词结构出现的低频率原因的:分别只出现6次、3次。因为这一时期恰好是"以"字介词结构的后置比较多的时期,语法结构还不算太复杂。但是用对比焦点的观点得出的结论:前置重"动作"意义,后置重"状态"/"受影响"意义却可以解释这种分布的"反常"现象。从文本的题材来看,这三种文本都是重在介绍某一程序的过程,目的在于说明事件的过程性,我们把它们称之为"程序文书"。① 这种文书的最大特点是强调动作的过程,它与以叙述具体的事件的结果的文书如史书具有很大的不同。正是这种不同造成了"以"在程序文书中基本不后置的现象,因为后置的"以"重"状态",而状态和结果是相通的。

明白了这一点,便可以进一步解释"以"字介宾短语前移的动因了。

在第四章我们已经对"完成"语义标记的衍生过程做了比较详细的讨论,也就是"完成"语义标记经历了一个由无标记向有标记演化,由少用标记到体标记强加的过程。也就是说,"完成"语义标记的出现频率刚好与"以"字介宾短语的后置形成互补关系。这不是语言发展中的偶合现象。

事件一旦"完成"即成为"状态",二者是紧密相连的,我们在前文已有所论述,此不赘。根据张赪(2002),在整个中古时期的佛经类文献中"以+工具"基本上位于VP前,不出现在VP后面,这其实也很好解释。因为佛经文献中"毕、竟、讫、已"等大量运用,所以不再需要由"以"的后置来表达"完成"语义。所以,"以"字介宾结构的前移正是由于"完成"语义标记的衍生导致了它不再需要后置,因为这一功能已经被"完成"语义标记"已、毕、竟"等逐步代替,从此,表示工具的后置"以"字介宾短语也就逐渐退出了历史舞台。这也从另一个侧面反映了我们前文将汉译佛典和中土文献分开处理的可行性。

刘丹青(2003)指出,从语序类型学的角度讲,无法解释为什么PP在汉代以后会前移到一个不适合介词的、造成前置词不在中介位置、与VO语序不和谐的位置,为什么汉代以后时序原则才起作用。用我们的观点恰好能

---

① 廖秋忠(1984)称之为"过程语体",在英语中叫"procedural discourse",陶红印(2007)称之为"操作语体"。Longacre(1983,Chapter 1)归纳了指南语体的具体语体特征:

(三)以目的、行为为中心,不以施事为中心。意思是重点不在于描述谁去做,而是描述做什么,而且假定任何人都可以做;

(八)状语成分多传达时间、状态和原因;

(九)时态以现在和将来时为主;

(十)可以分成"如何做"和"怎么做"两种情形(后者可能对上条关于现在和将来时的说法构成一个例外)。

Longacre(1983)提出操作语体的状语成分多表达时间、状态和原因,其实,更常见的还有工具、地点、方式、数量等成分。

就拿叙事体(它实际上包括我们常常拿来作为语法研究对象的小说)来说,它可以说是以人为本,以主要人物的活动为线索展开事件并加以评论(Labov,1972;Labov & Waletzky,1967)。而操作语体是我以物为本,以如何改变物体的状况为线索(Farkas,1999),给出指令和步骤。不同的语体导致截然不同的语体模式。

以上参见陶红印(2007)。

够解释这种前移的基本原因,也就是说,我们不能仅用类型学的观点简单看待汉语介词结构的前移动因,导致它们前移是由于汉语语义演变规律的自身驱动。

6.1.2 动量表达的后移

在讨论了表工具的介词短语的前移动因以后,下面我们简略地谈谈动量表达的后移。一般讨论汉语语序的多不讨论这种现象,我们认为动量表达的后移是中古汉语时期的一个十分重要的现象,值得说上几句。

根据黄盛璋(1961),黄载君(1964),刘世儒(1965),李建平、张显成(2009、2011)等的研究,汉语动量词的产生晚于名量词。关于它出现的时代,论者各有不同主张,如洪诚(1964)认为起源于东汉,傅铭第(1965)指出动量词"匝"和"周"的时代可以上溯到周秦之际。杨如雪(1989:583)指出:六朝笔记小说中所使用的动量词在先秦使用的为"匝、周",两汉时期使用的为"遍、下",到现代汉语中仍使用者为"遍、番、度、下、回"。李建平、张显成(2011)认为两汉简帛中动量词获得了初步发展,有"通、发、辈、伐、下、周、反"7个。在动量词的出现时代上可能有不同的看法,不过多数人赞同魏晋南北朝已形成比较完备的动量词体系之说。据刘世儒(1965)的研究,魏晋南北朝时期发展成熟的动量词约为10多个,刘著中肯定的专用动量词有"过、番、遍、回、通、阵、下、次、周、帀(匝)、返、合、壮、转、拜、出、度"等。

动量的表达经历了一个逐步发展的过程,在上古时期,行为的次数不用单位词来表示,而是把数字放在动词的前面。在甲骨文中量词只有名量词,没有动量词,凡需要表示动量的,即以数词直接表示。(黄载君,1964;刘世儒,1965;王力,1989)如:①

(16)其用<u>四</u>卜。(殷墟粹编1256)|用<u>六</u>卜。(殷墟文字乙编5399)
(17)吾日<u>三</u>省吾身。(《论语·学而》)|子<u>三</u>困我于朝。(《左传·襄公二十二年》)|<u>百</u>战<u>百</u>胜,非善之善者也。(《孙子·谋攻》)

这种用法在中古时期还比较常见(参2.2.2.2)。后来出现了动量词,动量的表示方法从上古时期的不需要动量词发展为"数动组合总须通过量

---

① 关于动量表达等的用例,基本上转引自文中提到的参考文献,为了避免烦琐,不再一一出注。

词介绍,否则就不合规范"。(刘世儒,1965:64)刘著中举出了许多古书中的注疏补上量词的用例,并指出:"可见自从南北朝产生了动量词这一词类范畴后,汉语行为称量法在本质上已经起了多么大的变化。……历史事实表明:动量词的发展是异乎寻常地迅速的。它一经产生就马上成了语言中极为活跃的因素。南北朝虽然是动量词刚刚产生、发展的阶段,但到了中晚期就已经形成为一种明确的范畴:行为称量法,总须通过量词,否则总不免带有上古汉语的浓重气息,总觉得同这个时代的行为称量法的体系不大对头。"(刘世儒,1965:35、43)因此数动结合常须通过量词介绍,在南北朝时期,应该说已经开始形成一种普遍的规律了。如:

(18)夜有盗之者,数过提举,竟不能胜。(《高僧传》,50/336a,"胜",宋、元、明三本作"动")|温太真位未高时,屡与扬州、淮中估客樗蒱,与辄不竞。尝一过大输物,戏屈,无因得反。(《世说新语·任诞》)

例(18)中"数量"结构位于所修饰的动词之前。不过魏晋南北朝时期大量的用例为"数量"结构位于所修饰的动词之后。如:

(19)谢虎子尝上屋熏鼠,胡儿既无由知父为此事,闻人道痴人有作此者,戏笑之,时道此非复一过。(《世说新语·纰漏》)|元因徐徐以腹揩屋栋数十过。(《神仙传·葛元》)|媒女即迎像置殿上,香汤洗数十过,烧香忏悔。(《高僧传》,50/326a)

根据张赪(2002),VP带动量宾语和时量宾语的用例在唐五代急剧增加,以前一直只有几例,而这一时期猛增到25例,准宾语已成为跟在VP后的一种常见的成分。如:

(20)师把柱杖敲丈床三两下。(《祖堂集》卷十八)|以柱杖打一下。(《祖堂集》卷十九)|路逢女人来委问:"此个郎君往何方?何姓何名衣(依)实说,从头表白说一场。"(《敦煌变文·董永变文》)

方梅(1993)指出:"汉语史学者的研究表明,VNM式产生于魏晋,而VMN在魏晋时还没有出现。"①她还在注中指出,除了太田辰夫《汉语史通

---

① 方梅所说的"VNM"和"VMN"分别表示"动·名·动量"和"动·动量·名"两种语序。

考》第 119 页曾举《祖堂集》3.46 的一个例子,即"者个子好与一顿棒且放过"是我们所见 VMN 式最早的例子外,在《五灯会元》里也发现了一个 VMN 式的例子:"子在此多年,装束了却来,为子说一上佛法。"此外,该书中同类说法都是采用 VNM 式的。直到现代汉语,表动量的"数量"组合一般居于动词之后。① 因此,汉语动量的表达大致经历了三个阶段,可以表示为图 6-1。

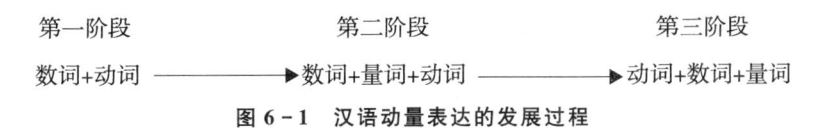

```
   第一阶段              第二阶段                第三阶段
  数词+动词 ─────▶ 数词+量词+动词 ─────▶ 动词+数词+量词
```

图 6-1　汉语动量表达的发展过程

从图 6-1 可以看出,动量表达从语序上看经历了一个后置的过程,即动量修饰成分经历了一个从中心动词之前移到中心动词之后的过程。不过,图 6-1 只是一个简略的表示,实际的演变要复杂得多,并不是每一个动量的表示法都要先有"数词+量词"放在动词之前才能演化出后置的用法。实际上这种演变完全可能是同步进行的,即同时还可能存在"动词+数词+量词"等用法。不过就总体的趋势而言,这种演变的途径大致是没有问题的。

据张赪(2002:256),魏晋南北朝时期出现了一定数量的动量词,汉语中动量宾语的使用有所增加,但在介词词组修饰的 VP 后并没有反映出来,她搜集到 4 例 VP 带时量宾语的例子,均为介词词组前置的句子。唐五代动量宾语和时量宾语的使用比较频繁,出现在介词词组修饰的 VP 后的动量宾语和时量宾语的数量也迅速增加,成为 VP 后最常见的后附加成分之一,在 VP 后带时量宾语或动量宾语的句子中,介词词组均前置。张赪(2002)的看法是时量宾语以及动量宾语的表达影响了汉语介词结构的前移。她还指出:"从魏晋南北朝到唐五代是动量宾语和时量宾语迅猛发展的时期,而从一开始介词词组在所修饰的 VP 带了动量宾语或时量宾语之后就只位于 VP 前,随着 VP 后带准宾语情况的增加介词词组前置的情况也在增加。"但是我们不采用这种解释。

就工具介词而言,介词短语后置在魏晋南北朝时期已经式微了,也就是说工具介词前置在魏晋南北朝时期已经基本完成了演变,而魏晋时期动量词的表达体系才刚建立起来,正如张赪(2002)在专著中所说,这个时期动量

---

① 根据方梅(1993)研究,现代汉语中"动·动量·名"与"动·名·动量"有不同的表意功能,后者可以不借助其他语法手段表示已然事件。前者表述已然事件往往要借助"了/过",除非其中的动词是动结式。半个世纪以来,"动·动量·名"与"动·名·动量"两个格式在使用上有较大的变化。"动·动量·名"格式使用频率增高,适用面越来越广。

宾语的使用在介词词组修饰的 VP 后并没有反映出来。所以我们认为动量的表达并不足以影响介词词组的前移。

从方梅的研究来看,在语义的表述功能上"动·名·动量"可以不借助其他语法手段去表示一个已然事件,因为这种语序提供了表示时态的可能性。我们认为汉语动量表达后置发生在魏晋南北朝时期也与"完成"语义标记的衍生和演变密切相关。

动量表达本来就属于表达"完成"语义的一种方式(参 2.2.2.2)。在"完成"语义标记还没有产生甚至取得优势地位的时候,通过数词前置于动词之前是表达动量的一种主要方式。但是随着标记的逐渐产生和演化,语义标记逐渐成为一种常态,后来又进一步虚化为语法标记后,动量的表示方法即使不前置也可以获得同样的表达效果,所以表达动量的"数量"组合便开始了后置的历程,并逐渐成为强势。当然,这种解释面临的一个问题是为什么动量不能原位演变,即动量表达为什么不始终处于动词之前呢?我们猜想一则是"动量"属于完成语义的一种,魏晋南北朝时期表"完成"语义的成分,如动结式等的形成对动量的后置起了关键作用。由于结构和谐的驱动,动量词组便开始后置;二则是受语言韵律的限制,表示工具的介词短语等已经占据了动词前的修饰语的位置,如果"数量"组合再居于动词前,就可能形成头重脚轻的局面。所以这也可能就是"在 VP 后带时量宾语或动量宾语的句子中,介词词组均前置"的一个重要原因吧。

6.2 动结式的衍生过程

动结式是汉语所特有的一种句法结构,对这种结构的研究在汉语语法研究中一直很受重视,从它的内部构造到外部功能,都已经有了比较充分的认识。关于动结式的衍生过程,已经有大量专著和论文论及,如梅祖麟(1991)、蒋绍愚(1999、2003、2005b)、刘承慧(1999、2002)、魏培泉(2000a、2005)、吴福祥(1999)、赵长才(2000)、胡敕瑞(2005a)等。这些研究为我们重新审视汉语"完成"语义的表达方式在汉语史,尤其是中古汉语中的词汇表现和转换奠定了良好的基础。我们在此基础上,对动结式的衍生过程提出一点不太成熟的看法。我们首先讨论"哭 C"动结式的产生过程。

6.2.1 "哭 C"动结式的产生过程

现代汉语动结式的研究中,有一类结构,即"哭湿了手帕""哭红了眼睛"等。如：

(21)a. 大白鼻子等也哀声震天，<u>哭湿</u>了整条的手绢。（老舍《牛天赐传》）
　　　b. 马林生推开病房门，首先看到的是<u>哭红</u>了眼的前妻和岳母。（王朔《我是你爸爸》第十七章）

我们称之为"哭湿"类。一般来说，判断一个复合形式是否及物主要依据第一个动词，即如果第一个动词是及物的，整个复合词就是及物的，否则是不及物的。由于汉语动结式的句法核心是动词（宋文辉，2004），"哭"和"湿"等均是不及物的，但是整个动结式却是及物的，所以大量的研究开始讨论这种结构的配价的论元选择过程、准入规则和配位方式等，如 Li（1990）、郭锐（1995）、Chang（1998）、袁毓林（2001）、施春宏（2004、2006、2008）、宋文辉（2007）等。这些研究进一步深化了对"哭湿"类动结式的研究，但是，正如施春宏（2008：350）指出的，对一个有演化过程的某个系统而言，建立于某个共时平面上的相关现象的理论模型，有可能同时能用于解释历时平面上的相关现象。也就是说，在现代汉语平面研究动结式的配价方式和规则也应该适用于汉语的历史演变过程。"哭湿"类动结式在中古汉语中曾出现过"哭 OC"（"O"指宾语，"C"指补语）形式。如学者们经常引用的：

(22)寡妇<u>哭城颓</u>，此情非虚假。（《乐府诗集·懊侬歌》）

例（22）中"城"置于动词"哭"和补语"颓"之间，而不是补语之后。那么，研究其配位就需要说明为什么宾语发生了移位，否则，至少需要说明现代汉语的动结式为何不采用 VOC 这种配位方式。因为在英语等语言中没有现代汉语的 VCO 形式，却采用的是如同汉语史中曾经出现过的 VOC 基本语序。如（Vanden Wyngaerd，2001）：

(23)a. Freddy <u>cried the handkerchief wet</u>.
　　b. Sonny <u>cried his eye out/himself blind</u>.

而且以上基于共时平面的研究往往不关心这一句式生成的时代性。施春宏（2004）等认为汉语史中的隔开式（VOC）和非隔开式（VCO）之间没有发展序列上的因果关系,都是特定时期表达相同功能的不同句法配置形式,两者竞争的结果是隔开式最终归并到非隔开式中。但是,我们认为这还需要研究,即为什么现代汉语采取了和英语不一致的动结式;似乎不宜简单地把与典型动结式在时间上有先后关系的 VOC"当作动结式发展过程中的一个插曲"(施春宏,2008:329)。

这样看来,在"哭湿"动结式的构成上,仅仅依靠共时描写和演绎似乎并不能解释其配位过程,尤其是其演变的时代性。我们试图结合历时语料来说明其衍生过程及其动因。

6.2.1.1 "哭湿"类动结式的产生

"哭 C"类动结式产生于中古汉语。对于这类动结式,赵长才(2000)从历史语法的角度研究了其演变动因和机制。赵长才(2000:58~59)指出:

> 这类动结式的显著特点是:补语由甲类状态动词充当;①宾语的语义指向为补语,是补语的当事,可以跟补语构成陈述关系;述语动词由乙类行为动词(即不及物行为动词)中的感受类动词充当,其语义指向为句中的施事主语,与宾语没有直接的语义关系。

赵长才(2000)称之为"哭断肠"类,蒋绍愚(2003)称之为"哭城颓"类。不管是"哭断肠"还是"哭城颓",动词都是"哭"。赵长才先生认为这类动结式最早出现于晚唐五代,举敦煌变文中的"哭断肠""哭烈(裂)长城"为例,并运用认知语言学的"完形"(gestalt)来解释其形成机制。不过蒋绍愚(2003:316)对"类推"能不能使不合法的形式(不及物动词带宾语)成为合语法的形式表示怀疑。蒋绍愚先生认为一种不合语法的形式要变成合语法的形式,要经过很长时间的语法演变,因此说由于类推就使得"哭"之类的不及物动词在"哭城颓"这样的格式里带宾语,恐怕有些简单。蒋先生举《敦煌变文·孟姜女变文》中的"妇人决列感山河,大哭即得长城倒"为例,认为在魏晋南北朝时期应该存在"哭而城倒"的形式,必须先有"哭而城倒"这样的句式,才有凝缩成"哭城颓"的可能,然后类推才能起作用,使可能变为现实。

我们基本同意蒋绍愚先生的看法。据调查,"哭而城颓"的雏形可以远推至西汉。如:

---

① 引者注:赵长才先生所说的甲类状态动词指"败、破"等出现于 SV、SVO 两种典型句法分布的动词。

(24) 杞梁死,其妻无所归,<u>枕其夫之尸于城下而哭,十日城崩</u>。(《列女传·贞顺》)

(25)(杞梁、华舟)遂进斗,杀二十七人而死。<u>其妻闻之而哭,城为之阤,而隅为之崩</u>。(《说苑·立节》)

(26) 昔华舟、杞梁战而死,其妻悲之,<u>向城而哭,隅为之崩,城为之阤</u>。(《说苑·善说》)

(27) 杞梁氏之妻向城而哭,城为之崩。此言杞梁从军不还,其妻痛之,<u>向城而哭</u>,至诚悲痛,精气动城,故<u>城为之崩</u>也。(《论衡·感虚》)

例中,动作"哭"在一个小句,结果"城崩、城阤"等在另外一个小句。这种由两个事件句构成的形式我们称之为"广义连动式"。① 在时间结构②上"哭"与"崩、阤"有很长的时间间隔,如例(24),"哭"之后十天才发生"城崩"(十日城崩)。动作和结果不是同时发生的,而是两个独立的事件。用时间结构将例(24)表示为(图6-2):

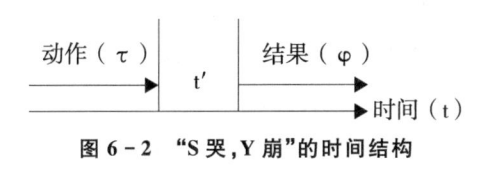

图6-2 "S哭,Y崩"的时间结构

图中 t′ 表示中间的时间间隔。如图6-2所示,动作和结果不是同时发生的,说明这是两个独立的事件。不过,从广义连动式到动补结构的过程是概念的"整合"过程,这种广义连动式的存在为概念的整合,即狭义连动式的产生创造了条件。后来的狭义连动式是用"而"连接动作和结果,即例(22)的"哭城颓"隔开式。

那么,由隔开式向非隔开式的演变动因是什么呢?在《论衡》中有这样的用例:

(28) 或时城适自崩,杞梁妻适哭,下世好虚,不原其实,故<u>崩城</u>之名,至今不灭。(《论衡·感虚》)

(29) 夫草木水火,与土无异,然杞梁之妻不能<u>崩城</u>,明矣。(《论

---

① 我们将在两个或者两个小句基础上形成的连续动作称作广义连动式,而将在一个小句内的(包括由连词"而"等连接)几个动词的构成的连续动作称作狭义连动式,这是我们用"连动式"术语时和其他研究者的区别。

② 参 Carlson(1998:40)讨论的关于事件的个体化。Carlson(1998:40)指出,处于不同时间,空间位置,属于不同的事件。

衡·感虚》）

(30) 此与杞梁之妻<u>哭而崩城</u>，无以异也。(《论衡·感虚》)

例(28)中前一个"崩"属于自动词，而后一个"崩"与例(29)中的"崩"是使动用法。在使动用法中，原来做当事主语的"城"因为"崩"的使动性放到了受事宾语的位置。① 这一移动十分关键。例(30)中因为"哭"的主语与"崩城"的主语相同，在这种情况下，可以用零形回指的形式，将两个小句联系起来，就"顺着上面已经确立的主题继续说下去，对于发话人与受话人双方来讲，无疑是一种自然省力的方式"。(陈平，1987：367)所以在实际话语中用零形回指的形式是符合话语连贯性和经济性的要求的，即：

(30′) <u>杞梁之妻</u>ᵢ哭而∅ᵢ崩城

正是"崩"的这种使动用法使得"崩城"整个结构和前一小句的主语发生了语义关联，这样，概念就可能进一步向狭义连动式的方向整合，所以产生(30)用"而"连接的形式。当狭义连动式的形式产生后，概念之间的距离就比原来用广义连动式的距离缩小了许多。更进一步，就又有可能整合为不需要连接词的 VV 形式；而 VV 形式继续演进，就成为动结式，即将"动作"和"结果"压缩成一个概念，如"哭坏、哭裂"等形式。②

(31) 摇落秋为气，凄凉多怨情。啼枯湘水竹，<u>哭坏杞梁城</u>。(庾信《拟咏怀》诗)

(32) 杞良(梁)妇圣，<u>哭烈(裂)</u>长城。(《敦煌变文·王昭君变文》)

例(31)中的"坏"常常做动结式的下字，如："裂坏"(《佛本行经》)、"破坏"(《修行道地经》5、《佛本行经》3、《佛所行赞》1)、"断坏"(罗什译《法华经》观世音菩萨普门品)、"败坏"(《世说》贤媛)、"打坏"(《读曲歌》)、"牵坏"(《采桑

---

① "崩"是典型的自动词，因此我们认为"崩"的使动用法是由于构式带来的。
② 例(31)(32)分别引自蒋绍愚(2003：24)、赵长才(2000：59)。下面的例子我们没有归入可带宾语的动结式：
　　蒋秃头可哭坏了，这个师和他的一只胳膊一样重要！｜你要哭坏了，谁还管你的婆婆呢？因为"蒋秃头哭坏了"在语义上并不能简单地变换成"哭坏了蒋秃头"，前者"哭坏"没有使役义，而后者表使役；同理，"你要哭坏了"也不能转换为"哭坏了你"。

度》)、"害坏"(罗什译《法华经》普贤菩萨劝发品)、"死坏"(《过去现在因果经》1)、"伤坏"(《贤愚经》1)、"烧坏"(《佛本行经》6,《佛所行赞》2,《修行道地经》6)等。(志村良治,1974/1995:221)在这种形式中,"哭坏"可能整合成动结式,即将"动作和结果"压缩在一块。所以"哭坏"被看作是动结式,那么"哭裂"也可能被看作是动结式。这样,在时间结构上,动作"哭"和结果"裂"之间便紧密相关,和动结式的时间结构相符。从时间结构的变化可以看出"哭"类的词汇化过程(图 6-3):

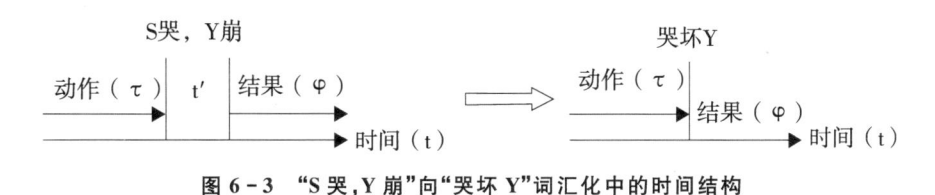

图 6-3 "S 哭,Y 崩"向"哭坏 Y"词汇化中的时间结构

时间结构的变化过程也就是概念的词汇化过程,也就是说,两个概念如果时间结构间隔越大,越不可能被压缩成一个概念;反之,如果彼此的时间结构的相关度越紧密,越有可能成为一个概念。从"S 哭,Y 崩"到"哭坏 Y"的过程就表现了概念的词汇化过程。

另外,蒋绍愚先生所引的《乐府诗集·懊侬歌》中"寡妇哭城颓"这种形式在可能同时受到魏晋六朝"打头破"等形式的影响类推的结果。从词汇化的整合过程来看,"哭"类动结式的词汇化的起点是广义使成式。

6.2.1.2 进一步演近

由于魏晋时期"哭坏"形式的产生,为由动词"哭"构成的动结式创造了条件。不过在整个唐五代时期,我们只见到赵长才(2000)所引敦煌变文中的 3 例。即使到宋金时期,我们也只检得 3 例,而且均是"哭损",即:

(33) 你不接丝鞭后,哭损我一双眼。(《张协状元》第四十七出)
(34) 眉儿淡了教谁画?哭损秋波。(《西厢记诸宫调》卷六)
(35) 倩人传语问平安。省愁烦。泪休弹。哭损眼儿,不似旧时单。(黄庭坚《忆别》)

到元明时期"哭湿"类动结式发展得很快,共出现 26 例;在清代和现代分别出现 34、226 例。也就是说,至元明时期,这类动结式就已经基本定型。我们统计了宋金以后"哭湿"类动结式宾语的出现情况(见表 6-4)。

表6-4 唐以后文献中"哭湿"类动结式宾语的表现

	宋金	元明	清	现代	合计
哭倒		长城8、长安街、秦亭、邮亭	长城5	长城6	22
哭坏		身子2、哥儿	身子(身体)7、二目(眼)2、贾母2、儿女、红颜、小姣姣人、他、蔡伯喈	身体(身子)7、眼睛(眼)5	32
哭干		泪眼	眼	眼泪(泪水)42、眼睛1	45
哭肿			眼睛3	眼睛(眼眶、眼泡)42、脸2	47
哭红			眼圈	眼睛(眼、眼圈儿、眼泡)42、小脸腮	44
哭瞎		眼	眼	眼睛(眼、双眼)21	23
哭损	眼(儿)、秋波	秋波、双眸、花容	残年		7
哭破		眼胞、喉咙、眼睛	喉咙	嗓子	5
哭哑		声2、喉音		嗓子(喉咙、声音)24	27
哭断			肠3	肠(肝肠)2、气、长城	7
哭伤		身子	心		2
哭醒				你2、我、东家、孩子、他	6
哭湿				枕头6、手绢(手巾、衣袖)6、脸3、衣襟、稿纸	17
合计	3	26	34	221	284

其中所带的宾语包括施事(广义)主语省略而受事提前,以及"把"字句所带宾语。如:

(36)我不激动,我没事,眼泪早<u>哭干</u>了。(王朔《过把瘾就死》)
(37)她那对又干又涩的眼睛显得没有一点水分,好象已经把眼泪<u>哭干</u>了。(张洁《爱,是不能忘记的》)

如果以现代汉语平面出现次数的多少来排列,可以得到如下的序列:
哭肿/哭红/哭干>哭哑/哭瞎>哭湿/哭坏>哭倒/哭醒/哭断/哭破/哭伤

其中"哭肿、哭红、哭干"最多,分别出现44、43、43次;其次是"哭哑、哭瞎",分别出现24、21次;"哭湿、哭坏"分别出现17、12次;最后是"哭倒、哭醒、哭断、哭破、哭伤",分别出现6、6、4、1、0次。

那么,如何确定"哭"构成的动结式的原型范畴呢?如果仅仅是共时平面,即现代汉语平面来看,"哭肿、哭红、哭干"都有资格作为"哭"类动结式的原型。但是,从历时演变的角度看,"哭坏"更有资格作为原型,因为它最早成为"哭"类动结式,不但"哭坏"使用次数最多,而且出现时间早。根据《现代汉语词典》(第6版)对"哭"的释义:因痛苦悲哀或感情激动而流泪,有时候还发出声音。因此,在现实生活和认知世界里,"哭"和眼泪、声音(气)、眼睛、喉咙等具有密切联系,因为哭最直接的结果是发出哭这一行为者自身及其眼睛、眼圈、喉咙、嗓子、脸等受到影响。如:

(38)我、我、我,<u>哭干</u>了泪眼,我、我、我,叫破了喉咽。(杨显之《潇湘雨》第四折)

(39)我不激动,我没事,眼泪早<u>哭干</u>了。(王朔《过把瘾就死》)

(40)西门庆在前厅手拍着胸膛,抚尸大恸,哭了又哭,把声都<u>哭哑</u>了。(《金瓶梅》第六十二回)

(41)各兄弟老母若系在生,见此光景定必<u>哭破</u>喉咙。(清·邵彬儒《俗话倾谈》第六卷)

(42)钱少奶奶还连连的抽搭。四大妈拉着她的手,挤咕着两只<u>哭红</u>了的眼,劝说:"好孩子!好孩子!要想开点呀!你要<u>哭坏</u>了,谁还管你的婆婆呢?"(老舍《四世同堂》)

同时,现实生活中人因为哭往往需要用手绢、手巾等擦眼泪,其后果可能导致手绢等被沾湿;或者是因为头靠在枕头上哭使得枕头变湿了。所以便会有"哭湿了手绢、哭湿了枕头"之类的用法。如:

(43)每逢温都寡妇想起丈夫的时候,总把二寸见方的小手绢<u>哭湿</u>了两三块。(老舍《二马》)

(44)大白鼻子等也哀声震天,<u>哭湿</u>了整条的手绢。(老舍《牛天赐传》)

(45)手术前一天晚上她哭了一整夜,<u>哭湿</u>了白被单和枕头。(《读者》)

(46)文秀泪水如珍珠断线般流了下来,伏在计老人的怀里,把他的衣襟全<u>哭湿</u>了。(金庸《白马啸西风》)

不过这种结果相对间接,离我们的认知世界更远,所以更不原型,也不太常用。在北大语料库中"哭湿"共出现17次,所接的这类受事宾语(包括受事居前的"手绢哭湿了"中的"手绢")为"手绢、手巾、枕头、白被单和枕头、稿纸、衣襟、衣袖"。但是,"哭湿"后还可以直接接宾语"脸",如:

(47)小布人和小木头人都是好孩子。不过,比较起来吗,小木头人比小布人要调皮淘气些。小布人差不多没有落过泪,因为把布脸哭湿,还得去烘干,相当的麻烦。因此,他永远不惹妈妈生气,也不和别的孩子打架,省得哭湿了脸。(老舍《小木头人》)

(48)劝得那厉害婆婆落了泪,泼辣媳妇哭湿了脸半边。(老舍《柳树井》)

可见,同是"哭湿",既可以形成"哭湿了脸",也可以形成"哭湿了枕头"。显然,在人们的认知世界,前者比后者更原型。因此,即使是同一个动结式,也应根据其所接宾语来判断事件的原型。而"哭倒"等离我们的认知距离更远,因为"哭"是不及物,故很难想象发出"哭"这一行为会和另一事物的变化发生联系。如:

(49)我待学孟姜女般真诚性,我则怕啼哭倒了长城。(《全元散曲》,孙季昌《集杂剧名咏情》)

(50)多少年来孟姜女千里寻夫哭倒长城的凄婉故事,在中国人中口口相授代代流传。(《人民日报》)

因此,这类动结式离原型范畴最远。也正因为"哭倒长城"这类事件离我们的认知最远,所以应用范围很小,一般只出现在比较夸张的文学语言中,而且均和孟姜女哭倒长城的历史故事密切相关。

所以,就"哭湿"类动结来看,诱发它们形成的环境是"哭崩",后来演变成"哭倒"是由于发生了词汇更替。但是,由"哭"形成的动结式的原型范畴应该属于"哭坏",然后逐渐扩散到"哭湿"等稍微不太原型的用法。从所带宾语的情况来看,"哭肿、哭红、哭干;哭哑、哭瞎;哭坏"等所带宾语为"眼睛、眼泪、嗓子、身体"等,在现代汉语中就达119例,约占81%。因此,"哭"类动结式的原型为"哭坏","哭倒"最边缘,"哭湿"则居于二者之间。即:

直接使因 ——————→ 近距离使因 ——————→ 远距离使因
哭坏、哭瞎、哭红　　　哭湿(手帕、纸巾)　　　哭跑丈夫/哭败军心/哭倒长城所以，从"哭而崩城"到"哭城颓"再到"哭坏杞梁城"形式的建立，逐步为同类的 VC 结构建立了一种心理上的完形，即"哭"的动作性质与其结果（直接结果或者间接结果）合并形式创造了动补结构的典型形式。当然从原型范畴到非原型范畴的类推机制的建立有赖于人们的常识和生活经验，这其实关系到类推的范围和效度的问题，即能不能类推是一回事，至于类推的范围和效度又是另外一回事。"哭"和结果补语之间可以是直接的关系，也可以是间接的关系，但是能类推多远和人们的认知世界密切相关。理论上讲，任何"哭"的行为都可以与表示结果的动词搭配。但是需要注意的是，这种搭配受到人们的普遍世界知识和经验的制约。一般来说，"哭黑"不能搭配，但在一定的上下文和语境中，这种搭配又可以是合情合理的。如：

(51) 小孩边哭边用脏手擦眼泪——小孩哭黑了双脸。

因此，不论共时还是历时，与其把这类动结式称为"哭湿"，倒不如称为"哭坏"更合适，因为"哭肿、哭红、哭干"等都比"哭湿"更有资格充当原型。

6.2.1.3 "哭 C"词汇化过程

Klein(1995)在论证俄语体貌时，讨论了不同语言将源点态（source state）和目标态（target state）压缩成更小的表达式的词汇化过程。如：

(52) First, Chris was sleeping, and then, he was not sleeping.

例(52)的词汇内容有两个部分，即<first, Chris sleep>和<then, Chris not sleep>。第一部分描写的是整个复杂情状（包括两个子情状）的源点态，而第二部分则描写的是目标态，当二者合并时，它们描述的是一个从源点态向目标态的变化。例(52)是把两个状态分配给两个小句，大多数语言也提供给它们的读者各种方式在一个简单句内同时表达两种状态，在这种情况下，状态的变化被"打包"（packed）成一个更小的表达，虽然并不必然是一个单一词汇（single word）。压缩（condensation）或整合（integration）的程度可能改变，而语言有不同的偏好。最重要的可能性是：(a)两个小句（two clauses）；(b)两个动词（two verbs）；(c)动补式（verb complements）；(d)可分离的"动词＋助词"（verb particle）；(e)前缀、后缀、中缀（prefixes, suffixes, infixes）；(f)简单动词（simple verbs），如英语的 to die。把两个对立的状态压缩成一个单一的或复杂表达的词汇内容，不是只有一种可能性，不过看起来是最为重要的一个。Klein指出,在它们之间的转换是连续的,并且在每一个可能性中几个组合程度是能够被区别的。在(a)~(f)的可能性中,语言可能在偏好上有不同:(a)在各种语言种均有发现,(b)在所有语言的限定动词(finite verb)上。在法语中(e)较罕见,(d)不存在。从词汇化程度上看,在英语中(e)比较罕见,但是(d)却很频繁;在德语中(d)和(e)很常见;在俄语中没有(d),而(e)却特别常见。

在汉语使成式的形成中,一般将"了"等成分看作动态助词,而不看作词缀,所以Klein举的(e)不在我们讨论的范围。剩下的(a)~(f)的概念化方式实际上是可以看作由低向高的词汇化程度,形成一个等级序列。即:

两个小句＜两个动词＜动补式＜可分离的"动词+助词"＜单一动词①
越是靠近左端的词汇化的程度越低;反之,越是靠近右端的词汇化的程度越高。但是,这样的一个等级序列只能是一个理想模式,实际的演变不一定要全部走完这种演变路径。

从Klein(1995)的这种思路出发,我们试图从概念的压缩或者语言选择的偏好来考量汉语"哭湿"类动结式的词汇化②等级序列。即:

两个小句＜两个动词＜动补式。

那么如何看待汉语的动补结构呢?

关于这方面的研究,已经有学者做了很好的整理,如Winkler(1997:17~91)、施春宏(2008:294~295)等。大致说来,目前有以下两种主要观点:1. 小句分析(small clause analysis),如Carrier & Randall(1992)等,这一派认为补语(一般称为"次要谓语"(secondary predicate))在句法平面上相当于一个小句,即:$NP_1 + V_1 + [_{SC} VP_2]$;2. 复杂谓词分析(complex predicate analysis),如Dowty(1979:219~224、303~304)、Hoekstra(1988)等。这一派认为动结式的两个谓词(主要谓词和次要谓词)在底层形成一个复杂谓词。如:

(53) John hammered a coin flat.

→John[$_{VP}$ hammered[$_{NP}$ a coin]flat]

→John[$_{VP}$ hammered flat[$_{NP}$ a coin]]

也就是说,主要谓词和次要谓词形成了一个谓词联合体,二者之间经历了一个并入(incorporation)过程。从汉语动结式演变的观点看,"哭湿"类动

---

① 为了避免把simple verb和简单事件、复杂事件这种概念混淆,我们这里把它译为单一动词。
② 本文的词汇化指历时演变中大于词的语言单位逐步凝固成词的过程。

结式刚好发生了从独立小句到复杂谓词的过程,只不过汉语的词汇化程度更高。即:

第一步,广义连动式($S_1 + S_2$),如:枕其夫之尸于城下而哭,十日城崩;
第二步,狭义连动式($NP_1 + V_1 + NP_2 + V_2$),如:寡妇哭城颓/哭而崩城;
第三步,动结式($NP_1 + V_1V_2 + NP_2$),如:哭坏杞梁城。

其中,关键的一步是"$NP_1 + V_1 + NP_2 + V_2$",这也是研究者对其不同处理之处。其实,从演变来看,我们正好可以从中考察语言词汇化的重要轨迹。即"寡妇哭城颓"既可以分析为 $NP_1 + V_1 + [_{SC} VP_2]$ 结构,也可以是 $NP_1[V_1[NP_2]V_2]$ 的复杂谓词结构;而复杂谓词结构的产生为汉语向动结式的产生创造了条件。也就是说,"哭湿"经历了:"两个事件→狭义连动结构→动结式"的演变。从句法分析来看,"哭而崩城"中"哭"和"崩城"之间的发生在时间上不一定是紧密相连的,属于连动结构;而"哭城颓"则既可以处理为小句结构,也可以是复杂谓词形式。更进一步,汉语的动补结构发生了进一步融合,向复合词(compound)演变。因为"汉语动结式可以作为一个合成形式,它的句法性质和动词的句法性质具有平行性,可以像动词一样分成作格、非作格、宾格、役格等"。(施春宏,2008:295)这也就是 Li(1990)、Cheng & Huang(1994)、Chang(1998)等将动结式看成复合词的一个根本原因。Chang(1998:98)更明确地指出,汉语 VV 序列(包括合成词)经历词汇化过程而变成了一个词项(lexical item)。不过需要注意的是,Chang(1998)讨论了由两个词(word)构成的 VV 复合词,即"挤满、打坏""扎紧、烫坏""骂烦、骑累""走累、笑僵""坚强、累死"等的句法结构和论元配置。而在动词的词汇表征中,"论元结构的改变(如论元数目的改变、论旨角色的改变等)比词汇概念结构的改变更倾向于反映在词法上。"(Jackendoff,1983,转引自董秀芳,2004:118)所以,Chang(1998)讨论这些"复合词"不是传统意义上的词汇词(lexical word),而是一个句法词(morphological word)。从句法词到词汇词,即变成词内成分还需要经历较长的演变。根据董秀芳(2004:202~203),词汇化的发生是一种历时的变化,往往需要很长的时间;词汇化的发生是以单个形式为单位,以离散的方式进行的,具有比较多的特异性,其起点不是词汇成分而终点是词汇成分。与之相反,词法造词则可以在瞬间完成,一条词法规则可以作用于大量的适用对象,词法的作用对象是语言原有的词或词汇性成分,其起点和终点都是词汇成分。这样看来,尽管 Chang(1998:98)提出了"汉、英之间动结式的不同在于各自经历了不同的词汇化进程"的基本观点,但是,我们认为他讨论的并不是词汇化,而是词法。我们认为,"哭湿"类动结式处于由复合词向单一性词汇项目的演变过程之中,并不一定已经都是词。所以，完全将上述 VV 复合序列看成词项恐怕还值得进行深入研究。

6.2.1.4 类型学上的证据

上面我们力图从汉语本身来考察汉语"哭湿"类动结式的衍生过程和词汇化。Narasimhan(2003:156)指出，动词语义和句法框架意义既是特定语言的，也和特定结构相关。而英语结果句的基本语序却是 VOC，这和汉语有较大的不同。根据 Levin & Rappaport Hovav(1995)、Rappaport Hovav & Levin(2001)等研究，英语的结果结构大致可以分为两大类，即简单事件(如，光杆 XP 结果等)和复杂事件结构(如，基于不及物的非范畴化 NP 结果和基于不及物的反身结果等)。如：

(54) a. The river froze solid/The bottle broke open/The toast burned black.

　　b. Freddy cried the handkerchief wet.

　　c. I sang/shouted/screamed/yelled/bellowed myself hoarse.

在例(54a)中，froze solid、broke open、burned black 和汉语的动结式"冻硬、打开、烤黑"等具有相同的构造，似乎英语也衍生出了与汉语相同的具有复合词性质的动结式。但是，二者具有很大的差别：1. 不少学者(如 Rappaport,1999)已指出，英语中光杆 XP 结果义附加在蕴涵结果状态的动词中，仅仅是对其状态的进一步修饰。这类形式在语义类型上大致如汉语的"扩大、降低、拔高、解脱、澄清"等，"述语的语义已蕴涵补语的语义，在这种情况下补语的可预测性最高"(董秀芳,2002a:217)。因此，它们不具有动结式的典型性质。2. 英语的这类光杆 XP 及物性很弱，不能带宾语；正因为不能带宾语，所以不具有使役功能，在句法表现上和附加语(adjunct)相当，所以一般不把它们看作动结式。相反，例(54b、c)则是英语的典型的结果句，基于不及物的非范畴化或反身型 NP 结果句动词为非作格动词，因此不及物动词后的 NP 不是动词的宾语，不能被动词次范畴化。NP 只能居于动作和结果之间，而且不能省略。如：

(55) *Freddy cried wet.

　　*I sang/shouted/screamed/yelled/bellowed hoarse.

在事件结构上，cried 并不蕴涵结果 wet，如(Rappaport Hovav & Levin,

2001:775):

> (56) Sam sang enthusiastically during the class play. He woke up hoarse the next day and said,'Well,I guess I've sung myself hoarse.'

所以,这类动结式具有复杂事件结构属性,其词汇化程度还比较低。但是,反身及物型结果的宾语采用的是宾格形式,证明这类 VOC 已经发生一定的词汇化。从论元搭配和形式表现来看,汉语的"哭城颓"和英语的非范畴化 NP 结果句具有大致相同的表现。但是和汉语相比,英语的结果句的词汇化程度显然没有汉语高,其结果句一般正处于 VOC 的隔开式阶段,即使部分在形式上如汉语的 VC 动结式,但它不但严格受限,只见于很少的一部分动词中,而且不能带宾语,及物性较弱。① 这恐怕就是汉语的动结式的受事一般居于整个动结式之后,而英语却只能置于动词和结果之间的重要原因:英、汉语的动结式具有不同的词汇化程度。

那么,除了英语,其他语言的情况如何呢?类型学研究的成果表明,不同类型的语言在动结式表现方式上具有很大的不同,受到语言类型的影响。

Washio、Wunderich、Snyder 等从类型学的角度研究了动结式。Washio(1997、1999)、Wunderich(2000)根据结果指称的变化意义是否为动词所固有,将结果分为弱结果句(weak resultatives)和强结果句(strong resultatives):强结果指动词的意义和结果形容词的意义完全相互独立;反之,如果动词的意义和结果形容词的意义不是完全相互独立的,则是弱结果。因此,强结果句中动词的意义和结果形容词的意义完全没有联系,如例(57);弱结果句则是结果形容词进一步指明动词意义,如例(54a)(58)。

> (57) a. The horses dragged the logs smooth.
> b. The jockeys raced the horses sweaty.
> (58) a. Mary dyed the dress pink.
> b. I froze the ice cream {hard/solid}.

因此,及物动词构成的结果句可以是强结果句,也可以是弱结果句;而

---

① 据 Huang(2006),"The river froze solid/The garage door rumbled open"中的"froze solid" "rumbled open"实际上符合 Simpson(1983)所提出的直接宾语条件(Direct Object Restricting, DOC)。因为 froze 是非宾格动词,因此其实际结构应该是:
The garage door$_i$ rumbled t_i open$_i$.　　The river froze t_i solid$_i$.

不及物动词构成的结果句均是强结果句。因为不及物动词本身不能带宾语，所以动作和结果之间在语义上不具有语义上的紧密相关性，如汉语的"哭湿"类动结式。

不同语言在结果句类型上表现出差异。有的语言既可以使用弱结果句，也可以用强结果句，如英语；有的只能使用弱结果句，如日语、韩语、土耳其语、中古蒙古语；有的则弱结果句也不能使用，如法语、意大利语。① 因为具有强结果句的语言一定有弱结果句，所以这三类语言可以分别称作强结果型、弱结果型、无结果型语言。综合 Winkler(1997)、Washio(1997、1999)、Snyder(2001)等，在结果句的表达上可以形成如下的序列，即：

无结果型语言	弱结果型语言	强结果型语言
法语、意大利语	土耳其语、中古蒙古语	德语、英语
西班牙语、俄语	日语、韩语	荷兰语、汉语、捷克语

⟶

无结果型语言(如俄语、希腊语)由于结果谓词和能产地标记动词的语法体，或者与改变动词基本词汇意义的各种动词前缀形成语义冲突(Strigin & Demjjanow,2001)，也可以说是由于动词各自具有固有的语法体形成语义阻断机制(Horrocks & Stavoru,2003)，所以不能用动结式。弱结果型语言在表达"哭湿"类动结式时只能使用其他表现方式，如英语的"He cried the his eyesred"，在韩语和日语中(Washio,1999:702)：

(59)韩语：[CLS ku-nun [CLS nwun-i   ppalkah-key] wulessta].
　　　　　[小句 他-话题 [小句 眼睛-主格 红-key]   哭]
　　日语：*[CLS kare-wa [CLS me-ga   aka-ku] nai-ta].
　　　　　[小句 他-话题 [小句 眼睛-主格 红-ku] 哭-过去时]

例(59)中的结构相当于英语的 *until*-句式，即[NP$_1$ V *until* NP$_2$ X]，其中的-*key* 相当于 *until*；尤其值得注意的是，眼睛(nwun)的格标记是主格，这说明韩语表达强结果是用嵌入小句的方式。因此，和例(59)对应的是 He cried until his eyes became red，而不能是 He cried his eyes red。和韩语相

---

① Snyder(2001)对能否使用结果句做了详细的跨语言的调查，其中不能使用结果句的有巴斯克语、亚非语系的埃及阿拉伯语、希伯来语；南岛语系的爪哇语、班图语系的林加拉语、罗曼语系的法语、西班牙语；斯拉夫语系的俄语、塞尔维亚-克罗地亚语。高棉语、匈牙利语、英语、德语、日语、韩语、汉语、泰语属于可以使用结果句的语言。

比,日语则更受限制。同是弱结果型语言,相同的构造方式在日语中则受到更严格的限制。因此,即使是强结果型语言,不同语言之间在词汇化上也有差异。

在强结果型语言中,动结式在词汇化程度上也表现出差异。前面我们已经论述了汉语比英语词汇化程度更高,而根据 Winkler(1997:80、423),在冰岛语(Iceland)和捷克语(Czech)中动结式形成了复合词,尤其是捷克语中结果已经完全并入到动作中了。如:

(60)冰岛语:Eg hvit-prooi fötin.　　捷克语:Jana　vybílí　saty.
　　　　　我　白-洗　　衣服　　　　　　　Jana　白洗　衣服

其中,捷克语的 vybílí 不是由结果谓词"白"和动词"洗"的组合,而是"洗白"的一个语义整体(a semantic unity)。因此,冰岛语处于复合词阶段,而捷克语的融合程度最高,完全是一个不可再分的词汇项(lexical item)了。

以上我们通过"哭湿"类动结式的衍生过程考察了其演变的词汇化过程和基本动因,并从类型学考察了不同语言在动结式词汇化中的不同差异。已有研究证明,无结果型语言、弱结果型语言不能采用 VOC、VCO 形式来表达"哭城颓、哭湿了手帕"等动结式,而强结果型语义在表达"哭湿"类动结式上也表现出差异:英语能表达"哭城颓"VOC 形式的结果式,但是不能用 VCO 形式表达"哭湿了手帕"等。汉语比英语在动结式词汇化上程度高,冰岛语比汉语词汇化程度还要高、捷克语最高。因此,研究动结式的配位应该考虑到不同的动结式在不同语言中经历了不同的词汇化过程,其配位方式和能力与动结式的词汇化程度密切相关。跨语言的比较表明,正因为不同语言在动结式形式上有各自不同的词汇化,所以在动结式的论元搭配上表现出不同的配位方式和配置能力。我们可以从词汇化的程度为动结式建立一个序列:

广义连动式→狭义连动式→动结式→简单动词

汉语的"哭湿"只演到动结式这一阶段,还没有成为不可分离的单一动词,所以部分研究者(如李亚非,2000;施春宏,2008)将动结式放在词法-句法界面处理。

6.2.2　关于表达精密化

在讨论动结式时,有的学者认为动结式的产生与发展使汉语的表达更加精密,如蒋绍愚(1994、2005b)、刘子瑜(2004)、梁银峰(2005)等。

蒋绍愚(1994:182;2005b:178)指出:"述补结构的产生与发展,是汉语语法史上的一件大事,它使汉语的表达更加精密了。"刘子瑜(2004)有类似的看法,在讨论动结式时多次提到。如:①

> 先秦的使动表达法是不完备的,它不能指示出造成某一结果的具体方式手段,因而不适应交际日益精密化的要求。在这种情况下,原有句法结构和表达方式出现了改变和调整,汉代,先秦的"$V_{i+t}O$"("V_{i+t}"表示使动的不及物动词)使动结构前面出现了其他动作动词,形成"$V_tV_{i+t}O$"连谓结构,这时,原来由"V_{i+t}"所表示的动作义转而由"V_t"承担,于是"V_{i+t}"的意义弱化——由具体动作义向抽象结果状态义转化,不再表示具体动作,而只表示"V_t"动作发生后所造成的结果状态,也就是说,使动用法在语义表述上的缺陷导致了"$V_tV_{i+t}O$"连谓结构的出现,而该结构进一步发展的结果是使得原来带使动宾语的不及物动词不再带宾语,完全不及物化了,这样,原有连谓式的后项动词为不及物性结果状态动词所占据,整个结构语法化为述补结构。(刘子瑜,2004:232)

> 使结式的语法化过程表明,先秦汉语的使动表达法是有缺陷的,它不能交代出导致某一结果状态的具体动作原因,所以,为了适应表达精密化要求,句法结构和表达方式出现改变和调整,使动用法走向衰落,作为使动用法的一个重要补充手段,述补结构应运而生。(刘子瑜,2004:242)

梁银峰(2005:37)则指出:

> 使动用法仅能够表达实现某种结果,但不能够表达某种结果的方式或行为,而这种连动结构的优越性就在于能够同时表达出结果及实现这种结果的方式或行为,能够弥补古老的使动用法语义表达模糊和不足的缺陷,具有结构更完善、语义表达更精密的特点。

需要说明的是,较早时期,王力先生就对动补结构做过论述。王力(1989:262)指出:②

---

① 下划线为引者所加。
② 王力(1958/1980:401)的表述为:
  由致动发展为使成式,是汉语语法的一大进步。因为致动只能表示使某事物得到某种结果,而不能表示用哪一种行为达到此一结果。……使成式的产生,使汉语语法更完善、更能表达复杂的思想。

由使动用法发展为使成式,是汉语语法的一大进步。因为使动用法只能表示使某物得到某种结果,而不能表示用哪一种行为以达到这一结果。若要把那种行为说出来,就要加个"而"字,如"斫而小之"。使成式不用"而",所以是一种进步。

这里值得注意的是,与王力(1958/1980)相比,王力(1989)不再提"使成式……更能表达复杂的思想"。这十分重要。从语法的发展来看,使成式的产生,确实是语法的进步;但是我们不能因此认为使成式更能表达复杂的思想。反过来说,如果认为使成式"能够弥补古老的使动用法语义表达模糊和不足的缺陷,具有结构更完善、语义表达更精密的特点",那么就必须承认使成式产生之前的汉语表达是有缺陷的。这是我们无法赞同的。相反,我们认为每一个时代的语言表达系统都是一个自足的系统,该时代的语言同它所处时代的思想表达之间是高度一致的。不论是上古汉语的综合使成,还是中古汉语的分析使成,它们都是精密的表达方式,不存在中古的动结式比上古的综合使成在表达上更精密的问题。因为这本身是两种不同的子系统,两种不同的结构。上古的"小之"和后代的"斫小之"相比,确实是"小之"中没有把具体的"动作"表达出来;但是"小之"前面的动词"斫"已经表示出了具体的"动作",再要求"小之"表达出"动作"来反而不符合语言的经济原则。这说明上古汉语虽然没有"动结式",但是它同样能够表达后代的使成式的内容。同样的例子还有:

(61)八月,郑子罕伐许,败焉。(《左传·成公十四年》)
　　　郑人覆之,败诸为陵,获将鉏、乐惧。(《左传·成公十六年》)
　　　请分良以击其左右,而三军萃于王卒,必大败之。(《左传·成公十六年》)

从表达上来说,我们认为每一个时代的语言对于同时代的思想、文化等来说是高度和谐的。如果因为后代的使成结构能够将"具体动作"表示出来,而上古汉语的综合使成不具备这种功能,就认为中古使成式更精密的话,我们认为这种比较并不十分恰当。打个不十分恰当的比喻,这就好比说汉语的"杀死、干掉"比英语的 kill 更精密。①

---

① 由昆汀·塔伦蒂诺导演的影片 *Kill Bill*,中文翻译为《杀死比尔》和《干掉比尔》。

所以，从语言的表达方式看，我们认为二者均是精密的表达方式，在语义表达上没有一个比另一个更优越、更精密的道理。也只有采用系统论的观点，才有比较的基础和可能，否则如果认为某一个时代的语言是有缺陷的，那么很难将后一个时代的语言结构和前一个时代的语言进行比较。所以我们采用的观点是：由使动式发展到动结式，是汉语语法的一大进步，使动式和动结式都能够自足地表达它所在时代的思想。

6.2.3 不同类型"完成"范畴对动结式衍生的影响

讨论使成式的衍生必须顾及汉语从上古时期的综合型语义向中古时期的分析型语义的结构变化过程，只有在这种大背景下，我们才能更准确地把握语义演变大势。

动结式是使成式的发展，使成式是动结式的基础。在5.2.2节中我们将上古汉语的使成类型分成四类：词汇型使成、综合型使成、迂说型使成、基于构式的使成。迂说式使成因为从古至今都保留，而发生变化的只是使动词在演变中发生词汇更替，所以它不是我们讨论的重点。我们比较关注的是词汇型使成、综合型使成、基于构式的使成逐步衍生出动结式的过程。

词汇型使成、综合型使成，我们在5.4、5.5节已经做了讨论。"杀""败$_1$"类词在上古汉语均是"动作+结果"的综合型语义，做他动词使用是它们的共同点。但是在中古汉语中却有两种不同的演变命运，具体地说，就是"杀"在中古汉语的复合结构中既可以做上字表"动作"，又可以做下字表"结果"，最后归宿则是只能做上字；而"败$_1$"类词则一般不做上字，只能做下字。导致它们一个向动作转换，一个向结果转换，是在语义结构变化的大背景下不同使成类型所经历的不同演变途径。

"杀"类词尤其与语义结构调整的大背景相关。而"败"除了与语义结构调整的大背景密切相关外，更主要的则是语音的磨损对自动和使动的消解：典型的自动词（如"败$_2$"）继承了上古时期的语义，而语音上的消解导致"败$_1$""败$_2$"之间不仅形式相同，语义区别特征也逐步消失，所以二者就会在语义上融合、合流。而使成式的产生只能在"败$_1$"的演化中来鉴定，和"败$_2$"无关。不过由于语音的脱落，"败$_1$"和"败$_2$"形式和语义上就很容易融合，也就是说，"V败O"和"S败"中的"败"逐渐产生了同一性。这样就导致了同时期的"败"在一个躯壳表象下面存在两个不同来源的实体，使得我们在处理它们处于演化的中间阶段时不能非此即彼地断定动词的属性。这是一个模糊地带。

因此,"杀"类词是由上古汉语的一个综合语义"撕裂"成两个独立的成分;而"败₁"类词则是由一个综合语义磨损掉一个表示"使动"的语义,导致它和"败₂"合流。

从概念结构看,原来的一个综合语义被"撕裂"或者"磨损"以后,为了表达以前综合语义需要表达的功能,就需要新的方式和成分来补充,这就是余健萍(1957)讨论的动结式是"动"后加"结",还是"结"前加"动"的问题。

余健萍(1957:124)指出:

如果用 A 代表使成式的前一成分,用 B 代表后一个成分,可以说汉语的使成式是按照下列两个公式发展出来的:

甲式　A→A 而 B→AB
乙式　B→A 而 B→AB

余健萍先生举"饿死"为甲式(饿→饿而死→饿死)的实例;"饥死"则为乙式(死→饥而死→饥死)的实例,并且指出:

使成式按乙式发展出来的多,按甲式发展出来的比较少。大概在最简单的说法里,通常只说结果而不兼叙所以造成这个结果的原因,就是只说 B,不说 A,在必要的时候才把原因和结果同时说出来,成为"A 而 B",再发展成"AB"。因此,"B→A 而 B→AB"可以说是使成式发展的主要公式,"A→A 而 B→AB"是比较少用的公式。不过这两个公式都是语言发展的内部规律所决定的,无论由哪一个公式而来,所谓"殊途同归",最后总是产生使成式,总是要形成"AB",不会停留不前地仍旧用"A"、"B"或"A 而 B"来表达"AB"的概念。(余健萍,1957:126)

使成式是按甲式和乙式两个公式发展起来的,其中乙式是主要形式,是余健萍先生关于使成式来源的基本看法。

从语料调查来看,"杀"类词衍生动结式则是既有甲式,也有乙式;而"败"类词则主要按照乙式的途径发展。所以我们认为,"杀"既可以放在 V 前表示动作,又可以放在 V 后表示结果;而"败"却只能放在 V 后表示结果。"杀 CO/V 杀 O"的同时出现说明,这其实是"杀"既表动作又表结果在语言从综合向分析的演进过程中发生竞争的中间阶段,后来由于"V 杀 O"类句型中受"死"类语义场的挤压,"杀"表结果最终被"死"类语义场中的词汇替代,最后留存下来的只有"杀 CO"。而"败"类词的使成式却因为语音区别特征的消解,需要另外的他动词和"败"共同表达原来的概念结构,而概念词汇化的途径就表现为从句法到词法的过程。因此,从词汇化的角度将"杀"类和"败₁"类使成式的衍生途径大致表示为:

单一动词＜广义连动式＜狭义连动式＜动补式＜动词＋助词

而从词汇化的整合过程来看,"哭"类动结式的词汇化的起点和"杀"类、"败"类不同:前者的起点是广义使成式,后者的起点是单一动词。在这三种发生词汇化的动结式中,"败"类最多,是主流;"杀"类次之;"哭"类最少。"哭"类动结式的整合过程和使成结构成为主流的背景分不开,没有这种大环境,"哭"可能不会和"坏"等形成复合结构,也就更不可能进一步演进。

因此,"杀""败"动结式的整合和汉语从综合型向分析型的语义类型转变的大背景密切相关,而"哭"类动结式的整合又是在"杀""败"类动结式产生的大背景下,在构式基础上整合的。前者是基础,是源;后者是发展,是流。"哭坏""哭裂""哭断"形式的建立,为"哭＋结果状态动词"构建了一种心理上的完型。所以,"哭"类动词便可以大量类推和产生出 VC 结构。根据 Vanden Wyngaerd(2001:71～75)结果式(resultative construction)、使成式(causative construction)、使役式(make＋adjective),都包含了从￢P 到 P 的转换,后两者和动结式的区别是它们能嵌入无界形容词(embed unbounded adjectives)。所以在表达"完成"语义上,"结果"式更适合,而汉语动结式的能产性使得它更优于英语的结果结构。

6.3 "王冕死了父亲"的衍生过程和机制[①]

上一章指出,"杀"因为发生了自动词化,部分"杀"从及物动词演变为不及物动词,在"V 杀 O"结构中,由于"杀"的功能、语义变得和"死"相同,所以"V 杀 O"就演变成了"V 死 O"。不过,我们还要进一步追问:"死"的语义和语法功能从古至今大致发生了哪些变化呢?而导致它发生变化的主要原因和

---

① 这部分内容已发表于《语言科学》2008 年第 3 期,第 259～269 页。与 2006 年博士论文相比,内容并无大的改动。

机制是什么呢?① 本节主要讨论"王冕死了父亲"这一句式的历史来源,我们试图通过这一句式的衍生过程探讨表达"完成"语义的词汇内部同义句式间的互动关系。

6.3.1 研究概况

现代汉语和理论语言学界对"死"的句法表现给予了诸多关注,重点讨论的是"王冕死了父亲"这一句式中"死"的论元数目和语义表现、施受关系和语序变化。在 20 世纪 50 年代,吕冀平(1955)、王了一(1956)、萧父(1956)、徐重人(1956)等就较早注意到这一句式。后来的语法分析中,它仍是语法研究者们讨论的热点,如徐杰(1999、2001、2005)、张伯江(2002)、潘海华和韩景泉(2005)、沈家煊(2006a、b)等,此后,刘晓林(2007)、石毓智(2007)又在沈家煊(2006a)的基础上做了探讨。学者们就这一句式产生的动因和机制做了比较深入的研究,但是,从句法形式的历史演变来看,其衍生过程仍有进一步探讨的必要。

吕冀平(1955:10)在讨论汉语的主、宾语问题时,认为"王冕七岁上死了父亲"和"李大可四十九岁时生了一个孩子"这两句无论从哪一方面看都应该是相同的句式,他认为:说"孩子"是宾语,不会有人持异议;可是说"父亲"是宾语就有问题了,因为他并不是受事。对此,王力先生指出吕冀平先生所举的两个句式并不相同,"死"字本来不是外动词(词典上不能注它是外动),而"生"字本来就是外动,而"王冕七岁上死了父亲"和"王冕七岁丧父"在结

---

① 本文提出"王冕死了父亲"来源于"丧"所在的句法结构。最早明确提出"王冕死了父亲"和"王冕丧父"之间密切关系的,当属王了一(1956)。本文初稿完成后,2006 年 2 月 7 日现代汉语博士应晨锦见告,袁毓林先生早已有类似的观点。从袁毓林(2004)来看,由于他重在理论思考,没有详尽论述这一演变过程。我们将这种演变过程描述得较为详尽,所以可以看作是对袁毓林(2004)的细化和补充。袁毓林先生在文中讨论"王冕死了父亲""王冕失去了父亲"时指出在《儒林外史》中,也有类似的实例。即:

12)这人姓王名冕,……七岁上死了父亲,……。(第 1 回)
13)这虞博士三岁上丧了母亲,太翁在人家教书,……。(第 36 回)

"死"是一价的不及物动词,套用了二价的及物动词"丧"的用法。特别要指出的是,在古代汉语中,"丧"有及物和不及物两种用法。例如:

14)〔徐〕偃王行仁义而丧其国。(韩非子·五蠹)
15)寻程氏妹丧于武昌。(陶潜《归去来兮辞序》,寻:不久)

"丧"作及物动词时,表示"失去"意义,如 14)所示;作不及物动词用时,表示"死亡"意义如 15)所示。绝妙的是,在例 13)中,这两种意义好像是兼而有之。
那么为什么动词要迁就句式呢? 袁毓林(2004)认为这是受表达精细化这种语用动机的强力驱使而促成的。我们在"王冕死了父亲"这一句式的来源上和袁毓林先生有基本一致的看法,但是在解释这一句式形成的动因上与他有较大的不同。

构上是同一类型。徐重人(1956)在王力先生研究的基础上,认为"王冕死了父亲"这个句子,"只要不把动词解死",完全可以改变说法,把它说成"王冕没了父亲""王冕失去了父亲""王冕丧父"几种不同的样子。萧父(1956)则认为徐重人的分析实际上把句义解释和句法分析混为一谈,"不从句型着眼,而陷溺于变义,句法分析姑置勿论,甚至句义解释也有时而穷"。

后来的语法分析中,对这一句式有不同的处理办法,即把它跟其他句式联系起来研究:一种是把它看作"NP死了"的变换式,如沈阳(1995);另外一种是把它类同于表示"丧失"意义的存现句,如 Teng(1975)。

由于沈家煊(2006a)已对以往的相关研究做了评介,①这里我们就对沈文发表后刘晓林(2007)、石毓智(2007)的研究进行评述。

刘晓林(2006)认为"王冕死了父亲"是广义的存现句;句中的"了"对于完句意义重大;"死"在现代汉语中的使动用法消失了,然而其结构框架仍可在一定程度上保留。但是,这些看法还可以商榷:第一,刘文题目是谈"王冕死了父亲"的生成方式,也就是说,作者认为存现句影响了该句式的生成。但是历史语料并不支持这种看法,因为据储泽祥等(1997),汉语存现句自古就存在,但是"王冕死了父亲"并不和存现句相伴而生;第二,作者认为"了"对于完句意义重大,这本身是没有问题的,不过他接着说,"人跪了狗"和"他笑弯了腰"中的"了"都可以使不及物动词及物化。以他的这种看法,似乎带"了"的动词都是及物动词了,这显然是不符合事实的;第三,为了更进一步证明"死"的及物性功能,刘文更引入了古汉语中不及物动词和形容词使动用法在现代汉语中的残留的观点来佐证。果真如此,那么,"王冕死了父亲"这一句式就该在上古就已经产生了。也就是说,刘文引入使动用法的残留的看法,不但没有支持自己的看法,反而成为反证。所以,刘晓林(2007)提出的三条解释在我们看来均是有问题的。

相比较而言,石毓智(2007)的论证就严密得多。该文的最大优点是用历史语料来验证自己的假设,并注意系统性。作者在沈家煊(2006a)的基础

---

① 黄正德(2007:8 注 9)中指出:

沈家煊(2006)评述多家的分析中得到了三个结论:(a)"王冕"与"父亲"之间没有移位关系;(b)"王冕"是句子的主语而不是主题;(c)句子的生成手段是"糅合"而不是移位,前两项结论笔者在拙著(1989)中已经指出(包括对主题说的批驳),近来,Chappell(1999),Hole(2002),孙晋文和伍雅清(2003)也已有基本上相同的看法。第三项所提出的"糅合"与本文的"合并"不同在此不讨论。

不过,黄正德先生文中提到的 Hole(2002)参考文献中并未列出,我们怀疑这里可能有笔误,有可能是 Hole(2004)。

上继续批评了生成语法所提出的假设中的问题,并认为不仅沈家煊(2006a)提出的"糅合生成过程"要做重大的修改,产生机制甚至都不是"糅合生成"性质的,而且其假设明显与历史事实相悖。石文的解释涉及施事宾语结构的产生与发展、汉语存现句结构的历史变化、动补结构的建立、结构赋义规律的建立及其影响、类推条件等,整篇文章十分注意在语言系统下关照句式的演变,注重材料和演绎并行。

但是石文某些论证也是可以商榷的。

注重系统性是石文的优点,但是,在系统性中如果一个环节,尤其是当核心证据存在问题时,整个体系就有坍塌的危险。石文认为,到了宋代动补结构最后建立的时候,结果补语"死"也就可以出现在它的施事名词之前。而在主要动词因为某种语用因素,不清楚或者无须说出来时,就会出现"死+NP$_{施事/主体}$"的用法。例如:

(62)上天生我,上天死我,君主何不可!(《元刊杂剧三十种·晋文公火烧介子推》)

石文认为例(62)中"上天"至于采取什么样的行为致"我"死,则不清楚,因此就缺少了主要动词。这种动宾结构的出现,"死"就有可能用于新兴存现句,结果就有了"万秀娘死了夫婿""王冕死了父亲"之类的说法。但是,例(62)中"上天死我"的"死"是致使用法,而"王冕死了父亲"中的"死"却没有致使义。也就是说,不管"死"的致使义是来源于动词本身还是整个构式,"上天"和"王冕","我"和"父亲"的语义角色不相同。

其次,石文认为,因为宋朝以前就广泛存在着使动用法,但是"死"却没有出现上述结构。这也是有问题的。刘晓林(2007)恰好举出了1例,即:①

(63)张汤为御史大夫。始买臣与严助俱侍中,贵用事,汤尚为小吏,趋走买臣等前。后汤以廷尉治淮南狱,排陷严助,买臣怨汤。及买臣为长史,汤数行丞相事,知买臣素贵,故陵折之。买臣见汤,坐床上弗为礼。买臣深怨,常欲死之。后遂告汤阴事,汤自杀,上亦诛买臣。(《汉书·朱买臣传》)

从上下文可以看出,"死之"的"之"所指为"张汤",即石文所说的施事或者主

---

① 刘晓林(2007)未注明出处,据我们核实,他所引当出《汉书·朱买臣传》。为了便于理解,我们把相关上下文一并引出。这一例证的较早出处见于《史记·酷吏列传》:

及汤为御史大夫,买臣以会稽守为主爵都尉,列于九卿。数年,坐法废,守长史,见汤,汤坐床上,丞史遇买臣弗为礼。买臣楚士,深怨,常欲死之。

体宾语。而这正是石文所说的不可能出现的例证。

最后,石文认为,因为宋代以前存在一个与"死"概念结构相同的专职的及物动词"杀",所以当时不可能出现"上天死我"的结构。这种看法也是有问题的。我们在前一章已经指出,因为中古时期的"杀"除了单独使用者外,可以出现于"X 杀""杀 Y"两种组合中,只有处于动结式"X 杀"中"杀"的概念结构才大致等于"死"。

综上所述,石毓智(2007)主要基于例(62)的基础上进行推论①,在我们看来其论证及解释似乎也还需要继续研究。

值得注意的是,王了一(1956:25)指出:

> 意义往往是随着结构形式转变的,某词在某些结构形式里,已经不再是词典里的原来意义。例如"王冕七岁死了父亲",按汉语语法的一般规律,动词下面加"了"字,"了"字后面再加名词,这些词就是一个外动词("了"字后面加"三次"之类是例外),因此,这里的"死"字已经变了外动性质。这句话的结构和"王冕七岁丧父"是同一类型的。严格地说,当然不能说"死"就等于"丧失",因为"死"字由内动变外动,而"丧失"本来就是外动。但是,我们应该承认一个词除了经常职务之外还有临时职务,临时职务不是词典里所能一一规定的。

王力先生已经明确指出了"王冕死了父亲"与"王冕丧父"之间在结构上属于同一类型。近年,袁毓林(2004)有更近一步的研究。但是研究"王冕死了父亲"句式来源的相关研究均未提及王了一(1956)、袁毓林(2004)。袁毓林(2004)在讨论"王冕死了父亲""王冕失去了父亲"时指出在《儒林外史》中也有类似的实例。即:

(64)这人姓王名冕,……七岁上死了父亲。(第一回)
(65)这虞博士三岁上丧了母亲,太翁在人家教书。(第三十六回)

袁毓林先生认为"死"是一价不及物动词,套用了二价及物动词"丧"的用法;并指出在古代汉语中,"丧"有及物和不及物两种用法。例如:

---

① 此外,石文认为动补结构和"王冕死了父亲"有密切的时代关系,故在引用例(62)时他特别在注〔6〕中指出:"元杂剧和南宋话本在时间上紧邻,而且有学者认为南宋风格话本可能经过后人的加工,因此可以相互印证。"文中没有明确说明"有人"所指,所以我们无法核实。因为石文已经认为动补结构以及"王冕死了父亲"的产生具有因果关系,所以他企图使二者在时代上靠近。但是,就其注〔6〕中的表述来看,我们只能认为南宋话本的语料真实性存在问题。这种论证反而拉远了动补结构和"王冕死了父亲"之间的距离。

(66)〔徐〕偃王行仁义而丧其国。(《韩非子·五蠹》)
(67)寻程氏妹丧于武昌。(陶潜《归去来兮辞序》)

例(66)中"丧"做及物动词用,表示"失去"意义;例(67)中"丧"做不及物动词用,表示"死亡"意义。袁毓林先生认为"死"在历史发展中由于受表达精细化①这种语用动机的强力驱使,动词要迁就句式而促成的。

袁毓林先生的研究对我们的研究具有较大的启发和参考价值。我们在"王冕死了父亲"这一句式的来源上和袁文有基本一致的看法,不过在解释其形成动因上有较大的不同。由于袁文重在理论思考,所以没有详尽论述这一演变过程,我们试图对这一演变过程做更为详尽的描述,并进而探讨这一句式的衍生机制。

6.3.2 "死了NP"在近代汉语中的表现

以上研究提出了种种解决方案,对进一步认识这一语法现象做了很好的探索。我们还需要探寻"王冕死了父亲"这一句式的产生时代,因为上面的研究基本上都是在现代汉语的层面探讨其形成机制。如果这一句式是自古以来就存在,那么他们的分析应该完全可以适用于汉语史的解释。但是,如果"王冕死了父亲"这样的句式并不是与生俱来的,而是在汉语的历时演变中逐渐产生的,那么这一句式的产生恐怕另有其因,仅仅靠现代汉语的共时分析是不够的,还需要我们做历时的考察。

"王冕死了父亲"最早出处应该可以追溯到清代文献《儒林外史》中,即例(64)。②

已有研究表明,"死了NP"在近代汉语中就已经产生。如:③

(68)a. 前皇后帝万千年,死了不知多与少。(《敦煌变文·维摩诘经讲经文》)
　　b. 万秀娘死了夫婿。(话本《山亭儿》)
　　c. 我一个大姐姐死了丈夫,在家里累着父亲养活。(《儒林外

---

① 我们认为每一个时代的语言表达系统都是一个自足的系统,该时代的语言同它所处时代的思想表达之间是高度一致的。不论是上古汉语、中古汉语,还是近代汉语,它们都是精密的表达方式,不存在一个时代的语言比另一个时代的语言表达更精密的问题。所以,表达精密化的说法是可以商榷的。参6.2.2节论述。
② 《明史·王冕传》中还未见"王冕死了父亲"。
③ 例(68a)转引自吴福祥(1998),例(68b)转引自潘维桂、杨天戈(1984),例(68c)转引自董秀芳(2002b)。

史》第四十八回)

除了上面的几例外,我们在清代以前的文献中还查到下面一些引例,如:

(69)a.石霜置枯木堂与人坐卧,祇要死了你心。(《五灯会元·道楷禅师》)

b.象山死,先生率门人往寺中哭之。既罢,良久,曰:"可惜死了告子!"(《朱子语类》卷一百二十四)|孔明亦自言一年死了几多人,不得不急为之意。(《朱子语类》卷一百三十六)

c.诸师长,权且住,略听开解:不幸死了蒲州浑瑊元帅,把浮桥将文雅,荒淫素无良策。(《西厢记诸宫调》卷二)

d.地方人等都说刁通判府中自来不干净,今日又死了一个水手,谁人再敢下去?(罗贯中《三遂平妖传》第七回)|差人下井打捞,又死了一个水手。(罗贯中《三遂平妖传》第七回)

从例(68)(69)来看,"死了+NP"从晚唐五代就已经产生,而且在整个近代汉语中一直使用。不过例(69)中的"死了NP"还不是典型的"NP_1+死了+NP_2",因为在主语位置上缺少论元 NP_1。有的可以勉强补出来,如例(69a);有的根本补不出来,如例(69b、c)。典型的"NP_1+死了+NP_2"在《金瓶梅》中用例最多,也最为典型。如:

(70)你三年前死了娘子儿。(第十九回)|老鸨子死了粉头——没指望了。(第六十回)|伯爵道:"好呀,拿过来,我正要尝尝!死了我一个女儿会拣泡螺儿,如今又是一个会拣了女儿。"(第六十七回)|伯爵道:"我头里不说的,我愁甚么?死了一个女儿会拣泡螺儿孝顺我,如今又钻出个女儿会拣了。"(第六十七回)|原来大姐姐怎样的,死了汉子,头一日就防范起人来了。(第七十九回)

可见,从晚唐五代时期的敦煌变文开始,"NP_1+死了+NP_2"这一格式就已产生,并且在近代汉语中一直使用。我们知道,体标记"了"在晚唐五代产生,在宋代成熟,因此,要探索这一句法格式的产生原因还必须继续溯源,因为同样的句法格式有可能在体标记没有诞生以前就已经产生。为了弄清这一问题,我们有选择地对南北朝时期的相关文献中"死"的出现情况做了调查,调查范围包括《世说新语》《齐民要术》《百喻经》《贤愚经》《杂宝藏经》

《异苑》《冥祥记》《拾遗记》《搜神记》《搜神后记》《幽明录》《博物志》共 12 部文献,但是均没有发现"NP$_1$+死+NP$_2$"结构,这说明"死"做中心动词的这一句式在中古汉语还没有产生。

那么,是什么因素导致"NP$_1$+死了+NP$_2$"格式产生的呢?用"动态论元"(陶红印,2000)的观点可以解释"NP$_1$+死了+NP$_2$"结构中"死"的不同论元结构,但不能够解释这一结构为什么产生及其产生的时代性。与例(68)相比,近代汉语中与"NP$_1$+死了+NP$_2$"同义的句式还有"NP$_1$+丧了+NP$_2$""NP$_1$+亡了+NP$_2$"。如:①

(71)a.<u>丧了丈夫</u>。(话本《冯玉梅团圆》)

b.我三岁上<u>亡了母亲</u>,七岁上离了父亲。(元曲《窦娥冤》第一折)

例(68)和(71)是具有同义结构关系的句式,也就是说,"死""丧""亡"是同义词。② 结构主义在划分音位时指出,一个音位的价值不在于它是什么,而在于它不是什么,音位的价值在于它的区别性特征。③ 借用这种观点,我们认为,几个同义词中,每一个同义词的价值不在于它是什么,而在于它不是什么。我们希望从同义句式入手,通过"丧""亡"在语义、句法上的不同,找出"NP$_1$+死了+NP$_2$"产生的动因。

6.3.3　从同义句式看句法表现及其来源

如果将整个汉语历史中的"丧""亡""死"做泛时看待,那么它们可以出现的句法环境大致为:

甲:当事+动词+对象④

乙:对象+动词

---

① 例(71a)转引自潘维桂、杨天戈(1984)。
② 这里"同义词"不是"等义词",大致相当于"近义词"。
③ 参陈保亚(1999:135)。
④ 关于"王冕七岁上死了父亲"的论元结构,各研究者的看法有所不同,如徐仲华和缪小文(1983)、范晓(1989)、张伯江(1989)认为"死"的宾语是施事宾语;李临定(1986)认为"死"前成分是施事主语,"死"后名词是施事宾语,没有变成受事宾语;林杏光等主编(1994)认为"王冕的父亲"是由于领属结构的系事中心语后移的结果,而"王冕"依然占据原来的系事位置;陈昌来(2002、2003)也采取系事的观点。不过林杏光(1999)则认为"王冕"和"父亲"分别充当与事和当事。为了称述方便,我们将 N$_1$ 和 N$_2$ 间具有领属关系的甲式"N$_1$+V+N$_2$",乙式"(N$_1$+)N$_2$+V"结构中的名词性成分分别称作当事、对象。

6.3.3.1 甲、乙句型在上古汉语中的表现

上古汉语中,"丧"可以出现于甲、乙两种句型:①甲型句中"丧"表"丢失、失去"义,做主语的当事和对象宾语之间具有领属关系。甲型句在上古汉语中很常见。如《左传》:

(72)a. 公惧,队于车。伤足,丧屦。(庄公八年)|綦毋张丧车,从韩厥曰:"请寓乘!"(成公二年)

b. 晋人若丧韩起、杨胖,五卿、八大夫辅韩须、杨石,因其十家九县,长毂九百,其余四十县,遗守四千,奋其武怒,以报其大耻。(昭公五年)|去朝吴,出蔡侯朱,丧太子建,杀连尹奢。(昭公二十七年)

(72a)中的宾语为无生命的对象格,(72b)中的宾语为有生命的对象格,相对来说,(72a)的领属关系没有后者强。

乙型句的用例在上古时期用例较少。如:

(73)武王既丧,管叔及其群弟乃流言于国。(《书·金縢》)孔传:"武王死。"

大概因为"死"具有同样的表达功能,所以"丧"在乙型句中特别少见。"丧"表"死亡"以及由此引申出的哀悼死者的礼仪时,一般做名词用,如《左传·文公十五年》:"丧,亲之终也。虽不能始,善终可也。"

"亡"在上古汉语中也可以用于甲、乙两种句型。在甲型句中,"亡"表示"丧失、丢失"义,这一用法很常见。如《左传》:

(74)a. 城濮之战,晋中军风于泽,亡大旆之左旃。(僖公二十八年)|此行也,楚必亡邑。(昭公二十四年)

b. 子弗良图,而以叔孙与其雠,叔孙必死之。鲁亡叔孙,必亡邾。(昭公二十三年)|王一动而亡二姓之帅,几如是而不及郢?(昭公

---

① "丧"有两个读音,分别为苏浪切、息郎切,前者为"失去"义,后者为"死亡"义。我们这里不考虑其读音上的差别,当作一个词处理。此外,"丧"在上古汉语中还可以表示"为……服丧""吊丧"等义。如《左传·襄公二十三年》"杞孝公卒,晋悼夫人丧之";又"襄公二十八年"楚屈建卒,赵文子丧之如同盟,礼也"。因为它们在后世的文献中不常用,所以本文不讨论这一意义的句型和用法。

二十四年)

"亡"宾语位置的对象格或者为无生名词,如例(74a);或者为有生名词,如(74b),当事和对象均构成领属关系。

在乙型句中,"亡"主要表示"灭亡"。如:

(75)国将兴,听于民;将<u>亡</u>,听于神。(庄公三十二年)|<u>季氏亡</u>,则鲁不昌。(闵公二年)|<u>梁亡</u>,不书其主,自取之也。(僖公十九年)

乙型句的"亡"在上古汉语中一般作"逃亡""灭亡""丢失"等讲,作"死亡"义还不太普遍,即使是"死亡"连用的复合结构,所表达的意思还是"死去和逃亡"。如:

(76)民<u>死亡</u>者,非其父兄,即其子弟。(襄公八年)|二三子若能<u>死亡</u>,则如违之,以待所济。(昭公十三年)|司马以吾故,亡其良子。<u>死亡</u>有命,吾不可以再亡之。(昭公二十一年)

6.3.3.2 甲、乙句型在中古汉语中的表现

到了东汉,"丧""亡"基本上还维持上古汉语的基本用法:"丧"还主要用于"丧失"义,"亡"主要用于"失去"义。如:

(77)a.子夏丧其子而丧其明,曾子吊之,哭。……夫子夏丧其明,曾子责以〔有〕罪,子夏投杖拜曾子之言,盖以天实罚过,故目<u>失其明</u>;已实有之,故拜受其过。(《论衡·祸虚》)|<u>丧尔亲</u>,使民未有异闻,尔罪二也;丧尔子,丧尔明,尔罪三也。而曰汝何无罪欤?(《论衡·祸虚》)|然子夏之丧明,丧其子也。子者,人情所通;亲者,人所力报也。<u>丧亲</u>,民无闻;<u>丧子,失其明</u>。(《论衡·祸虚》)

　　b."鲁般巧,亡其母也。"言〔其〕巧工,为母作木车马、木人御者,机关备具,载母其上,一驱不还,遂<u>失其母</u>。(《论衡·儒增》)|世间虚无,难得久居,物生有死,事成有败,安则有危,<u>得则有亡</u>。(《修行本起经》,3/469a)

但是,在东汉的文献中,我们发现有的"丧""亡"均可作"死亡"义讲,尤

其是"亡"用作"死亡"义的用例明显增多。① 如：

(78)《尚书》曰："祖伊谏纣曰：'今我民罔不欲丧。'"罔，无也；我天下民无不欲王亡者。(《论衡·艺增》)|夫谶书言始皇还，到沙丘而亡；传书又言病筑疮三月而死于秦。一始皇之身，世或言死于沙丘，或言死于秦，其死，言恒病疮。(《论衡·书虚》)

而且，"死""亡"等连用时可以表示"死亡"义了。如：

(79)故五帝三王，招致瑞应，皆以生存，不以死亡。(《论衡·书虚》)|直兵指胸，白(曲)刃如颈，蹈死亡之地，当剑戟之锋，执死得生还。(《论衡·命义》)|今人之将死，身体清凉，凉益清甚，遂以死亡。当死之时，精神不怒；身亡之后，犹汤之离釜也，安能害人？(《论衡·论死》)|于是菩萨行起慈心，遍念众生，老耄专愚，不免疾病死丧之痛，欲令解脱。(《修行本起经》，3/469b)

不过，上面表示"死亡"的"丧""亡"基本上出现在乙型句中，在甲型句中还没有发现典型用例。

姚秦时期的文献我们调查了竺佛念译的《出曜经》。"亡"与东汉的用法基本相同，在此不再举例。值得注意的是，除了用于乙型句的"丧"表"死亡"义外，用于甲型句的"丧"的语义也发生了变化，不再仅仅限于"丧失"义，"死亡"义也开始用于甲型句了。如：

(80)于是孤母往至佛所，作礼长跪白世尊言："素少子息，唯有一息，卒得重病，舍我丧亡。"……佛告孤母："汝速入城，遍行衢巷有不死家者求火持还。"孤母闻已，欢悟踊跃，入舍卫城至一街巷，家家告曰："此中颇有不死者乎？吾欲须火，还活我息。"诸人报曰："我等曾祖父母今为所在，汝今荒错，何须至巷狂有所说。"所至之家，皆言死亡，形神疲倦，所求不克。便还归家，抱小小儿至世尊所，头面礼足白佛言："受勅入城，家家乞火，皆言死丧，是故空还。"……佛语孤母，汝向自陈，爱子情重，入骨彻髓，宁自丧身，不使子亡。(《出曜经》，4/618b)

---

① 由于我们调查的东汉文献如《论衡》和东汉佛典中"丧"的出现频率很低，在出土的秦汉简帛文献如《睡虎地秦墓竹简》《二年律令》中也未见用例，所以在东汉文献中还看不出演变趋势。

(81)尔时有一孤母而丧一子。(《出曜经》,4/618b)|尊今当知,早丧父母,五亲凋落,无有妻息。(《出曜经》,4/710a)|吾宿有何缘,习行而不果获,烦悁自责,如丧二亲。(《出曜经》,4/711c)|如斯辈人,遂无惭愧,宁丧亲族,分受形辱,不阙淫性,以违其志。(《出曜经》,4/627a)

例(80)表明,单独用"丧",或者复合形式的"丧亡"都可以表示"死亡"义了。例(81)的"丧一子""丧父母""丧二亲""丧亲族"等也基本上可以看作是甲型句中"丧"表"死亡"义。这说明,"丧"在甲型句中大概在晋朝前后就发展出了"死亡"义。

整个魏晋六朝时期,"丧"作"死亡"义用于甲型句很普遍,尤其是中古笔记。如:

(82)a.释法期,姓向,蜀都陴人,早丧二亲,事兄如父。(《高僧传》,50/399a)|阮籍丧亲,不率常礼,裴楷往吊之,遇籍方醉,散发箕踞,旁若无人。(《世说新语·任诞》)

b.时彼国王适丧夫人,出外游行,见彼云盖,往至树下,见此童女,心生染著。(《大庄严论经》,4/279c)|温公丧妇,从姑刘氏。(《世说新语·假谲》)

c.王戎丧儿万子,山简往省之,王悲不自胜。(《世说新语·伤逝》)|一说是王夷甫丧子,山简吊之。(《世说新语·伤逝》)

d.孙坚丧父,行葬地,忽有一人曰:"君欲百世诸侯乎?欲四世帝乎?"(《异苑》卷四)|新兴刘殷,字长盛。七岁丧父,哀毁过礼。(《搜神记》卷十一"刘殷"条)

e.思蚤丧母,雍怜之,不甚教其书学。(《世说新语·文学》)|阮步兵丧母,裴令公往吊之。(《世说新语·任诞》)

(82a)"丧亲"、(82b)"丧夫人(丧妇)"、(82c)"丧子"、(82d)"丧父"、(82e)"丧母"等例,都属于甲型句,它们均表示"死亡"义。这说明,甲型句中"丧"的"死亡"义至南北朝时期已经基本成熟。

值得注意的是,魏晋南北朝时期"亡"在甲型句中也发展出了"死亡"义。如:

(83)晋琅琊王凝之妻,晋左将军夫人谢氏奕之女也。尝频亡二男,

悼惜过甚,哭泣累年,若居至艰。(《异苑》卷六)

例(83)中的"亡二男"是"死了两个儿子"之义。不过,我们在南北朝时期的文献中没有找到更多的在甲型句中用作"死亡"义的"亡"。

6.3.3.3 "亡"在近代汉语中的表现

"亡"的这种用法即使在近代汉语中似乎也不太常见。我们调查了《原本老乞大》、《三遂平妖传》(二十回本)、《型世言》、《金瓶梅》等语料,只搜到了1例。即:

(84)这西门大官人,先头浑家陈氏早逝,身边止生得一个女儿叫做西门大姐,就许与东京八十万禁军杨提督的亲家陈洪的儿子陈敬济为室,尚未过门;只为亡了浑家,无人管理家务,新近又娶了本县清河左卫吴千户之女,填房为继室。(《金瓶梅》第一回)

"亡了浑家"即死了老婆。相比较而言,在近代汉语表示"死亡"义的"丧"用在甲型句中就十分常见。如《型世言》中:

(85)a.只掌珠是早年丧母的,失于训教。(第三回)|我朝监生,姓秦,名矞,字凤仪,湖广嘉鱼人氏。早年丧母,随父在京做个上林苑监付,便做京官子弟,纳了监在北京。(第二十回)

b.后来两姚连丧父母,家事萧条,把这书似读不读。(第十三回)|两个蚤丧了父母。(第三十七回)

c.话说弘治间有一士子,姓陆名容,字仲含,本贯苏州府昆山县人。少丧父,与寡母相依,织纴自活。(第十一回)|(阴氏)又叫世建道:"你命蹇,先丧了父,如今又丧我。"(第十六回)

d.(章必达)因上年丧了偶,儿子要为他娶亲。(第三回)|媒婆道某家丧了偶,要娶个填房。(第十六回)|不知还有一个,这人姓王名冕,字孟端。浙江绍兴府诸暨人。……后边丧了妻,也不复娶。(第十四回)|自谢老上年丧了妻,中馈之事,俱是芳卿管。(第十一回)|(简胜)他新丧妻,上无父母,下无儿女,家事也过得。(第二十一回)

e.他嫁在太仓农家,十九岁丧了丈夫,他却苦守,又能孝养公姑,至今已六十五岁。(第十回)|不读书,又闲听!是左邻顾家娘子丧了丈夫,想这等哭。(第十回)

例(85)是用于甲型句中表示"死亡"义的"丧",都可以理解为"NP_1死了NP_2"。特别应该注意的是例(85d)中第十四回的例子,即"(王冕)后边丧了妻",这和我们经常讨论的"王冕死了父亲"比较,当事主语都是"王冕"①,只有两点差别:对象格宾语一是"父亲",一是"妻子",但是二者都和当事主语"王冕"均有领属关系;核心动词分别是"丧"和"死"。从句式构造的角度看,其中关键的区别还是核心动词,这使我们相信,"王冕死了父亲"这种句式和"丧"的甲型句有继承关系。

从前面调查的语料来看,因为"丧"用作"死亡"义在南北朝时期就已经在甲型句中大量使用,所以近代汉语中,如例(85)的用法只是其进一步演进,至清代的《红楼梦》中便式微了,虽然我们还发现如"比如男子丧了妻,或有必当续弦者,也必要续弦为是"。(《红楼梦》第五十八回)之类的用例。到了现代汉语中,"丧"在甲型句中的用法已经消亡了。

6.3.4 从乙型句向甲型句转变的动因和机制

那么从"丧"的甲型句到"死"的甲型句之间转变的动因和机制是什么呢?② 我们认为这和"丧"的语义演变有关。

"丧"从"失去"义向"死亡"义转变的关键因素是什么呢?这受制于动词所搭配的对象格宾语。"丧"在甲型句中的发展轨迹可以表示为:

丧屦(车)→丧韩起、杨肸/丧太子建→丧其命→丧子/丧父母/丧亲

在"丧屦(车)"中,由于其搭配的对象格为无生命的宾语,因此,"丧"只能表示"失去"义。当"丧"后接有生命的对象格宾语,如"韩起、杨肸、太子建"等时,"丧"既可以是"失去"义,也可以是"死亡"义。但是,由于它们出现

---

① 史上有两个王冕。1. 王冕(1287~1359),元末浙江诸暨人,字元章,号煮石山农,又号梅花屋主。本农家子,七八岁时为人牧牛,窃入书塾听诸生读书,听毕辄默记。安阳韩杏性闻即录为弟,性卒,门人事冕为师。通《春秋》诸传,一试进士,不就,即焚所为文,读古兵法,狂放不羁。朱元璋取婺州,物色得冕,置幕府,授咨议参军。旋卒。有《竹斋诗集》。2. 王冕(?~1525),明河南洛阳人,字服周,正德十二年进士,授万安知县。朱宸濠反,长吏多逃,冕募壮士数千人,从王守仁征讨,至鄱阳湖纵火焚宸濠舟,逆执之。后录功擢兵部主事,巡视山海关。嘉靖三年辽人陆雄、李真反,遭杀害。(参《中国历代人名大辞典》)我们谈论的"王冕死了父亲"一般指的是前者,与《型世言》中所指为同一人。

② 其实这里还有一个可以进一步思考的问题是:"丧"的"死亡"义从乙型句扩展到甲型句中的动因是什么?"丧"上古应该是两个词,分别为"苏浪切"的"失去"义、"息郎切"的"死亡"义。在上古汉语中"丧"是否真正如藏语一样用前缀*-s来表达使动和及物化的功能还未取得一致意见。潘悟云(1991、2000)、丁邦新(2002)都认为"丧"是"亡"的使动式。大概由于"丧"的*sman一读后来失落了(潘悟云,2000:134)。所以,这给"丧"从乙型句向甲型句的扩展创造了条件。由于这一问题和本文关系不是十分密切,这里从略。

在上古汉语中,"丧"的及物化的功能是由*s-前缀来表达的(参潘悟云,1991、2000等),这一时期的"丧"还处在由"失去"向"死亡"义的演变过程中。后来,伴随着前缀*s-的脱落过程,以致中古表及物的"丧"在读音上和不及物的"丧"变得相同,到中古的"丧其命""丧父母""丧亲"等便只能表达"死亡"义了。所以,二者逐步变成了一个词。从语义演变来看,"死亡"是一种特殊的"失去",从"失去"义到"死亡"义的演变应该是符合认知规律的。①所以,由于语义上"丧""死"的同义关系,在语义上为"丧+NP"向"死+NP"的产生创造了条件。

上古汉语中,"丧""亡""死"具有明显的语义区别,尤其是在甲型句中"丧""亡"分别表示"丧失""丢失","死"在上古汉语中不能用于甲型句。但是随着语义的演变,这种区别逐渐被打破,"丧""亡""死"之间的语义区别越来越小,所以在有的文本中,既可以用"丧",也可以用"亡"。如:②

(86)a. 妇<u>亡</u>其发,勿遂。(帛书《周易》《既济》卦六二)
b. 妇<u>丧</u>其茀,勿遂。(今本《周易》《既济》卦六二)

例(86)说明在甲型句,某些语境中"丧"和"亡"的语义差别已经很难区别了。随着语言的演变,原来不同的词变得相近、相同,甚至相等,尤其是两个单音节词汇在语义上变得越来越近,演变的一个归宿就是二者采取并列形式得以共生。(参帅志嵩,2005)中古汉语的一个典型特征是并列复合形式的定型和大量产生,而"丧亡"等并列复合形式的诞生实际上表明"丧"已经演变出了"死亡"义。在中古时期,不仅存在"丧失""丧亡""死亡"等复合形式,而且还有"死丧""丧死"等。如:

(87)恐此事不成,终为人所发。<u>丧死</u>非一人,哭泣弥年月。(《灌顶经》,21/524a)|至世尊所,头面礼足白佛言:"受勅入城,家家乞火,皆言<u>死丧</u>,是故空还。"(《出曜经》,4/618b)|时彼长者估客入海,亡失珍宝,长者之妇,遭罗官事,儿复<u>死丧</u>。(《杂宝藏经》,4/479c)

---

① 后世的文献可佐证,"失去"和"死亡"义的相关性。如《训世平话》:
杨和少<u>失父</u>,独与母居,因贫困,不得孝养。……古时,有一个杨和道的人,<u>爹早殁了</u>,只有老母亲,十分艰难,不得养活。(7a)|孙钟,幼<u>失父</u>,事母至孝。……古时,孙钟道的人,年幼时<u>父亲殁了</u>,陪侍母亲,至诚至孝顺。(28b)|(苏娥)早<u>失父母</u>,又无兄弟,<u>夫亦久亡</u>。……(苏娥)年幼时,<u>爷娘殁了</u>,又无六人亲戚,<u>丈夫也早殁了</u>。(49a)

② 例(86)转引自吴辛丑(2002:53)。

"丧死""死丧"形式的产生,说明"丧"已经和"死"开始以并列复合的形式表示"死亡"义了。

所以,当"丧"出现在甲型句中表示"死亡"义的时候,便为同义的其他词汇进入这种框架创造了条件。我们将这种语义衍生框架表示为表6-5。表6-5中,X、Y变量分别表示出现在甲型句中的"亡""死"句式。在甲型句中表示"死亡"义的是"丧",因为"丧""亡""死"在乙型句中属于同义句式,而当"丧"在甲型句中逐渐衍生出"死亡"义后,驱动了"亡""死"也可以用于甲型句。其驱动过程大致为:

(对象+丧):(当事+丧+对象)=(对象+亡):X =(对象+死):Y

表6-5 "丧""亡""死"的出现环境

	丧	亡	死
甲:当事+动词+对象	当事+丧([死亡])+对象	X	Y
乙:对象+动词	对象+丧([死亡])	对象+亡([死亡])	对象+死([死亡])

也就是说,因为在乙型句中,"对象+丧"与"对象+亡""对象+死"是同义句式,当甲型句中的"丧"衍生出"死亡"义时,会驱动"亡""死"表"死亡"义的用法也出现在甲型句中。当然,甲型句的"丧"在对"亡""死"的驱动过程中产生的作用力大小是不一样的。"亡"在先秦时期就可以用在甲型句中,只是"亡"在甲型句中的意义是"丢失"义,所以,当表示"死亡"的"丧"开始用在甲型句中时,对"亡"也出现在甲型句具有更大的推动作用。相对来说,"死"在中古时期却只能出现在乙型句中,这也就是"死"能够出现在甲型句中的时间要晚得多的主要原因。

帕默尔(1936)认为,类推形式并非是语言中形式和功能相互影响的唯一产物。因为,没有哪一个说话人对他本族语的每一细微之处都是了如指掌的。通过某一对于人们的心理来说是很自然的过程,人们往往把一个陌生词同自己所熟悉的词语等同或联系起来。所以,"死"产生出甲型句的用法也可能是语言使用中的混淆现象。帕默尔(1936/1983:56)指出:

> 大多数语言中都存在着大量的同义词和同义短语,它们为人们表达同一思想提供了可供选择的形式。当我们想说些什么的时候,往往有这样的情况:两个同义词同时浮上我们的脑际,似乎想争着说出口去。于是所谓"提包式"的词(portmanteau word)便频频产生出来,语言学家称之为感染错合(contamination)。

所以，由于语义上"丧"和"死"的同义关系，可能导致结构上的感染错合，因为"这种现象并不仅限于单词形式。感染错合在各种语言的句法中也起相当大的作用，没有受过教育的说话人特别容易把不同的结构混淆起来"。所以，也有可能是因为感染错合导致了"死"出现在甲型句中。

以上我们用同义句式基础上的类推机制来解释了"王冕死了父亲"的生成动因。沈家煊（2006a、b）指出，"王冕死了父亲"这类句子的生成方式不是移位而是糅合，是"王冕的父亲死了"和"王冕丢了某物"两个小句的糅合，糅合产生的浮现意义是"因此而失去"；从隐喻上讲，是用"死了父亲"这个概念来描述"丢了某物"（也就是"有所损失"）这个相似概念。从表现结果来看，类推当然如沈家煊先生所述，是糅合。只是，我们侧重于从历史演变厘清类推的过程和时代表现。

按照常理，根据语言的经济原则，既然"丧"在甲型句中已经衍生出"死亡"之义，不应该再从"死"中类推出在甲型句中的用例；相反，倒是应该由"丧"取代"死"。

我们认为，这是由于"丧""死"在语言中的地位决定的，因为表达"死亡"这一语义自古以来就主要由"死"这一动词来表达。这是由"丧"在乙型句的弱势地位决定了的，即与"死"相比，在乙型句中表达"死亡"之义，"丧"则先天不足。到了中古时期，虽然"丧"在甲型句中开始产生出"死亡"义，但是"丧"的这种用法一般多出现在中土文献，同时期的汉文佛典中则比较少见；而且，如果选择同时期的文献做一个比较，"死"的出现频率均高于"丧"。所以，当从"丧"类推出"死"在甲型句中的用法后，由于"死"在乙型句的高频率特性，决定了在同义句式的竞争中是"死"替代"丧"，而不是"丧"替代"死"。最终的归宿就是"丧"在现代汉语中只能作为语素保留在复合词中，"丧"的核心动词用法基本消亡。因此，现代汉语中的"死"的句法特性有两个来源：在乙型句中的用法是自身发展出来的，而在甲型句中的用法则是继承了"丧"的用法。也可以说是"死"在和"丧"的功能竞争中打败了"丧"，所以原来由"丧"表达的甲型句的功能便由"死"一并继承过来。这也就是为什么到现代汉语，更严格地说是在近代汉语中就产生出"死"的甲型句用法的根本原因。①

通过对历史语料的考察，我们认为，"王冕死了父亲"这一句式的产生动因是语义演变，当"丧"在甲型句（当事＋丧＋对象）中衍生出"死亡"义时，由

---

① 一旦"死"继承了"丧"基本功能后，后世文献中就出现了类同于"死亡"义的动词也开始于甲型句中。如：

想着你从七岁没了老子，我怎的守你到如今。（《金瓶梅》第七十八回）
古者，谢端早丧父母，又无亲戚，邻家抚养，为人恭敬谨慎。……古时，谢端道的人，从小时殁了爷娘，又无亲戚，无人养活。（《训时平话》，49a）

于"丧""亡""死"在乙型句(对象+V)中属于同义句式,驱动了"亡""死"也可以用于甲型句。而由于"死"出现的频率远远高于"丧",所以同义竞争的结果是"死"打败了"丧",并且继承了"丧"的句法功能。这也就是为什么现代汉语的"死"既可以用于甲型句,也可以用于乙型句的根本原因。这一句式中"死"的配价变化和表达精密化没有关系,而是语义演变和同义句式竞争的结果。单独依靠考察"死"的共时使用状况是较难发现其动因的,历史语料为我们解释这一现象提供了一个更好的观察方式和窗口。

第七章 结语

站在中古时期这一历史断面,选择"完成"语义为研究重点,我们企图突破传统研究中将词汇和语法分立的方法,力争将这二者联系起来,从接口(interface)中观察语言的系统性和精密性。首要的基本出发点就是整个语言系统是语义驱动的,正是在这种思路的指导下我们选择了从意义到形式的研究范式,在功能语义场中讨论语义。

有些类型学家如 Croft(1990)明确指出,语言包括其语法一直处在演变中,几乎没有纯粹共时的状态,各种现象都是昨天演变的结果和明天演变的起点,很多现象是正处在演变中途的过渡状态。不过我们依然可以从语言的共时研究中探求其稳定状态和结构规律。语言的共时研究是对语言在某一阶段状态做静态的描写和分析,是语言研究的基础,因为我们需要把所研究的对象限制在一个确定的范围内,使研究的对象有一个相对稳定的、静态的、没有变异的、易于观察的基础。只是本研究的共时要宽泛得多,因为我们将整个中古汉语(东汉—魏晋南北朝)看作是一个共时平面进行研究,所以与其说是共时,不如说是泛时更恰当。

除去绪论和结语外,全书分三大部分对"完成"语义范畴进行了研究。主要讨论了:

(一) 中古时期汉语"完成"语义的表现形式和表达体系

这是本书第一部分,包括第二、三两章,主要从泛时的角度进行讨论。

第二章主要以纵向的观察方式讨论了中古汉语"完成"语义的表达方式,从论元投射的角度看,这些表达方式为:

1. 词汇层面:谓词。分为 a. 显性范畴,b. 隐性范畴。显性范畴即通常说的"完成动词",隐性范畴分为自主动词和非自主动词。

2. 小句层面:a. 副词性成分,如范围副词"尽",时间副词"曾、尝、既、已";b. 数量成分,包括名量成分和动量成分;c. 被动式;d. 处置式;e. 连动式。

第三章以横向的观察方式讨论了在这些纷繁复杂的语义表达方式下蕴

藏的语义表达体系。从动词中心出发,将中古汉语"完成"语义分为四级结构层次,即:核心动词、动相成分(补语、名量、动量)、动后成分(即显性范畴)、动前成分(主要是时间副词)。它们组成三级表达体系,即:时制标记+中心情状+体貌标记。其中时制标记的范域大于体貌标记的范域,进而提出了"完成"语义表达的和谐原则和范域原则。

在泛时描写的基础上,我们还试图解释语言演变的动因和机制,努力把各种有关的语言现象联系起来,并从语言内部和外部说明新出现的语言现象为什么会在此时产生。这就要求我们重视历时考察,在历时演变中解释语言的发展变化。蒋绍愚先生指出:"在描写的基础上,还应该进一步'解释',只有这样,才能把有关的语言现象放到更广阔的背景上加以考察,从而看得更清楚,更准确;只有这样,语言研究才不会不停止于现象的罗列,而能在描写的基础上进一步总结出语言发展演变的规律。"(蒋绍愚,2005b:142)

(二)历时演变的动因和机制

第二部分包括四、五、六三章。在泛时描写的基础上,试图解释语言演变的动因和机制,努力把各种有关的语言现象联系起来,并从语言内部和外部说明新出现的语言现象为什么会在一定的历史时期产生。这就要求我们重视历时考察,在历时演变中解释语言的发展变化,解释范畴内相关成员的历时演变中语义演变的动因。

1. 汉语"完成"标记的产生动因和机制

本章以语义演变的单向性理论和标记理论为基础,探讨了体标记的产生动因和机制,即:因为语义演变的单向性,"完成"语义标记经历了"广义连动式>狭义连动式>动补结构>体标记"语法化演变路径导致了"完成"语义标记的产生;而跨语言的研究表明,"完成"语义标记的产生依赖于事件的有界性,这正是导致语义标记产生的机制。

在对中古时期的中土文献和汉译佛典中的"显性范畴"的表现情况及其在后世的演进做了详尽的描述后,发现:不同文体标记出现频率差异显著;"已"的表现在汉译佛典和中土文献中截然不同,呈现出高起点、高频率的特点,出现于非持续动词性成分后的"已$_2$"在汉译佛典中则经历了一个渐进增长的过程。根据语义演变的单向性,从语言接触和文化传播的角度看,汉译佛典中的"已"来源于异质文化远程传播的结果,不是典型的语言接触,而是文本翻译所致,因为中土文献中的"已"基本不出现在具有[-持续]语义特征的动词性成分后面。同时还根据单向性理论,对"赎了物付仓桃仁去"做了重新解释。

在这部分研究中,我们充分考虑了汉译佛典与中土文献在文体和语体上的不同语料价值,以及敦煌变文中讲唱历史故事、讲唱佛经和佛家故事的不同题材文本不同特性,将它们分开调查,进而讨论语料的同质性问题。我们初步认为中古时期中土文献和汉译佛典不同质,因此描写和解释中古时期的相关语言现象时最好顾及语料的同质性,而且研究表明这种分类描写的可行性和优点。

2. "完成"语义隐性范畴的历时演变

在主要检讨了相关作格动词研究的基础上,本研究将上古汉语中的使成类型分为词汇型使成、综合型使成、迂说型使成以及基于构式的使成,并探讨了使成式的意义,重点讨论了在中古汉语中发生的相关语义演变,如"斩"类、"杀"类、"败"类。"斩"类词从表示"动作"意义到可以表示"结果"意义是语用诱导所致,而"杀"类、"败"类词的语义转换则同语义类型由综合型向分析型转变的大背景密切相关。正是在这种大背景下,"杀"类词从表示"动作+结果"语义"撕裂"为"动作"或"结果",它的语义变化受制于概念结构类型以及词汇的组合制约;"败"类词则由于语音磨损导致了语义消解,导致"败$_1$"与"败$_2$"合流。所以"杀"和"败"走上了不同的演化途径:在中古汉语中前者既可以做上字,也可以做下字;而后者一般只能做下字。

3. "完成"语义范畴间的互动

从索绪尔结构主义语言观来看,语言是一个系统,每一个语言都构成一种子系统,其中一切成分都互相连接着,而且都从属于一个非常严格的总纲。语言既然是成系统的,那么系统中某一成分的变化和功能更替等就会诱发系统中成员之间重新洗牌,发生格局的变动和重组。而且,既然我们是从功能语义场出发来探讨"完成"语义,而"场是相互依存事实的整体",因此,我们面临的一个主要任务就是不仅要说明表达"完成"语义的基本成分、构成体系,还需要进一步说明范畴内成员之间的互动关系。第六章算是对这种牵一发而动全身的系统性的一个注脚,主要讨论了"完成"标记的产生对语序的影响,动结式的衍生,以及"王冕死了父亲"的来源和机制等。

A. "完成"标记的产生对语序的影响

"以"字介词结构的前置动因和机制。从焦点理论出发,首先在"最小对立对儿"中鉴别工具介词的位置意义,研究表明,工具介词词组的前移和"完成"语义标记的演进密切相关;在对汉语工具介词词组前移的现象做了总结的基础上,从焦点理论出发,在"最小对立对儿"中对"以羊易之"和"易之以羊"的分布条件和出现环境做了详细描述后,鉴定二者的不同意义:前置表"动作",后置表"状态"(或"受影响")。工具介词"以"在中古汉语的演进与

"完成"语义标记的逐渐成熟密切相关。"完成"语义标记经历了一个由隐到显,由无标记向有标记,由少用标记到体标记强加的过程。中古汉语时期是"完成"语义标记大量产生的时期,"完成"语义标记的出现频率刚好与"以"字介宾短语的后置形式互补关系。这不是语言发展中的偶合现象。事件一旦"完成"即成为"状态",二者是紧密相连的。所以,"以"字介词结构的前移正是由于"完成"语义标记的衍生导致它不再需要后置,因为这一功能已经被"完成"语义标记"已、毕、竟、讫"等逐步代替。从此,表示工具的后置"以"字介宾短语便逐渐式微了。语序类型学无法解释为什么 PP 在汉代以后会前移到一个不适合介词的位置。其基本原因,即导致汉语介词结构前置的动因和机制,应是由于汉语语义演变系统的自身驱动所致。此外,在整个中古时期的汉译佛经文献中"以+工具"基本上位于 VP 前,因为佛经文献中"已、毕、竟、讫"等大量运用,不再需要由后置的"以"来表达"完成"语义。

动量表达的后置。动量表达属于"完成"语义表达的一种方式。在"完成"语义标记还没有产生甚至取得优势地位时,通过数词前置于动词前是表达动量的主要表达方式。随着标记的逐渐演化,动量的表达方式即使不前置也可以获得同样的表达效果,所以表达动量的"数量"组合便开始了后置的历程,并逐渐成为强势。

B. 语义制约下动结式的衍生过程

在综合型向分析型转变的大背景下,受制于在不同成员在上古汉语中表达"完成"语义范畴的不同地位,"杀、败、哭"等衍生动结式的方式也不同。语义类型的不同影响了上古时期不同类型范畴在动结式中的不同位置。

"杀""败"类动结式的形成是在语言结构类型转变的大背景下产生的。"杀"类词是由上古汉语的一个综合语义"撕裂"成两个独立的成分,而"败"除了与语义结构的调整这样的大背景密切相关外,更主要的则是语音的磨损对自动和使动的消解:典型的自动词(如"败$_2$")继承了上古时期的语义,语音上的消解导致"败$_1$""败$_2$"之间不仅形式相同,语义区别特征也逐步消失,所以二者在语义上融合、合流。使成式的产生只能在"败$_1$"的演化中来鉴定,和"败$_2$"无关。不过由于语音的脱落,"败$_1$"和"败$_2$"形式和语义上就很容易融合,也就是说,"V 败 O"和"S 败"中的"败"逐渐产生了同一性。这样就导致了同时期的"败"在一个躯壳表象下存在两个不同来源的实体,使得我们在处理它们处于演化的中间阶段时不能非此即彼地判定动词的属性。

从词汇化的整合过程来看,"哭"类动结式的词汇化的起点是广义使成式。在三种发生词汇化的动结式中,"败"类最多,是主流,"杀"类次之,"哭"类最少。"哭"类动结式的整合过程和使成结构成为主流的背景分不开,没有这种大环境,"哭"可能不会和"坏"等形成复合结构,也就更不可能进一步演进。因此,"杀""败"动结式的整合和汉语从综合型向分析型的语义类型转变的大背景密切相关,而"哭"类动结式的整合又是在"杀""败"类动结式产生的大背景下,在构式基础上整合的。前者是基础,是源;后者是发展,是流。"哭坏""哭裂""哭断"形式的建立,为"哭+结果状态动词"构建了一种心理上的完型。所以,"哭"类动词便可以大量类推和产生出 VC 结构。

C. "王冕死了父亲"的衍生过程和机制

由于系统内成员间的同义关系,导致所在句式间因同义关系而发生句式类推,产生了"王冕死了父亲"这一句式。我们认为这种句式诞生在近代汉语中,但是诱导它出现却是在中古汉语,尤其是魏晋南北朝时期由于"丧""死"语义融合的结果。当"丧"在甲型句(当事+丧+对象)中衍生出"死亡"义时,由于"丧""亡""死"在乙型句(对象+V)中属于同义句式,驱动了"亡""死"也可以用于甲型句,而由于"死"出现的频率远远高于"丧",所以同义竞争的结果是"死"打败了"丧",并且继承了"丧"的句法功能。

陈保亚(1997)指出,不正面回答意义问题,是结构主义同质化运动的核心。牺牲意义换来了可实证性,换来了研究的严密性,但却缩小了语言研究的范围。而当代语言研究的一个重要趋势是语义的转向,因为词与词的组合不仅受语法关系的限制,也受语义关系的限制。格语法、生成语义学、配价语法、语义特征分析、语义指向分析,都旨在描写单位间的语义关系及其规则。这些研究的重要意义在于,人们已经认识到语义关系是存在于集体意识中的语言规则,把这一事实说成是言语、外部现象是没有足够依据的。不过任何事物都具有两面性。语义关系的研究扩大了语言研究的范围,但同时也犯了结构主义研究的大忌:缺乏可实证性。由于语义问题横跨了很多领域,语义范畴和语义关系的描写存在很多困难。在语义关系的研究中,一个动词有几价,有几个语义格,有多少语义特征,往往带有较大的任意性,不同的研究者分歧较大,很难达成共识。

在研究过程中,我们力争将现代语言学的理论应用到汉语史的研究中来,因此努力既讨论语义又寻找实证。"在选择可实证性和语义研究时,满意的答案应该是不牺牲任何一方,这样的语义研究才能取得扎实的成果。这正是索绪尔——博爱士结构主义同质化运动在今后的研究中最有价值的地方,也正是今后的语言研究中结构主义应当占有一席重要之地的理由。"

（陈保亚，1997：59）由于眼界和能力的限制，我们的研究不可避免地可能会顾此失彼，整个过程如履薄冰。历来的研究几乎一谈到语义就视为畏途，不过我们却直接从语义出发，目的是希望探出一条可行的路子。

我们认为，正确的语义场研究不能仅仅局限于词，还应该包括短语、小句，甚至扩大到篇章。既然是研究语义，就不应该将我们的研究范围局限在词汇（单音词、复音词）内，而是应该有功能语义场的观念。所以，我们认为传统的语义场研究应该拓宽研究范围，否则语义场的研究至少在理论上是有缺陷的。这也许是本研究在方法论上的一个突破吧。

汉语作为分析型语言，没有典型的形态标记，"完成"语义的表达可以通过多种方式来表达，因此正确地鉴定出某一小句中承担"完成"语义的表达成分显得十分重要。我们借鉴了前贤时哲的相关研究来判定话语中的表达"完成"语义的承担者，取得了一定的成果。但是不得不承认，在寻找形式化标准的道路上我们仍然有大量的工作要做。何容先生在《中国文法论》中批评了黎锦熙先生在助词研究上存在的问题后，指出我们在研究助词时，"难免把这个被帮助的东西所生的作用，一并当作那个帮助它的助词所能生的作用。这是我们研究助词的作用的时候应该注意的。……因为要是这样，就不免把这个助词所没有的作用也当成它的作用，把一个作用很单纯的助词当成作用很复杂的，而永远弄不清楚"。（何容，1985：135）同样，本研究也有可能把实际没有表达"完成"语义的功能错归到了某个成分。如何正确地判定话语中"完成"语义的承担者还需要做进一步的深入研究。

语义的演变是有规律可循的，但是能够在多大程度上发现语义演变的条件和规律很大程度上取决于我们的视野和工具。由于视野所限，使用的工具也是传统的做法，研究方法和手段更需要进一步更新。针对中古汉语词汇的研究现状，周俊勋（2009：359）指出：

> 词汇研究方法应更先进、更科学，应从研究词汇形式深入到词义的研究。从孤立的词义研究过渡到词义系统研究，从词义系统研究上升到语义学的研究。从个案入手，探讨中古汉语语义演变的模式及机制，考察语义演变的常见类型，解释语义演变的原因、过程、方式和趋势，总结出语言演变的规律。

我们力争做科学、系统的研究，但是这是个浩大的系统工程，许多问题都仍需要深入研究。比如我们文中提到过的"曾、尝"等，汪维辉先生指出，在六世纪的《周氏冥通记》《齐民要术》中的表现来看，文言通常用"尝"，

"经—曾"表现出南北差异。(参汪维辉,2007b/2011:41)在汉语史研究中如何既注意到语言的时代性的同时又能厘清语言的地域特征,这目前对我们来说还是"不可承受"的,所以本书也基本没有涉及语言的地域性问题,只能以待来者了。

  站在前人的肩上,我们的研究仍然只能算是一个开端,相关的研究还比较粗浅,所以本研究至多算是对中古汉语"完成"语义研究方面做了初步的探索和尝试。在这一点上我们一直很清醒。如果换一个视角,不但我们的解释可能靠不住,就是所做的基础性的描写恐怕也需要推倒重来。四年的努力,近八载的润饰,在别人看来,其实不过是个易碎品。

  中古汉语属于语言和思想均发生巨大变动的时期,尤其是佛典翻译等外来的影响,所以穿越这片密林,需要坚韧不拔的行家里手和百折不回的勇气。尽管站在 21 世纪科学的位置上,拥有了令人眼花缭乱的现代科技,但面对那片密林,我们至多能远远地注视那片密林,根本进不去。轻巧的方法是根本就不去注视它。如何能够既较为清晰描画其原貌,又能走上一条较安全的路线,使我们不致陷入密林难以自拔,这需要快刀斩乱麻的勇力和智力,更需要有刹那的灵光一闪,"因为刹那只是在某一个人把身体奉献给一个如冰一般洁白透明的世界时才闪现"。

  保留对已有解释的谨慎怀疑是我们始终如一的态度,目标是希望尽可能客观、合理地揭示更多的语言现象。对这一目标的不懈追求体现了我们一贯的价值判断。所以,本研究还仅仅是实现此价值判断过程的一个开始,深入的探讨只有放在今后了。

  我们所做的工作仅仅是"抛砖"而已,借此,希望能够达到"引玉"的效果。

参 考 文 献

曹逢甫(1998)台湾闽南语中与时貌有关的语词"有""∅"和"啊"试析,新竹:《清华学报》新28卷第3期。
曹广顺(1986)《祖堂集》中的"底(地)"、"却(了)"、"着",《中国语文》第3期。
曹广顺(1987)语气词"了"源流浅说,《语文研究》第2期。
曹广顺(1995)《近代汉语助词》,北京:语文出版社。
曹广顺(1998)《元典章·刑部》中的"讫"和"到",《汉语史研究集刊》第一辑,成都:巴蜀书社。
曹广顺(2000)试论汉语动态助词的形成过程,《汉语史研究集刊》第二辑,成都:巴蜀书社。
陈保亚(1997)20世纪语言研究中的同质化运动——索绪尔语言观与博爱士方法论的殊途与同归,《北京大学学报》第2期。
陈保亚(1999)《20世纪中国语言学方法论:1898～1998》,济南:山东教育出版社。
陈昌来(2002)《现代汉语动词的句法语义属性研究》,上海:学林出版社。
陈昌来(2003)《现代汉语语义平面问题研究》,上海:学林出版社。
陈国灿(1983)从敦煌出土的"质库帐"看唐代的质库制度,唐长孺主编《敦煌吐鲁番文书初探》,武汉:武汉大学出版社。
陈国华(2013)语气、语式、态与宣意元素,《当代语言学》第1期。
陈　康(1990)彝语自动词与使动词的形态标志及其由来,《民族语文》第2期。
陈　平(1987)释汉语中与名词性成分相关的四组概念,《中国语文》第2期。
陈　平(1988)论现代汉语时间系统的三元结构,《中国语文》第6期。
陈前瑞(2001)《词汇体与语法体的语义和语用模式》评介,《当代语言学》第3期。
陈前瑞(2008)《汉语体貌研究的类型学视野》,北京:商务印书馆。
陈士林(1962)凉山彝语动词的使动范畴,《中国语文》第8、9期。
储泽祥、刘精盛、龙国富等(1997)汉语存在句的历时性考察,《古汉语研究》第4期。
大西克也(2004)施受同辞刍议——《史记》中的"中性动词"和"作格动词",*Meaning and form：Essays in pre-modern Chinese grammar*(《意义与形式——古代汉语语法论文集》),375～394。München:Lincom Europa.
戴庆厦(1981)载瓦语使动范畴的形态变化,《民族语文》第4期。
戴庆厦(2001)藏缅语族语言使动范畴的历史演变,*Journal of Chinese Linguistics* 29：1—10。
戴庆厦主编(2001)《中国民族语言文学研究论集》(语言专集),北京:民族出版社。

戴耀晶(1997)《现代汉语时体系统研究》,杭州:浙江教育出版社。
邓守信(1986)汉语动词的时间结构,《第一届国际汉语教学讨论会论文选》,北京:北京语言学院出版社。
邓思颖(2004)作格化和汉语被动句,《中国语文》第4期。
丁邦新(1997)汉语词序问题札记,《中国境内语言暨语言学》第四辑,台北:"中研院"语言学研究所筹备处。
丁邦新(2002)上古汉语的构词问题——评 Laurent Sagart:The Roots of Old Chinese,《语言学论丛》第二十六辑,北京:商务印书馆。
丁福保(1996)《佛学大辞典》,上海:上海佛学书局。
董秀芳(2002a)《词汇化:汉语双音词的衍生和发展》,成都:四川民族出版社;修订本,北京:商务印书馆,2011年。
董秀芳(2002b)信息分布原则、韵律与语序变动、体标记"了"的产生,《汉语史研究集刊》第五辑,成都:巴蜀书社。
董秀芳(2003)无标记焦点和有标记焦点的确定原则,《汉语学习》第1期。
董秀芳(2004)《汉语的词库与词法》,北京:北京大学出版社。
董秀芳(2005)古汉语中宾语的表层隐现条件及其解释,《语言学论丛》第三十一辑,北京:商务印书馆。
董秀芳(2008)汉语动转名的无标记性与汉语语法化模式的关联,《历史语言学研究》第一辑,北京:商务印书馆。
杜海涛(1999)上古汉语"既"字的意义和用法及汉语实词虚化问题,《语言学论丛》第二十二辑,北京:商务印书馆。
杜若明(1990)藏缅语动词使动范畴的历史演变,《语言研究》第1期。
范　晓(1985)略论V-R,《语法研究和探索》(三),北京:北京大学出版社。
范　晓(1989)施事宾语句,《世界汉语教学》第1期。
方　梅(1993)宾语与动量词语的次序问题,《中国语文》第1期。
方　梅(2000)从"V看"看汉语不完全体的功能特征,《语法研究和探索》(九),北京:商务印书馆。
方一新、高列过(2012)《东汉疑伪佛经的语言学考辨研究》,北京:人民出版社。
冯胜利(1997)"管约"理论与汉语的被动句,《中国语言学论丛》第一辑,北京:北京语言文化大学出版社。
冯胜利(2002)汉语动补结构来源的句法分析,《语言学论丛》第二十六辑。北京:商务印书馆。
傅铭第(1965)关于动量词"匝"和"周",《中国语文》第1期。
高国潘(1985)论敦煌民间变文,《敦煌学论集》,兰州:甘肃人民出版社。
高名凯(1960)《语法理论》,北京:商务印书馆。
格桑居冕(1982)藏语动词的使动范畴,《民族语文》第5期。
龚煌城(2004)《汉藏语研究论文集》,北京:北京大学出版社。
龚千炎(1991)谈现代汉语的时制表示和时态表达系统,《中国语文》第4期。
龚千炎(1995)《汉语的时相时制时态》,北京:商务印书馆。
顾　阳(1994)论元结构理论介绍,《国外语言学》第1期。

顾　阳(1996)生成语法及词库中的一些特征,《国外语言学》第3期。
顾　阳(1999)动词的体及体态,徐烈炯主编《共性与个性——汉语语言学中的争议》,北京:北京语言文化大学出版社。
管燮初(1981)《西周金文语法研究》,北京:商务印书馆。
郭　锐(1993)汉语动词的过程结构,《中国语文》第6期。
郭　锐(1995)述结式的配价和论元整合,沈阳、郑定欧主编《现代汉语配价研究》,北京:北京大学出版社。
郭　锐(1997)过程和非过程——汉语谓词性成分的两种外在时间类型,《中国语文》第3期。
郭锡良(1998)介词"以"的起源和发展,《古汉语研究》第1期。
何乐士(1985)《左传》、《史记》介宾短语位置的比较,《语言研究》第1期;又更名为"汉语句法结构上的一个重大变化——从《左传》、《史记》的比较看介宾短语位置的前移",收入《史记语法特点研究》,北京:商务印书馆,2005年。
何乐士(2004)《左传虚词研究》,北京:商务印书馆。
何　容(1985)《中国文法论》,北京:商务印书馆。
洪　诚(1964)王力《汉语史稿》语法部分商榷,《中国语文》第3期。
胡敕瑞(2005a)动结式的早期形式及其判定标准,《中国语文》第3期。
胡敕瑞(2005b)从隐含到呈现(上)——试论中古词汇的一个本质变化,《语言学论丛》第三十一辑,北京:商务印书馆。
胡建华、石定栩(2005)完句条件与指称特征的允准,《语言科学》第5期。
胡明扬(1996)B. Comrie《动态》简介,《国外语言学》第3期。
黄布凡(1981)古藏语动词的形态,《民族语文》第3期。
黄布凡(2004)原始藏缅语动词使动前缀*s-的遗迹,《南开语言学刊》第四辑,天津:南开大学出版社。
黄坤尧(1992)《经典释文动词异读新探》,台北:学生书局。
黄盛璋(1961)两汉时代的量词,《中国语文》8月号。
黄载君(1964)从甲文金文量词的应用考察汉语量词的起源与发展,《中国语文》第6期。
黄正德(1989)中文的两种及物动词和两种不及物动词,《第二届世界华语文教学研讨会论文集》,台北:世界华文出版社。
黄正德(2007)汉语动词的题元结构与其句法表现,《语言科学》第4期。
蒋绍愚(1989)《古汉语词汇纲要》,北京:北京大学出版社。
蒋绍愚(1994)《近代汉语研究概况》,北京:北京大学出版社。
蒋绍愚(1999)汉语动结式产生的时代,《国学研究》第六辑,北京:北京大学出版社。
蒋绍愚(2001a)内动、外动和使动,《语言学论丛》第二十三辑,北京:商务印书馆。
蒋绍愚(2001b)《世说新语》、《齐民要术》、《洛阳伽蓝记》、《贤愚经》、《百喻经》中的"已"、"竟"、"讫"、"毕",《语言研究》第2期。
蒋绍愚(2003)魏晋南北朝的"述宾补"式述补结构,《国学研究》第十二卷,北京:北京大学出版社。
蒋绍愚(2004)从"尽V—V尽"和"误V/错V—错V"看述补结构的形成,《语言暨语言学》第5卷第3期,台北:"中研院"语言研究所。

蒋绍愚(2005a)关于汉语史研究的几个问题,《汉语史学报》第5辑。
蒋绍愚(2005b)《近代汉语研究概要》,北京:北京大学出版社。
蒋绍愚(2007)语言接触的一个案例——再谈"V(O)已",《语言学论丛》第三十六辑;又载《汉语词汇语法史论文续集》,北京:商务印书馆,2012年。
金昌吉、张小萌(1998)现代汉语时体研究述评,《汉语学习》第4期。
金兆梓(1983)《国文法之研究》,北京:商务印书馆。
竟　成主编(2004)《汉语时体系统国际研讨会论文集》,上海:百家出版社。
黎天睦(1991)论"着"的核心意义,王宗炎译,《国外语言学》第1期。
李方桂(1980)《上古音研究》,北京:商务印书馆。
李建平、张显成(2009)先秦两汉魏晋简帛量词论析,《中华文化论坛》第4期。
李建平、张显成(2011)从简帛文献看汉语量词系统建立的时代,《古籍整理研究学刊》第1期。
李临定(1986)《现代汉语句型》,北京:商务印书馆。
李临定(1990)《现代汉语动词》,北京:中国社会科学出版社。
李　讷、石毓智(1997)论汉语体标记诞生的机制,《中国语文》第2期。
李如龙(1996)动词的体·前言,张双庆主编《动词的体》,香港:香港中文大学中国文化研究所吴多泰中国语文研究中心。
李小凡(1998)苏州方言的体貌系统,《方言》第3期。
李兴亚(1989)试说动态助词"了"的自由隐现,《中国语文》第5期。
李亚非(2000)核心移位的本质及其条件——兼论句法和词法的交界面,《当代语言学》第1期。
李宗江(2004)"完成"类动词的语义差别及其演变方向,《语言学论丛》第三十辑,北京:商务印书馆。
李佐丰(1983)先秦汉语的自动词及其使动用法,《语言学论丛》第十辑,北京:商务印书馆。
李佐丰(1994)《文言实词》,北京:语文出版社。
连金发(1995)台湾闽南语的完结时间词试论,《台湾闽南语论文集》,台北:文鹤出版公司。
梁银峰(2001)先秦汉语的新兼语式——兼谈结果补语的来源,《中国语文》第4期。
梁银峰(2003)"啄雌鸽杀"的"杀"是表结果的不及物动词吗?《中国语文》第2期。
梁银峰(2005)西汉结果补语的发展,《古汉语研究》第1期。
廖名春(1990)吐鲁番出土文书语词管窥,《古汉语研究》第1期。
廖秋忠(1984)现代汉语中动词的支配成分的省略,《廖秋忠文集》,北京:北京语言学院出版社,1992年。
林杏光(1999)《词汇语义和计算语言学》,北京:语文出版社。
林杏光、王玲玲、孙德金主编(1994)《现代汉语动词大词典》,北京:北京语言学院出版社。
刘承慧(1999)论使成式的来源及其成因,《国学研究》第6辑,北京:北京大学出版社。
刘承慧(2002)《汉语动补结构历史发展》,台北:瀚芦图书出版有限公司。
刘丹青(1994)"唯补词"初探,《汉语学习》第3期。
刘丹青(1996)东南方言的体貌标记,张双庆主编《动词的体》,香港:香港中文大学中国文化研究所吴多泰中国语文研究中心。
刘丹青(2003)《语序类型学与介词理论》,北京:商务印书馆。

刘丹青、徐烈炯(1998)焦点与背景、话题及汉语"连"字句,《中国语文》第4期。

刘　坚、曹广顺、吴福祥(1995)论诱发汉语词汇语法化的若干因素,《中国语文》第3期。

刘　坚、江蓝生、白维国、曹广顺(1992)《近代汉语虚词研究》,北京:语文出版社。

刘景农(1958)《汉语文言语法》,北京:中华书局。

刘俊文(1999)《唐代法制研究》,台北:文津出版社。

刘瑞明(1997)从泛义动词讨论"取"并非动态助词,《湖北大学学报》第1期。

刘世儒(1965)《魏晋南北朝量词研究》,北京:中华书局。

刘晓林(2007)也谈"王冕死了父亲"的生成方式,《中国语文》第5期。

刘子瑜(1990)《孟子》中"以"字用法考察,《湖北大学学报》第1期。

刘子瑜(2003)"V_1(+NP)+使/令/教/交(NP)+V_2/A"结构研究,《中文学刊》第3期。

刘子瑜(2004)汉语动结式述补结构的历史发展,《语言学论丛》第三十辑,北京:商务印书馆。

柳世镇(1989)从语言角度看《齐民要术》卷前《杂说》非贾氏所作,《中国语文》第2期。

鲁国尧(1982)《孟子》"以羊易之"、"易之以羊"两种结构类型的对比研究,《鲁国尧自选集》,郑州:河南教育出版社,1994年。

陆丙甫(1998)从语义、语用看语言形式的实质,《中国语文》第5期。

陆俭明、马　真(1985)《现代汉语虚词散论》,北京:北京大学出版社。

陆俭明(2004)"句式语法"理论与汉语研究,《中国语文》第5期。

陆绍尊(1983)《普米语简志》,北京:民族出版社。

吕冀平(1955)主语和宾语的问题,《语文学习》1月号。

吕叔湘(1962)关于"语言单位的同一性"等等,《中国语文》第11期。

吕叔湘(1982)《中国文法要略》,北京:商务印书馆。

吕叔湘(1984)《汉语语法论文集》,北京:商务印书馆。

吕叔湘(1985)《近代汉语指代词》,上海:学林出版社。

吕叔湘(1987)说"胜"和"败",《中国语文》第1期;又载《吕叔湘文集》(第3卷),北京:商务印书馆,1992年。

吕叔湘主编(1980)《现代汉语八百词》,北京:商务印书馆。

吕文华(1987)"被"字句和无标志被动句的转换关系,《句型和动词》,北京:语文出版社。

马庆株(1981)时量宾语和动词的类,《中国语文》第2期。

马庆株(1988)自主动词和非自主动词,《中国语言学报》第3期,北京:商务印书馆。

马庆株(2000)略谈汉语动词时体研究的思路——兼论语法分类研究中的对立原则,《语法研究与探索》(九),北京:商务印书馆。

马庆株、王红斌(2004)先时、同时、后时时间副词与动词的类,载竟成编(2004)。

马学良主编(1991)《汉藏语概论》,北京:民族出版社,2003年。

麦梅翘(1983)《左传》中介词"以"的前置宾语,《中国语文》第5期。

梅祖麟(1980)四声别义的时间层次,《中国语文》第6期;载梅祖麟(2000)。

梅祖麟(1981)现代汉语完成貌句式和词尾的来源,《语言研究》第1期;载梅祖麟(2000)。

梅祖麟(1988)内部构拟汉语三则,《中国语文》第3期;载梅祖麟(2000)。

梅祖麟(1990)唐宋处置式的来源,《中国语文》第3期;载梅祖麟(2000)。

梅祖麟(1991)从汉代的"动·杀"、"动·死"来看动补结构的发展——兼论中古时期起词的施受关系的中立化,《语言学论丛》第十六辑,北京:商务印书馆;载梅祖麟(2000)。

梅祖麟(1992)汉藏语的"岁、越"、"遗(旋)、圜"及其相关问题,《中国语文》第5期;载梅祖麟(2000)。

梅祖麟(1994)唐代、宋代共同语的语法和现代方言的语法,《中国境内语言暨语言学》第2期;载梅祖麟(2000)。

梅祖麟(1999)先秦两汉的一种完成貌句式——兼论现代汉语完成貌句式的来源,《中国语文》第4期。

梅祖麟(2000)《梅祖麟语言学论文集》,北京:商务印书馆。

帕默尔(1936)《语言学概论》,李荣等译,吕叔湘校,北京:商务印书馆,1983年。

潘重规(1979)敦煌变文新论,《幼狮月刊》第1期。

潘重规(1984)《敦煌变文集新书》,台北:中国文化、中文研究所。

潘海华、韩景泉(2005)显性非宾格动词结构的句法研究,《语言研究》第3期。

潘维桂、杨天戈(1984)宋元时期"了"字的用法,兼谈"了"字的虚化过程——"了"字综合研究之三,《语言论集》第二辑,北京:中国人民大学出版社。

潘悟云(1991)上古汉语使动词的屈折形式,《温州师院学报》第2期。

潘悟云(2000)《汉语历史音韵学》,上海:上海教育出版社。

蒲立本(1995)古汉语体态的各方面,《古汉语研究》第2期。

钱宗武(2004)《今文尚书语法研究》,北京:商务印书馆。

桥本万太郎(1987)汉语被动式的历史区域发展,《中国语文》第1期。

乔　伟(1981)《秦汉律研究》,吉林大学法律系法律史研究室。

任　鹰(2001)主宾可换位动结式述语结构分析,《中国语文》第4期。

任　鹰(2005)《现代汉语非受事宾语句研究》,北京:社会科学文献出版社。

沈家煊(1995)"有界"与"无界",《中国语文》第5期。

沈家煊(2004)再谈"有界"和"无界",《语言学论丛》第三十辑,北京:商务印书馆。

沈家煊(2006a)"王冕死了父亲"的生成方式——兼说汉语"糅合"造句,《中国语文》第4期。

沈家煊(2006b)"糅合"和"截搭",《世界汉语教学》第4期。

沈　培(1992)《殷墟甲骨卜辞语序研究》,台北:文津出版社。

沈　阳(1995)名词短语部分移位造成的非价成分:"占位NP"与"分裂NP",《现代汉语配价语法研究》,北京:北京大学出版社。

施春宏(2004)动结式形成过程中配位方式的演变,《中国语文》第6期。

施春宏(2006)动结式的配价层级及其歧价现象,《语言教学与研究》第4期。

施春宏(2008)《汉语动结式的句法语义研究》,北京:北京语言大学出版社。

石定栩(1999)把字句和被字句研究,徐烈炯主编《个性与共性——汉语语言学中的争议》,北京:北京语言文化大学出版社。

石毓智(2003)古今汉语动词概念化方式的变化及其对语法的影响,《汉语学习》第4期。

石毓智(2004)《汉语研究的类型学视野》,南昌:江西教育出版社。

石毓智(2007)语言学假设中的证据问题——论"王冕死了父亲"之类句子产生的历史条件,《语言科学》第4期。

石毓智、李讷(2000)十五世纪前后的句法变化与现代汉语否定标记系统的形成——否定标记"没(有)"产生的句法背景及其语法化过程,《语言研究》第2期。

石毓智、徐杰(2001)汉语史上疑问形式的类型学转变及其机制——焦点标记"是"产生及其影响,《中国语文》第5期。

史有为(2003)汉语方言"达成"貌的类型学考察,《语言研究》第3期。

帅志嵩(2005)从语义融合看汉语并列式复音词的产生和演变,《现代中国语研究》第7期。

帅志嵩(2007)八十年代以来汉语时制研究的新进展,《汉语学习》第4期。

帅志嵩(2008)"王冕死了父亲"的衍生过程和机制,《语言科学》第3期。

宋文辉(2004)再论现代汉语动结式的句法核心,《现代外语》第2期。

宋文辉(2007)《现代汉语动结式的认知研究》,北京:北京大学出版社。

宋玉柱(1996)《现代汉语语法论集》,北京:北京语言学院出版社。

孙宏开(1980)《门巴、珞巴、僜人的语言》,北京:中国社会科学出版社。

孙宏开(1981)《羌语简志》,北京:民族出版社。

孙宏开(1982)《独龙语简志》,北京:民族出版社。

孙宏开(1998)论藏缅语动词的使动语法范畴,《民族语文》第6期。

孙晋文、伍雅清(2003)再论领有名词提升移位,《语言科学》第6期。

孙维张(1989)文化流向与语言的扩散,《吉林大学社会科学学报》第1期。

孙锡信(1999)《近代汉语语气词》,北京:语文出版社。

孙玉文(2000)《汉语变调构词研究》,北京:北京大学出版社。

太田辰夫(1958)《中国语历史文法》(修订译本),蒋绍愚、徐昌华译,北京:北京大学出版社,2003年。

太田辰夫(1988)《中国语史通考》,东京:白帝社。又太田辰夫著《汉语史通考》(江蓝生、白维国译),重庆:重庆出版社,1991年。

谭景春(2004)语义综合与词义演变,北京大学"汉语词汇语义研究的现状与发展趋势学术研讨会"论文(北京,2004年11月7~8日)。

汤廷池(1990~1993)"原则及参数语法"与英华对比分析,《世界汉语教学》。

唐钰明(1987a)汉魏六朝被动式略论,《中国语文》第3期。

唐钰明(1987b)古汉语被动式动词带宾语的考察,中山大学人类学系编《人类学论文选集》,广州:中山大学出版社。

唐钰明(1988)唐至清的"被"字句,《中国语文》第6期。

唐钰明、周锡䪨(1985)论先秦汉语被动式的发展,《中国语文》第4期。

陶红印(2000)从"吃"看动词论元结构的动态特征,《语言研究》第3期。

陶红印(2007)操作语体中动词论元结构的实现及语用原则,《中国语文》第1期。

汪维辉(2007a)从语言角度论一卷本《般舟三昧经》非支谶所译,《语言学论丛》第三十五辑,北京:商务印书馆。

汪维辉(2007b)六世纪汉语词汇的南北差异——以《周氏冥通记》与《齐民要术》为例,《中国语文》第2期;又载《著名中年语言学家自选集·汪维辉卷》,上海:上海教育出版社,2011年。

汪祎(2008)中古佛典量词研究,南京师范大学博士学位论文。

王凤阳(1993)《古辞辨》,长春:吉林文史出版社。

王洪君(1994)从字和字组看词和短语,《中国语文》第2期。

王洪君(1999)《汉语非线性音系学——汉语的音系格局与单字音》,北京:北京大学出版社。

王锦慧(2004)《"往""来""去"历时演变综论》,台北:里仁书局。

王　力(1941)古语的死亡残留和转生,原载《国文月刊》第4期;又载《龙虫并雕斋文集》(第一册),北京:中华书局,1990年。

王　力(1944)《中国语法理论》(上册),北京:商务印书馆。

王　力(1958)《汉语史稿》,北京:中华书局,1980年。

王　力(1965)古汉语自动词和使动词的配对,《中华文史论丛》第六辑;又载《王力语言学论文集》,北京:商务印书馆,2000年。

王　力(1989)《汉语语法史》,北京:商务印书馆。

王了一(1956)主语的定义及其在汉语中的应用,《语文学习》1月号。

王铭玉(2004)《语言符号学》,北京:高等教育出版社。

王松茂(1981)汉语时体范畴论,《齐齐哈尔师范学院学报》第3期。

王　媛(2011)现代汉语谓词结构的事件性及其主要制约因素考察,《语言学论丛》第四十三辑。北京:商务印书馆。

望月圭子(2000)汉语里的"完成体",《汉语学习》第1期。

魏培泉(1994)古汉语被动式的发展与演变机制,《中国境内语言暨语言学》第二辑,台北:"中研院"语言学研究所筹备处。

魏培泉(2000a)说中古汉语的使成结构,《史语所集刊》第71本第4分。

魏培泉(2000b)东汉魏晋南北朝在语法史上的地位,《汉学研究》第18卷特刊。

魏培泉(2004)《汉魏六朝称代词研究》,台北:"中研院"语言学研究所。

魏培泉(2005)中古汉语使成式中心语辨识法之探讨,《汉语史学报》第5辑,上海:上海教育出版社。

温知新、杨福绵(1985)《中国语言学名词汇编(1925~1975)》,台北:学生书局。

吴安其(1996)与亲属语相近的上古汉语的使动形态,《民族语文》第6期。

吴安其(1997)汉藏语使动和完成体前缀的残存与同源的动词词根,《民族语文》第6期。

吴福祥(1996)《敦煌变文语法研究》,长沙:岳麓书社。

吴福祥(1998)重谈"动词+了+宾"格式的来源和完成体助词"了"的产生,《中国语文》第6期。

吴福祥(1999)试论现代汉语动补结构的来源,江蓝生、侯精一主编《汉语现状与历史的研究——首届汉语语言学国际研讨会文集》,北京:中国社会科学出版社。

吴福祥(2000)关于动补结构"V死O"的来源,《古汉语研究》第3期。

吴福祥(2005a)汉语历史语法研究的检讨与反思,《汉语史学报》第5辑,上海:上海教育出版社。

吴可颖(1988)汉语处所结构的位移及其底蕴,北京大学硕士学位论文。

吴辛丑(2002)《简帛典籍异文研究》,广州:中山大学出版社。

萧　父(1956)不要把句义解释代替句法分析,《语文知识》12月号。

谢质彬(1989)被动句在发展过程中出现的若干特殊句式,《河北大学学报》第3期。

辛岛静志(2000)汉译佛典的语言研究,《文化的馈赠——汉学研究国际会议论文集》,北京:北京大学出版社。

辛岛静志(2006)《撰集百缘经》的译者问题,《汉语史学报》第6辑,上海:上海教育出版社。

邢公畹(1947)《诗经》"中"字倒置问题,《语言论集》,北京:商务印书馆,1987年。

邢志群(2004)汉语语序变换的应用功能,《中国语言学论丛》第三辑,北京:北京语言大学出版社。

徐　丹(2001)从动补结构的形成看语义对句法结构的影响——兼谈汉语动词语义及功能的分化,《语文研究》第2期。

徐　丹(2004)先秦汉初汉语里动词的指向,《语言学论丛》第二十九辑,北京:商务印书馆。

徐　丹(2005)谈"破"——汉语里某些动词的类型转换,《中国语文》第4期。

徐富昌(1993)《睡虎地秦简研究》,台北:文史哲出版社。

徐　杰(1999)两种保留宾语句式及相关句法理论问题,《当代语言学》第1期。

徐　杰(2001)《普遍语法原则与汉语语法现象》,北京:北京大学出版社。

徐　杰(2005)被动句式与非宾格句式的一致与差异,《现代中国语研究》第7期。

徐烈炯、潘海华主编(2005)《焦点结构和意义的研究》,北京:外语教学与研究出版社。

徐通锵(1991)《历史语言学》,北京:商务印书馆。

徐中舒主编(1989)《甲骨文字典》,成都:四川辞书出版社。

徐仲华、缪小文(1983)浅谈施事宾语,《语文学习》第11期。

徐重人(1956)王冕死了父亲,《语文知识》9月号。

许理和(1977)最早的佛经译文中的东汉口语成分,蒋绍愚译,《语言学论丛》第十四辑,北京:商务印书馆,1987年。

许理和(1990)汉代佛教与西域,吴虚领译,《国际汉学》第2辑,郑州:大象出版社,1998年。

许理和(1991)关于初期汉译佛经的新思考,顾满林译,《汉语史研究集刊》第四辑,成都:巴蜀书社,2001年。

薛凤生(1996)古代汉语的动补结构和"以"字短语的语法功能,耿振生译,《古汉语研究》第2期。

杨成凯(1986)Fillmore的格语法理论(下),《国外语言学》第3期。

杨国文(2011)"动词+结果补语"和"动词重叠式"的非时态性质,《当代语言学》第3期。

杨将领(2001)独龙语动词的使动范畴,《民族语文》第4期。

杨将领(2003)藏缅语使动范畴的分析形式,《民族语文》第3期。

杨荣祥(2002)古汉语中"杀"的语义特征和功能特征,《汉语史学报》第2辑,上海:上海教育出版社。

杨如雪(1989)六朝笔记小说中使用量词之研究,《台湾师范大学国文研究所集刊》第33号。

杨树达(1954)《词诠》,北京:中华书局,2004年。

杨素英(1999)从非宾格动词看语义与句法结构之间的关系,《当代语言学》第1期。

杨素英(2000)当代动貌理论和汉语,《语法研究和探索》(九),北京:商务印书馆。

杨永龙(2001)《〈朱子语类〉完成体研究》,开封:河南大学出版社。

姚振武(2000)指称与陈述的兼容性与引申问题,《中国语文》第6期。

叶　萌(1999)现代汉语中的完成式,《中国语言学论丛》第二辑,北京:北京语言文化大学出版社。

影山太郎(1996)《动词语义学:语言与认知的接点》,于康、张勤、王占华译,北京:中央广播电视大学出版社,2001年。

余健萍(1957)使成式的起源与发展,《语法论集》第二集,北京:中华书局。

俞理明(1993)《佛经文献语言》,成都:巴蜀书社。

俞　敏(1980)倒句探源,《语言研究》第1期。

袁毓林(1998)汉语动词的配价层级和配位方式研究,袁毓林、郭锐主编《现代汉语配价语法研究》第二辑,北京:北京大学出版社。

袁毓林(2001)述结式的配价的控制—还原分析,《中国语文》第5期。

袁毓林(2002)论元角色的层级关系和语义特征,《世界汉语教学》第3期。

袁毓林(2004)论元结构和句式结构互动的动因、机制和条件——表达精细化对动词配价和句式构造的影响,《语言研究》第4期。

张伯江(1989)施事宾语句的主要类型,《汉语学习》第1期。

张伯江(1999)现代汉语的双及物句式,《中国语文》第3期。

张伯江(2000)论"把"字句的句式意义,《语言研究》第1期。

张伯江(2002)"死"的论元结构和相关句式,《语法研究和探索》(十一),北京:商务印书馆。

张伯江(2005)功能语法与汉语研究,《语言学前沿与汉语研究》,上海:上海教育出版社。

张伯江、方　梅(1996)《汉语功能语法研究》,南昌:江西教育出版社。

张　赪(2002)《汉语介词词组词序的历史演变》,北京:北京语言文化大学出版社。

张洪年(1972)《香港粤语语法的研究》,香港:香港中文大学出版社。

张丽丽(2005)从使役到致使,《台大文史哲学报》第62期。

张联荣(2000)《古汉语词义论》,北京:北京大学出版社。

张蓉兰(1987)拉祜语动词的语法特点,《民族语文》第2期。

张双庆主编(1996)《动词的体》,香港:香港中文大学中国文化研究所吴多泰中国语文研究中心。

张　秀(1957)汉语动词的"体"和"时制"系统,《语法论集》第一集,北京:中华书局。

张永言等编(1986)《简明古汉语字典》,成都:四川人民出版社。

张玉金(2001)《甲骨文语法学》,上海:学林出版社。

张玉金(2002)《甲骨卜辞语法研究》,广州:广东高等教育出版社。

赵长才(2000)汉语述补结构的历时研究,中国社会科学研究院博士学位论文。

郑良伟(1992)台湾话和普通话的动相——时态系统,《中国境内语言暨语言学》第一辑,台北:"中研院"语言学研究所筹备处。

郑振铎(1996)《中国俗文学史》,北京:东方出版社。

志村良治(1974)汉语的使成复合动词形成过程之研究,原载《东北大学文学部研究年报》24,中译文分别收入《日本近、现代汉语语法研究论文选》,荀春生译,北京:北京语言学院出版社,1993年;《中国中世语法史研究》,江蓝生、白维国译,北京:中华书局,1995年。

志村良治(1984)《中国中世语法史研究》,江蓝生、白维国译,北京:中华书局,1995年。

周伯戡(1986)佛教初传流布中国考,《文史哲学报》第47期。

周法高(1953)中国语法札记,《史语所集刊》第24本;又载《中国语言学论文集》,台北:

联经出版事业公司,1975年。

周法高(1961)《中国古代语法》(造句编),台北:"中研院"历史语言研究所。

周法高(1962)《中国古代语法》(构词编),台北:"中研院"历史语言研究所。

周俊勋(2009)《中古汉语词汇研究纲要》,成都:巴蜀书社。

周守晋(2003)战国、秦汉表示完结的"已"补正,《语言学论丛》第二十七辑,北京:商务印书馆。

周祖谟(1966)四声别义释例,《问学集》(上册),北京:中华书局。

朱德熙(1961)说"的",《朱德熙文集》(第2卷),北京:商务印书馆,1999年。

朱德熙(1982)《语法讲义》,北京:商务印书馆。

朱德熙(1985)《语法答问》,北京:商务印书馆。

朱冠明(2002)中古译经中的"持"字处置式,《汉语史学报》第2辑,上海:上海教育出版社。

朱红林(2005)《张家山汉简〈二年律令〉集释》,北京:社会科学文献出版社。

朱庆之(1992)《佛典与中古汉语词汇研究》,台北:文津出版社。

朱庆之(2001)佛教混合汉语初论,《语言学论丛》第二十四辑,北京:商务印书馆。

左思明(1997)现代汉语体的再认识,上海师范大学博士学位论文。

左思明(1998)试论"体"的本质属性,《汉语学习》第4期。

Aldridge, Edith (2004) *Ergativity and word order in Austronesian languages*. Ithaca, NY:Cornell University dissertation.

Alexiadou, Artemis (1997) *Adverb placement:A case study in antisymmetric syntax*. Amsterdam:John Benjamins.

Alexiadou, Artemis (2000) On the nature of temporal adverbs and the nature of Spec,TP. *Rivista di Linguistica* 12:55~75.

Alsina, Alex (1992) On the argument structure of causatives. *Linguistic Inquiry* 23:517~555.

Anderson, Stephen R. (1977) On mechanisms by which languages become ergative. In Charles N. Li(ed.), *Mechanisms of syntactic change*, 317~363. Austin:University of Texas Press.

Anderson, Stephen R. (1980) On the development of morphology from syntax. In Fisiak Jacek(ed.), *Historical morphology*, 51~69. The Hague:Mouton Publishers.

Aronff, Mark (1980) Contextuals. *Language* 56:744~758.

Asher, N. (1993) *Reference to abstract objects in discourse*. Dordrecht:kluwer.

Banczerowski, J. (1981) Some contrastive considerations about semantics in the communication process. In Jacek Fisiak(ed.), *Theoretical issues in contrastive linguistics*, 325~346. Amsterdam:John Benjamins.

Bartsch, Renate (1995) *Situations, tense, and aspect*. Berlin:Mouton de Gruyter.

Battistella, Edwin L. (1990) *Markedness:The evaluative superstructure of language*. Albany:State University of New York Press.

Baxter, William H. & Laurent Sagart (1998) Word formation in Old Chinese. In Jerome L. Packard (ed.), *New approaches to Chinese word formation:Morphology, phonology and the lexicon in modern and ancient Chinese*, 35~76. Berlin:Mouton de

Gruyter.

Beedham, Christopher (1987) The English passive as an aspect. *Word* 38:1~12.

Bhat, D. N. S. (1999) *The Prominence of tense, aspect and mood*. Amsterdam: John Benjamins.

Bickel, Balthasar (1997) Aspectual scope and the difference between logical and semantic representation. *Lingua* 102:115~131.

Binnick, Robert I. (1991) *Time and the verb: A guide to tense and aspect*. Oxford: Oxford University Press.

Bohnemeyer, Jürgen & Mary Swift (2004) Event realization and default aspect. *Linguistics and Philosophy* 27:263~296.

Bolinger, Dwight (1971) *The phrasal verb in English*. Cambridge, MA: Harvard University Press.

Bruyn, A. (1996) On identifying instances of Grammaticalization in Creole languages. In Philip Baker and Anand Syea (eds.), *Changing meanings, changing functions: Papers relating to grammaticalization in contact languages*, 29~46. London: University of Westminster Press.

Burzio, Luigi (1986) *Italian syntax: A government-binding approach*. Dordrecht: Reidel.

Bussmann, Hadumod (1996) *Routledge dictionary of language and linguistics*. Translated and edited by Gregory P. Trauth and Kerstin Kazzazi. London: Routledge.

Bybee, Joan L. (1985) *Morphology: A study of the relation between meaning and form*. Amsterdam: Benjamins.

Carlson, Greg (1998) Thematic roles and the individuation of events. In S. Rothstein (ed.), *Events and grammar*, 35~51. Dordrecht: Kluwer Academic Publishers.

Carrier, Jill & Janet Randall (1992) The argument structure and syntactic structure of resultatives. *Linguistic Inquiry* 23:173~234.

Chafe, Wallace (1970) *Meaning and the structure of language*. Chicago: The University of Chicago Press.

Chang, Betty S. & Kun Chung (1980) Ergativity in spoken Tibetan.《史语所集刊》第51本第3分,15~32.

Chang, Clarie Hsun-huei (1998) V-V compounds in Mandarin Chinese: Argument structure and semantics. In Jerome L. Packard (ed.) *New approaches to Chinese word formation*, 77~101. Berlin: Mouton de Gruyter.

Chao, Yuen-ren (1968) *A grammar of spoken Chinese*. Berkeley: University of California Press.(《汉语口语语法》,吕叔湘译,北京:商务印书馆,1979年;《中国话的文法》,丁邦新译,香港:香港中文大学出版社,1980年)

Chappell, Hilary (1999) The double unaccusative construction in Sinitic languages. In DorisL. Payne and Immanuel Barshi(eds.), *External possession*, 195~228. Amsterdam: John Benjamins.

Cheng, Lisa Lai-Shen & C-T. James Huang (1994) On the argument structure of resultative compounds. In Matthew Y. Chen and Ovid J. L. Tzeng(eds.), *In honor of William S-Y. Wang: Interdisciplinary studies on language and language change*, 187~221. Taipei: Pyramid Press.

Cheung, Samuel Hung-nin (1977) Perfective particle in the Bin Wen language. *Journal of Chinese Linguistics* 5:55~74.

Chiu, Bonnie H.-C. (1993) The Inflectional Structure of Mandarin Chinese. University of California dissertation.

Chomsky, Noam (1981) *Lectures on government and binding*. Dordrecht: Foris.

Chung, Sandra (1977) On the gradual nature of syntactic change. In Charles N. Li(ed.), *Mechanisms of syntactic change*, 3~55. Austin: University of Texas Press.

Cikoski, John S. (1978a) An outline sketch of sentence structures and word classes in classical Chinese: Three essays on classical Chinese grammar: I, *Computational Analysis of Asian & African Languages* no. 8.

Cikoski, John S. (1978b) An analysis of some idioms commonly called "passive" in classical Chinese—Three essays on classical Chinese grammar: III, *Computational Analyses of Asian & African Languages* no. 9.

Comrie, Bernard (1976) *Aspect: An introduction to the study of verbal aspect and related problems*. Cambridge: Cambridge University Press.

Comrie, Bernard (1981) *Language universals and linguistic typology*. Chicago: The University of Chicago Press. (《语言共性和语言类型》,沈家煊译,北京:华夏出版社,1989年)

Comrie, Bernard (1985a) Causative verb formation and other verb-deriving morphology. In Timothy Shopen(ed.), *Language typology and syntactic description: Grammatical categories and the lexicon*, 309~348. Cambridge: Cambridge University Press.

Comrie, Bernard (1985b) *Tense*. London: Cambridge University Press.

Comrie, Bernard (1986) Markedness, grammar, people, and the world. In Fred R. Eckman, Edith A. Moravcsik and Jessica R. Wirth(eds.), *Markedness*, 85~106. New York: Plenum Press.

Croft, William (1990/2003) *Typology and universals*. Cambridge: Cambridge University Press.

Croft, William (1991) *Syntactic categories and grammatical relation*. Chicago: University of Chicago Press.

Croft, William (1998) Event structure and argument linking. In M. Butt and W. Geuder (eds.), *The projection of argument*, 21~64. Standford: CSLI Publications.

Croft, William (2000) *Explaining language change: An evolutionary approach*. Singapore: Addison Wesley Longman Singapore(Pte) Ltd..

Crystal, David (1997) *A dictionary of linguistics and phonetics*. Blackwell Publishers Ltd..(《现代语言学词典》,沈家煊译,北京:商务印书馆,2000年)

Dahl, Östen (1981) On the definition of the telic-atelic distinction. In Philip J. Tedeschi and Annie Zaenen(eds.), *Syntax and semantics: Tense and aspect*, 79~91. New York: Acdemic Press.

Dahl, Östen (1985) *Tense and aspect systems*. Oxford: Blackwell.

Dahl, Östen (2000) *Tense and aspect in the languages of Europe*. Berlin: Mouton de Gruyter.

de Swart, Henriëtte (1998) Aspect shift and coercion. *Natural Language and Linguistic Theory* 16:347~385.

Dik, Simon C. (1997) *The theory of functional grammar*. Berlin: Mouton de Gruyter.

Dikken, M. den (1997) A matter of cause. Review of verb incorporation and elementary predicates by Murat Kural. *GLOT International* 2:6.

di Sciullo, A. M. & E. Williams (1987) *On the definition of word*. Cambridge, MA: MIT Press.

Dixon, Robert M. W. (1991) *A new approach to English grammar, on semantic principle*. Oxford: Clarendon Press.

Dixon, Robert M. W. (1994) *Ergativity*. New York: Cambridge University Press.

Dixon, Robert M. W. (2000) A typology of causatives: Form, syntax and meaning. In R. M. W Dixon and Alexandra Y. Aikhenvald(eds.), *Changing valency: Case studies in transitivity*, 30~83. Cambridge: Cambridge University Press.

Dixon, Robert M. W. (2010) *Basic linguistic theory*, vol. 1~3. Oxford: Oxford University Press.

Dixon, Robert M. W. & Alexandra Y. Aikhenvald (2000) Introduction. In R. M. W. Dixon and Alexandra Y. Aikhenvald(eds.), *Changing valency: Case studies in transitivity*, 1~29. Cambridge: Cambridge University Press.

Dowty, David (1979) *Word meaning and montague grammar*. Dordrecht: Reidel.

Dowty, David (1991) Thematic proto-roles and argument selection. *Language* 67:547~619.

Dryer, Matthew S. (2003) Word order in Sino-Tibetan languages from a typological and geographical perspective. In Graham Thurgood and Randy J. LaPolla(eds.), *The Sino-Tibetan languages*, 43~55. London: Routledge.

Ernst, Thomas (2004) Principles of adverbial distribution in the lower clause. *Lingua* 114:755~777.

Erteschik-shir, Nomi & T. R. Rapopart (1999) *Rolling aspect*. Beer-Sheva: Ben-Gurion University, ms.

Estival, Dominque & John Myhill (1988) Formal and functional aspects of the development from passive to ergative systems. In Masayoshi Shibatani(ed.), *Passive and voice*, 441~491. Amsterdam: John Benjamins.

Farkas, David K. (1999) The logic and rhetorical construction of procedural discourse. *Technical Communication* 46:42~54.

Filip, Hana (1999) *Aspect, eventuality types and nominal reference*. New York: Garland Publishing.

Fillmore, Charles J. (1976) Pragmatics and description of discourse. In S. Schmit(ed.), *Pragmatik* II, Munich: Wilhelm Fink Verlag. [Reprinted in Peter Cole (1981) *Radical pragmatics*. New York: Academic Press.]

Fillmore, Charles J. (1978) On the organization of semantic information in the lexicon. In Donka Farkas, Wesley M. Jacobsen and Karol W. Todrys (eds.), *Papers from the parasession on the lexicon*, 148~173. Chicago Linguistics Society.

Fillmore, Charles J. (1982) Frame semantics. (中译文:框架语义学,詹卫东译,《语言学论丛》第二十七辑,北京:商务印书馆,2003 年)

Fillmore, Chalrs J. (1985) Frames and the semantics of understanding. *Quarderni de Semantica* 6:222~254.

Fillmore, Chalrs J. (1994a) The hard road from verbs to nouns. In Mathew Chan and Ovid J. L. Tzeng (eds.), *In honor of William S-Y. Wang: Interdisciplinary studies of language and language change*, 105~129. Taipei: Pyramid Press.

Fillmore, Chalrs J. (1994b) Starting where the dictionaries stop: The challenge of corpus lexicography. In B. T. S. Aktins and A. Zampolli (eds.), *Computational approches to the lexicon*, 349~393. Oxford: Oxford Univesity Press.

Fillmore, Charles J. & Beryl T. S. Atkins (1992) Towards a frame-based lexicon: The semantics of *risk* and its neighbours. In Adrienne Lehren and Eve F. Kittay (eds.), *Frames, fields and contrasts: New essays in semantic and lexical organization*, 75~102. Hillsdale, NJ: Lawrence Erlbaum.

Fillmore, Charles J. & Beryl T. S. Atkins (1994) Starting where the dictionaries stop: The challenge for computational lexicography. In Beryl T. S. Atkins and Antonio Zampolli (eds.), *Computational approaches to the lexicon*, 349~393. New York: Oxford University Press.

Fodor, Jerry (1970) Three reasons for not deriving "kill" from "cause to die". *Linguistic Inquiry* 1:429~438.

Fujita, Koji (1996) Doule objects, causatives and derivational economy. *Linguistic Inquiry* 27:146~173.

Givón, Talmy (1971) History syntax and synchronic morphology: An archaeologist's field trip. *Chicago Linguistics Society* 7:394~415.

Givón, Talmy (1979) *On understanding grammar*. New York: Academic Press.

Goldberg, Adele E. (1995) *Construction: A construction grammar approach to argument structure*. Chicago: The University of Chicago Press.

Goldberg, Adele E. (2003) Construction: A new theoretical approach to language,《外国语》第 3 期。

Goddard, Cliff (1982) Case systems and case marking in Australian languages: A new interpretation. *Australian Journal of Linguistics* 2:167~196.

Greenberg, Joseph H. (1966) *Language universal with special reference to feature hierachies*. The Hahue: Mouton.

Haimian, John (1983) Iconic and economic motivation. *Language* 59:781~819.

Haiman, John (1985) *Natural syntax: Iconicity and erosion*. Cambridge: Cambridge University Press.

Hale, Ken & Samuel Keyser (1987) A view from the middle. *Lexicon Projection Working Papers* 10.

Hale, Kenneth (1970) The passive and ergativity in language change: The Australian case. In S. A. Wurmand and D. C. Laycock (eds.), *Pacific Linguistic Studies in Honor of Arthur Capell*, 757~783. Syndney: The Australian National university.

Halliday, M. A. K. (1994) *An introduction to functional grammar*. London: Edward Arnold.

Harbsmeier, Christoph (1989) The classical Chinese modal particle *yi*. *Proceedings of the second international conference on sinology, section on linguistics and paleography*, 475~504. Taipei: Academie Sinica.

Harris, Alice C. (1996) Diachronic syntax: Lectures presented in Trondheim. Unpublished manuscript, Vanderbit University.

Hashimoto, Anne Yue (1971) Mandarin syntactic structures. *Unicorn* 8:1~149.

Hashimoto, Anne Yue (1993) *Comparative Chinese dialectal grammar*. Ecole des Hautes Etudes en Sciences Sociales. Centre de Rescherches Linguistiques Sur I'Asie Orientale.

Haspelmath, Martin (1993) More on the typology of inchoative/causative verb alternations. In B. Comrie and M. Polinsky(eds.), *Causatives and transitivity*, 87~120. Amsterdam: John Benjanmins.

He, Baozhang (1998) A synchronic account of *laizhe*. *JCLTA* 33:99~114.

Heine, Bernd & Tania Kuteva (2002) *Word lexicon of grammaticalization*. Cambridge: Cambridge University Press.

Heine, Bernd, Ulrike Claudi & Friederike Hünnemeyer (1991) *Grammaticalization: A conceptual framework*. Chicago: University of Chicago Press.

Hergenhaan, B. R. (2001) *An introduction to the history of psychology*. Belmont, CA: Wadsworth. (中译本,《心理学史导论》,郭本禹等译,上海:华东师范大学出版社, 2003年)

Hoekstra, Teun (1988) Small clause results. *Lingua* 74:101~139.

Hole, Daniel (2004) Extra argumentality—a binding account of "possessor raising" in German, English and Mandarin. In Ji-yung Kim, Y. Lander and B. Partee(eds.), *Possessives and beyond: Semantics and syntax*, 365~386. Amherst, MA: GLSA Publications.

Hopper, Paul J. (ed.) (1982) *Tense and aspect: Between semantics and pragmatics*. Amsterdam: John Benjamins.

Hopper, Paul J. & Elizabeth C. Traugott (1993) *Grammaticalization*. Cambridge: Cambridge University Press.

Hopper, Paul J. & Sandra A. Thompson (1980) Transitivity in grammar and discourse. *Language* 56:251~299.

Horrocks, Geoffrey & Melita Stavrou (2003) Actions and their results in Greek and English: The complementarity of morphologically encoded(viewpoint) aspect and syntatic resolutative predication. *Journal of Sematics* 20:297~327.

Hsieh, Miao-Ling (2002) Tense as a grammatical category in Chinese. In Sze-Wing Tang and Chen-Sheng Luther Liu(eds.), *On the formal way to Chinese languages*, 3～20. Standford: CLSI Publications.

Huang, C.-T. James (1988) *Wǎ pǎo de kuài* and Chinese phrase structure. *Language* 64: 274～311.

Huang, C.-T. James (2006) Resultatives and unaccusatives: A parametric view. 《中国语学》253: 1～43.

Huang, Lillian M. (1988) *Aspect: A general system and its manifestation in Mandarin Chinese.* 台北: 学生书局。

Huffman, A. (1989) Teaching the English tenses. *Columbia University Working Papers in Linguistics* 10.

Iatridou, Sabine, Elena Anagnostopoulou & Roumyana Pancheva (2003) Observations about the form and meaning of the perfect. In Artemis Alexiadou, Monika Rathert, and Arnim von Stechow (eds.), *Perfect explorations*, 153～204. Berlin: Mouton de Gruyter.

Jackendoff, Ray (1983) *Semantics and cognition.* Cambridge: MA: The MIT Press.

Jackendoff, Ray (1990) *Semantic structure.* Cambridge: MA: The MIT Press.

Jackobson, Roman (1957) Shifters, verbal categories, and the Russian verb. Published by the Dept. of Slavic Languages and Literatures, Harvard. [Reprinted in *Selected Writings*, vol. II, 130～147. The Hague: Mouton, 1971]

Jespersen, Otto (1924) *The philosophy of grammar.* London: George Allen & Unwin Ltd..

Johns, Alana (1992) Deriving ergativity. *Linguistic Inquiry* 23: 57～87.

Johnson, Kent (2004) From impossible words to conceptual structure: the role of structure and process in the lexicon. *Mind and Language* 19: 334～358.

Jurafsky, Dan (1996) Universal tendencies in the semantics of the diminutive. *Language* 72: 533～578.

Karlgren, Bernhard (1926) *Philology and ancient China.* Philadelphia: Porcupine Press.

Katz, Jerrold J. (1970) Interpretive semantics vs. generative semantics. *Foundations of Language* 6: 220～259.

Kearns, Kate (2003) Durative achievements and individual-level predicates on events. *Linguistics and Philosophy* 26: 595～635.

Klein, Wolfgang (1992) The present perfect puzzle. *Language* 68: 525～552.

Klein, Wolfgang (1994) *Time in language.* London: Routledge.

Klein, Wolfgang (1995) A time-relational analysis of Russian aspect. *Language* 71: 669～695.

Klein, Wolfgang, Li Ping & Henriette Hendriks (2000) Aspect and assertion in Mandarin Chinese. *Natural Language and Linguistic Theory* 18: 723～770.

Koptjevskaja-Tamm, Maria, Martine Vanhove & Peter Koch (2007) Typoligical approaches to lexical semantics. *Linguistic Typology* 11: 159～185.

Labov, William (1972) The transformation of experience in narrative syntax. In William

Labov(ed.),*Language in the inner city*:*Studies in Black English vernacular*,354~396. Philadelphia:University of Washington Press.

Labov,William & Joshua Waletzky (1967) Narrative analysis:Oral version of personal experience. In Jane Helm(ed.),*Essays on the verbal and visual arts*:*Proceedings of the 1996 annual meeting*,*American ethnological society*,12~44. Seattle:University of Chicago Press.

Lakoff,George & Mark Johnson (1980) *Metaphors we live by*. Chicago:The University of Chicago Press.

Langacker,Ronald W. (1987a) Nouns and verbs. *Language* 63:53~94.

Langacker,Ronald W. (1987b) *Foundations of cognitive Grammar*. Standford:Standford University Press.

LaPolla,Randy J. (1993) On the change to verb-medial word order in Proto-Chinese:Evidence from Tibeto-Burman. In H. Kitamura,T. Nishida and Y. Nagano(eds.),*Current issues in Sino-Tibetan linguistics*,98~104. Osaka:National Museum of Ethnology.

Lau,D. C. (tr.) (1970) *Mencius*. Harmondsworth:Penguin Books.

Legate,Julie A. (2008) Morphological and abstract case. *Linguistic Inquiry* 39:55~101.

Levin,Beth (1993)*English verb classes and alternations*:*A preliminary investigation*. Chicago:The University of Chicago Press.

Levin,Beth & Malka Rappaport Hovav (1995) *Unaccusativity*:*At the syntax-lexical semantics interface*. Cambridge:The MIT Press.

Levin,Beth & Malka Rappaport Hovav (1996) *Lexical semantics and syntactic structure*. 中译文,词汇语义与句法结构(詹卫东译),http://ccl.pku.edu.cn/doubtfire/semantics/Lexical%20Semantics/Lexical%20Semantics%20and%20Syntactic%20Structure.pdf.

Levin,Beth & Malka Rappaport Hovav (1999) Two structures for compositionally derived events. *SALT* 9:199~223.

Levinson,Stephen C. (1997) From outer to inner space:linguistic categories and nonlinguistic thinking. In J. Nuyts and E. Pederson(eds.),*Language and linguistics categorization*,13~45. Cambridge:Cambridge University Press.

Li,Charles N. & Sandra A. Thompson (1974a) Historical change of word order:A case study and its implications. In J. M. Anderson and C. Jones(eds.),*Historical linguistics*,199~217. Amsterdam:North Holland.

Li,Charles N. & Sandra A. Thompson (1974b) An explanation of word order change SVO-SOV. *Foundations of Language* 12:201~214.

Li,Charles N. & Sandra A. Thompson (1975a) The semantic function of word order:A case study in Mandarin. In Charles N. Li(ed.),*Word order and order change*,163~196. Austin:University of Texas Press.

Li,Charles N. & Sandra A. Thompson (1975b) Subject and topic:A new typology of language. In Charles N. Li(ed.),*Subject and topic*,457~489. New York:Academic

Press.

Li, Charles N. & Sandra A. Thompson (1976) Development of the causative in Mandarin Chinese: Interaction of the diachronic process in syntax. In M. Shibatani(ed.), *The grammar of causative constructions*, 477～492. New York: Academic Press.

Li, Charles N. & Sandra A. Thompson (1981) *Mandarin Chinese: A functional reference grammar*. Berkeley and Los Angeles: V. C. Press. (《汉语语法》,黄宣范译,台北:文鹤出版社,2008 年)

Li, Charles N., Sandra A. Thompson & R. M. Thompson (1982) The discourse motivation for the perfect aspect: The Mandarin particle LE. In Paul J. Hopper(ed.), *Tense and aspect: Between semantics and pragmatics*, 19～44. Amsterdam: John Benjamins.

Li, Yafei (1990) On V-V compounds in Mandarin Chinese. *Natural Language and linguistic Theory* 8:177～207.

Li, Yafei (1993) Structural head and aspectuality. *Language* 69:480～504.

Lien, Chinfa (1999) A typological study of causatives in Taiwanese southern Min. *The Tsing Hua Journal of Chinese Studies* (New Series) 29:395～422.

Lien, Chinfa (2003) Coding causativs and patatives in a diachronic perspective. *Taiwan Journal of Linguistics* 1:1～28.

Light, Timothy (1979) Word order and word order change in Mandarin Chinese. *Journal of Chinese Linguistics* 7:149～180. (汉语词序和语序变化,《当代语言学》1981 年第 4 期)

Lin, Jo-wang (2002) Selectional restrictions of tenses and temporal reference of Chinese bare sentences. *Lingua* 113:271～302.

Lin, Jo-wang (2003) Temporal reference in Mandarin Chinese. *Journal of East Asian Linguistics* 12:259～311.

Lin, Jo-wang (2005) Time in a language without tense: The case of Chinese. *Journal of Semantics* 23:1～53.

Lin, Jo-wang (2010) A tenseless analysis of Mandarin Chinese revisited: A response to Sybesma 2007. *Linguistic Inquiry* 41:305～329.

Longacre, Robert E. (1983) *The grammar of discourse*. New York: Plenum Press.

Lyons, John (2000) *Linguistic semantics: An introduction*. Cambridge: Cambridge University Press.

Mahajan, Anoop (1997) Universal grammar and the typology of ergative languages. In Artemis Alexiadou and T. Alan Hall(eds.), *Studies on universal grammar and typological variation*, 35～57. Amsterdam: John Benjamins.

McCawley, James D. (1972) Syntactic and logical arguments for semantic structures. Reproduced by the Indian University Linguistic Club.

McCawley, James D. (1978) Conversational implicature and the lexicon. In P. Cole (ed.), *System and semantics 9: Pragmatics*, 245～259. New York: Academic Press.

McFadden, Thomas & Artemis Alexiadou (2010) Perfects, resultatives, and auxiliaries in Earlier English. *Linguistic Inquiry* 41:389～425.

McKoon, Gail & Talke Macfarland (2000) Externally and internally caused change of state verbs. *Language* 76:833~858.

Medlin,Douglas L. (1989) Concepts and conceptual structure. *American Psychologist* 44:1469~1481.

Meinsternst,Barbara (2004) The future tense in classical and Han-period Chinese. In Ken-ichi Takashima and Jiang Shaoyu(eds.), *Meaning and form:Essays in pre-modern Chinese grammar*,121~145. München:Lincom.

Michaelis,Laura A. (1998) *Aspectual grammar and past time reference*. New York: Routledge.

Michaelis,Laura A. (2004) Type shifting in construction grammar:An integrated approach to aspectual coercion. *Cognitive Linguistics* 15:1~67.

Miller,Jim (2004) Perfect and resultative constructions in spoken and non-standard English. In Olga Fischer,Muriel Norde and Harry Perridon(eds.),*Up and down the cline:The nature of grammaticalization*,229~246. Amsterdam:John Benjamins.

Narasimhan,Bhuvana (2003) Motion events and the lexicon:A case study of Hindi. *Lingua* 113:123~160.

Nedjalkov,Vladimir P. (ed.) (1983) *Typology of resultative constructions* (English translation edited by Bernard Comrie). Amsterdam:John Benjamins,1988.

Nedjalkov,Vladimir P. & G. G. Silnitsky (1973) The typology of morphological and lexical causatives. In F. Kiefer(ed.), *Trends in soviet theoretical linguistics*,1~32. D. Reidel:Dordrecht.

Newmeyer,Frederick J. (1998) *Language form and language function*. Cambridge, MA:MIT Press.

Nichols,Johanna,David A. Peterson & Jonathan Barnes (2004) Transitivizing and detransitivizing languages. *Linguistic Typology* 8:149~211.

Næss,Åshild (2007) *Prototypical transitivity*. Amsterdam:John Benjamins.

Ogihara,T. (1996) *Tense, attitudes, and scope*. Dordrecht:Kluwer.

Olsen,Mari B. (1997) *A semantic and pragmatic model of lexical and grammatical aspect*. New York:Garland Publishing,Inc..

Palmer,F. R. (1981) *Semantics*. Cambridge:Cambridge University Press.

Partee,B. (1973) Some structural analogies between tenses and pronouns in English. *Journal of Philosophy* 70:601~609.

Payne,John R. (1980) The decay of ergativity in Pamir languages. *Lingua* 51:147~186.

Perlmutter,David M. (1978) Impersonal passives and unaccusative hypothesis. *Berkeley Linguistics Society* 4:157~189.

Perlmutter,David M. & Paul M. Postal (1984) The 1-advancement exclusiveness law. In D. Perlmutter and C. Rosen(eds.),*Studies in relational grammar* 2:38~77. Chicago: University of Chicago Press.

Peyrube,Alain (1996) Recent issues in Chinese historical syntax. In C.-T. Huang James and Y.-H. Audrey Li(eds.),*New horizons in Chinese linguistics*,161~213. London:

Kluver Academic Publishers.

Quine, W. V. O. (1990) *Word and object*. Cambridge, MA: MIT Press.

Rainer, Franz (2005) Semantic change in word formation. *Linguistics* 43:415~441.

Rapopart, T. R. (1999) Structure, aspect, and the predicate. *Language* 75:653~677.

Rapport Hovav, Malka & Beth Levin (1988) What to do with theta-roles. In Wendy Wilkins(ed.), *Syntax and semantics* 21: *Thematic relations*, 7~36. New York: Academic Press.

Rappaport Hovav, Malka & Beth Levin (2001) An event structure account of English resultatives. *Language* 77:766~797.

Reichenbach, Hans (1947) *Elements of symbolic logic*. London: Macmillan.

Ritter, E. & S. Rosen (1993) Deriving causativity. *Natural Language and Linguistic Theory* 11:519~555.

Sadock, Jerrold M. (1980) Noun incorporation in Greenlandic: A case of synthetic word formation. *Language* 56:300~319.

Sasse, Hans-Jürgen (2002) Recent activity in the theory of aspect: Accomplishments, achievements, or just non-progressive state? *Linguistic Typology* 6:199~271.

Schachter, Paul & Timothy Shopen (2007) Parts-of-speech systems. In Timothy Shopen (ed.), *Language typology and syntactic description*, 2nd edn, vol. I: *Clause Structure*, 1~60. Cambridge: Cambridge University Press.

Shibatani, Masayoshi (1985) Passives and related constructions: A prototype analysis. *Language* 61:821~848.

Siewierska, Anna (1998) Passive-to-ergative versus inverse-to-ergative. In Anna Siewierska and Jae Jung Song (eds.), *Case, typology, and grammar: In honor of Barry J. Blake*, 229~246. Amsterdam: John Benjamins.

Simpson, Jane (1983) Resultatives. In Lori Levin, Malka Rappaport and Annie Zaenen (eds.), *Papers in Lexical-functional Grammar*, 143~157. Bloomington, IN: Indiana University Linguistics Club.

Smith, Carlota S. (1970) Jespersen's 'move and change' class and causative verbs in English. In Mohammand Ali Jazayery, Edgar C. Polomé and Werner Winter (eds.), *Linguistic and literary studies in honor of Archibald A. Hill*, vol. 2: *Descriptive linguistics*, 101~109. The Hague: Mouton.

Smith, Carlota S. (1983) A theory of aspectual choice. *Language* 59:479~501.

Smith, Carlota S. (1991/1997) *The parameter of aspect*. Dordrecht: Kluwer Acdemic Publishers.

Smith, Carlota S. & Mary S. Erbaugh (2005) Temporal interpretation in Mandarin Chinese. *Linguistics* 43:713~756.

Snyder, William (2001) On the nature of syntactic variation: evidence from complex predicate and complex word-formation. *Language* 77:324~342.

Strazny, Philipp (ed.) (2005) *Encyclopedia of linguistics*. New York: Fitzroy Dearborn.

Strigin, A. & A. Demjjanow (2001) Secondary predication in Russian. *ZAS Working Papers in Linguistics* 25:1~79.

Sun, Chaofen (1991) The adposition *yi* and word order in Classical Chinese. *Journal of Chinese Linguistics* 19:202~219.

Sun, Chaofen & Talmy Givón (1985) On the so-called SOV word order in Mandarin Chinese: A quantified text study and its implications. *Language* 61:329~351. (论汉语普通话的所谓"主动宾"词序——语篇定量研究及其意义,见戴浩一、薛凤生主编《功能主义与汉语语法》,159~186。北京:北京语言学院出版社,1994 年)

Sybesma, Rint (1999) *The Mandarin VP*. Dordrecht: Kluwer Academic Publishers.

Tai, James H.-Y. (1976) On the change from SVO to SOV in Chinese. Paper from the *Parasession on diachronic syntax*, Chicago Linguistic Society, 291~304.

Tai, James H.-Y. (1985) Temporal sequence and Chinese word order. In John Haiman (ed.), *Iconicity in syntax*, 49~72. Amsterdam: John Benjamins. (时间顺序和汉语的语序,黄河译,《国外语言学》1988 年第 1 期)

Tai, James H.-Y. (2003) Cognitive relativism: Resultative construction in Chinese. *Language and Linguistics* 4:301~316.

Tai, James H.-Y. & J. Y. Chou (1975) On the equivalent of "kill" in Mandarin Chinese. *Journal of the Chinese Language Teachers Association* 10:48~52.

Takeuchi, Tsuguhio & Yashiharu Takahashi (1995) Split ergative patterns in transitive and intransitive sentences in Tibetan: A reconsideration. *Senri Ethnological Studies* 41:277~288.

Teng, Shou-hsin (1975) *A semantics study of transitivity relations in Chinese*. Berkeley: University of California Press. (《汉语及物性关系的语义研究》,侯方、邹韶华、侯敏译,黑龙江大学科技处,1983 年)

Tenny, Carol L. (1994) *Aspectual roles and the syntax-semantics interface*. Dordrecht: Kluwer.

Thomposn, Sandra A. (1973) Transitivity and some problems with the *ba*-construction in Mandarin Chinese. *Journal of Chinese Linguistics* 1:208~221.

Trask, R. L. (2000) *The dictionary of historical and comparative linguistics*. Chicago: Fitzroy Dearborn Publishers.

Traugott, Elizabeth Closs & Richard B. Dasher (2002) *Regularity in semantic change*. Cambridge: Cambridge University Press.

Tsang, chui-lim (1981) A semantic study of modal auxiliary verbs in Chinese. Stanford University dissertation.

Vanden Wyngaerd, Guido (2001) Measuring events. *Language* 77:61~90.

Van Schooneveld, C. H. (1989) Paradigmatic oppositions and syntagmatic relations: Tenses and moods in Ancient Greek. In Yishai Tobin(ed.), *From sign to text: A semantic view of communication*, 99~121. Amsterdam: John Benjamins.

Van Valin, Robert D. & Randy J. Lapolla (1997) *Syntax: Structure, meaning and function*. Cambridge: Cambridge University Press.

Vendler, Zeno (1957) Verbs and times. *The Philosophical Review* 66:143~160. Also in Inderjeet Mani, James Pustejovsky and Robert Gaizauskas(eds.), *The language of time: A reader*, 21~32. Oxford: Oxford Press, 2005.

Verkuyl, Henk J. (1972) *On the compositional nature of aspects*. Dordrecht: Reidel.

Verkuyl, Henk J. (1993) *A theory of aspectuality: The interaction between temporal and atemporal structure*. Cambridge: Cambridge University Press.

Voskuil, J. E. (1996) Comparative morphology: Verb taxonomy in Indonesian, Tagalog and Dutch. Dortoral dissertation, Leiden University.

Wang, Mingquan (1988) Comments on Sun and Givón's study of the VO construction in Mandarin. *JCLTA* 23:33~53.

Washio, Ryuichi (1997) Resultatives, compositionality and language variation. *Journal of East Asian Linguistics* 6:1~49.

Washio, Ryuichi (1999) Some comparative notes on resultatives. In M. Muraki and E. Iwamoto(eds.), *Linguistics: In search of the human mind*, 674~707. Tokyo: Kaitakusha.

Whorf, Benjamin L. (1956) Grammatical categories. In John B. Caroll(ed.), *Language, thought, and reality: Selected writings of Benjamin Lee Whorf*, 87~111. New York: Wiley and Son.

Wierzbicka, Anna (1975) Why "kill" does not mean "cause to die": The semantics of action sentences. *Foundations of Language* 13:491~528.

Wierzbicka, Anna (1988) *The semantics of grammar*. Amsterdam: John Benjamins.

Winkler, Susanne (1997) *Focus and secondary predicate*. Berlin: Mouton de Gruyter.

Wittgenstein, Ludwig (1953) *Philosophical investigations*. New York: Macmillan. (中译本,《哲学研究》,李步楼译,陈维杭校,北京:商务印书馆,1996年)

Woolford, Ellen (1997) Four-way case systems: Ergative, nominative, objective, and accusative. *Natural Language and Linguistic Theory* 15:181~227.

Woolford, Ellen (2006) Lexical case, inherent case, and argument structure. *Linguistic Inquiry* 37:111~130.

Wunderlich, Dieter (2000) Predicate composition and argument extension as general options: A study in the interface of semantic and conceptual structure. In Barbara Stiebels and Dieter Wunderlich(eds.), *Lexicon in focus*, 247~270. Berlin: Akademie Verlag.

Xiao, Zhonghua & Anthony McEnery (2004) A corpus-based two-level model of situation aspect. *Journal of Linguistics* 40:325~363.

Xing, Zhiqun (1993) Discourse functions of word order in Chinese: A quantitative study of diachronic texts. Ph. D. dissertation, University of Michigan.

Xu, Dan (2006) *Typological change in Chinese syntax*. New York: Oxford University Press.

Xu, Liejiong (2004) Manifestation of informational focus. *Lingua* 114:277~299.

Zhang, Lihua (1995) *A contrastive study of aspectuality in German, English, and Chinese*. New York: Peter Lang.

Zhang, Zheng-sheng (1997) Aspectual properties of definite and indefinite NPs. In Xu Liejiong(ed.), *The referential properties of Chinese noun phrases*, 99~115. Paris: Centre de Recherches Linguistiques sur L'Asie Orientale.

后　　记

> 那人当然大喜若狂,以为找到了大路,
> 跟着足迹而行,但走到后来,他终于发觉,
> 这足迹原来就是自己留下的,他走来走去只是在兜圈子。
> ——金庸《白马啸西风》

本书是在笔者2006年博士学位论文《中古汉语[＋完成]语义研究》的基础上修改、增删而成。论文得以付梓,算是对自己四年博士生学习的一个总结。

借此,我首先要感谢我的博士论文指导老师朱庆之先生。在整个博士学习期间,朱老师不断地从做人、为学方面教导我,使我受益匪浅;而博士论文的选题、论证、写作、答辩等都得到了朱先生的精心指导和倾力帮助,使得博士论文能够比较顺利地完成。毕业后,朱庆之先生还不断从学习、生活上关心我。在此我要向朱老师表示深深的谢意。

我还要特别感谢蒋绍愚先生。蒋绍愚先生曾专门抽出宝贵的时间解答我学习中的疑惑和博士论文研究过程中遇到的问题,使我的博士论文在材料处理和理论构建方面能够更上一层楼。申请项目资助时,蒋先生还在百忙中帮我写推荐信。后来,蒋绍愚先生还写信鼓励我,"希望书稿早日出版"。

此外,感谢博士论文指导小组的张联荣先生、张双棣先生、宋绍年先生在博士论文写作过程中给予的指导。感谢北京大学中文系汉语史教研室的耿振生先生、胡敕瑞老师、杨荣祥老师、邵永海老师、孙玉文老师等给予的关怀。感谢王理嘉先生、郭锐老师、董秀芳老师、李娟老师在学习和论文写作过程中的指导,感谢刘利教授、杨荣祥教授、张赪教授、孙玉文教授、邵永海副教授在论文答辩时提出的宝贵意见。

在我再就业过程中,赵金铭先生、张博先生、姚振武先生、崔希亮先生等给予了无私的支持和帮助。张博先生为把我留在《世界汉语教学》编辑部颇费周折,并在工作和生活中给予指导、提携、支持、鼓励和包容。在本书的修

改过程中,《世界汉语教学》编辑部的陈前瑞、唐翠菊、施春宏、江新、孟凯、王淑君、吴精选等各位同事提供了许多建议和方便。在我到哈佛大学学习期间,各位同事,尤其是唐翠菊老师主动地承担了我的工作,对我外出学习给予了莫大的支持。在此我要表示深深的谢意。

感谢北京语言大学对外汉语研究中心的领导和同事们的帮助;感谢北京语言大学科研处各位老师的热心支持。

感谢汪维辉先生的指导和多次馈赠的专著,感谢西南大学张显成先生在论文修改过程中提供的参考文献。

我的学术经历开始于四川大学,感谢张永言、赵振铎、向熹、经本植、伍宗文、董志翘、俞理明、雷汉卿、肖娅曼等诸位先生,是他们引领我逐步走上了学术道路。

顾满林老师、杜轶老师通读了全文,并校正了文中不少错误。此外,论文写作过程中得到了冉启斌、谭代龙、宋亚云、金春梅、邵丹、马云霞、曾立英、应晨锦、李惠贤、杨贺、林嵩、刘莉、曹银晶、张文、王传荣、李玲、霍建宇等诸多学友的帮助;室友李祖德博士帮我纠正了不少英文表达和理解上的错误。

感谢同门周俊勋、朱冠明、玄盛峻师兄,陈秀兰、刘爱菊、王继红师姐,龚波师弟,姜南、邱冰、吴娟师妹在我写作过程中给予的鼓励、支持和帮助。

此外,商务印书馆编辑王丽艳女士为本书的出版付出了极大心血,谨此表示诚挚的谢意。

四年读博期间,有幸聆听了陆俭明、蒋绍愚、朱庆之、王洪君、陈保亚、董秀芳等诸位先生的课程,他们开阔的治学视野和细腻的研究思路对我产生了很大的影响,本论文的不少章节的研究思路就直接或间接受惠于诸位老师。

2009年秋,有幸得到国家留学基金委和哈佛大学的资助,入选国家留学基金委"哈佛博士后项目",得以赴哈佛大学访学。谨此,我要向哈佛大学的 Wilt Lukas Idema 先生、冯胜利先生表示深深的谢意。申请过程中还得到了张博先生、赵金铭先生、吴福祥先生的大力支持。出门在外,少不了扰民。访学期间,冯胜利先生全家、黄正德先生全家在生活和学习上给予了无微不至的关怀;此外,感谢杨寅柯先生、蔡静波女士,哈佛大学的陈嵩博士、宋瑞芳博士、蒋礼博士的帮助。

我是农民的儿子,作为"沉默的大多数",葆育着农民应该秉持的本性,这一点我一直珍惜,从未想丢弃。为我年迈的双亲,含辛茹苦地从贫瘠的土地上供养我念书,也因生为人子的那份血缘和感恩;为省吃俭用的兄弟姐妹们,慷慨地支持我上京,我从内心里感谢你们。身为草根,就得至少付出双倍的艰辛,我知道如何丈量从田垄到键盘之间的距离。

刘小枫曾说:有的人一生都与刹那无缘,因为刹那只是在某一个人把身体奉献给一个如冰一般洁白透明的世界时才闪现。我想,我一定属于与刹那无缘的人,所以信奉的只有勤奋和运气。所幸,有上述先生们和诸位友人、亲朋的支持和敲打,自认为有了一点收获。奉献给各位的拙著有幸先后得到了下列资助:

河北柏林禅寺和禅学研究资助(奖学金)

北京语言大学校级项目(06YB02)资助

2008年教育部人文社会科学研究青年项目(08JC740005)资助

2011年国家社科基金后期资助项目(11FYY009)资助

本书部分内容先后在《现代中国语研究》《语言科学》《四川大学学报》《中国语言学报》等海内外学术期刊上发表,感谢诸多匿名审稿专家的宝贵意见以及编辑人员的辛苦工作。

应该感恩的名单很长,不能一一列举。那些一路上曾经陪伴和支持我的人们,我无以为报,只能心存感念,把你们铭记在心里了。

选择"中古汉语'完成'语义范畴"这样的题目做研究,对我这种靠自学考试终于迈进大学门槛的人来说,其中的难度是可想而知的。初步定下选题时,曾请教过蒋绍愚先生,蒋先生告诉我"是个好题目"。但以往的研究往往选择形式—意义的研究方法,而我们的研究则遵照意义—形式的研究范式。因此,可供直接借鉴的研究几乎没有,而"完成"范畴所牵涉的语言现象又太多,所以研究起来总感觉有点儿力不从心。就我的资质而言,根本不具有与那些二十出头的博士生青年才俊比试的能力,他们有的是资本。当我经历过"学书不成,学剑又不成"的困惑后,更需要认清劣势,看清自己的欲望,做自己喜欢做的事;大的方面说,怕"无家可归",思想不在家、语言不在家,语言没有言说自己。因此,难得的是把守住自己的价值判断。而更主要的原因是,怕把这样的题目给毁了,一是怕对不起像朱庆之先生、蒋绍愚先生等这样一批给我关怀和鼓励的前辈,担心辜负了他们的期待;一是也想给自己的四年博士学习生涯有个交待。所幸,有论文指导组诸位先生的不断"拨乱反正",才始终没有太偏离航道。

张文襄公在戊戌年(1898)曾指出:时人关于西法有自塞、自欺和自扰"三弊"。自塞为"恶西法者,讲六经古史之无明文,不察其是非损益而概屏之";自欺则是"略知西法者,又概取经典所言而傅会之,以为此皆中学所已有";而自扰乃是"溺于西法者,甚或取中西之学而糅杂之,以为中西无别。如谓《春秋》即是公法,孔教合于耶稣"。自塞者"令人固蔽傲慢,自陷危亡";自欺者"令人空言争胜,不求实事";自扰者"令人眩惑狂易,丧其所守"。而三蔽"皆由不观其通"。本文在借鉴当代语言学理论的过程中,努力避免自塞、自欺和自扰,希望能够登堂入室。然而,真正实行起来,谈何容易。人们都说"十年磨一剑",十年过后,回头一看,所珍视的一切只不过是个易碎品。由于学历不完整,学习和研究过程中因学力不逮的盲点就暴露无遗了。米兰·昆德拉说:"自学者和学生的区别,不在于知识的广度而在于生命力和自信心的差别。"自己本来就缺乏自信力,到哈佛学习,收获不大,更要命的是,连自己以前尚存的少得可怜的那点儿自信也被完全打趴了。因此,四年时间铸就的模子,近八载陆续修改后的东西仍有点"四不像",既不是剑,也不像匕首。所以上之不能冲锋陷阵,下之亦不能贴身防卫,还时不时难免伤了自己。但毕竟是自己的心血,"岂能尽如人意,但求无愧我心"罢了。

　　"既然毛病不少,为什么还要出版?"在出版和出局之间,我未能免俗,选择了前者。尤其是第一本书就能攀上商务印书馆这样的顶级出版机构,这是无数读书人的梦想。康德宣称,读者可以比作者更好地理解作者。既如此,那么公之于众可能比反求诸己更有效,就让它直接接受读者的批评和指正吧,既来得直接,也更有效。

　　当下,"知识分子"已经被赋予了新的含义,我只能算是一个学习者,个体的践履者而已。有时候想,我们的研究实际上已经更加远离了尘嚣,并逐渐淡出了人们的视野。为了逃离困境,往往更关注自身命运的现实表述,很在意自我在别人经验中的位置,身段就格外柔软。但一旦研究本身不再表明一种态度,而是利益纠葛和生存价值,学问本身就大打折扣了。难得的是持守住自己的学术之域和精神家园。

　　因为有梦,一个自认为值得追求的梦,所以选择了北漂;选择了它,也就选择了坎坷和另一种生存方式。我知道,前面始终有一盏盏明灯指引着我,它们为我看路。借着它们的光亮,为着心中的那份执着和守望,"桥都坚固,隧道都光明",我不断追寻着,并继续前行。

帅志嵩

二〇一三年三月二十日春分

于北京语言大学